北京市社会科学理论著作出版基金重点资助项目

吴晗全集

第5卷
历史卷（5）

吴晗 著　　常君实 编

中国人民大学出版社
· 北京 ·

吴晗在清华大学旧西院12号与袁震合影。

1948年8月，吴晗在清华大学旧西院12号住所前留影。

吴晗在北京西城北长街寓所院内。

1948年11月19日，吴晗、袁震夫妇到达解放区后，在李家庄时的合影。

1949 年 9 月，全国政协一届一次会议期间，部分民盟代表与周恩来合影。左起：沈志远、吴晗、周恩来、沈钧儒、蒴伯赞、楚图南。

1949 年 10 月，吴晗陪同陈毅参观清华大学合影，陈毅题字赠给吴晗。

1949 年 3 月，毛主席到北平后，接见北平军管会代表，当时吴晗为清华大学军管会代表。

1949 年 11 月，吴晗在莫斯科与苏联友人在一起。

目　录

明太祖（1943年本）

朱元璋传(1948年本)

明太祖

（1943年本）

说明：

吴晗前后四次写作朱元璋的传记，印行过四个版本：

一、《明太祖》（1943 年本），1943 年 11 月写成，1944 年 6 月重庆胜利出版社出版。

二、《朱元璋传》（1948 年本），1948 年 8 月写成，1949 年 4 月上海生活·读书·新知三联书店出版。

三、《朱元璋传》（1955 年稿本），1954 年 4 月 20 日开始改写，1955 年 4 月 22 日写完，1955 年油印 100 本，吴晗分送友人征求意见。

四、《朱元璋传》（1965 年本），这个版本是 1964 年吴晗在多年研究明史和三次写作朱元璋传的基础上修改而成的，其间曾得到毛泽东的指导和帮助。1965 年，由人民出版社出版。2007 年，本书入选中国出版集团主持出版的大型丛书“中国文库”。

上刊四个版本，分作两卷，一并收入《吴晗全集》，供读者研究。

——编者注

自　　序

写这本小书，参考的资料少得可怜。过去所曾读过的有关史籍，如《明太祖实录》、《高皇帝文集》、《皇明祖训》、《大诰》、《大诰续编》、《大诰三编》、《大诰武臣》、《御制皇陵碑》、《世德碑》、《纪梦》、《西征记》、《平西蜀文》、《周颠仙人传》、《皇朝本纪》、《天潢玉牒》、《国初礼贤录》，和陆深《平胡录》、《北平录》、《平汉录》、《平吴录》、《平蜀记》、黄标《平夏记》、张纮《云南机务钞黄》、高岱《鸿猷录》、唐枢《国琛集》、王世贞《名卿绩纪》、顾璘《国宝新编》、徐祯卿《翦胜野闻》、王文禄《龙兴慈记》（从《皇陵碑》以下有沈节甫《纪录汇编》本）、叶子奇《草木子》、孔齐《至正直记》、何乔远《名山藏》、谈迁《国榷》、刘振《识大录》、钱谦益《国初群雄事略》、夏燮《明通鉴》诸书，都因无法找到，不能利用。甚至像郎瑛《七修类稿》之类的普通书，也百计访觅而不可得！手头所有的书只有《元史》、《明史》、谷应泰《明史纪事本末》、权衡《庚申外史》、陶宗仪《辍耕录》、陆容《菽园杂记》、钱谦益《太祖实录辨证》、潘柽章《国史考异》，以及作者过去所发表的几篇论文而已。

写成以后，请孙毓棠兄修正，他的批评是：这本书最好叫《大明帝国开国史》。因为书中讲明太祖的地方实在不够多，文字也有点演讲派头，想是教书习惯了的缘故。

其实，除了毓棠兄所说之外，文字的拙劣和材料的不够，也是这本小书的最大弱点，不过毓棠兄客气，不肯说出来罢了。

清本校读以后的心境是颇为惆怅的。再三想想，即使算是《大明帝国开国史》，在缺乏一般读物的今天，这本小书所代表的是作者个人对于六百年前一个大人物的看法，也许可以帮助读者对这个人和这个时代的了解。

友人毛开凌先生夫人代为誊录清本，于此敬致谢意。

书中错误疏忽的地方一定很多，切望读者予以指正。

吴　晗

三十二年十一月二十二日

第一章 流浪青年

第一节 孤 儿

元至正四年（1344年）春季，淮北一带，好几个月没有下过雨。栽下的苗晒得干瘪枯黄，遍地都裂成了一条条的龟缝。挨到快收割的时候，穗上稀稀的几颗粟粒，又给弥天漫地的蝗虫吃得一干二净。村子里有年纪的人都说，几十年来没有见过这样的年成，这日子着实是过不得了。不料祸不单行，村子里的人接二连三地病倒，起病时只觉得浑身无力气，上吐下泻，不到一昼夜便断了气。开头大家还不觉得，到了村东头刘家一天病死五个大人，隔壁的一家大小三口都同时病倒同时断气的时候，才知道这是可怕的瘟疫。慌得满村人携儿带女，逃往亲戚家躲避，连家里的病人也顾不得了。不过几天的工夫，这上百人家的村子便闹得人烟寥落，鸡犬声稀，显出一片凄凉黯淡的景象。

小河边的朱家——朱世珍夫妻和他们的长子朱兴隆，便在这次瘟疫里相继死亡，次子兴盛和他的小兄弟朱元璋（原名兴宗），眼看一家人在短短几天内便死了三口，只急得相对痛哭。尤其伤心的是：家里没有一贯钞，买不得棺木，更买不得茔地，正没计较处，幸亏隔壁住的刘继祖是个财主，有慈心，听得朱家连遭三丧，没法安葬，慨然舍了一块地，两兄弟称谢了，将就把几件破衣裳包扎埋了，才算了却一桩大事。

元璋饿了几日，到处找活计作。谁知大户人家都已逃荒逃瘟去了，到处碰壁，懒洋洋地不愿回家，一径到村外给他父母上坟。他蹲在父母坟边，又伤心又着急，沉思日后的出路。

他长得躯干魁伟，黑黑的脸，下巴比嘴唇长出一寸多，高高的颧骨，却又大鼻子，大耳朵；就整个脸盘看，恰像一个横摆的山字，脑盖上一块奇骨隆起，像一个小山丘。粗眉毛，大眼睛，样子虽看着叫人不喜欢，却怪得匀称，怪得威严而沉着。

他今年十七岁了，六七年前才移住到这村子——濠州钟离太平乡。他父亲老实本分，辛苦了一辈子，才挣得三两亩薄田，两间破房子，好容易盼得儿女都长大了，老大老二都娶了媳妇，老三兴祖出赘给刘家，老大生了两个孩子，老二也生了一个男孩，大女儿嫁给王七一，小女儿嫁给盱眙李贞，只剩下小儿子没成家。要是时和世顺，一家子勤勤恳恳，佃几十亩田，男耕女织，靠着人力多，省吃俭用，倒也过得日子。偏又时运不济，二三两房媳妇都先后病死，大孙子和二房的孩子也夭折了，王家满门死绝，嫁给李家的小女儿也死了，李贞带着他的儿子保儿逃荒，不知去向。这时又是一家三口同时疫死，偌大一个人家，只剩下大嫂王氏和二侄文正、二哥和元璋自己了。本来粮食就不够半年，平时一家子都靠力气血汗换饭吃，今年又旱又蝗，这一闹眼看得打饥荒。估计大嫂还有娘家，借得三斗两斗的，加上侄儿拣的树皮草根，还可以对付三两个月；二哥呢，这几天脸色也不大对劲。自己食量又大，粗重活计虽干得，却苦于这荒年，连大户人家也都逃荒去了，空有力气没处卖。小时候虽曾跟蒙馆老师上过几个月学，认得几个字，又苦不甚通解，做不得文墨勾当。父亲在本地落籍，本是图着这地方地多人手少，只要不躲懒，靠天吃饭，总活得了。没想到却受了一辈子田主的气，三节送礼，陪着笑脸，还是掂斤播两的嫌麦子太潮，不够秤。那一些管事的更是刁难刻薄，饶是肥鸡大肉请他们，还拍桌拍凳，脸上剥不出一丝笑容。这年头能少交一点租就算恩德了，还敢向他们开口借口粮！本家呢，伯叔父这一房在泗州盱眙县，是祖父手上起的家，伯父底下有四房，听说近年也衰落了，几个哥哥侄儿都先后去世，只剩一个四嫂在守寡，看光景也投奔不得。

再往上，祖籍是句容，朱家巷还有许多族人，祖父在元朝初年是淘金户，本地不出金子，官府却按年按额定的数目要，只好到旁县买金子缴纳，后来实在赔纳不起，没奈何，只好合家迁居到泗州盱眙县。那边几代没来往，情况不明。再老的老家原是沛县，如今隔了几百年，越发不用说了。

舅家呢，外祖陈公那一嘴的大白胡子，惯常仰着头，那叩齿念咒的神气还依稀记得。外祖死的那年已经九十九岁了，差一年便算人瑞，可以报官领赏银，据说还有花红，县太爷还要和他作揖呢！母亲曾翻来覆去地说外祖的故事，这话已有五六十年了：那时外祖在宋朝大将张世杰部下当亲兵，鞑子兵进来，宋朝的地方全被占了，张世杰忠心耿耿，和陆丞相保着小皇帝逃到崖山，那年是己卯年，二月间张世杰集合了一千多条大船，和鞑子兵决战，不料崖山海口失守，樵汲路绝，无柴无水，大家只好吃干粮，喝海水，全军人都呕泻病困。鞑子兵乘机进攻，宋兵船大，又都联在一起，不便转动，三军望绝死战，一霎时中军也被冲破了。陆丞相眼见事急，义不辱国，仗剑叫妻子儿女都投海殉了国，自己也背着六岁的小皇帝跳下了海！张世杰带了十几条船，冲出重围，打算重立宋后，恢复国土，忠义之气，实在可佩。不幸船刚到平章山洋面上，一阵飓风，把十几条船都吹翻，张世杰也淹死了，宋朝也就真个亡了国！外祖也掉在海里，侥幸被人救起。回家后不愿替敌人当兵，迁居到盱眙津里镇。他原来会巫术，就靠着当巫师过日子。到晚年他常含着泪说这故事，惹得听的人也听一遍哭一遍。外祖只生了两个女儿，大的嫁给季家，小的就是母亲。外祖过继了季家的大表兄作孙子，外祖死后，这几年也没有和季家来往，料想这年头情形也不见得比自己强。元璋想来想去，竟是无处投奔，左右无路可走。就越想越闷，无精打采地走回家来，蒙头便睡。

吃了一些日子树皮草根，半饥半饱，百无聊赖，常时在一起的几个朋友周德兴、汤和年纪都比元璋大，有力气，有见识，又都出外谋生去了，无人可商量。从四月到九月，半个年头，还计较不出一条活路。

一天，他猛然想起，小时候因为多病，父亲和皇觉寺高彬法师认得，曾把自己舍给寺里做徒弟，还上了一笔捐，起过法名，后来病好了，也就不提此事。如今何不竟到寺里出家？一来可以算还了父亲许的愿，二来总有碗淡饭吃。愈想愈有理，这晚上竟睡得很熟。

九月里的一天，朱元璋作了皇觉寺里的小和尚，光葫芦头，披了一件破衲衣，居然算是佛门弟子了。他早晚听得钟声、鼓声、木鱼声，想想自己，想想家，心中无限感慨。

第二节　游方和明教

皇觉寺规模不大，十几间殿阁禅房，八九个僧人，平时靠着有限的一点常住田租米，和施主的乐助，使他们还能吃一碗安逸饭。可是，在这大荒年，连和尚也闹饥荒了，租米收不到，施主大半逃荒走了。朱元璋的出家，一来是先前有过话，二来邻居汪妪——寺的施主——替他送一点人事，又百般说情，才勉强被接受。

粗茶淡饭，有一顿，没一顿；暮鼓晨钟，有一天，没一天。寺里的存粮吃完了，和尚们只好各奔前程，各自出外游方挂单。不上一个月工夫，全走光了，寺里只剩下几十尊不必吃饭的泥菩萨和一个新来的朱元璋。没奈何，虽然念不得经典，做不得佛事，也只好学师父师叔们的榜样，硬着头皮，出外行脚，混饱肚子再说。听说往西汝、颍一带，收成较好，就南下到合肥，又转西到固始、光州、息州、罗山、信阳，北转到汝州、陈州，东返由鹿邑、亳州到颍州，前后三年，沿途托钵，受尽了人生的辛苦，走遍了淮西一带的名都大邑。到至正八年（1348），听说家乡一带盗贼纵横，人心惶惶，不由得勾引起思乡之念，一笠一钵，还是回到皇觉寺。

淮西在朱元璋游方的几年中，后来西系红军的开山祖师彭莹玉正在这一带秘密传布教义，几年后这地方又成为东系红军的根据地。在这大元帝国的火药库里周游了三年，二十一岁的朱元璋，濡染了新的宗教、新的意识，嗅饱了火药气味，加入了秘密组织，回到皇觉寺后，不久便被发觉他是一个危险分子。

彭莹玉秘密传布的宗教，是多元的，并且含有外国来的成分。

他们烧香诵偈，礼弥勒佛，主要的经典有大小明王出世经。莹玉生于浏阳，出家于袁州，布教于淮西，可以说是南派。另一个系统是北派，领袖是赵州栾城的韩家。韩家几代以来都以白莲会烧香结众，很得一般农民的信仰，潜势力很大，为官府所忌，谪徙广平永年县(今河北永年)。到韩山童接手当头目后，便倡言天下要大乱，弥勒佛降生，明王出世。这两派在起兵以后，因目标同，信仰同，就混而为一。他们都以红巾为号，时人称之为红军；因为烧香礼佛，又称为香军；所奉的偶像是弥勒佛，也被称为弥勒教；倡明王出世之说，又称明教。

明教的来源可以远溯到唐朝，原来叫摩尼教（Manichaeism），是波斯人摩尼（Mani，216—277）所创。系杂糅祆教、基督教、佛教而成。主要教义为明、暗二宗，以明克暗。明为善为理，暗为恶为欲。神为明使，亦称明尊。有净风、善母二光明使，及净气、妙风、妙明、妙火、妙水五明使。明战胜暗，最后归宿为光明极乐世界。这宗教在唐武后延载元年（694）传入我国，后又传入回鹘，为回鹘朝野所信奉。教规不奉像设，不事鬼神，斋食禁杀。教徒白衣白帽，日晚乃食。回鹘当时有大功于唐，因此明教在中国也受到政府的保护。迨九世纪中期，回鹘残破，为唐军大败，会昌（唐武宗年号）毁佛，明教也被禁黜，从此明教便成为秘密宗教。因为在政治上失去护法，又和我国国情不合，只好吸收佛、道二教和民间的原始信仰，成为一种新宗教。

五代时，明教徒在陈州造反被剿平，一支传入福建，到北宋时闽南成为明教最重要的教区，其经典且被编入道藏，安置于亳州明道宫。又由闽入浙，温州一地就有明教斋堂四十余处。其长老名行者，徒众则有侍者、听者、姑婆、斋姊等名号。到南宋初年，已遍播于淮南、两浙、江东西一带，他们严格地在密日（日曜日）持斋，神像为摩尼、夷数（耶稣），深目高鼻，乡下人看不惯叫之为魔，以此这教在教外的人称作“吃菜事魔”。他们适应农村社会的需要，提倡素食、薄葬，节省消费，使贫苦的农民得以维持最低的生活。同党的有无相通，大家捐钱来帮助新参加的教友，提高他的生活水准。

每逢初一、十五出四十九钱给教头烧香，这笔钱汇齐后交给教主作教里的经费。一家有事，同教的人都出力帮忙，充分地发挥互助合作的精神。农民入教的愈来愈多，明教的教区也愈来愈大，有野心的教首就常常利用这势力来和政府对抗。从北宋末年起，睦州、台州、信州、衢州、东阳、泾县都曾发生明教徒的叛变。

明教又和弥勒教、白莲会混合。弥勒教和白莲会都出于佛教的净土宗，前者为弥勒净土，后者为弥陀净土。弥勒佛是佛教里的著名人物，在佛灭度后，世界立入苦境，一切恶趣，次第显现。到弥勒佛出世时，立成极乐世界，“广博严净，无诸荆棘，溪谷堆阜，平正润泽，金沙覆地。处处皆有清池茂林，名花瑞草。及众宝聚，更相辉映，甚可爱乐。人皆慈心，修行十善。以修善故，寿命长远，丰乐安稳。士女殷稠，城邑鳞次，鸡飞相及。所营农稼，一营七获，自然成熟，不须耘耨”。弥勒经典之翻译，盛于两晋，南北朝时佛教造像最多的是弥勒佛和阿弥陀佛，由之弥勒佛出世的信仰，逐渐普遍于民间。奉弥勒佛的信徒也白衣白冠，也烧香，也相信世界有明、暗两势力，大体上和明教极近似，结果这两教就混合成为一个。

白莲会所崇奉的是阿弥陀佛，主念佛修行，其最后之归宿为西方净土。起于五世纪初年。到十二世纪前期，又参合天台宗格言，谨葱乳，不杀，不饮酒，衍变而成白莲教。因为仪式和戒条都和明教弥勒相近，所以创教后不久也和他们合流了。

明教和弥勒教都相信目前的现状不够好，都不满意现在，都相信在以后会有一个更好的或最好的世界来到。这理想世界之实现有一个标识，是“明王”或“弥勒佛”的出世，宗教的最后归宿是政治的革命。因之在现实政治最使人民失望时，“明王”或“弥勒”的出世便最为人民所迫切盼望，教徒的叛变在历史上便层出不穷，虽然都失败了，但在人民的心目中，却坚信总有一天会有真的“明王”或“弥勒”出世来解放、来满足他们。

远在朱元璋出生的前三年，元泰定二年（1325）六月，息州人赵丑厮、郭菩萨就倡言弥勒佛当有天下。十二年后，陈州人棒胡（闰儿）又以弥勒降生为号召，烧香聚众，反于汝宁府信阳州，破归德府鹿邑，焚陈州（陈州正是四百多年前明教徒叛乱的根据地）。这年朱元璋已经十岁，懂人事了。次年周子旺反于袁州，周子旺是袁州慈化寺僧彭莹玉的徒弟，莹玉能为偈颂，劝人念弥勒佛号，遇夜燃火炬名香，念偈礼拜，徒众日多。约定用寅年寅月寅日寅时起兵，参加的人背心写上一个佛字，就刀兵不能伤。至元四年戊寅是寅年，年月日时都凑齐，周子旺带了五千多人就开始动了手，这一支未经组织训练的乌合之众，虽有信仰，打仗却不中用，刚一点火就被地方兵扑灭了，彭莹玉侥幸逃脱，躲在淮西民家，秘密传教，预备再举。

朱元璋三年内所涉历的地方：息州、陈州、信阳和淮西整个区域，前三个是弥勒教徒举事失败的场所，后者则是酝酿起事的火药库。

第三节 逼上梁山

至正八年底，元璋回到皇觉寺以后，念经礼佛，锄地种菜，安下心本本分分过了两整年的温饱生活。

突然平地一声雷，至正十一年（1351）五月红军起事，东系起于颍州，推杜遵道为首，奉韩山童，陷成皋（镇名，属今河南固始），据仓粟，从者数十万，陷汝宁、光、息、信阳。西系起于蕲、黄，宗彭莹玉和尚，推徐真逸（寿辉）为首，陷德安、沔阳、安阳、武昌、江陵、江西诸郡。起于湘、汉的，推布王三、孟海马为首：布王三号北琐红军，奄有唐、邓、南阳、嵩、汝、河南府；孟海马号南琐红军，奄有均、房、襄阳、荆门、归峡。起于丰、沛的推芝麻李为首，亦奄有徐州近县及宿州、五河、虹县、丰、沛、灵璧，西并安丰、濠、泗。前后不过几个月工夫，东西南系红军，东起徐、泗，西迄均、房，像腰斩似的把大元帝国切作两段，从此南北阻绝。

大元帝国的崩溃，有远因也有近因。

远因是赵宋三百二十年的统治，德泽在民。后期的几个君主，虽然孱弱，却也说不到荒淫无道。一旦被左衽旃裘的外族征服，生活习惯和思想都不同的新的统治者，很使人民发生反感。蒙古人的屠杀、掳掠、野蛮、残虐的行为，尤其种下了民族间的深仇大恨。在这外族统治之下的社会组织是畸形的，不健全的。在文化方面，蒙古族比汉族落后；在人口方面，蒙古族比汉族少得多，他们只凭武力的优越来控制一切。皇室、贵族、僧侣、官吏、商人、地主所组成的统治阶级，和用以维持政权的巨额军队，一切的费用都由汉（包括金的国民和高丽、契丹、女真）、南人（宋的百姓）负担。汉、南人的生命财产由统治者任意处分，在政治上享受差别待遇，中央和地方各机关的长官必须是蒙古人或色目人（蒙古人先征服的钦察、回回、康里、波斯等族的统称），汉、南人只能担任不重要的职务。汉、南人一部分被强迫作奴隶，世世子孙都为政府及其主人服役。统治阶级同时也是大地主，拥有全国最大部分最好的土地，汉、南人除一小部分例外，都被迫失去土地，降为贫农和佃户。国内最大的商业经营都被操纵在回回人的手中，他们更替蒙古贵族经营惊人的高利贷，以榨取汉、南人的血汗。蒙古政府又下令没收汉、南人的军器马匹，不许集党结会，各地遍驻戍军，武装弹压，用以防止汉、南人的叛乱。可是，正因为对于汉、南人钳制的过分精密，越发激起被压迫者的同仇敌忾，统治者也因之松懈了警备征服地的情绪，耽溺于奢汰生活的享受，放恣任性的政治行为替自己掘下待葬的坟墓。从可歌可泣的崖山之役，张世杰、陆秀夫壮烈殉国后，起兵复国、屡起屡蹶、百折不回的文丞相（天祥），终于在至元十九年（1282）十二月就刑燕市，成仁取义。这两件事充分发挥中华民族的正气，感动全民族和后代子孙，使他们自觉地要“驱走鞑虏，恢复中华！”才对得起先烈，对得起民族。至元二十年，建宁路总管黄华起义，用宋祥兴年号。二十三年，西川赵和尚称宋福王子，在广州起事。后至元三年（1337），合州大足县民韩法师自称南朝赵王反，都以恢复赵宋为名。此外如至元二十年广州的罗平国，二十一年的漳、邕、宾、梧、韶、衡诸州农民之乱，二十三年婺州永康县民陈巽四之乱，二十五年广东、浙江之乱，二十七年的江西之乱，成宗元贞二年（1296）的赣州之乱，以迄至元三年（1337）广州的大金国之乱，至正八年辽东锁火奴自称大金子孙之乱。前仆后继，起因虽不尽同，目标却是一致的。至正十一年的红军大举，正是这一连串反抗运动的延续。

近因是元代后期的腐化，引起自身的崩溃。元世祖以后，诸帝都由大臣拥立，政变内乱，相继不已。西北诸小国，都各自独立，离开母国，引起帝国的分裂和统治权的动摇。世祖穷兵黩武，扬威海外，任用兴利之臣，专以掊克敛财为事，造成一种贪污刻薄的吏治风气。诸王和僧侣的浪费，使国家无法负担，只好预卖盐引，动支钞本，破坏了健全的财政制度。再加上宫廷的浪费和军费的支出，专靠发钞维持，发钞愈多，钞价愈跌，物价愈高，到末年用车用船接连的运钞，钞价已同废纸，不值一钱，造成国家财政和国民经济的总崩溃。政治上则从武宗以来，爵赏太滥，优伶、屠沽、僧道，有作到左丞、平章、参政等大官，国公、司徒、丞相，多到不可胜数。贵族擅政，诸王家室都有生死人、进退人之权。刑禁太疏，豪民犯法多贿赂僧侣，假借为君主祈福获免。又时常大赦，奖励官吏人民犯罪。末年卖官鬻爵，贿赂公行，蒙古、色目的官吏，罔然不知廉耻为何物，问人讨钱，各有名目：所属始参有“拜见钱”，无事白要有“撒花钱”，逢节有“追节钱”，生辰有“生日钱”，管事而索有“常例钱”，送迎有“人情钱”，勾追有“赍发钱”，论诉有“公事钱”。觅得钱多说是“得手”，除得州美说是“好地”，补得职近说是“好窠”。甚至台宪官都先讲说价钱，钱多的得缺，肃政廉访司官所到州县，各带库子，检钞秤银，争多论少，和作买卖一般。大官吃小官，小官吃百姓，民间有诗嘲官道：“解贼一金并一鼓，迎官两鼓一声锣；金鼓看来都一样，官人与贼不争多。”军队呢，自从平宋之后，太平日久，民不知兵，将家之子累世承袭，骄奢淫佚，徒知自奉，至于武阵，从不讲究，但以飞觞为飞炮，酒令为军令，肉阵为军阵，笙歌为凯歌，兵士也养尊处优，毫无作战的意志和能力，元初纵横欧亚、叱咤风云的蒙古、色目健儿，到这时已经完全不能用了。这样一个千疮百孔、到处霉烂的架子，自然经不起红军雷霆万钧的一击。

红军爆发的导火线是元政府对南人加重压迫和歧视。

元顺帝由广西入京时，河南行省平章伯颜，提所有蒙古、汉军扈从入京。即位后，以伯颜为丞相。伯颜恃宠擅权，家畜西番师婆名畀畀，每问来岁吉凶，又问自己身后事当如何，畀畀说当死于南人之手，伯颜因此深恨南人。至元三年（1337）正月，广州朱光卿反，称大金国，二月棒胡反于汝宁信阳州。伯颜假借题目，四月间下诏禁汉人、南人、高丽人不得执持军器，凡有马的都拘收入官。又禁汉人、南人不得学习蒙古、色目文字。五月间又诏：汝宁棒胡、广东朱光卿、聂秀卿等都是汉人，汉人有在省台院和翰林集贤作官的，应该讲究诛捕造反汉人的法子，呈报政府。甚至奏请杀张、王、刘、李、赵五姓汉人，因为这五姓都是大族，人数最多。汉人杀了大半，自然不会造反。五年四月又申汉人、南人、高丽人不得执军器之禁。又诏蒙古、色目人殴打汉人、南人，汉人、南人只许挨打，不得回手。伯颜贬死后，他的兄弟马札儿台作丞相，又禁民间藏军器。马札儿台辞位，他的儿子脱脱继为丞相。红军起事后，报告到政府，中书省吏把报告案卷加标题“谋反事”，脱脱看了，改题作“河南汉人谋反事”。把河南全部汉人都看作叛徒了。伯颜、脱脱这一家人接连作首相，他们的意见也就代表政府和贵族的意见，这一连串的事实，使汉、南人不由得不感觉恐慌，直接地唤起他们的民族意识。

点上爆发火药库的导火线的是丞相脱脱，时黄河决白茅口，归德知府观音奴献计疏塞黄河，以为地利。脱脱听了他的话，命工部尚书成遵去察看。成遵回来报告说，河工太大开不得，而且南阳、安丰盗贼成群，无端集合了几十万伕子，万一被人煽动，便成大患。脱脱不听，另用贾鲁为工部尚书兼河防使，四月二十二日，发汴梁、大名十三路民十五万，庐州等戍十八翼军二万，从黄陵冈南达白茅，放于黄固、哈只等口，又从黄陵冈西至阳青村，合于故道，凡二百八十里有奇。韩山童得了这消息，便生了主意，叫人四处散播童谣说："石人一只眼，挑动黄河天下反。"暗地里凿了一个石人，面门上只有一只眼睛，偷偷把它埋在黄陵冈当路处。又分拨几百个党徒羼入伕子里面做工，倡言天下当大乱，弥勒佛降生，一人传十，十人传百，河南、江、淮一带的老百姓全信了。山童和他的亲信刘福通、杜遵道、罗文素、盛文郁、王显忠、韩咬儿计较，要让士大夫们也来入伙，至少也要做到使他们同情，刘福通说有办法，鞑子不得人心，我们上一代都是宋朝的百姓，只要提出复宋的招牌，读书人没有不赞成的。贾鲁开河开到黄陵冈，果然在当路处挖出一眼的石人，几万伕子骇得目瞪口呆，韩山童的人便从中鼓动，说是天下合当大乱了，大家都入伙去，呆在这里干甚！一时人心骚动，三个一堆，五个一群，窃窃私语，只等举事的日子一到，便一齐作反。

刘福通聚合三千人在白鹿庄，斩了白马乌牛，祭告天地，说韩山童是宋徽宗八世孙，当为中国主。福通是宋朝大将刘光世的后人，该帮旧主起事，恢复天下。大家齐心奉山童为"明王"，克期起兵，四处派人通知日期，同时发动，这面正在准备旗帜枪刀，以红巾为号，兴高采烈的时候，不料消息走露了，永年县官带领马快兵役前来剿捕，团团围住白鹿庄，韩山童脱身不及，被擒去杀了，妻杨氏带着儿子林儿趁着慌乱，逃出重围，躲入武安山中（在永年县境内），隐姓埋名，等候外边的消息。刘福通见情势不妙，等不到预定的日期，提前起事，先占了颍州，攻破罗山、正阳、确山，分兵进攻武阳、叶县等处，河伕一得消息，立刻呐一声喊，杀了监工的官长，头上裹着红巾，归附过来，不上一个月，红军的队伍已有五六万人，两淮、江东西的穷苦百姓，赶着参加，真是"从乱如归"，声势一日比一日浩大，接着又攻陷汝宁、光、息，人数增加到十几万。各地红军闻风响应，徐寿辉起蕲、黄，布王三、孟海马等起湘、汉，芝麻李、彭大、赵均用起丰、沛，各别攻城陷邑，开仓库，赈穷民，严秉教规，不杀不淫，越发博得人民的爱戴。

朱元璋在寺里接连不断地得到外边的消息，前些日子红军占襄阳，元兵死了多少，某日红军又占南康，元兵不战而逃。红军的檄文指斥元室的罪状，最精彩的几句是："蕴玉玺于海东，取精兵于日本；贫极江南，富夸塞北”。蒙古人饱得胀死，汉、南人却饿得要死，什么好东西，财帛粮食都成船成车给运到北边去，做活卖力的是一种人，享用的又是一种人。又听说徐寿辉已在蕲水建了都，国号天完，年号治平，拜邹普胜为太师，竟大做起来了。元兵到处打败仗，好容易调了六千的绿睛回回阿速军和汉军来打颍州，才打照面，看见红军阵势大，主将就扬鞭连说：“阿卜！阿卜！”（“阿卜”是逃走的意思），一时所部都退，红军传为笑谈。朝廷派御史大夫也先帖木儿统三十万大军收复汝宁，才到城下，尚未交锋，便跃马先遁。地方官急得挽住马不让逃，就拔刀要斫，说：“我的不是性命！”飞马先逃，全军大溃。蒙古、色目、汉军都不能打，真正和红军打的却是各地官吏地主募集的义兵和民兵，这一些人有的怕红军不放过，有的要守住家屋，为着自己的身家才肯拼命。到十二年二月初，又听说濠州也给红军占了，头目是郭子兴、孙德崖、张天祐等五人。

郭子兴是定远县有名的豪杰，原是曹州人，他父亲到定远卖卦相命，很有名气，积了一点钱，有一家大财主的闺女，长得体面，却是瞎子，再也嫁不出去。他父亲娶了，得了一份大财，生下三个儿子，子兴是老二。子兴一来家产富足，二来素性慷慨，平日交结宾客，接纳壮士，焚香密会，预备做一番大事业。红军起事后，各地闻风响应。钟离、定远的农民抛去锄头，拿起兵器，一哄就聚成几万人的一股大势力，地方官吏平时只知贪赃枉法，到这时便一筹莫展，张一只眼闭一只眼只装不知道。二月二十七日，郭子兴集合了几千人，趁黑夜先后偷入濠州，半夜里一声号炮，闯入州衙，杀了州官，遥秉东系红军的约束，五人都称亳州节制元帅。元将彻里不花带了一支军队，远远地隔濠州几十里扎住营，却怕红军厉害，不敢攻城，成天派兵到各村庄骚扰，把老百姓捉去，头上给包上红巾，算是战阵上俘获来的，向上官报赏。濠州红军见官军不来惹事，乐得安闲，关起城门享福，两下里“互不侵犯”。只是苦透了一般老百姓，官军把他当红军，红军又把他当官军的奸细，左右做人难，又得供应粮秣，红军要了，官军又要，闹得人人自危，有钱有地的人怕事，都投到官军这边，无钱无地的人不消说，包上一块红巾，投奔濠州，干反叛的勾当去了。

※ ※ ※

朱元璋正在思量出路，投官军呢？官军的纪律他知道得太多，去了是自投死路，况且蒙古人的淫暴刻毒，谁都痛恨，外祖父说的崖山的故事，尚清楚地留在记忆中，堂堂男子岂可为外族为敌人效命，残杀自己的兄弟父老！投红军呢？听说濠州的五个元帅，各不相下，群龙无首，怕也不能成事。留在寺里呢？迟早被官军捉去当红军，也免不了一死。想了又想，三条路都走得，却都有难处。一天有人给他带来一个信，原来是个熟人从濠州带来的，大意是劝他到红军队伍里来。得信后越发满怀心事，在大殿上踱来踱去，反复计较了，猛然想起，把信烧了。过了十天，同房的师兄偷偷地告诉他，前日那信有人知道了，要向官军告发，你还是赶快投奔濠州去吧。元璋急得无法，只好出外找一个朋友，和他仔细商量，这朋友劝他向菩萨讨一个卦，元璋心里还是忐忑不定，慢慢踱回寺里，刚到寺的左近，嗅到一股烟焰的气味，到了寺门，只见颓垣败壁，大殿剩了后半进，僧房斋堂全烧完了，烧下的石头木料兀自冒着白烟。僧众星散，不知去向。原来官军以为僧寺奉有弥勒佛，红军中有很多和尚，僧寺难免和红军有勾结，便把附近的寺都烧了，皇觉寺自然不能例外。元璋呆了一阵，走到伽蓝神前，默默祝祷，拿起圣珓，祝逃亡外方给阳珓，守住破寺，给一阴一阳，一掷全是阴的。再祝逃到官军给阳珓，一掷又是阴的。剩下只好投红军了，又祝投红军给阴的，一掷果然是阴的。二十年后他自撰《皇陵碑》描写这时候的心情道：

> 住（皇觉寺）方三载，而又雄者跳梁。初起汝、颍，次及凤阳（濠州）之南厢。未几陷城，深高城隍。拒守不去，号令彰彰。友人寄书，云及趋降。既忧且惧，无可筹详。旁有觉者，将欲声扬。当此之际，逼迫而无已，试与知者相商。乃告之曰：“果束手以待毙，亦奋臂而相戕！”知者为我画计，且默祷以阴相，如其言则卜去守之何祥？神乃阴阴乎有警，其气郁郁乎洋洋。卜逃卜守则不吉，将就凶而不妨。

第二天，他离开皇觉寺，投奔红军去了。

第二章　从士兵到统帅

第一节　红军的小兵

至正十二年（1352）闰三月初一日，元璋到了濠州城下。这时元军仍在濠州附近，虽然按兵不动，红军还是不敢大意，城上布满警戒的部队，巡逻哨探的更是川流不绝。城门的守兵看见一个丑和尚，衣衫蓝缕，头上却包着红巾，大模大样走入门内，毫不畏怯。盘问他来踪去路，却只说来求见郭元帅，更无别话，不由得起了疑心，以为是元兵派来的奸细，三言两语，起了冲突，把元璋绑了，派人报告郭元帅，请令旗行刑。子兴听了报告，觉得诧异，心想若是奸细，不该如此从容，头上包有红巾，求见自己，许是来投顺的好汉，不要枉杀了好人。要知道一个究竟，就骑了一匹快马，赶到城门，远远看见四五十个兵围着，人头攒动，指手划脚在呵斥，连忙喝退众兵，只见一个躯干修伟的和尚，五花大绑，捆在拴马桩上，相貌虽丑，却有一股威严的神气，被绑着候令斩决，却毫无畏惧恐慌的模样。心里已有点纳罕，下马上前问了底细，知道果然是来投奔的，子兴大喜，立命解缚，收为步卒。

元璋入了伍，参见了队长，逐日跟着队伍上操习技，因为体格好，记性又强，不上半个月，已是队里顶尖顶上的脚色，几次跟着队伍出城哨探，他态度安详，计谋又多，同队的都听他的调度，每次出去，总是得了功，却不损伤一人一卒，慢慢的连队长也遇事和他商量了。不知不觉过了两个多月，一天，郭子兴带了亲兵出来巡察，经过元璋的营房，全队都排成一横列向主帅行礼。元璋个子高大，恰好排在队首。子兴见了记起前事，唤队长来问这新投效的心地和才干如何，队长极口称赞，子兴听了，就吩咐将元璋升为亲兵十夫长，立刻调回帅府。

元璋遇事小心勤谨，却又敢作敢为，几次奉命出征，临阵勇往无前，战胜攻取，所得财帛扫数献与子兴；得有赏赐，又推功分给同伴。说话不多，句句都有斤两。几个月后，不但军中誉声四起，子兴也视同心腹，言听计从了。子兴次妻张夫人抚养马公季女，已经成年，子兴爱重元璋，要他出死力，和张夫人商量，招赘元璋，张夫人也听说元璋才资出众，满口赞成，就择日给两口成婚。从此军中就改称元璋为朱公子。

和子兴同时起事的孙德崖等四元帅，势均位等，谁也不肯服谁，各自发施号令，没有个通盘的调度，占了濠州半年，各人只是带领部下，向四乡剽掠，兵力不能出濠州一步。子兴素有大志，看不惯这样行径，几次拿话劝导，说得不投机，竟闹翻了。子兴气极，索性闲住在家里，一切军民大政都不闻不问。元璋看出形势不妙，借一个方便，劝告子兴应该照常视事，不可灰心，假如老躲在家里，他们四个联合起来，对付你一个，这个亏是吃定了。子兴听了，只是摇头叹气而已。元璋见劝不动，只好背地里向孙德崖四人解释，用意联络弥缝，免得伤了和气。

九月间，元丞相脱脱统兵征徐州，招募场下盐丁和城市健儿三万人，黄衣黄帽号为黄军，一口气把徐州攻下，芝麻李落荒逃走，被元兵所杀，同党彭大、赵均用率领残兵投奔濠州。徐、濠都是红军，两下里原是一家，彭、赵起事早，兵多，占的地方也大，到了濠州以后，竟反客为主，郭子兴、孙德崖倒要听客人的调度了。彭大聪明有板眼，和郭子兴相处得很好，赵均用则和孙德崖拉拢。两派明争暗斗，心里都不服气，孙德崖又把话来挑拨赵均用，说郭子兴眼皮浅，只认得彭将军，百般趋奉；对将军却白眼相待，瞧不起人。均用大怒，带领亲兵径来火并。子兴冷不防，被均用的亲兵一索子捆了，带到孙德崖家，锁闭在一间空房子里。这天元璋恰好出差在外，得信奔回，阖家大小忙乱着，要派兵去抢救，元璋连忙止住，叫出子兴二子天叙、天爵，一径去找彭大，彭大听了，勃然大怒说："他们太胡闹了，有我在，谁敢害你元帅！"即刻派兵去孙家，元璋也全身盔甲，把空房子打开，救出子兴，破开镣械，背回家里。赵均用知道彭大出头，怕伤了和气，也就隐忍着算了。

元丞相脱脱乘连下徐州、汝宁之势，分兵派贾鲁进围濠州。大敌当头，红军的几个头脑慌了，才释去旧憾，齐心一志地坚守城池。元璋深得军心，朝夕上城帮同守御，从这年冬天一直到第二年春天，整整被围了五个月，幸得城里粮食丰足，未生他变。一天，元将贾鲁病死，军无斗志，只好解围他去。围虽解了，红军却也折伤不少人马，吃亏不少。

彭大、赵均用兴高采烈，彭大自称鲁淮王，均用自称永义王，子兴和孙德崖等仍然是元帅。

第二节　带兵官

濠州经过五个月的围攻，不但是粮秣感着缺乏，兵力也衰减得多。元璋细察二王和诸帅，胸襟太窄，眼光太短，都非成事之器。他得了郭子兴的允许，回到钟离，竖起大旗招兵，旬日间得了七百人，乡人徐达、汤和等听说朱元璋已做了红军头目，都来投效。子兴大喜。至正十三年六月，元璋被署为镇抚，从此一跃为一个带兵官了。

彭、赵二王恣睢自用，遇下苛虐，子兴又兵力衰弱，不能有大作为。元璋把新兵交代以后，禀准了主将，率领徐达、汤和、吴良、吴祯、花云、陈德、顾时、费聚、耿再成、耿炳文、唐胜宗、陆仲亨、华云龙、郑遇春、郭兴、郭英、胡海、张龙、陈桓、谢成、李新、张赫、周铨、周德兴等二十四壮士南取定远，用计降了张家堡驴牌寨的民兵，得兵三千。又招降秦把头，得八百余人。夜袭元将张知院于横涧山，收其卒二万，军声大振。

元璋得到大量生力军，立刻重新部署，加紧训练。他最看重纪律，在检阅新军时，他恳切地训诫将士说："你们原来是一个很大的部队，可是我很轻易地就把你们归并过来。原因是你们的将官没有纪律，士卒缺乏训练。现在我们要矫正这两个缺点，加紧训练，严明纪律，共立事功”。三军听了，无不踊跃思奋，等候机会，一显身手。

定远人冯国用、冯国胜（后改名胜）兄弟因乱团结义兵，立砦保卫乡里，听说元璋军队的纪律好，率众归附。元璋端详这两兄弟，装束很像读书人，举止谈吐都和众人不同，就问以定天下大计。国用以为建康龙蟠虎踞，帝王之都，先据建康，以为根本，然后命将出师，扫除群寇，救生灵于水火，勿贪子女玉帛，倡仁义以收人心，统一天下不是难事。元璋大喜，留两兄弟在幕府赞兵政，预机密。把两家军队合并编制，南下攻滁阳。

在进军滁阳的道中，定远人李善长到军门谒见。李善长读书有智谋，学的是法家的学问，善于料事。和元璋谈得极为投机，元璋问他天下何时可定？善长劝他取法汉高祖，以为汉高祖起于布衣，豁达大度，知人善任，不嗜杀人，五年工夫，便成帝业。元朝政治混乱，天下土崩瓦解。濠州和沛相去不远，如能取法这位同乡，天下也不足定。元璋连声叫好，留作掌书记，并且告诫他说："方今群雄并争，参谋人才是很要紧的。我看群雄中，管书记和作参谋的，多毁左右将士，将士不得展其能，以至于败，羽翼既去，头脑也站不住了，自然都被消灭。你要调和诸将，不要学他们的榜样。"从此元璋心目中时时有一个汉高祖在，事事要学他。善长也悉心调护诸将，量才进用，曲布诚款，使他们都能安心。

※ ※ ※

元璋率大军南下，各地豪杰闻风响应。前锋花云单骑冲破敌阵，一鼓而下濠州。元璋亲侄文正、姊夫李贞带了他的儿子保儿（后改名文忠）得到消息，奔来投靠；定远人沐英父母都亡，孤苦可怜，元璋把三个孩子都收为义子。收养义子是当时流行的风气，带兵的将领要培养心腹干部人才，喜欢把俊秀勇猛的青年收养，不但临阵时得其死力，在紧要关头，还仗他们以监视诸将。沐英在军中称为周舍，又呼沐舍。元璋义子中除文正、文忠、沐英而外，著名的有柴舍（即朱文刚，后死处州之难）、朱文逊（后死太平之役）、道舍（即何文辉）、马儿（即徐司马）、保儿（即平安）等，凡二十余人。

元璋驻师滁州，时赵均用、彭早住（彭大子，彭大先为均用所排挤而死，早住代领其众，仍称鲁淮王）挟郭子兴攻盱眙、泗州。均用深恨子兴，要借题目杀他。又派人来请元璋往守盱眙，元璋推辞了，暗中却派说客去说均用道："当大王穷困时，由徐奔濠，郭帅开门延纳，恩德至厚，大王不但不思报德，反听小人挑拨，要自剪羽翼，失豪杰心，怕不合道理。而且郭帅还容易对付，他部下在滁州的兵势很重，投鼠忌器，大王也得见到这一点。"均用听了，对子兴才放松一点。元璋又派人去贿赂他的左右，替子兴说好话，子兴才得带领自己部下一万多人到滁州，元璋把兵权交出，仍听他的约束。

十四年冬十月，元丞相脱脱总兵大败张士诚于高邮，分兵围六合。

张士诚小字九四，泰州白驹场亭人。有弟士德、士信，并以操舟、贩盐为业。轻财好施，颇得众心。常时卖盐给富家，受够了富人的欺侮，专捉私盐的弓手丘义，尤其作践得他们很苦。士诚气忿不过，趁着天下大乱，带着兄弟和李伯昇、潘原明、吕珍等十八个壮士，杀了丘义和诸富人，一把火把他们房子烧了，招兵买马，攻下泰州，据高邮，自称诚王，国号大周，建元天祐，这是至正十三年五月间的事。

元兵围六合，六合主帅到郭子兴处求救。六合和滁州有唇齿之势，六合破，滁州也不能幸存，元璋在子兴前面说明这个道理，可是元兵势盛，诸将无人敢去，元璋慷慨请行，奋力血战，把六合的老弱妇孺撤退到滁州。元兵不久大举攻滁州，元璋设伏大败元兵，得了好多马匹。却顾虑到孤城无援，元兵如再添兵来攻，势不可守。只好预备牛酒，派地方父老把马送还，说城中守卫是防他盗攻掠，本底子全是良民，不敢作反。现在愿意供给军需给养，请大军并力去灭高邮巨寇，不要残杀良民。元军吃了败仗，眼看一时也打不下，兼又得了好处，也就引兵他去，滁州算是保全了。

脱脱用全力攻高邮，城中支持不住，要投降又怕朝廷不肯赦罪。正在两难间，外城又被攻破了，内城指日可下。元兵正在踊跃图功，突然元廷颁下诏旨，解除脱脱兵权，安置淮安路，大军百万，一时四散，无所归附的都投入红军。脱脱受诏罢兵后，又诏使西行，鸩死于吐蕃境上。张士诚因之复振，红军也因之而扩充实力，下一年给元朝以一个致命的打击。

这变化简单说是政权的争夺。脱脱忠贞许国，元顺帝也以全权托付。平徐州后，脱脱威权日盛，顺帝也觉得天下无事，应该好好享乐，宣政院使哈麻阴进西天僧于帝，行房中运气之术，能使人身之气，或消或涨，或伸或缩，号演揲儿法。资政院使陇卜又进西番僧会秘密法的，竞相蛊惑，更使顺帝沉溺女色。复用十亲贵为倚纳，内中有母舅和皇弟，君臣共被，互易妻室，名曰"些郎兀该"（意为"事事无碍"）。哈麻忌脱脱碍眼，谮之令出外总兵。当脱脱全军苦战、正要成功时，哈麻又使人以劳师费财弹击脱脱，罢其兵权，置之死地。脱脱一死，自坏长城，元朝之亡，已只是时间问题了。

脱脱在政治上是他伯父伯颜的死敌，在对汉、南人的意见上，却继承他伯父的衣钵。当红军初起时，凡议军事，每回避汉人、南人。有一次入内廷奏事，回顾中书韩伯高、韩大雅随后来，忙叫守门人喝住，不许入内。又上奏说，方今河南汉人反，宜榜示天下，令一概剿捕。诸蒙古、色目因迁谪在外的都召还京，免得给汉人屠毒。这榜文一出，不但河南，连河北的汉人也被迫加入红军，红军声势，因之愈盛。

脱脱死后，顺帝愈无忌惮。时天下嚣乱，京师大饥，加以疫疠，人民易子而食。他却于内苑造龙舟，委内官供奉少监塔思不花监工，自制其样。船首尾长一百二十尺，广二十尺，前瓦帘棚穿廊两暖阁，后五殿楼子龙身并殿宇，用五采金妆，前有两爪，用水手二十四人，身衣紫衫，金荔枝带，四带头巾，于船两旁下各执篙一，从后宫到前宫山下海子内往来游戏。行时其龙首眼口爪尾皆动。内有机括，龙爪自拨水中。帝每登龙舟，用采女盛妆，两岸牵挽。又自制宫漏，约高六七寸，宽三四寸，造木为匮，阴藏诸壶其中，运水上下。匮上设西方三圣殿，匮腰立玉女捧时刻筹，时至辄浮水而上。左右列二金甲神，一悬钟，一悬钲，夜则神人自能按时而击，无分毫差。当钟、钲之鸣，狮凤在侧者皆翔舞。匮之西东有日月宫，飞仙六人立宫前，遇子午时飞仙自能耦进，度仙桥达三圣殿，已而复退立如前。其精巧绝出，人谓前代所鲜有。又尝为近幸臣建宅，自画屋样。又自削木构宫，高尺余，栋梁楹槛，宛转皆具，付匠者按其式为之。京师遂称鲁班天子。内侍利其金珠之饰，告帝曰此房屋比某人家殊陋劣，帝辄命易之，内侍由此刮金珠而去。造作不已，怠于政事，荒于游宴。以宫女三圣奴、妙乐奴、文殊奴等十一人按舞，名为十六天魔，首垂发数辫，戴象牙佛冠，身被缨络，大红销金长短裙袄云肩合袖天衣，绶带鞋袜，唱金字经，舞雁儿舞，各执加巴剌盘之器。内一人执铃杵奏乐。又宫女一十一人练槌髻勒帕常服，或用唐帽窄衫。所奏乐用龙笛、头管、小鼓、筝、纂、琵琶、笙、胡琴，响板、拍板，以宦者长安迭不花管领，遇宫中赞佛，则按舞奏乐，宫官受秘密戒者得入，余不得预。帝与倚纳等十人行大喜乐法，以夜作昼，宫廷中充满了穷奢极欲的景象。

※　　　※　　　※

滁州在战乱后，突然增加了四五万大兵，粮食不够吃，军心恐慌。元璋建议用计取和阳，移兵就食，郭子兴答应了。虹县人胡大海长身铁面，智力过人，举家归附；元璋一见语合，用为前锋。十五年正月，克和阳。子兴就用檄文派元璋总诸将兵守和阳。时诸将破城，暴横多杀掠，城中人民夫妇不相保。元璋故意不把檄文宣露，约日和诸将相会。当时席位以右首为尊，诸将恃功骄横，不肯服低，先入都抢右首坐下，元璋后到，坐在左首。等到该处理军务的时候，元璋却剖决如流，事事合理，诸将才稍稍屈服。末了约定分工修城，各人认定地位丈尺，三日完工，到时诸将所认定的都未修好，惟有元璋这一段先期完工。元璋这才拿出檄文，坐在南面，对诸将说："奉主帅令总诸公兵，修城大事，都不齐心；总兵责任大，如无约束，如何办事。自今以后，凡违令的都军法从事。"诸将惶恐谢罪，愿听约束。搜出军中妇女，都放还家。元璋从此又从带兵官的身份一跃而为统帅了。诸将多子兴旧部，地位和元璋一样，未尽心服，只有汤和奉令惟谨，李善长又从中尽心调护，方得无事。

元兵十万围攻和阳，元璋以万人拒守两个多月，粮食快完，城外饷道，又被元太子秃坚、枢密副使绊住马、民兵元帅陈野先三支军队所阻。元璋率诸将出城，各个击破。元兵乘虚攻城，李善长督兵还击，两下夹攻，元兵都渡江逃走。

濠州旧帅孙德崖因濠州缺粮，率领部下到和州就食。子兴知道这消息，也从滁州赶到和阳。德崖听说子兴来了，着了慌，即命全军出发他去，前军已经启行，德崖和后军在城中待发，元璋送前军出城，忽然城中来报，德崖和子兴两军起了冲突，德崖被擒，德崖军忿恨，也扣留元璋作抵。子兴听说元璋被执，如失左右手，连忙派徐达去交涉互换俘虏，德崖军放了元璋，子兴也放了德崖。

子兴深恨德崖，因元璋被留，勉强交换，悒悒不乐，三月，子兴病卒，归葬于滁。孙德崖听了子兴死讯，又卷土重来，要接收子兴的兵权，子兴的儿子天叙大惧，请元璋帮同负责军务，加上子兴妇弟张天祐，成为三头政治的局面。

第三节　统　　帅

元至正十五年（宋龙凤元年）二月，红军统帅刘福通派人在砀山访得了韩林儿，迎到亳州，立为皇帝，号小明王，建国曰宋，建元龙凤。拆鹿邑太清宫材，治宫阙于亳。小明王尊母杨氏为皇太后，以杜遵道、盛文郁为丞相，刘福通、罗文素平章政事，福通弟刘六知枢密院事。军旗上写着鲜明的联语道："虎贲三千，直抵幽燕之地；龙飞九五，重开大宋之天。"遵道得宠任事，福通不服气，暗地里派甲士挝杀遵道，自为丞相加太保，东系红军军政大权一归福通。

郭子兴原受亳都节制，子兴死后，小明王檄授子兴子天叙为都元帅，子兴部将张天祐为右副元帅，朱元璋为左副元帅，军中文移从此遵用龙凤年号。

虹县人邓愈年十六，从父兄起兵，父兄战死，愈代领其众，每战必挺身破敌，军中服其勇决。怀远人常遇春刚毅多智勇，膂力绝人，初从巨盗刘聚，聚抄掠无远志，遇春决心离开，愈归元璋为管军总管，遇春投元璋自请为先锋。

和州东南临大江，城小兵多，粮食大成问题。唯一可能的出路和发展，是渡江直取金陵。渡江必须舟楫，载运大军过江的舟楫不是三两日所能造就。元璋正在踌躇思虑，无法解决时，附近巢湖水军头目派人来要求归附。

庐州巢县人廖永安、永忠兄弟，俞廷玉、通海、通源、通渊父子，赵仲中、庸兄弟，合肥人张德胜、叶升，无为人张世杰，和州含山人华高等，各率众泊巢湖，连结水砦，以捍寇盗。红军左君弼据庐州，永安等战败，闻元璋兵盛，以水军千艘归附，元璋大喜，即亲往抚定其众。时元中丞蛮子海牙集楼船塞马肠河口，阻住出路。元璋率舟师出湖口，到和阳铜城闸，忽大雨水涨，从小港径出，大败蛮子海牙军于裕溪口，水军入大江，从归和阳，因定渡江之计。

六月初一日，元璋率众渡江，乘风直抵牛渚，遂据采石，缘江诸垒一齐归附。诸将争取资粮，打算运回和州，慢慢享用。元璋和徐达商量，第一仗打得不坏，不如乘胜直取太平，把所有的船缆都切断，放船在急流中，断士卒归路，使其必进。又命李善长预备好戒饬军士榜文。初二日克太平路，执万户纳哈出。揭榜文于街，有一小卒违令，立斩以徇，军中肃然。当地耆儒李习、陶安等，率父老出迎，陶安见元璋师有纪律，实在难得，因进言："方今四方鼎沸，豪杰并争，攻城屠邑，互相雄长，这一般人都不过志在子女玉帛，根本没有拨乱安民、救天下的志气。元帅率众渡江，神武不杀，以此顺天应人而行吊伐，天下统一不成问题。"元璋问以取金陵如何？陶安以为金陵是古代帝王之都，形势险要，又有长江天险，如以金陵作根基，出兵讨伐四方，是绝妙的战略。两人说得非常投机，就留陶安在幕府参议机密。改太平路为太平府，以李习知府事。置太平兴国翼元帅府，元璋自领元帅，以李善长为帅府都事，汪广洋为帅府令史，潘庭坚为帅府教授。籍乡民为兵，以税户宋成等为千户统领，居民蓄积尽数运入城内，准备固守。

太平在占领以后即被元兵包围，水路方面由元将蛮子海牙、右丞阿鲁灰以巨舟截采石江，闭姑熟口，断绝红军归路及和阳的交通，陆路由山寨民兵元帅陈野先、水军元帅康茂才以兵数万攻城。元璋分兵两路：一支由汤和率领正面迎战，一支由徐达、邓愈潜师由间道绕到元兵后路，从背面夹攻。元兵腹背受敌大败，野先被擒，蛮子海牙、阿鲁灰得到败讯，也不敢进攻，还军驻裕溪口。元璋释野先缚，令作书招降其部队，第二天其众皆降。分命徐达等取溧水、溧阳、句容、芜湖等地。

九月，郭天叙、张天祐和陈野先率兵进攻集庆（金陵）。野先之降，非其本心，被逼写信招降部曲时，以为其众未必从命，不意全军归附，自悔失计，阴谋复兴元合。元璋察知其计，故意交还部队，让他和元集庆守将福寿勾通，攻城时，郭、张二帅攻东门，野先伪攻南门，城中坚守。二帅不知野先底细，以为一家。野先邀天叙喝酒，席间把他杀了，又诱擒天祐献于福寿，天祐亦被杀。回师追袭红军于溧阳，行经葛仙乡，地方民兵恨野先反复，使地方糜烂，设计把他杀死，从子兆先代领其众。郭、张二帅死后，子兴旧部都归元璋，元璋遂独领都元帅，半年来的三头局面到此结束。

元璋率大军渡江，马夫人率将士家属仍留和阳。郭、张二帅被诱杀以后，陈兆先屯方山，蛮子海牙则屯采石，水陆犄角，威胁太平。元璋乘时整顿军队，加强实力。龙凤二年（至正十六年）二月亲率常遇春等大败蛮子海牙军于采石，纵火焚其连舰，蛮子海牙仅以身免，江路始通。三月率诸将进攻集庆，水陆并进，至江宁镇，攻破陈兆先营，降其众三万六千人，释兆先以为元帅，令从征讨。进败元兵于蒋山，直抵城下。城破，福寿战死，得了军民五十余万，元将康茂才降。元璋入城，剀切告诉军民父老官吏说："元朝政治混乱，战争四起，生民涂炭。我来是为民除乱，大家应该各安职业，不要疑心害怕。贤士吾礼用之，旧政有不便者吾急除之。作官吏的不要贪暴，使百姓吃苦。"简单的几句话，把城中人心定下来，恢复了秩序。改集庆路为应天府，置天兴建康翼统军大元帅府，以廖永安为统军元帅。以赵忠为兴国翼元帅，守太平。置上元、江宁二县。辟儒士夏煜、孙炎、杨宪等十余人，以次录用。亳都得到捷报后，升元璋为枢密院同佥，以帅府都事李善长为经历。不久又升元璋为江南等处行中书省平章，故元帅郭天叙弟天爵为右丞，李善长为左右司郎中，以下诸将都升元帅。元璋这年才二十九岁，已经是独当一面的人物、统领十万大军的统帅了。

元璋据应天后，他的势力，以应天为北境，西起滁州划一直线到芜湖，东起句容，南到溧阳，一块不等边形，横摆着的斗形地带。西线是斗底，东线是斗口。四面的形势，东边元将定定扼守镇江。东南张士诚已据平江（苏州），破常州，转掠浙西。东北面青衣军张明鉴据扬州。南面是元将八思尔不花驻徽州，别不华、杨仲英屯宁国。西面池州已为徐寿辉所据。东南外围则元将石抹宜孙守处州，其弟厚孙守婺州，宋伯颜不花守衢州，真是四面受敌。幸亏这时元兵正用全力对付小明王，前一年十二月元将答失八都鲁大败刘福通于太康，进围亳州，小明王奔安丰（今安徽寿县）。察罕帖木儿和红军转战河南，都无暇南顾。红军势力暂时消沉，张士诚又猖獗于东南，徐寿辉鸱张于襄汉，元兵左支右绌，已苦无法应付。龙凤二年（至正十六年）红军复振，遣兵分出略地，李武、崔德陷商州，破武关，进图关中。毛贵陷胶、莱、益都、滨州，山东郡邑多下。三年刘福通率众攻汴梁，分军三道：关先生、破头潘、冯长舅、沙刘二、王士诚趋晋冀；白不信、大刀敖、李喜喜趋关中；毛贵出山东北犯。第一路军分二路：一出绛州，一出沁州，逾太行，破辽、潞，陷冀宁，攻保定，陷完州，掠大同、兴和塞外诸部，至陷上都，转掠辽阳，抵高丽，从西北折回到东北，绕了一个大圈子。第二路军陷兴元，入凤翔，南入四川。一部又陷宁夏，掠灵武诸边地。第三路军陷东平、济宁、东昌、益都、广平、顺德、济南，北陷蓟州，犯漷州，略柳林以逼大都。福通则陷大名、曹、濮、卫辉，出没河南北。四年五月，攻下汴梁，迎小明王以为都城。红军所至无不摧破，元州郡长吏闻红军来，往往不战而遁。五六年中，红军长驱深入，来回地兜圈子，元军用全力抵抗和进攻，无力顾到朱元璋，使得这个新进最后起的红军小头目，得以从容巩固地盘，扩充实力，得以个别消灭群雄，开辟疆土。而且在地理上，朱元璋和元朝大军中间恰好隔着，东边是张士诚，北面是小明王，西边是徐寿辉，这三个卫星使他无从受到元军的主力攻击，等到红军主力已被元朝消灭的时候，朱元璋已经广土众民，拥有最强大的实力，可以和元军一决雌雄了。

在这斗形地带所受到最大的威胁，东边镇江如为张士诚所据，则可以直捣应天，危及根本。南边的宁国如为徐寿辉所占，则后方又失去屏障。元璋在应天经营甫定，即遣徐达攻克镇江，分兵下金坛、丹阳等县。向东伸出一触角。到六月又派邓愈攻陷广德，堵住徐寿辉的来路。在出师时严申军令，毋焚掠，毋杀掳，犯令者处以军法。破镇江时，号令严肃，城中晏然，不知有兵。改镇江路为江淮府，置淮兴镇江翼元帅府，以徐达、汤和为统军元帅。置秦淮翼元帅府，以俞通海为元帅。改广德路为广兴府，置广兴翼行军元帅府，以邓愈、邵成为元帅。分遣诸将攻克长兴、常州，自将攻克宁国，得军士十余万，降其将朱亮祖。又克江阴、常熟、徽州、池州、扬州。在龙凤三年（至正十七年）这一年中，把四周敌人的军略据点悉数占领，成为向外发展的前哨阵地。从江阴到长兴划一条直线，构成堵住张士诚西犯的防线。宁国、徽州则是向浙东进展的门户。西线主守，东线主攻，北线和友军接境，形势已和一年前大不相同了。

※　　※　　※

元璋深知自己的知识太差，对于实际政治尤其隔膜。所以对于知识分子，特别看重，虚心听从他们的劝告，完成自己的教育。每克一地，必访求当地的贤才，罗致于自己幕府中，初起略地定远时得毛骐典文书机密，下滁州得范常，克太平用宋思颜。从渡江的幕府人才，有郭景祥、李梦庚、杨元果、阮洪道、汪河、乐韶凤等。下集庆，王濂来归。克镇江，礼聘秦从龙、陈遇。下徽州，召朱升。从龙之来，元璋亲到龙江迎接，事无大小，都和他商量，呼为先生而不名。陈遇画策帷幄，宠礼之隆，诸臣莫比。两人都不受官职，自处于宾师之间，元璋也不敢强以名位。朱升告诉元璋三句话：“高筑墙，广积粮，缓称王。”奠定了元璋后来的帝业。

从兴军以来，农村壮丁大部分被逼从军，农田荒芜，又不断被战争所蹂躏，粮食收成减少。各处军队的给养多由掠夺，名为寨粮，元璋的部队也不能例外。生产日少，消费日多，百姓被掠夺而饿死沟壑，军队还是吃不饱肚子。扬州的青军甚至演出吃人的惨剧。元璋听了朱升的劝告，龙凤四年（至正十八年）二月以康茂才为都水营田使，专负责修筑堤防，经营水利，恢复农田生产，供给军需。又分命诸将部兵屯田龙江等处，以生产的多少定其赏罚。几年内就显著成绩，仓库充实。军食既足，就明令禁止征收寨粮，民心归附，足食足兵，两件事都做到了。这年十一月，又立管领民兵万户府，把所定郡县，简拔民间武勇之材，编缉为户，由民兵万户府管领。农时则耕，闲时则加以军事训练，有事则征调入伍，事定后，有功的一体升擢，无功的仍还为民户。实行寓兵于农的制度，使作战力量和生产力量合而为一。

外围的威胁解除，内部的生产问题有了办法，元璋的眼光立刻转移到浙东西的谷仓。先命李文忠进取皖南青阳、石棣、太平、旌德诸县，巩固了后方的防务，再会合邓愈、胡大海两支军队，由徽州昱岭关，进攻建德路，一鼓攻克，改建德路为严州府，先头部队东达浦江，构成侧面包围婺州的形势。十二月元璋亲率军十万出徽州进攻婺州，大败元处州援兵于城下，婺州降，改为宁越府，置中书分省，于省门建二旒大黄旗，上面写着：“山河奄有中华地，日月重开大宋天。”下揭二牌：“九天日月开黄道，宋国江山复宝图。”辟儒士范祖干、许元、叶瓒玉、胡翰、汪仲山等十三人分直讲经史。立郡学，延儒士叶仪、宋濂为五经师，戴良为学正，吴沈、徐原为训导。丧乱之余，学校久废，元璋在这个两百年来的理学中心，号为“小邹鲁”的地方，复兴儒学，不但表示他在政治上的远见，同时也是收拾人心——尤其是士大夫——的最好办法。由此也可看出这个划时代的巨人，红军的头目，这时已开始反叛，倾向儒家，虽然中书分省省门的标语还是复宋。

宁越既下，分兵取浙东未下诸路，龙凤五年（至正十九年）正月克诸暨，五月汴都升元璋为仪同三司江南等处行中书省左丞相。六月自宁越还应天，留胡大海守宁越。八月元察罕帖木儿攻陷汴梁，刘福通奉小明王退保安丰。浙东驻军先后克衢州、处州，元璋的领土，遂成北邻张士诚、西邻陈友谅、东邻方国珍、南邻陈有定的局面。士诚最富，友谅最强，国珍和有定都龌龊自保。因之在整个战略上，又改采东南取守势，西北线取攻势的策略。以士诚和友谅比较，士诚迟疑顾虑，友谅轻佻猛鸷，士诚保守，友谅进取，以此，在西北的攻势又分轻重，对士诚是以守为攻，扼住江阴、常州、长兴几个据点，使士诚不能西迈一步。对友谅则以攻为守，使友谅兵力分散，不能集中攻击。

浙东虽已大部平定，可是浙东的几家豪族，尤其是原来在元将石抹宜孙幕府的名士刘基、叶琛、章溢等，有重名，得民心，都避不肯出，元璋遣使致书礼聘，总制孙炎又陈书开谕，基等不得已，和宋濂于龙凤六年三月应征到应天，元璋大喜，筑礼贤馆以处基等。这几个人，在思想方面继承宋儒的传统，和明教和红军无渊源。在社会地位方面，是浙东的豪绅巨室，声望笼罩一方。他们遵礼法，重保守，在行动上的表现是团结土著，保卫地方。元璋千方百计把他们拉拢到手，固然地方问题是解决了，“山越清宁”。可是他们的思想和主张都自成一系统，和红军格格不入。被逼出山以后，也就改变作风，利用元璋的雄厚军力，拥之建立新朝，以保持几千年来的传统的秩序、习惯和文化，保持巨室豪绅的利益。结果，自然和出自明教红军的诸将，成地主与流氓、儒生和武弁相持之局。元璋也利用巨室豪绅之护持，儒术之粉饰，建立他的万年基业。在红军实力尚存、对元仍须利用红军拥护的时期，他是红军的别部，不免两面敷衍。一到小明王军力完全被元军消灭以后，他就完全倾向儒生，剥去宗教的外套，自命为旧秩序之恢复者和旧文化的护法人了。从这时以后，他深受这几人的影响，和红军的关系逐渐疏远，和儒家日益接近。

第四节　陈友谅和张士诚

西系红军的组织人彭莹玉经营十数年，到至正十一年（1351），才和麻城邹普胜纠集徒党，以红巾为号，约期举事。

罗田人徐寿辉（又名真逸、真一）以贩布为业，生得魁梧奇伟，一表人才，被彭莹玉看中了，推为头目。这年九月间发动，陷蕲水及黄州路，以蕲水为都城，拥寿辉为皇帝，国号天完，建元治平。分兵陷湖广、江西诸郡县，出昱岭关，陷杭州，又陷太平等路。天完军队所到处，宣扬弥勒佛出世救民的教义，不杀不淫，招民投附者，登记姓名，单只运走府库金帛。相对的所占城池被元军克复后，却大杀大掠，放火焚城。尤其是从湖广调来的苗军，奸淫掳掠，无恶不作，屯军之所，毒过寇乱，民间有谣曰："死不怨泰州张（士诚），生不谢宝庆杨。"政府刑赏不当，民间豪杰倾家起兵，保卫乡里，剿捕寇盗的，百战辛劳，因为是南人，便恩赏不及。反之，如方国珍、张士诚起兵叛乱，政府无力平定，只好招安，抚以好官高爵，反一次，官爵便高一次。因之，平民都相率从乱，像火烧荒山一般，蔓延日广。

徐寿辉到底是卖布出身的，没有多大的见识，所占的地方虽大，却不能守住，随得随失，像拉锯一样，只苦了老百姓。不久迁都到汉阳，为其丞相倪文俊所制。倪文俊兵权在手，谋杀寿辉自立不成功，奔黄州。文俊部将陈友谅，原系沔阳人，家世打鱼营生，他自己在县里当一名小吏，不甘心埋没，投身红军。学文俊的榜样，用计把文俊谋杀，夺过兵权，自称宣慰司，不久又改称平章政事。龙凤四年陷安庆、龙兴（南昌）、抚州诸地，和元璋境壤相邻。江南群雄以他为最强，野心也最大。龙凤六年，挟徐寿辉东下克太平，进驻采石矶，杀寿辉，自立为皇帝，国号汉，改元大义，尽有江西、湖广之地。

友谅兵精地广，气吞一世，遣使于张士诚，约夹攻应天。自引兵从江州东下。应天大震，诸将或议出降，或议出奔，或议先复太平以牵制友谅兵势，元璋都置不答，独引刘基于内室问计。刘基以为主降和主出奔都该杀：友谅兵骄，引其深入，以伏兵围歼，天道后举者胜，取威定霸，以建王业，在这一战！元璋决定了战略，唯一的困难，是怕友谅和士诚同时进攻，首尾受敌，如能设法使友谅先来，便可集中军力，个别击破。友谅破，则士诚胆落，东线便无问题。

元璋一面派胡大海以兵直捣广信，扰乱友谅的后方，一面派康茂才骗友谅速进，茂才和友谅是故旧，茂才的阍人从前跟过友谅，茂才便遣阍人带书信给友谅约降，告以城中虚实，劝其分三路进攻。友谅问阍人："康将军现在何处？"阍人回说："现守江东桥。"问："桥是什么材料？"回说："是木头的。"友谅大喜，约进兵江东桥时以呼"老康"为信号。元璋派人赶夜把江东木桥毁了，新建石桥，以惑友谅。分遣兵埋伏各要地，准备水陆夹攻。

到了约定时日，友谅果然亲统大军来攻，径到江东桥，一看是大石桥，情形不对，连喊，"老康！老康！"也无人理会，情知中计。元璋军奋起，水陆夹攻，友谅军大败。元璋军乘胜克复太平，下安庆。胡大海亦取信州，改为广信府。徐寿辉旧将恨友谅杀主，亦以袁州来降。

龙凤七年（元至正二十一年，1361），元璋以功封吴国公。

七月，友谅复遣将陷安庆。时友谅降将具说友谅自弑徐寿辉后，又杀骁将赵普胜，将士离心，政令不一。元璋因定计西伐，以友谅降将作向导，以巨舰溯流西上，连克安庆、江川，友谅将丁普郎、傅友德迎降，友谅奔武昌。南、康、饶、蕲、黄、广济、抚州、龙兴、袁、瑞、临江、吉安都相继归元璋掌握。

次年六月，元大将察罕帖木儿遣使招谕元璋。前一年，察罕复关、陇，平山东，降田丰，军威大振。几年来山东都在毛贵治下，毛贵立屯田，设宾兴院，把山东治理得很好。原来由徐州奔濠州的赵均用，和彭早住纵横淮、泗好几年，早住死，均用遂北上和毛贵合伙，两人闹别扭，火并起来，均用杀了毛贵，毛贵部将续继祖又杀了均用，自相残杀，军力衰减，只剩田丰还站得住。田丰一降，察罕军锋就可指日南下，不惟安丰岌岌可危，即便应天也有唇亡齿寒之势。元璋见形势不好，只得派使人去和察罕通好，察罕时方围攻益都，元璋见益州固守，料察罕暂时不能南下，才敢抽空西伐陈友谅。到这时候，察罕的报聘使人才到，乘战胜之威，劝告元璋归附。不久得到消息，说是六月间察罕已被田丰所刺死，养子扩廓帖木儿代领其众，元璋这才放心。到十二月间，元遣尚书张昶航海到庆元，授元璋为荣禄大夫江西行省平章政事。时元兵内讧，大将扩廓帖木儿和孛罗帖木儿互争地盘，更无暇南顾，一发置之不理了。

当察罕报聘使人到了应天之后，宁海人叶兑献书元璋，指陈平定天下大计说：

> 愚闻取天下者必有一定之规模：韩信初见高祖，画楚、汉成败；孔明卧草庐，与先主论三分形势是也。今之规模，宜北绝李察罕，南并张九四，抚温、台，取闽、越，定都建康，拓地江、汉，进则越两淮以北征，退则画长江而自守。夫金陵古称龙蟠虎踞帝王之都，借其兵力资财，以攻则克，以守则固，百察罕能如吾何哉！江之所备，莫急上流，今义师已克江州，足蔽全吴，况自滁、和至广陵，皆吾所有，匪直守江，兼可守淮矣。张氏倾覆可坐而待。淮东诸郡，亦将来归。北略中原，李氏可并也。今闻察罕妄自尊大，致书明公，如曹操之招孙权。窃以元运将终，人心不属，而察罕欲效操所为，事势不侔。宜如鲁肃计，定鼎江东，以观天下大衅，此其大纲也。至其目有三：张九四之地，南包杭、绍，北跨通、泰，而以平江（今吴县）为巢穴。今欲攻之，莫若声言掩取杭、绍、湖、秀，而大兵直捣平江，城固难以骤拔，则以销城法困之，于城外矢石不到之地，则筑长围，分命将卒，四面立营，屯田固守，断其出入之路，分兵略定属邑，收其税粮以赡军中，彼坐守空城，安得不困！平江既下，巢穴已倾，杭、越必归，余郡解体，此上计也。张氏重镇在绍兴，绍兴悬隔江海，所以数攻而不克者，以彼粮道在三斗江门也。若一军攻平江，断其粮道，一军攻杭

> 州，断其援兵，绍兴必拔。所攻在苏、杭，所取在绍兴，所谓多方以误之者也。绍兴既拔，杭城势孤，湖、秀风靡，然后进攻平江，犁其心腹，江北余孽，随而瓦解，此次计也。方国珍狼子野心，不可驯狎，往年大兵取婺州彼即奉书纳款，后遣夏煜、陈显道招谕，彼复狐疑不从，顾遣使从海道报元，谓江东委之纳款，诱令张昶赍诏而来，且遣韩叔义为说客，欲说明公奉诏。彼既降我，而反欲招我降元，其反复狡狯如是，宜兴师问罪。然彼以水为命，一闻兵至，挈家航海，中原步骑，无如之何。夫上兵攻心，彼言宁越既平，即当纳土，不过欲款我师耳。攻之之术，宜限以日期，责之归顺，彼自方国璋之没，自知兵不可用，又叔义还称义师之盛，气已先挫，今因陈显道以自通，正可胁之而从也。事宜速，不宜缓，宣谕之后，更置官吏，拘其舟舰，潜收其兵权，消未然之变，三郡可不劳而定。福建本浙江一道，兵脆城陋，两浙既平，必图归附，下之一辩士力耳。如复稽迟，则大兵自温、处入，奇兵自海道入，福州必克，福州下，旁郡迎刃解矣。声威既震，然后进取两广，犹反掌也。

说得头头是道，元璋心服，要留用他，不肯，力辞去。后几年平定东南和两广的规模和次第，果然和他所说的差不多。

※ ※ ※

小明王从称帝以来，徒拥虚名，一切军政大事都决于刘福通。诸大将原来和福通同时起事，拥兵在外，不听调度，兵虽强盛，威令不行，得地虽多，却不能守。从三路出兵以后，转战万里，兵多走死，余党又被察罕帖木儿和孛罗帖木儿所消灭。只剩山东一部分军力，掩护安丰。到益都被扩廓包围后，刘福通亲自引大军援助，大败走还。益都破，安丰势孤，龙凤九年二月张士诚将吕珍乘机攻围安丰，城中粮尽援绝，小明王危迫，告急于元璋求救。

在元璋赴救前，刘基力谏，以为大兵不应轻出，若救出小明王来，发放何处？作何安顿？是自作头目，还是让他？而且陈友谅虎伺于后，如乘虚来攻，便进退无路。元璋则以为安丰破，应天失去屏蔽，孤立可虑。士诚日益坐大，将不可制。不听劝告，亲自统兵赴援，刘福通突围，乘黑夜疾风暴雨奉小明王居滁州。三月十四日降制赠元璋曾祖考为江南等处行中书省右丞上护军司空吴国公，祖考为江南等处行中书省平章政事上柱国司徒吴国公，考为开府仪同三司录军国重事平章右丞相吴国公，妣皆吴国夫人。

元璋于三月间赴援安丰，陈友谅果然乘虚进攻，于四月大举围洪都（南昌），并分兵陷吉安、临江、无为州。他这次因疆土日蹙，气忿不过，大治楼船数百艘，都高数丈，饰以丹漆，每船三重，置走马棚，上下人语声不相闻。橹箱皆裹以铁。载家属百官，空国而来，兵号六十万，用全力攻南昌。守将朱文正率将士誓死固守，友谅用尽攻城的方法，被围八十五日。到七月元璋亲率二十万大军来救，友谅才解围，东出鄱阳湖迎战。

这一战决定了两雄的命运，两军的主力前后大战三十六日。在会战开始的前四天，元璋先在鄱阳湖出长江的口子安置了几道伏兵，把湖口封锁了，堵住友谅的归路。两军的形势，友谅军号六十万，元璋二十万。友谅联巨舟为阵，楼橹高十余丈，绵亘十余里，旌旗戈盾，望之如山。元璋方面都是小船，相形见绌。论实力和配备都是元璋方面吃亏。但却也有占便宜处：第一，友谅军攻围南昌三月不下，空国而来的必胜信念已经动摇，元璋却是千里赴援，决存亡于一战，士气大不相同。第二，友谅船大，又联结为阵，不便转动。元璋船小，操纵自如，在体积上吃亏，在运动上却占优势。第三，元璋善于统帅，将士上下一心，人人效死。友谅多疑暴躁，将士自危，内部发生裂痕，不但不肯力战，反而解甲投顺。第四，交通线被封锁，元璋军队数量少，有南昌和后方接济，友谅军则鏖战数月，粮尽士疲，军无斗志。血战三十六日，友谅终于身死军歼。

元璋军主要的战术是火攻：一种方式是用火炮，焚烧敌方大船；另一种是用火药和芦苇装满七条船，用敢死士操船，冲入敌阵，纵火焚舟，和敌方的几百条战舰同归于尽。接战时分舟师为十二队，火器弓弩，以次排列，在接近敌人时，先发火器，次用弓弩，最后是短兵接战。全军跃踊死战，友谅军大败，他的左右金吾将军率部来降，军又乏粮，只好冒死突围，打算冲出湖口。元璋军从后用火舟火筏冲击，前面伏兵迎头截击，友谅中流矢死，其部将以其子理奔武昌。

元璋完成歼灭战后，对刘基说："我真不该到安丰，假如友谅趁我出去，应天空虚，顺流而下，直捣建康，我进无所成，退无所归，大事去矣。幸他不进攻建康，而围南昌，南昌坚守三月，给我以充分的机会，一战功成。这战虽然打胜，却是够侥幸的了。"

友谅败死，劲敌已除。龙凤十年（元至正二十四年，1364）正月，元璋遂自立为吴王，建百官。以李善长为右相国，徐达为左相国，常遇春、俞通海为平章政事，立子标为世子。二月亲帅军征武昌，陈理降，汉、沔、荆、岳皆下，立湖广行中书省，分兵抚定诸未下郡县。到这年年底，友谅疆土，东至赣州，西到辰、澧，南到韶州，都为元璋所有。

※ ※ ※

元璋既灭汉，第二个目标是讨张士诚。张士诚在前一年九月称吴王。两雄接境，前后相隔不过三个月，都称吴王，这中间也有一个故事。原来几年前民间有一个童谣说："富汉莫砌楼，贫汉莫砌屋；但看羊儿年，便是吴家国。"张士诚和朱元璋的领土都是从前吴地，为着应这童谣，这两雄便先后都称吴王。

元末群雄可分作两个系统：一是红军系，一是非红军系。红军系分东、西两支：东支从小明王到郭子兴、朱元璋，西系从徐寿辉到陈友谅，以及寿辉别部割据川陕的明玉珍。非红军系如吴张士诚，浙方国珍。红军系有政治理想，有民族思想，和元政府势不两立，决不妥协。从韩、彭起事到朱元璋建国，始终和元政府作战。非红军系相反，他们起事，只为了个人的动机，政府招抚的条件合式就投降，政府也就承认既成事实，任为占领地区的军政首长，投降后对政府要求不能满足，就再度叛变，每反复一次，他们的地位和地盘都有变化。

张士诚时叛时降，到龙凤九年九月复自立为吴王。所据地南抵绍兴，北逾徐州，达于济宁之金沟，西有汝、颍、濠、泗，东到海，有地二千余里，有兵数十万，据有全国最富饶的一角。士诚为人持重寡言，无远图。既据有吴中，户口繁盛，物产丰富，渐渐奢纵，怠于政事。诸大将也聚敛财物，日夜歌舞自娱，上下穷奢极侈，不以军务为意。从龙凤二年（1356）起和元璋接境，便互相攻伐。士诚多少次进攻常州、江阴、建德、长兴、诸全（诸暨），都得不到便宜。元璋进攻湖州、绍兴、杭州，也是不能得手。到武昌还师以后，西线已无问题，这才集中军力，进攻士诚。

元璋对张士诚的攻势分作三个阶段：

第一个阶段起于龙凤十一年十月，目标是士诚北境淮东区域，到十二年四月间，半年工夫把泰州、高邮、淮安、濠、徐、宿、安丰完全占领，使士诚的军力局促于长江之南。

第二个阶段起十二年八月，分兵两路攻湖州、杭州，切断士诚的两臂，到十一月间湖州、杭州投降，形成北、西、南三面包围的局势。

第三个阶段起十二年十二月包围平江，到十三年九月克平江，执士诚，前后一共十个月。

在第一个阶段攻势顺利收到战果以后，龙凤十二年五月二十一日，元璋以檄文列数士诚罪状，在这檄文中说明元末形势，和自己起兵经过，不但攻击元政府，连红军也被斥为妖术、妖言了。檄文说：

> 皇帝圣旨，吴王令旨：近睹有元之末，王居深宫，臣操威福，官以贿成，罪以情免。宪台举亲而劾仇，有司差贫而优富，庙堂不以为忧，方添冗官，又改钞法。役数千万民，湮塞黄河，死者枕藉于道，哀苦声闻于天，致使愚民，误中妖术，不解偈言之妄诞，误信弥勒之真有，冀其治世，以苏其苦，聚为烧香之党，根据汝、颍，蔓延河、洛。妖言既行，凶谋遂逞，焚荡城郭，死戮士夫，荼毒生灵，无端万状。元以天下兵马钱粮大势而讨之，略无功效，愈见猖獗，终不能济世安民。是以有志之士，旁观熟虑，乘势而起，或假元氏为名，或托香军为号，或以孤军独立，皆欲自为，由是天下土崩瓦解。余本濠梁之民，

初列行伍，渐至提兵，灼见妖言，不能成事，又度胡运，难与立功，遂引兵渡江。

以下列数士诚罪状。檄文声讨张士诚，却跑出题外，攻击元政府还可说，连培养自己的红军也牵到了，一笔抹杀红军的革命意义，指斥其杀人放火，罪大恶极。使人看了以为这檄文必出于非红军系统的手笔。显然的这是刘基、宋濂这一儒生系统的策略，他们过去几年的努力，到这时才具体化，一脚踢开红军，自建一新系统，以求获得地主与巨绅的支持、士大夫的同情。这一檄文把元璋的一生划为两段，过去他是贫农和穷人的领袖，此后则是地主、巨绅的保护人；过去他一力破坏现状，此后则一转而为最保守的现状维持派了。

红军的宣传和教义都被这一纸檄文所打倒，红军最高领袖宋皇帝小明王兵将都无，放在滁州，毫无作用，自然也该跟着淘汰。这年年底元璋派廖永忠到滁州接小明王到应天，船到瓜步，在江心把船凿沉，永忠径回应天复命。小明王、刘福通死，宋亡。

第二个阶段的攻势，所用军力达二十万人。统帅是大将军徐达，副将军常遇春。在出师前商讨战略，常遇春力主直捣平江，以为巢穴既破，其余诸郡可不劳而下。元璋却决定采取叶兑的决策，他说："士诚起自盐枭，和湖、杭诸州守将都是愍不畏死之徒，相为手足。如先攻平江，湖、杭必然齐心并力来救根本，军力集中，不易取胜。不如先分其势，枝叶既去，根本动摇，使士诚疲于奔命，必然可以成功。"于是分兵攻湖州、杭州。元璋亲御戟门誓师，申诫将士以城下之日，毋杀掠，毋毁庐舍，毋发丘垄。士诚母葬在平江城外，毋侵毁。

第三个阶段攻势用叶兑的销城法，筑长围把平江团团围住，士诚外无救兵，突围又不成功。城破后被执到应天，自缢死。

士诚晚年不理政事，国事全交给其弟丞相士信，士信荒淫无识，信用叶、蔡、黄三个参谋，三人弄权舞弊，以致国事日非。元璋听得这情形，就说："我向来无一事不经心，尚被人欺；张九四一年到头不出门理事，岂有不败的道理！"士诚的百姓也有一个民谣："丞相做事业，专凭黄菜叶；一朝西风起——干瘪！"

※ ※ ※

平江合围后，元璋又遣将讨方国珍。

国珍在群雄中最先起事。他是黄岩人，世以贩盐、浮海为业。至正八年（1348）被仇人告他和海盗通谋，几兄弟杀了仇人，逃入大海，结集了几千人，四处抢劫。地方官发兵追捕，吃了败仗，官也给他俘虏了，只好招安，授定海尉，不久又起兵造反，元兵又吃败仗。统帅被俘。只好再度招安，授以大官，国珍也就听命。如此时降时叛，反复一次，官高一次，到至正十五年（1355）一直做到浙江行省参知政事，开治所于庆元（宁波），兼领温、台，全有三州之地。

元都北平，粮食仰给于东南，平均每年由海道运粮三百万石。东南乱起后贡赋不供，京师阙食。好容易张士诚、方国珍都归附了，士诚有粮，国珍有船，经过多次的接洽，由国珍每年替政府运粮十几万石，元因累进国珍官为浙江行省左丞相衢国公。到至正二十三年，士诚和元政府闹别扭，不肯再供给粮食，海运由此停止，给元政府以极严重的打击。

元璋攻取婺州后，和国珍邻境相望，国珍为人狡猾反复，在地理上北有张士诚，西有元璋，南有陈有定，三面受人包围，见元璋兵盛，不敢多树敌人，只好卑辞投顺，同时又受元官爵，替元运粮，两面讨好。到元璋攻取杭州后，国珍更加害怕，北通扩廓帖木儿，南联陈有定，打算结成掎角的形势，和元璋对抗。倚仗着有多数海船，事急时奔入大海，一逃了事。

元璋的攻势分水陆两路：陆路军进克台州、温州，直逼庆元；国珍逃入海中，又为水军所败，穷蹙无法，只好哀辞求降。从进攻到凯旋，前后不过三个多月。

第五节　南征和北伐

当元璋遣将平定方国珍的时候，同时决定了南征和北伐的大计。

元璋的领土，大体上据有现在湖北、湖南、河南东南部、江西、安徽、江苏、浙江。中部最繁盛、人口密度最高的区域，恰好把元帝国切断作南北两块。

南部除元璋以外，分作几个势力：以四川为中心的有夏国明玉珍，原是西系红军徐寿辉的部将，略地入蜀，得寿辉被弑的消息，自立为陇蜀王，以兵塞瞿塘，不与陈友谅通。至正二十二年（1362）即皇帝位于重庆，国号夏，建元天统。二十六年玉珍死，子昇嗣位，是一个十岁的孩子。

云南有元宗室梁王镇守。两广也是元朝的势力范围。福建陈有定虽然跋扈，仍矢忠于元。

夏主幼弱，云南太远，暂时可以放开，成问题的是福建和两广。

北部在表面上都属于元朝，可是情形更复杂。大概地说，山东是王宣的势力范围，河南属扩廓帖木儿，关、陇则有李思齐、张思道诸军。扩廓和李、张不和，当元璋用兵江、浙的时候，他们正在同室操戈，拼个你死我活。目的是争军权，抢地盘，长期混乱的内战和政变，谁也管不到大局，各人都在想先把内敌消灭，统一军权，再来对付外敌，两方势均力敌，相持不下，正如鹬蚌相争，便宜了渔翁。朱元璋趁机会东征西讨，扩大地盘，充实实力。等到敌人兵临城下，这几个内战英雄才停止残杀，却又不甘合作，听任友军被个别击破，终之同归于尽，国亡家破。

元军的内讧可以追溯到几年以前。

红军起事后，政府军队完全无用，真正有作战能力的是由地主、巨绅所组织保卫乡里的义军。义军中最强的有两支：一支是起自沈丘的察罕帖木儿李思齐，几年中连定河北、关、陕，复汴梁，定河南，檄书达江、浙，以兵分镇关、陕、荆、襄、河、洛、江、淮，屯重兵太行，正预备大举恢复山东时，和另一支义军发生冲突。

另一支是以义丁恢复襄阳的答失八都鲁，接着克复亳州，和刘福通作战有功。答失八都鲁死，子孛罗帖木儿领其众，移镇大同。晋、冀之地都由察罕帖木儿平定，察罕东征，孛罗帖木儿要强占晋、冀，两军交战几年，政府几次派人讲和调停，至正二十一年（1361）

冬，双方才答应罢兵。察罕被刺，子扩廓领兵平山东，孛罗帖木儿又来争晋、冀，内战又起。

同时元政府和宫廷间也发生重大的政变。名相脱脱贬死，幸臣哈麻代其位。哈麻作了宰相，天良发现，觉得从前进西天僧，劝帝行秘密法，都不是见得人的事。阴谋废帝立太子，事发被诛死。太子母奇皇后和太子也不满意顺帝，仍旧阴谋废立，派宦官朴不花和丞相太平接洽，太平不肯，太子恨太平不肯帮忙，把他害死。这时扩廓帖木儿正和孛罗帖木儿相持不下。于是太子派丞相搠思监和朴不花倚扩廓为外援，皇帝派老的沙则为太子所痛恨，逃奔孛罗军中。太子怨孛罗收容老的沙，搠思监、朴不花等就诬害孛罗帖木儿和老的沙图谋不轨。至正二十四年（1364）四月诏命扩廓帖木儿出兵讨伐，孛罗知道这命令不出于顺帝之意，先发制人，举兵向阙。皇帝派只好杀搠思监、朴不花谢罪，孛罗才回大同。太子失败逃出，再征扩廓军讨孛罗，进攻大同。孛罗还是老文章，又举兵进攻都城，太子战败，逃到太原。孛罗入都，拜中书右丞相。二十五年太子又调扩廓及诸路兵进讨。孛罗战败，被刺死于宫中，战事算是结束了，扩廓入都代为丞相。

太子奔太原时，打算用唐肃宗灵武故事自立为帝，扩廓不从。到扩廓入都城时，奇皇后授意，令以重兵拥太子入城，逼顺帝禅位，扩廓又不肯。因之，太子母子都深恨扩廓，结了仇。

至正二十六年（1366），扩廓奉令统帅全国军队，平定江淮。檄令关中四将会师大举。李思齐得檄大怒说："我和你父亲同起义兵，名位相等，你一个小孩子，乳发未干，敢命令我！"下令部下一甲不得出武关，张思道、孔兴、脱列伯三军亦不受节制。扩廓无法，只好把南征一事暂且搁起，西入关攻李思齐，思齐等四人也会兵，盟于含元殿旧基，并力拒扩廓，相持经年，数百战未能决。顺帝再三令扩廓罢兵南征，扩廓不听。恰巧扩廓部将貊高部兵多孛罗旧部，胁貊高叛，声讨扩廓。顺帝心忌扩廓兵权太重，太子又从中挑拨，廷臣也上章攻击扩廓跋扈，顺帝乃下诏解除扩廓兵权，分其兵隶诸将，置抚军院，以太子统帅全国军马，专备扩廓。

※　　※　　※

元璋派人侦探元政府和元军内讧的详细情形，决定趁机会南征、北伐同时并进。十月以徐达为征虏大将军，常遇春为副将军，帅师二十五万，由淮入河，北伐中原。胡廷瑞为征南将军、何文辉为副将军取福建。湖广行省平章杨璟、左丞周德兴、参政张彬取广西。

取福建兵分三路：胡廷瑞、何文辉率步骑从江西度杉关为正兵，汤和、廖永忠由明州（宁波）以舟师取福州为奇兵，李文忠由浦城攻建宁（建瓯）为疑兵。有定的根据地延平（南平）和福州掎角，建宁则为延平外线据点，驻有重兵。三路大军分别出发，正兵使敌人以主力应战，奇兵使敌人不测所以，疑兵分敌人兵力。

陈有定，福清人，徙居汀州清流，农人出身，沉勇喜游侠，轻财好义，颇为乡里所畏服。地方寇乱，投军立功平贼，友谅遣将入闽，有定击败之，悉复所失郡县，元授官福建行省参知政事，不久又分省延平，以有定为平章，尽有八郡之地，威福自擅，威震八闽，对元朝始终恭顺，年年由海道运粮食到大都，恪尽臣节。元璋克婺州后，就和有定接境。至正二十五年二月，有定进攻处州，为参军胡深所败，深乘胜追击，连下浦城、松溪，元璋调度江西驻军南下，两路会师，准备一举而下八闽，胡深兵败被俘，为有定所杀，平闽计划因之暂缓实现。

方国珍降后，战胜的舟师就趁势南下，有定和元朝本部隔绝，孤立无援，只好分兵固守，慷慨誓众，以死报国。福州、建宁相继失守，延平被围，城破，有定和僚属诀别，服毒自杀不死，被俘到应天，元璋责备他攻处州，杀胡深。有定不屈，厉声回说："国破家亡，死就算了，何必多说！"和他的儿子一起被杀。

从出兵到克复延平，一共费时四月。从克复延平到平定全闽，又费了八个月工夫。

平定两广的战略，也是分兵三路：第一路杨璟、周德兴、张彬由湖南取广西；第二路陆仲亨由韶州捣德庆；第三路是平闽舟师，以廖永忠、朱亮祖统领，由海道取广州。第一路军于至正二十七年十月出发，第二、三路军于洪武元年二月出发，所遇抵抗以第一路军最烈。由衡州入广西的进军路线，第一个名城永州（零陵），第二是全州，都经激烈血战才能占领。时宝庆、武冈犹为元守，为了免除后顾之忧，也次第分兵攻下，军锋直指靖江（桂林）。第二路军于三个月内平定北江和西江的三角地带，英德、清远、肇庆、德庆、连江都归掌握，隔断广州和靖江间的交通。第三路军几乎是兵不血刃，廖永忠在福州奉命后，先派人向元江西分省左丞何真劝告投降，行军到潮州，何真即遣使上印章、图籍、户口，奉表归附。广州附近州县都不战而下。沿西江入广西，梧、容、藤诸州以次降顺，北上会合第一军围攻靖江。合围两月，洪武元年六月靖江城破，七月广西平。两广俱归入版图。

福建、两广平定后，南部除掉四川、云南以外，都已统一，打成一片。大后方的人力和财力供给北伐军以无限的助力。

※　　※　　※

北伐军在出发前，元璋和刘基等筹定了作战的计划后，又和诸将缜密研究。常遇春提出意见，以为南方已定，兵力有余，如直捣元都，以我百战之师，敌彼久逸之卒，其胜可必。都城既克，乘胜长驱，以建瓴之势，余地可不战而下。元璋的作战计划恰好相反，他指出直攻大都的危险性，以为元建都近百年，城守必固，如悬师深入，顿于坚城之下，馈饷不继，援兵四集，进退不可，非我之利。不如先取山东，撤其屏蔽，旋师河南，断其羽翼，拔潼关而守之，据其户槛，天下形势入我掌握。而后进兵元都，则彼势孤援绝，不战可克。然后鼓行而西，云中、九原以及关、陇，可席卷而下。常遇春还是抱持着前次直攻平江的见解，以为巢穴根本一下，支干自然迎刃而解。他却没顾虑到孤军深入，后方的交通线如何保持，万一被敌人截断，兵员和粮食的补充便陷绝境。奇兵突击，固然可以侥幸取胜，却非万全之计。元璋的计划却是稳扎稳打，立于不败之地，步步扩大，占领地和后方联成一体。诸将都同声说好。

北伐军的统帅机构，也经严密组织。在平陈友谅以前，诸将都直属元璋，不相统率。九华山之役，常遇春坑杀汉降卒，徐达不能止，始以达为大将，尽护诸将。至是以达持重有纪律，战胜攻取，得为将之体，以为征虏大将军，统帅全军。常遇春当百万之众，勇敢先登，摧锋陷阵，所向披靡，以为副将军。又担心遇春健斗轻敌，复谆谆告诫，如遇大敌当前，以遇春领前锋，和参将冯胜分左右翼各将精锐进击。右丞薛显、参政傅友德勇冠诸军，使独当一面。达则专主中军，策励群帅，运筹决胜，不可轻动。又复申严纪律，告谕将士，以这一次北伐，目的不在略地攻城，而在平削祸乱，解救生民疾苦，凡遇敌则战，所经地方和攻破城邑，勿妄杀人，勿夺民财，勿毁民居，勿废农具，勿杀耕牛，勿掠人子女，如有遗弃孤幼在营，父母亲戚来求，即时付还。

为使北方人民明了大军北伐的动机和目的，元璋命宋濂草了一道檄文，驰谕齐、鲁、河、洛、秦、晋、燕、蓟各地，这檄文是中华民族革命史上有名的文献，檄文道：

> 自古帝王临驭天下，皆中国居内以制夷狄，夷狄居外以奉中国，未闻以夷狄居中国治天下者也。自宋祚顷移，元以北狄，入主中国，四海内外，罔不臣服。此岂人力，实乃天授，彼时君明臣良，足以纲维天下；然达人志士，尚有冠履倒置之叹。自是以后，元之臣子，不遵祖训，废坏纲常，有如大德废长立幼，泰定以臣弑君，天历以弟鸩兄，至于弟收兄妻，子烝父妾，上下相习，恬不为怪，其于父子、君臣、夫妇、长幼之伦，渎乱甚矣！夫人君者斯民之宗主，朝廷者天下之根本，礼义者御世之大防，其所为如彼，岂可为训于天下后世哉！
>
> 及其后嗣沉荒，失君臣之道，又加以宰相专权，宪台报怨，有司毒虐，于是人心离叛，天下兵起，使我中国之民，死者肝脑涂地，生者骨肉不相保，虽因人事所致，实天厌其德而弃之之时也。古云："胡虏无百年之运"。验之今日，信乎不谬。
>
> 当此之时，天运循环，中原气盛，亿兆之中，当降生圣人，驱逐胡虏，恢复中华，立纲陈纪，救济斯民。今一纪于兹，未闻有济世安民者，徒使尔等战战兢兢，处于朝秦暮楚之地，诚可矜悯。
>
> 方今河、洛、关、陕，虽有数雄，乃忘中国祖宗之姓，反

就胡虏禽兽之名，以为美称。假元号以济私，恃有众以要君，凭陵跋扈，遥制朝权，此河、洛之徒也。或众少力微，阻兵据险，贿诱名爵，志在养力，以俟衅隙，此关、陕之人也。二者其始皆以捕妖人为名，乃得兵权；及妖人已灭，兵权既得，志骄气盈，无复尊元、庇民之意，互相吞噬，反为生民之巨害，皆非华夏之主也。

予本淮右布衣，因天下大乱，为众所推，率师渡江，居金陵形势之地，得长江天堑之险，今十有三年。西抵巴蜀，东连沧海，南控闽、越，湖、湘、汉、沔，两淮、徐、邳，皆入版图，奄及南方，尽为我有。民稍安，食稍足，兵稍精，控弦执矢，目视我中原之民，久无所主，深用疚心。予恭承天命，罔敢自安，方欲遣兵北逐群虏，拯生民于涂炭，复汉官之威仪。虑民人未知，反为我仇，挈家北走，陷溺尤深，故先谕告。兵至，民人勿避，予号令严肃，无秋毫之犯，归我者永安于中华，背我者自窜于塞外。盖我中国之民，天必命我中国之人以安之，夷狄何得而治哉！予恐中土久污羶腥，生民扰扰，故率群雄奋力廓清，志在逐胡虏，除暴乱，使民皆得其所，雪中国之耻，尔民其体之！

如蒙古、色目，虽非华夏族类，然同生天地之间，有能知礼义、愿为臣民者，与中国之民抚养无异。

这是元璋幕中儒生系统的杰作，代表几千年来儒家的正统思想。这文字指出两点：第一是民族革命，强调夷夏的分别，中国人民应由中国人自己治理。过去不幸被外族侵入，冠履倒置，现在应该“驱逐胡虏，恢复中华”。这比之红军初起时，以复宋为号召的狭隘的恢复家族政权，进而为广泛的恢复民族独立，进步何止千里！以此为号召，自然更能广泛地博得全民的拥护和支持，更能吸引儒生和士大夫的注意。第二是文化系统的恢复，礼义为御世大防，换言之，即人生的行为规范，此规范实我民族所以生存所以发展之生命力量。蒙古入主中国，初时尚能遵守此规范，以纲维天下。中期以后，此规范乃被破坏，渎乱父子、君臣、夫妇、长幼之伦，实属不可容忍。北伐目的在“立纲陈纪”，救济斯民，恢复此世世相承之传统文化、生活习惯。这比之红军之弥勒佛或明王出世空幻的理想世界，进而为更切实具体的文化的生活习惯的正常化，自然更能广泛地博得全民的拥护和支持，更能吸引儒生和士大夫的注意。

指斥元廷则分作两点：第一是破坏传统文化，第二是政治贪污和腐化。

指斥元将，河、洛指扩廓帖木儿，扩廓原为汉人王保保，为乃舅察罕帖木儿养子，元帝赐名。关、陕指李思齐、张思道等。扩廓斥其以夷变夏，反用虏名，跋扈要君。李、张斥其制造内乱，不忠负国。妖人指红军，说妖人已灭，事实上无异表白十三年来在红军系统下作战的这一实力，并非红军，至少也已和红军脱离关系。

末了说明要“拯生民于涂炭，复汉官之威仪”，逐虏雪耻之使命。

最后为了缓和蒙古、色目人的反抗，声明只要他们愿意加入中国文化系统，也就承认他是中国的公民，和中国人一样看待。

前一年讨张士诚的檄文只是消极地踢开红军系统，空洞地指斥元政府。到此方才积极地、具体地提出民族革命的口号，保持传统文化的政纲。这是儒生系统的第二次胜利，也是朱元璋的第二次转变。

这一檄文的影响，使北方的儒生士大夫消释了对红军破坏的恐惧心理，使北方的农民了解这支军队之来，是为了恢复秩序、安定生活。使北方的官吏明白他们并非被消灭的对象。也使蒙古、色目人明白，只要加入中国文化系统，便可得到保护，除了蒙古帝室和贵族，全被这檄文所吸引和感动，或则甘心降附，或则停止抵抗，或则起兵参加，使北伐军得以顺利进军，在很短的时间内，收复沦陷已经四百三十年的燕云旧壤，平定西北，统一全国。

北伐军分为两路：徐达一军由淮入河是主力；另一路以邓愈为征戍将军，由襄阳北略南阳以北州郡，分元兵力。

北伐军的进展分为四个步骤：

第一步从出师到洪武元年(1368)正月平定山东，前后三个多月，沂州、益都、东平、济南、东昌以次平定。

第二步由山东西进：一路由南面克永城、归德、许州，和邓愈军联络，拊汴梁之背；一路由北面出郓城，渡黄河，抵陈桥，汴梁不战降。进败元军于洛水，河南(洛阳)降，河南全境平定。别将冯胜克潼关，李思齐、张思道遁走。这是洪武元年三、四两个月间的事。

鲁、豫既定，潼关一军堵住张、李的出路。四月元璋亲到汴梁，大会诸将，重新检讨战局和战略。

当北伐军连克齐、鲁、河、洛的时候，元军正忙于内战，政局反复和军权转移，交相影响，纠缠不清。扩廓解除兵权后，退兵泽州，其部将关保乘机归附政府。元廷一面命貊高协同诸将守御山东，以关保一军赴援；一面以李思齐为副总统，守御关中。脱列伯、孔兴等出潼关渡河迎战，诸将互相观望，都不奉命。政府无法，只好作和事佬，划分防区，以潼关为界，以东属扩廓，以西属李思齐，各守分地。又命关保总统诸军，如扩廓拒命，即和貊高、李思齐东西合击。扩廓愤极，引军据太原，尽杀元廷所置官吏，于是顺帝下诏尽削扩廓官爵，令诸军四面围讨。时北伐军已下山东，取汴梁，元将望风降附，无一人抵抗，无一军堵截。小城降，大城也降；汉官、汉将弃城逃走，蒙古、色目也弃城逃走。真是所谓“土崩瓦解”，势如破竹。

北伐军克潼关，李思齐、张思道逃走，貊高、关保也为扩廓所擒杀，顺帝大恐，归罪于太子，罢抚军院，尽复扩廓官爵，令和李思齐分道南征，两人这才着了忙，正准备整军出发，可是事势已非，北伐军已经进军元都，挽救无及了。

第三步攻势，起于这年闰七月，徐达檄会诸将，会兵临清，水陆步骑沿运河直上，连克德州、通州，元兵数败无斗志。顺帝大惧，恐被俘虏，蹈徽、钦二帝的覆辙，二十七日夜三鼓，率后妃太子逃奔上都(开平，今察哈尔多伦县地)。八月一日北伐军入大都(今北平），沦陷四百三十年的名都，到这一天才光复旧物！从宋太祖、太宗、神宗以来所未能实践的整个民族的愿望，算是达到目的了；历史上的耻辱的污点，算是湔雪了；战国、秦、汉以来对北族的国防线——长城，从这一天起，又成为我民族生存自卫的堡垒了。中华民族重新作自己国土的主人，不但得救，而且复兴了！

元都虽下，元军实力依然完整。徐达、常遇春奉命西取晋、陕。从洪武元年八月起到第二年八月，整整一年，才完成第四步的战果。在这一年内，元军不但抵抗较烈，而且几次大规模反攻，在整个北伐战役中，可说是最艰苦的一段。

当西征军南取保定、真定，连下怀庆、泽、潞时，扩廓遣将以兵来争泽州，西征军大败。扩廓乘北平空虚，亲出雁门关，由保安州经居庸关攻北平。徐达得到消息，也不回救北平，径率大军直捣扩廓的根本太原。扩廓东进到半路，只好回军救援，半夜里被袭击；军溃，扩廓遁走，山西平。

洪武二年三月西征军入奉元路（西安），李思齐奔凤翔。西征军进抵凤翔，思齐又奔临洮。追到临洮，思齐势穷力迫，举众降。时元将攻通州，北平无重兵，于是分军，以常遇春、李文忠率步骑九万还救，直捣元都开平（上都），元帝北走。遇春暴卒，文忠代领其众，回师会大军并力西征。值元军围攻大同，文忠奋击大败之，生擒脱列伯，杀孔兴。元帝见屡次图谋都告失败，知道不行，从此打消了南向恢复的妄想。徐达一军克兰州、平凉，张思道走宁夏，为扩廓所执。其弟良臣以庆阳降，已而良臣复叛，固守了三个多月，援绝粮尽，城破被杀，陕西平。

李思齐、孔兴、脱列伯、张良臣兄弟，或降或死，元大将中只剩扩廓帖木儿还拥兵宁夏，时时出兵攻扰，边戍不得宁息。刘基对元璋说：“不可看轻扩廓，此人真是将才！”洪武三年又命大将军徐达总大兵走西安，捣定西。扩廓方围兰州，回兵赴救，大败于沈儿峪，扩廓奔和林。五年又分道出塞取扩廓，到岭北为扩廓大败，士卒死了几万。八年扩廓死，西北边戍从此才得安睡，元璋和他的将军暗地里都吐了一口气。

察罕死后，扩廓继掌兵权，元璋遣使通好，七次去信，使人都被扣留，也不回信。出塞后，又再三遣人招谕，还是不理。最后派李思齐去，见面时以礼相待，辞回时还派骑士送到交界地方，正要分别，骑士说："奉主帅命令，请留一点东西作纪念！"思齐回答："我是一个使人，远道将命，哪来贵重东西呢？"骑士直说："我要的是你一只手臂！"思齐知道不免，只好砍了一只手臂给他，回来后不久就死了。元璋以此益发心敬扩廓。有一天大会诸将，问以谁是天下奇男子，诸将都说："常遇春将不过万人，横行无敌，真奇男子！"元璋笑说："遇春虽然是人杰，我还可以臣服他；可是我不能臣服王保保，这人真是奇男子！"

※　　※　　※

北方既定，洪武四年正月遣兵伐夏，兵分两路：汤和为征西将军，周德兴、廖永忠为副将率舟师由瞿塘攻重庆；傅友德为征虏前将军，顾时为副将军率骑兵由秦、陇攻成都。

明玉珍，随州人，农人出身，以信义为乡党所推重。徐寿辉起兵，玉珍集乡兵结棚自固，被逼加入红军。据蜀称帝后，折节下士，节俭爱民，求雅乐，开进士科，定赋税以十取一，下令去释、老二教，止奉弥勒，不务远略。天下大乱，四川独能休兵息民，百姓安居乐业，可说是当时唯一的乐园。在位五年，死时才三十六岁。子明昇以十岁小孩继位，诸将争权，互相残杀，大权旁落，国势渐衰。

夏国小民弱，听说大兵压境，恃瞿塘天险，以铁索横断关口，凿两岸石壁，引铁索为飞桥，用木板平放，置炮石、木杆、铁铳，两岸也置炮，层层设险，以为舟师决不能过。汤和水军果然被阻，三个月不能前进一步。

夏人以为敌人进攻路线必由瞿塘，把重兵都分配在东线，北边防务空虚，傅友德军乘机进破阶州（武都）、文州，径趋绵、汉，以克地时日写木牌数千投汉江，顺流而下。夏东线军分兵回援汉州失利。廖永忠得到木牌，也从间道绕过敌后，和正面军前后夹攻，断飞桥，烧铁索，直下夔州，水陆并进，明昇乞降。傅友德进围成都，成都和重庆归附，也降。十月，汤和等悉定川蜀诸郡县，夏亡。

第三章 开国皇帝

第一节 国号大明的意义

在至正二十七年的年底，北伐军和南征军分路出发，底定山东，降方国珍，入闽军也南北两路获胜，一片捷报声使应天的文武僚属感觉非常兴奋。揆量军力、人事，元政府的无能和腐败，元将的内讧，荡平全国已有九成把握。苦战了十几年，总得有个着落。经过一番慎重的考虑，朱元璋决定建国称帝，成立一个新朝代。洪武元年（1368）正月初四日，合祭天地于钟山之阳，即皇帝位于南郊，定有天下之号曰大明，建元洪武，是为明太祖，是历史上最伟大的第二个平民出身的开国皇帝。立妃马氏为皇后，世子标为皇太子，李善长、徐达为左右丞相，各文武功臣分别命官进爵。新朝廷上充满了欢欣的空气、蓬勃的景象。

大明这一国号的决定，事先曾经过长期的考虑。

历史上的朝代称号，都有其特殊的意义的，大别可以分作四类：第一类用初起时的地名，如秦、汉；第二类用所封的爵邑，如隋、唐；第三类用特别的物产，如辽（镔铁）、金；第四类用文字的含义，如大真、大元。大明非地名，也非爵邑，更非物产，应该归到第四类。

大明的国号出于明教，明教有明王出世的传说，其主要经典有大小明王出世经。经过了五百多年公开的、秘密的传播，明王出世成为民间所熟知、所深信的预言。这传说又和弥勒降生混合，弥勒佛和明王二位一体，韩山童自称明王起事，败死后，韩林儿自称小明王，西系明昇也称小明王。明太祖原为小明王部将，继小明王而起，国号也称大明。

明太祖部下分红军和儒生两个系统，这一国号的采用，使两方面人都感觉满意。就红军方面说，他们大多数都起自淮西，受了彭莹玉的教化，其余的不是郭子兴的部曲，就是小明王的余党，或夏和汉的降将。国号大明，一来表示还是继承小明王这一系统；二来告诉人“明王”已出，不必再费心多事；三来使人民安心，享受明王治下的和平合理生活。就儒生方面说，他们固然和明教无渊源，和红军处于敌对地位，他们用尽计算，劝诱明太祖脱离明教，遗弃红军，暗杀小明王，另建新朝代，对于这一个国号，却用儒家的看法去解释：“明”意为光明，分之则为日月：礼有祀“大明”、“朝日”、“夕月”之文。千多年来“大明”和日月都列为正祀，无论是列为郊祭或特祭，都为历朝所重视，儒生所乐于讨论。而且新朝起于南方，和历史上的以北制南者异势，以阴阳五行之说附会之，则南方为火为阳，为祝融，色为赤；北方属水为阴，为玄冥，色为黑；元建都北平，起自更北的蒙古；以火克水，以阳消阴，以明制暗，都是汉以来的儒生所津津乐道的。历史的宫殿名称有大明宫、大明殿，古神话里“朱明”一名词把国姓和国号联在一起，尤为巧合。以此儒生一系统也赞成用这国号。一从明教教义，一从儒家经说，并行不悖，人人都以为合乎自己的理想。这是明太祖的权术——一石两鸟的巧妙手段。

元末二十年的混战，导源于“明王出世”、“弥勒降生”两个宗教预言。明太祖深深了解这种预言的意义，他自己因此得到机会和成功，却不愿别人来利用。而且“大明”已经成为国号，应该保持国号的尊严，建国的第一年就下诏禁止一切邪教，尤其是白莲教、大明教和弥勒教。明教因为名犯国号，更被政府所注意，教产被没收，教徒被逐归农，明教徒只好又改换名称，藏形匿影，暗地里活动，渐渐衰微，不为人所注意了。

后来的事实证明了明太祖的先见，红军在西北的余党并没有完全消灭，过了四十多年又四处起事，领袖田九成自称后明皇帝，改元龙凤，帝号和年号都直承小明王，根本不承认这一新兴的朝代。一百年后，贵州苗人又自称夏国明家的后人，自称明王作乱。此外白莲教、弥勒教的教徒在各朝、各地的暴动和变乱，更是史不绝书。虽然都被政府用武力削平，却可看出这个时代里宗教和政治的关系。

第二节 帝国的规模

明太祖经过了二十几年的实际教育，在流浪生活中，在军队里，在作战时，在后方，随处学习，随时训练自己，更事事听人劝告，征求专家的意见，因此他在近代史上，不但是一个最伟大的军事统帅，也是一个最伟大的政治家。

他的政治才能，表现在他所奠定的帝国规模上。

在红军初起时，标榜复宋，恢复狭隘的家族政权，暂时的固然可以发生政治的刺激作用，可是一则这时去宋亡已九十年，宋遗民故老死亡已尽，第二三代的子孙对历史上的皇朝，不会太感觉依恋。二则韩家父子假托赵氏子孙，是尽人皆知的事实，假串的戏剧只能在开幕时作宣传的资料，事后也就人我两忘，不再有人提起了。明太祖北伐时，严正地提出民族自主独立的新政策，汉族应由汉人自己治理，应该用自己的方法生活，保存原有的文化系统。这一崭新的政策，博得全民族热烈的拥护，瓦解了元朝治下汉官、汉兵的敌对心理。在檄文中，并且更进一步指出，蒙古、色目人只要参加这文化系统，就一体保护，视为国家的公民。这一举措，把蒙古、色目人也吸引过来了，至少做到使他们停止抵抗的地步。在开国以后，这革命政策仍然被尊重为国策，对于参加汉族文化集团的外族，毫不歧视，蒙古、色目的官吏和汉人同样登用，在中央有做到尚书、侍郎的，地方则知府、知县一样临民办事，在军队中更多，甚至亲军中也有蒙古军队。这些人都由政府编置勘合，给赐姓名，和汉人无别，婚姻则制定法令，听其与汉人通婚，但务要两相情愿，如汉人不愿，听其同类自相嫁娶。在这制度下，蒙古、色目人熏育融洽，几代以后，都同化为中华民族的成员，有十几家军人世家，替国家立下了不可磨灭的功绩。对于塞外的部族，则继承元朝的抚育政策，告诉他们新朝仍和前朝一样，尽保护提携的责任，叫他们各安生理，不要疑惧。

相反的，却下诏恢复衣冠如唐制，其辫发椎髻胡服（男裤褶窄袖及辫线腰褶，妇女衣窄袖短衣，下服裙裳）、胡语、胡姓一切禁止。元俗丧葬作乐娱尸，礼仪尚右，也逐一改正，复汉官之威仪，参酌古代礼经和事实需要，规定了各阶级的生活、服用、房舍、舆从种种规模标准，使人有所遵守。

※　　※　　※

红军之起，最主要的目的是要求经济的、政治的、民族的地位之平等，在政治和民族方面说，明朝的兴起已经完全达到目的，过去的被歧视的情形已经纠正过来，而且更进一步，一切平等，并不歧视外族。在经济方面，虽已推翻了外族对汉族的控制特权，但就整个中华民族说，则地主和农民之间的纠纷，尚未觅得解决的途径。

元末，大部分农民参加红军的破坏工作，地主的利益恰好相反，他们要维护秩序，保全生命财产，就不能不拥护旧政权。在混乱的局面之下，他们用尽可能的力量，组织私军，建筑堡塞，抵抗农民的袭击。这一集团的分子包括着现任和退休的官吏、乡绅、儒生和军人，他们有知识，有组织能力，在地方有威望，虽然各地方的地主各自作战，并不统一，却是一个潜在的最大力量，他们攻击红军，也不和无政治色彩的草寇和割据的群雄合作。可是等到有一个新政权建立，而这一新政权是能够维持地方秩序的时候，他们也就毫不犹豫，拥戴这一新政权。同时新朝的一批新兴的贵族、大臣、官吏，也因劳绩获得大量的土地，成为新的地主。新兴的政府对这两种地主的利益，不能不加考虑，因之农民的生活问题就被搁浅，永远不能提出一个彻底解决的办法。

明太祖和他的大部分臣僚都是农民出身的，他们过去曾身受过地主的压迫。但在革命的过程中，他们又不得不靠地主的人力、物力，和他们合作。在这样一种微妙的矛盾关系下，产生了对地主的双层的矛盾政策：正面是利用地主们的知识和社会声望，收罗作政治干部和向民间征收租粮的政府代理人——前者因为建国后政治机构刷新，内战二十年，学校停顿，人才缺乏，只好以有教养的地主来补充；后者因为地主和农民接近，情形较熟，收粮和运粮都比地方官吏经手方便省事，而且可以省去一层中饱。前者往往由布衣任用作方面大吏，甚至中央的九卿；后者则普遍任为粮长，管理本乡的赋税。反面则用残酷的手段，排除不肯合作的地主。一种常用的方法是逼迫迁徙，把各地的地主迁徙到濠州或京师——南京，根本削除他们在地方的势力。其次是用苛刑诛灭，假借种种政治案件，株连瓜蔓，一网打尽，族诛籍没。在洪武一朝，浙东西故家巨室几乎被消灭净尽。

为了对付农民的要求，其实是为了增加政府的收入，明太祖用了二十年的功夫，大规模举行土地丈量和人口普查，六百年来若干朝代若干政治家所不能做到的事情，算是划时代地完成了。丈量土地的目的是过去六百年来经实地调查，土地台账和实际不符，而且大部分都已丧失，半数以上的土地逃避国家租税，半数的土地面积和负担轻重不等，地主的负担转嫁给贫农，由之富者愈富，贫者愈贫。丈量以后，制成文册，记载田亩面积方圆，编列字号、田主姓名，名为“鱼鳞图册”，政府据之定赋税标准，不但政府因之而增加大量的收入，地主和贫农的负担，至少在理论上是可以比过去公平一点。

人口普查的结果，编定了黄册。组织成里甲，以一百一十户为里，推丁粮多的十户为里长，余百户为十甲，每甲十人，每年以里长一人、甲首一人管理一里、一甲的事，先后以丁粮多少为序，从第一甲到第十甲每年轮流替国家服役，一甲服役一年，便有九年的休息。每隔十年，地方官以丁粮增减重新把黄册编定一次，使它合于实际。

鱼鳞图册以土地为主，诸原阪、坟衍、下隰、沃瘠、沙卤之别逐一详细记载。黄册以户为主，每户的家业，用旧管新收开除实在四柱式分别登录。以鱼鳞图册为经，解决土地的争讼，以黄册为纬，规定赋役的法制。这法度虽然精密，可是地主舞弊的方法，也随之而进步，农民仍然和过去一样，要负几重义务，生活之困苦，并不因政权之转换而稍减。

※　　※　　※

新朝的建立，需要大量的各级干部人才，征用地主和前朝旧官僚，只能暂时应急，非久远之计。远在克婺州那年，明太祖即已重开郡学，建国前三年设国子学，后来改为国子监，分六堂，择府、州、县学诸生和品官子弟入学，由国家供给膳宿、衣服、零用钱，皇后也于监中积粮，养诸生妻子，务使诸生不操心于家事，安心向学。每月有月考，每日有日课，衣冠、步履、饮食都有法度，每年考试成绩满八分为及格，送交政府任用，不及格的仍留监读书。府、州、县也设有学校，教师由政府任命，师生膳宿都由政府供给。乡村则有社学，教育民间子弟，即使是下邑荒徼，山陬海涯，也一样有学校，一样有受教育的机会。全国学校都颁发有学规和禁例，严厉执行，犯规的轻则责处，重的甚至处死刑、充军。中央的国子监为政府储才之地，管理尤为严格，掌教的多为耆宿大儒，洪武初年大规模丈量土地的工作，和地方学校的教师，政府各部院的事务官，大多以监生充任，末年甚至以监生六十四人为行省布政、按察两使及参政、参议等官，平常的才任为府、州、县六品以下官，当时布列中外的官吏，以国子监生为最多最盛。

除国子监以外，政府官吏的来源是科举制度。国子监生可以不由科举，直接任官，而科举则必须经由学校，府、州、县学的生员（俗称秀才）每三年在省城会考一次，称为乡试；及格的为举人，第二年全国举人会考于京师，称为会试；会试及格的再经一次复试，地点在殿廷，叫作殿试，又称廷试。及格的分作一、二、三甲：第一甲只有三人，状元、榜眼、探花，赐进士及第；二甲若干人赐进士出身；三甲若干人赐同进士出身。乡试由布政司，会试由礼部主持。状元授修撰，榜眼、探花授编修，二、三甲考选庶吉士的都为翰林官。他们或授给事、御史、主事、中书舍人、评事、太常、国子博士，或授府推官、知府、知县等官。举人会试不及格，改入国子监，也可选作小京官，或授府佐，州、县正官或学校教官。

学校功课以四书五经为主，和刘向《说苑》、律令、书、数、《御制大诰》。各级考试专以四书和五经命题，文章有一定格式，用古人口气说话，只能根据几家指定的注疏发挥，绝对不许有自己的见解。体裁排偶，普通叫作八股，又称制义。这制度是明太祖和刘基商量决定的，五百五十年来的政治上一切人物都由这制度培养训练出来。学校和科举打成一片，官吏的登用又必由科举，科举的敲门砖是专重形式毫无内容的八股，甚至连古人的经典也经过检查，孟子书中有一段话说："民为贵，社稷次之，君为轻。"又说："君之视臣如草芥，则臣视君如寇仇。"这一些违反君主利益的话一概删去，孟子也被撵出孔庙，不许他吃冷猪肉。在这十分严厉的统制之下，学校的生员除了尊君和盲从古人之外，不许有新的思想。在参加考试时，即使古人所说的所解释的不合真理，也只能被牵着鼻子走，将错就错。于是整个士大夫阶级、整个思想界，上自当国的执政，下至社学的童生，都成为皇帝的崇拜者、拥护者，君权由此巩固，朱家万世一系的统治也安如泰山了。

※　　　※　　　※

太祖在攻克集庆以后，就厉行屯田政策，广积粮食，供给军需。他和刘基研究古代的兵制，征兵制的优点是全国皆兵，有事召集，事定归农，兵员素质好，来路清楚，国家在平时无养兵之费。缺点是兵员都出自农村，如有长期战争，即影响到农村的生产，而且兵源有限制，不适于大规模的作战。募兵制呢？好处是应募的多为无业游民，当兵是职业，数量和时间都可不受农业生产的限制；坏处是国家经常要维持巨额的常备军，军费负担太重，而且募兵来源不明，他们没有宗族乡里的牵挂，容易逃亡，也容易叛变。理想的办法是折衷于两者之间，具有两者的优点，却免去两者的缺点，使战斗力量和生产力量一致。

刘基创立的办法是卫所制度。

卫所的兵源有四种：第一是从征，即起事后诸将所统率的部队；第二是归附，包括削平群雄所得的部队和元朝的降兵；第三是谪发，指因犯罪被谪发当兵的；第四是垛集，即征兵，家出一丁为兵。前两种是定制时原有的军队，后两种则为补充军。这四种来源的军员都是世袭的，必须娶妻，世代继承下去，如无子孙继承，则由其原籍家属壮丁顶补。

组织分作卫、所两级，大体上以五千六百人为卫，卫有指挥使。卫分五千户所，所一千一百二十人，有千户。千户所分十百户所，所百十二人，有百户。百户下有总旗二，小旗十，小旗领军十人，大小联比以成军。卫所的分布，根据地理险要，有的地方设所，关联几个地方的设卫。集合一个区域的若干卫所，又设都指挥使司为地方最高军政机关，长官是都指挥使。洪武二十六年（1393），全国共有十七个都指挥司，内外卫三百二十九，守御千户所六十五，分别隶属于中央的五军都督府。

军食出于屯田，大略系仿汉赵充国的办法，在边塞开屯，且耕且守，一来省去运输之劳，二来充实军食。接着内地卫所也纷纷开屯耕种，以每军受田五十亩为一分，官给耕牛农具，教种植，复租赋，垦辟后每亩税一斗，边地守军以三分守城，七分屯种，内地则以二分守城，八分屯种，自足自给，养军两百万，不费国家一钱。

除军屯外，还有商屯。边军粮食发生问题时，政府就用开中法来接济，国家有粮食有盐，困难的是运输费用太大，商人有资本也有人力，却无法得到盐，两下里交换一下，商人运一定数量的粮食到边境，拿到收据就可向政府领到相当价值的盐，自由贩卖，博取重利，商人会打算盘，也嫌运费太大，索性自己雇人在边境开屯，就地缴纳。在这一交换过程中，不但边防充实了，政府省去运费，商人也借此发财，真可说一举而三得。而且边防荒地开辟了，不但增加国家的财富，也造成地方的繁荣。

军权分作两部分：统军权归五军都督府，军令权则属于兵部。武人带兵作战，文人发令运筹。在平时，卫所军各在屯地操练种田；战时，动员令一下，各地卫所军集合成军，临时指派都督府长官充任将军，统带出征，战事结束后，立刻复员，卫军各回原卫，将军解除兵权，也回原任。将不专军，军无私将，上下阶级分明，严守军纪，唐、宋以来的悍将跋扈、骄兵叛变的弊端，在这制度下是完全根绝了。

※ ※ ※

由于历史的继承和衍变，隋、唐以来的三省制度——中书出命令，门下管封驳，尚书主执行——中书和皇帝接触的机会最多，权也独重，渐渐的门下省不能执行职务，尚书也只能平决庶务，不能与闻国政。到元代索性取消门下省，把尚书省的官属六部也归并到中书，成为一省当政的局面。地方则分设行中书省，总揽军、官大政。其下有路、府、州、县，管理军民。

三省制的形成有它的历史背景和原因。就这制度本身说，把政治中枢分作三部分：一个专管设计，一个负责执行，而又另有个纠核的机构，驳正违误。三权并峙，在理论上是无可非议的（三省制和皇权的冲突——或者可以说限制，笔者将于下文“皇权的极峰”一节说明之）。可是在事实上，第一由于人的关系，如上文所说，中书独秉大政，门下无足重轻，尚书也不能与闻国政，到元代三省简化为一省。第二由于事的关系，从唐以来，便适应环境，因事设官，例如尚书都省原有户部，专管户口、财政，在国计困难时，政府要张罗财帛，为慎重其事，便特设盐铁使、户部使、租庸使、国计使等官，这些官都是由宰相或大臣兼任，户部位低权轻，职守都为诸使所夺，变成闲曹。兵部专管军政，后来又设枢密使，兵部又无事可做。礼部专掌礼仪，却又另有礼院。重床叠屋，千头万绪，甚至名实俱紊，居其官不知其职者十常八九。冗官太多，要官更多，行政效率愈来愈低。到元代更把蒙古的部族政治机构和宋制混合，便变成一个非常庞大的机构了。而且就替国家服务而论，也有官、职、差遣之分；国家的赏功酬庸，又有阶、勋、爵、食邑、功臣号等名目。其实除差遣（实际所任事务）以外，其他都是不大相干的。以上两个相反的趋势，前一个由繁而简，后一个由简而繁，却发生同样的恶果，政治机构混乱复杂，不但浪费国家的人力、财力，而且臃肿不灵，心脏麻痹，瘫痪的病象在显露了。

明太祖初起时，也因承元制，无所更动。洪武九年（1376）

改行中书省为承宣布政使司，设左右布政使各一人，掌一省之政令。布政使是中央派驻地方的代表，禀承中央，宣布政令。全国分浙江、江西、福建、北平、广西、四川、山东、广东、河南、陕西、湖广、山西十二布政使司。十五年增置云南布政使司，永乐元年（1403），以北平布政司为北京，五年置交趾布政司，十一年置贵州布政司。宣德三年（1428）罢交趾布政司，除两京外，定为十三布政司。布政使司的分区大体上继承元的行省，布政使的职权却只管民政、财政，和元代行中书省的无所不统，轻重大不相同。而且就地位论，行省官是以中央都省的机构分设于地方，布政使则是中央派遣于地方的使人。前者是中央分权于地方，后者则地方集权于中央，更不可同日而语。掌管司法、行政的另有提刑按察使司，长官为按察使，主管一省刑名按劾之事。布按二司和掌军政的都指挥使司合称三司，是地方的最高政府，民政、司法、军政三权分立，直接受中央统制。其下有府，长官为知府。有直隶州，地位等于府，长官是知州。府下有县，长官是知县。州、县是直接临民的政治单位。

中央机构的革新，稍晚于地方。洪武十三年（1380），胡惟庸案发后（详下章），废中书省，仿周官六卿之制，提高六部的地位，吏、户、礼、兵、刑、工六部，各设尚书一人、侍郎二人。吏部掌全国官吏选授、封勋、考课，甄别人才。户部掌户口、田赋。礼部掌礼仪、祭祀、宴飨、贡举（教育和考试）和外交。兵部掌军令和卫所、官军选授、简练。刑部掌刑名。工部掌工程、造作、水利、交通。这六部都直接禀承皇帝，奉行政令。

统军机关则改枢密院为大都督府，节制中外诸军。洪武十三年分大都督府为中、左、右、前、后五都督府，每府以左右都督为长官，各领所属都司卫所，和兵部互相表里。都督府长官虽掌军旅政事，却不直接统带军队，遇有征讨，才奉令出为将军，指挥作战，事定后交还将印，仍回原府办事。

监察机关原来是御史台，洪武十五年改为都察院。长官为左右都御史，其属有监察御史，分掌十二道（按照布政使司政区分道）。

职专纠劾百司，辨明冤枉，凡大臣奸邪，小人构党作威福乱政，百官猥茸贪冒坏官纪，学术不正，和变乱成宪，都可随时举劾。监察御史在内监视各所属机关，在外有巡按、清军、提督学校、巡盐、茶马、监军等职务，就中巡按算是代皇帝巡狩，按临所部，大事奏裁，小事立断，是最威武的一个差使。

行政、军事、监察三权分立，官吏内外互用，其地位以级规定，官品一致，升迁调用都有一定的法度。百官分治，由皇帝总其大成，在这一新机构下，系统分明，职守固定，法令详密，组织简单，奠定下近六百年的政治基础。在过去，政事由三省分别处理，取决于皇帝，皇帝是国家的元首。在这新制度下，六部府院直属于皇帝，皇帝不但是国家的元首，而且是政治的领袖，君权、相权的合一，使皇权由之达于极峰。

※　　※　　※

历史的教训使明太祖深切地明白宦官和外戚对于政治的祸害。他以为汉、唐祸乱，多由阉侍。这一种人只可供洒扫、给使令，人数不可过多，也不可用为耳目心腹。如用为耳目，则耳目蔽；用为心腹，则心腹病。驾驭之道，是使之畏法，不使有功；畏法则检束，有功则骄恣。因定制内臣不许读书识字，又铸铁牌置宫门，文曰："内臣不得干预政事，犯者斩"。又令内臣不得兼外臣文武衔，不得御外臣冠服，官不得过四品，月米一石，衣食于内廷。外廷诸司不许和内监文移往来。这几条规定都针对着历史上所曾发生的弊端，使内侍名实相符地作宫廷的仆役。对外戚干政的对策，是不许后妃干政。洪武元年三月即命儒臣修《女诫》，纂集古代贤德妇女和后妃的故事，教育宫人。又定制皇后只得治宫人嫔妇事，宫门之外不得干预。宫人不得和外间通信，犯者死。群臣命妇朔望期见中宫，无故不得入内，人君无见外命妇礼。皇族婚姻选配良家子女，私进者勿受。太祖母族和妻族都绝后，后代也都遵守祖训，后妃必选自民家。外戚只是高爵厚禄，衣租食税，绝对不许预闻政事。在他在位的三十一年中，内臣小心守法，宫禁和外廷隔绝，和前代相比，算是家法最严的了。

※　　　※　　　※

次之，元人重吏，法令极繁，案牍冗泛，吏得夤缘为奸，为弊最甚，而且正因为案牍过于冗繁，非学习经年不能通晓，吏事成为专门之学，掌印正官不明格式，只好唯吏之言是听，结果是治国治民的都是吏而非官。小吏唯利是图，不明大体，政治（其实是吏治）自然愈闹愈糟。远在至正二十七年，明太祖便已注意到这个问题的严重，谕台省官立法务须简严，选深通法律的学者编定律令，经过缜密的商订，去烦减重，前后经过三十年，更改删定了四五次，编成《大明律》。条例简于唐律，精神严于宋律。在整个立法史上说，可说是最重要最伟大的一部法典。又于洪武十二年立案牍减烦式颁示诸司，使明白易晓，文吏无法舞弊弄权。从此吏员在政治上被斥为杂流，不能作官。官、吏完全分开，官主行政，吏主事务，这是政治史上一个很大的变化。

和文吏相同的是文章的格式，唐、宋以来的政府文字，从上而下的制诰，从下达上的表奏，照例用骈俪四六，尽管有若干人主张复古，提倡改革，民间是成功了，政府却仍然用老套头。同一时代，却用两种文字：庙堂的骈偶文，民间的古文。明太祖很不赞成这办法，他以为古人为文章，以明道德，通世务。经典上的话都明白好懂，像诸葛亮的《出师表》，何尝雕琢为文，而诚意溢出，至今读了使人忠义感激。近世文士，立辞虽然艰深，用意却极浅近，即使写得和司马相如、扬雄一样好，别人不懂，中什么用！以此他要他的秘书——翰林——作文字，只要说明白道理，通世务，不要浮辞藻饰。到洪武六年，又下令禁用对偶文辞，选唐柳宗元《代柳公绰谢表》和韩愈《贺雨表》作为笺表法式。这一举措，不但使政府文字简单化，把庙堂和民间打通，现代人写现代话，就文学的影响说，也可以说极大——韩、柳以后提倡古文，他是最成功的一个人。

唐、宋两代还有一个坏习惯，政府任官令发表后，被任命的人照例要辞官上辞表，一辞、再辞，甚至辞到六七次；皇帝也照例不许，下诏敦劝，一劝、再三劝、六七劝，到这人上任才算罢休。辞的固不是真辞，劝的也不是真劝，只是双方在玩文字的把戏，误时误事，白费纸墨，明太祖觉得这种做作太无聊，也把它废止了。

第三节 建都问题和分封诸王

自称为淮右布衣、出身于平民而作皇帝的明太祖，在得了势力、称帝建国之后，最惹他操心的问题：第一是怎样建立一个有力的中心；第二是用什么方法来维持他的统治权。

远在初渡江克太平时（1355），陶安便劝他先取金陵，抚形势以临四方。冯国用也劝他定都金陵，以为根本。叶兑上书劝他定都建康，然后拓地江、广，进则临两淮以北征，退则画长江而自守。明太祖参酌诸谋士的意见，经过长期的考虑后，龙凤十二年（元至正二十六年，1366）六月，拓应天城，作新宫于钟山之阳，到次年九月新宫成，这是吴王时代的都城。

第二年称帝，北伐南征，所向胜利，到洪武二十年辽东归附，全国统一。在这二十年中，个人的地位由王而帝，所统辖的疆域由东南一隅而扩为全国，局面大不相同，吴王时代的都城是否可以适应这扩大以后的局面，便大成问题。而且元帝虽已北走，仍然是蒙古大汗，保有不可侮的实力，时刻有南下恢复的企图。同时沿海倭寇的侵轶，也是国防上重大的问题。以此国都的重建和国防的设计，是当是朝野所最瞩目的两大问题。

基于天然环境的限制，东南方面沿海数千里，时时处处有被倭寇侵犯的危险。东北和西北方面呢？长城外便是蒙古人的势力，如不在险要处屯驻重兵，则铁骑奔驰，黄河以北便非我有。可是防边须用重兵，如把兵权交给诸将，又怕尾大不掉，有造成藩镇跋扈的危机。如以重兵直隶中央，则国都必须扼驻国防前线，才能收统辖指挥之效。东南是全国的经济中心，北方为国防关系，又必须成为全国的军事中心。国都如建设在东南，则北边空虚，无法堵住蒙古人的南侵。如建设在北边，则国用仍须仰给于东南，转运劳费，极不合算。

帝国都城问题以外，还有帝国制度问题，是郡县制，还是封建制呢？就历史说，秦、汉、唐、宋之亡，没有强大的藩国屏卫，是许多原因中之一个。可是周代封建藩国，却又枝强干弱，威令不行。这两个制度的折衷办法是两汉初期的郡国制：一面设官分治，集大权于中央；一面又封建子弟，使为国家捍御。把帝国建都和制度问题一起解决，设国都于东南财赋之区，封子弟于北边国防线上，在经济上、在军事上、在统治权的永久维持上，都可以得到完满的解决，这是明太祖的折衷政策。

明太祖定都应天的重要理由是受经济的限制：第一因为江南富饶为全国冠，“财富出于东南，而金陵为其会”。第二是吴王时代所奠定的宫阙，不愿轻易放弃，若另建都邑，则又须重加一番劳费。第三从龙将相都是江淮子弟，不愿轻去乡土。洪武元年四月攻取汴梁后，他曾亲到汴梁去视察，觉得虽然地位适中，可是四面受敌，形势还不及应天。而在事实上，则西北未定，为转饷屯军计，不能不有一个军事上的前线供应站，以便策攻。于是仿效成周两京之制，八月以应天为南京，开封（汴梁）为北京。次年八月陕西平定，北方全入版图，形势改变，帝都重建问题又再度提出。廷臣中有人主张关中险固，金城天府之国。有人主张洛阳为全国中心，四方朝贡道里适均。也有人提议开封是宋朝旧都，漕运方便。又有人提出北平（元大都）宫室完备，就之可省民力。太祖以为这些建议都有片面的理由，只是都不适应现状。长安、洛阳、开封，过去周、秦、汉、魏、唐、宋都曾建国，但平定之初，民力未苏，若重新建都，供给力役都出江南，未免劳民。在北平，宫室也得略有更动，还不如仍旧在南京，据形势之地，长江天堑，龙蟠虎踞，足以立国。次之临濠（濠州）前江后淮，以险可恃，以水可漕，也是一个可以建都的地方。于是定议以临濠为中都，命有司建置城池宫阙，从洪武二年九月开始营建，到八年四月，经刘基坚决反对，以为凤阳虽是帝乡，但就种种条件说，都非建都之地，方才停工，放弃了建都的念头。到洪武十一年正月（1378）才改南京为京师。踌躇了十年的建都问题，到这时才下决心正名定都。

京师虽已奠定，但为了防御蒙古，控制北边，明太祖仍时时有迁都西北的雄心。选定的地点仍是长安和洛阳。洪武二十四年八月命皇太子巡视西北，比较两地的形势，太子回朝后献陕西地图，提出经略建都的意见。次年四月太子薨，迁都问题只好暂时搁下。

京师新宫原来是燕尾湖，填湖改造，地势中下、南高而北低，就地理家的看法是不合建造的法则的。皇太子死后，明太祖很伤心，百无聊赖中把太子之死归咎于新宫的地势，这年年底他亲撰祭光禄寺灶神文说：

> 朕经营天下数十年，事事按古有绪。维宫城前昂后洼，形势不称，本欲迁都，今朕年老，精力已倦。又天下新定，不欲劳民。且废兴有数，只得听天。惟愿鉴朕此心，福其子孙！

六十五岁的老皇帝，受了这严重的打击，失去勇气，就从此不再谈迁都问题了。

※ ※ ※

分封诸王的制度，决定于洪武二年（1369）四月编《祖训录》的时候，皇第二子到皇第十子的封王在洪武三年四月，可是诸王的就藩却在洪武十一年定鼎京师之后。从封王到就藩，前后相隔九年，原因第一等候诸子成年，第二都城未定，牵连的立国制度也不能决定。到京师决定后，第一批就藩的是第二子秦王、第三子晋王。以后诸子逐一成立，也都分王出外，遍布在全国各军略要地。

诸王分封在国防前线、防止蒙古入侵的有九王，都敷险陋，控要害，有塞王之称。就长城的起讫，又可分作外、内二线：外线东渡榆关，跨辽东，西被朝鲜，联开原，控扼东北诸夷，以广宁为中心建辽国。经渔阳、卢龙，出喜峰，包大宁（热河），断绝蒙古南略道路，以大宁为中心建宁国。北平天险，为元故都，建燕国。西按古北口，濒于雍河，巩居庸，蔽雁门，以谷王驻宣府（察哈尔宣化），代王驻大同。逾河而西，历延、庆、韦、灵，又逾河北保宁夏，倚贺兰，以庆王守宁夏。又西渡河领张掖、酒泉诸郡，西肩嘉峪，护西域诸国，以甘州为中心建肃国。内线则是太原的晋王和西安的秦王。内地则开封有周王，武昌有楚王，青州有齐王，长沙有潭王，兖州有鲁王，成都有蜀王，荆州有湘王。

诸王在其封地建立王府，置官属，冕服车旗邸第下皇帝一等，公侯大臣伏而拜谒，无敢钧礼。地位虽然极高，却没有土地，更没有人民，不与民政，王府以外，便归中央所任命的各级官员统治。每年有一万石米的俸禄和其他赏赐。唯一的特权是军权。每王府置亲王护卫指挥使司，设三护卫，护卫甲士少者三千人，多者至万九千人。阨边诸王，兵力尤厚，如宁王所部至有带甲八万，革车六千，所属朵颜三卫皆骁勇善战。秦、晋、燕三王的护卫特别经中央补充，兵力也特强。祖训规定："凡王国有守镇兵，有护卫兵，守镇兵有中央的常选指挥掌之，其护卫兵从王调遣。如本国是险要之地，遇有警急，其守镇兵、护卫兵并从王调遣。凡朝廷调兵须有御宝文书与王，并有御宝文书与守镇官，守镇官既得御宝文书，又得王令旨方许发兵，无王令旨不得发兵。"这规定使亲王成为地方守军和中央军令机关的联系人，亲王是皇帝在地方的军权代表，平时以护卫军监视地方守军，单独可以应变，有事时指挥两军也可抵抗外来的侵袭。诸塞王每年秋天勒兵巡边，远涉塞外，校猎而还，谓之肃清沙漠。凡塞王都预军务，内中晋、燕屡次受命将兵出塞及筑城屯田，大将如宋国公冯胜、颍国公傅友德皆受节制。军中小事专决，大事方请示中央，军权独重，立功也最多。

以亲王守边，专决军务，内地各大都会，也以皇子出镇，屏藩翼卫，星罗棋布，国都虽然在东南，也安如磐石，内安外攘，不会发生什么问题了。

第四节　大一统和边疆政策

明太祖以洪武元年称帝建国，但是大一统事业的完成，却还须等候二十年。

元顺帝北走以后，蒙古人残留在国内的势力还有两大支：一支是云南的梁王，一支是东北的纳哈出，都奉元正朔，雄踞一方。云南和蒙古本部完全隔绝，势力孤单，明太祖的注意力便先集中在西南。从洪武四年（1371）消灭了割据四川的夏国后，便着手经营，打算用和平的方式使云南自动归附，先后派遣使臣王祎、吴云到云南招降，都被梁王所杀。到洪武十四年便决意用武力平定，派出傅友德、蓝玉、沐英三将军分两路进攻。

这时云南在政治上和地理上分作三个系统：第一是直属于蒙古大汗以昆明为中心的梁王。第二是在政治上隶属于蒙古政府，却又享有自治权利，以大理为中心的土酋段氏，以上所属的地域都被区分为路、府、州、县。第三是在上述两系统底下和南部（现今思普一带）的非汉族诸部族，就是明代人叫作土司的地域。在这三系统中，汉化程度以第一为最深，第二次之，第三最浅或竟未汉化。现在贵州的西部，在元代属于云南行省，其东部则另设八番、顺元诸军民宣慰使司管理罗罗族及苗族各土司。元至正二十四年（1364），明太祖平定湖南、湖北，和湖南接界的贵州土人头目思南（今思南县）宣慰和思州（今思县）宣抚先后降附。平夏后，四川全境都入明版图，和四川接境的贵州其他土司大起恐慌，贵州宣慰和普定府总管即于第二年自动归附。贵州的土司大部分都已归顺明朝，云南在东北两面便失去屏蔽了。

明兵从东北两面进攻：一路由四川南下取乌撒（今云南镇雄、贵州威宁等地），这地方是四川、云南、贵州三省的接壤处，恰似犬牙突入，在军事上可以和在昆明的梁王主力军呼应，并且是罗罗族领域的中心。一路由湖南西取普定（今贵州安顺），进攻昆明。从明军动员那天算起，不过一百多天的工夫，明东路军便已直抵昆明，梁王兵败自杀，明军再回师和北路军会攻乌撒，把蒙古军消灭了，附近东川（今云南会泽）、乌蒙（今云南昭通）、芒部（今云南镇雄）诸罗罗族都望风降附，昆明附近诸路也都以次归顺。洪武十五年正月，置贵州都指挥使司和云南都指挥使司，树立了军事统制的中心。二月，又置云南布政使司，树立了政治的中心。又分别派官开筑道路，广十丈，以六十里为一驿，把川、滇、黔三省联系起来。布置既定，又再向西进攻大理，经略西北和西南部路地，招降麽些、罗罗、掸、僰诸族，分兵南下，以次勘定各土司。分云南为五十二府、六十二州、五十四县，在要害处设兵置卫。云南边外的缅甸和八百媳妇（今暹罗地）都遣使内附，置缅中、缅甸和老挝（今暹罗）八百诸宣慰司。又令沐英以西平侯世守云南。沐家世代都有军事上和政治上的人才，他们竭力输入汉文化，兴学校，修水利，垦荒地，云南的经济因之开发，人文因之日盛。

※　　　　※　　　　※

纳哈出是元朝世将，太平失守后被俘，明太祖放他北还。元亡后拥兵虎踞金山（在开原西北，辽河北岸之怀德，境邻吉林），养精蓄锐，伺机南下，和蒙古大汗的中路军，扩廓帖木儿的西路军，互相呼应，形成三路对明的局面。在东北，除金山纳哈出军以外，辽阳、沈阳、开原一带也都有蒙古军屯聚。洪武四年（1371），元辽阳守将刘益降后，即置辽东指挥使司，七月又置辽东都指挥使司，总辖辽东军马，逐渐把辽、沈、开原等地征服。同时又从河北、陕西、山西各地几次分兵大举深入蒙古，击破扩廓的主力。时元顺帝于前一年死，子爱猷识里达腊继立（年号宣光，庙号昭宗）。明兵进击，克应昌（今热河经棚县以西、察哈尔北部之地），元主远遁漠北。到洪武八年扩廓死后，蒙古西路和中路的军队日渐困敝，不敢再深入内地侵掠。明太祖乘机以次经营甘肃、宁夏一带，更进一步招抚西部各羌族和回族部落，给以土司名义或王号，使其分化，不能合力入寇，同时也利用他们来阻挡蒙古人的南下。在长城以北今内蒙地方，则就各要害地点设置军事中心，逐步把蒙古人赶往漠北，不使近塞。西北的问题解决，再转回头来对付东北。

洪武二十年（1387），命冯胜、傅友德、蓝玉等将军率兵北征纳哈出。大军出长城松亭关，筑大宁（今热河黑城）、宽河（今热河宽城）、会州（今热河平泉）、富峪（平泉之北）四城，留兵屯守，切断纳哈出和蒙古中路军的呼应。再东向用主力军由北面包围，纳哈出孤军无援，只好出降，辽东全定。于是置北平行都司于大宁，东和辽阳、西和大同相望，为国防前线的三个据点。又西和开平卫（元上都，今察哈尔多伦县地）、兴和千户所（今察哈尔张北县地）、东胜城（今绥远托克托县及内蒙古茂明安之地）联成长城以外的第一道国防线，从辽河以西数千里，设卫置所，声势联络。到洪武二十二年，蒙古主脱古思帖木儿被弑，部属分散，以后篡乱相寻，势力日衰，帝国北边的边防也因之而博得一个短时期的安宁。

※　　※　　※

东北蒙古军虽已消灭，还有女真族的问题亟待解决。女真这一部族原是金人的后裔，分为建州、海西、野人三种。过去两属于蒙古和高丽，部落分散，时时纠合向内地侵掠。明太祖所采取的对策：一面封韩王于开原，宁王于大宁，以控扼辽河之首尾；又封辽王于广宁（今辽宁北镇），以阻止蒙古及女真之内犯。另一面采分化政策，把辽河以东诸女真部族，个别招抚，分为若干卫所，使其自成单位，给其酋长以军官名义并指定住处，许其世袭，并且给以玺书为进贡和互市的凭证，满足他们的经济要求，使其不能团结为患。到明成祖即位后，越发遣使四出招抚，拓地至今黑龙江口，继续设置卫所，连太祖时代所设的共百八十四卫，置奴儿干都司以统之，现在的俄领库页岛和东海滨省都是当年奴儿干都司的辖地。

辽东平定后，大一统的事业遂完全告成。

※　　※　　※

和前代一样，这大一统的国家还有许多属国和藩国，围拱在它的四周。从东面算起，洪武二十五年高丽发生政变，大将李成桂推翻亲元的王朝自立，改国号为朝鲜，成为大明帝国最忠顺的属国。东南有琉球。藩国则西南有安南、真腊、暹罗、占城和南洋群岛诸岛国，在内地和边疆则有许多羁縻的部族和土司。

藩属和帝国的关系，照历代传说的办法，在帝国方面有三道手续：第一是宣告新朝成立，叫他们缴还元代所颁的印绶册诰，表示他们已和元室断绝关系。第二是遣使重新颁赐新的印绶册诰，表示他们自此受新朝的册封，在名义上是新朝的藩国。第三是逐年颁赐大统历，使之遵奉正朔，永为藩臣。在藩国方面则必须遣使称臣入贡；新君即位，必须请求帝国承认，遣使册封。所享受的权利是通商，和皇帝的优渥的赏赐。和他国发生纠纷或被攻击时，得请求帝国调解和援助。至于藩国的内政，则可完全自主，帝国从不加以干涉。帝国在沿海特别设三个通商口岸，名为市舶司，和藩国通商：宁波市舶司指定为日本的通商口岸，泉州市舶司通琉球，广州市舶司则通占城、暹罗、西洋诸国。

明太祖接受了元代用兵海外失败的教训，并且了解一个自足自给的国家，没有理由发动侵略的战争。除非是无故被侵略，不能不起来作战。以此立定主意，和各国和平相处，保境安民。生怕后世子孙不能遵守这政策，又特别在他的《皇明祖训》中郑重告诫说：

> 四方诸夷皆限山隔海，僻处一隅，得其地不可以供给，得其民不足以使令。若其不自揣量，来挠我边，则彼为不祥。彼既不为中国患，而我兴兵轻犯，亦不祥也。吾恐后世子孙倚中国富强，贪一时战功，无故兴兵，致伤人命，切记不可。但胡戎与中国边境，互相密迩，累世战争，必选将练兵，时谨备之。
>
> 今将不征诸国名列后：
>
> 东　　北：　朝鲜国。
>
> 正东偏北：　日本国——虽朝实诈，暗通奸臣胡惟庸谋为不轨，故绝之。
>
> 正南偏东：　大琉球国、小琉球国。
>
> 西　　南：　安南国、真腊国、暹罗国、占城国、苏门答剌国、西洋国、爪哇国、湓亨国、白花国、三弗齐国、渤泥国。

内地的部族和土司也和藩属一样，要进贡，继承要得帝国承认，内政也可自主。所不同的是：藩国接待属礼部主客司，册封承袭都用诏旨；部族土司领兵的则直属兵部，土府县属吏部，体统不同。平时有纳税、开辟驿路的义务。遇有大征伐，有出兵从征的义务。内部发生纠纷，政府得随时改变他们的组织，甚至收回治权，直属中国，即所谓“改土归流”。土司衔号有宣慰司、宣抚司、招讨司、安抚司、长官司、土知府、土知县等名目，地位都是世袭，有一定的辖地和土民。土司和政府的关系，在土司方面是借中央所给予的地位和威权，来镇慑部下百姓；在中央方面，则用爵赏政策牢笼土司，使其约束土民，维持地方安宁，可以说是互相为用的。

大概地说来，明代西南部各小民族的分布，在湖南、四川、贵州三省接壤处是苗族活动的中心，向南发展达到贵州。广西则是瑶族（在东部）、僮族（在西部）的根据地。四川、贵州、云南三省接壤处是罗罗族的大本营。四川西部和云南西北部则有麽些族。云南南部有僰族（即摆夷）。四川北部和青海、甘、宁有羌族（番人）。

在上述各区域中，除纯粹由土官治理的土司而外，还有一种参用流官的制度。流官即中央所任命的、有一定任期、非世袭的地方官。大致是以土司为主官，另外派遣流官去帮他治理地方。相反的，在设立流官的州、县，境内却有不同部族的土司存在，以此，在同一布政司治下，有流官的州、县，有土官的土司，有土流合治的州、县，也有土官的州、县，即在同一流官治理的州、县内，也有汉人和非汉人杂处的情形。中央政府对付这些部族的政策，在极边区域，只要他们禀承朝命，治民合理，和汉人相安无事，便听任其世世相承，不加干涉。在内地则采逐渐同化政策，如派遣流官助治，和开设学校，建设道路，派遣土人子弟到京师国子监读书，提高他们的文化和生活水准，使之加入大文化集团，享受国民的一切权利。

治理西北羌族的办法分两种：一种用其酋长为卫所长官，世世承袭；一种因其土俗，建寺并赐番僧封号，使悉心内向。羌族的势力日益分化，兵力愈弱，西边的问题也就解决了。现在的西藏和西康，当时叫作乌斯藏和朵甘，是喇嘛教的中心地，僧侣兼掌政事，也因仍元制，按照宗教地位，封为国师、法王等名号，令其抚安番民，定期朝贡。又以西番肉食，对茶叶特别爱好，于边境创立茶课司，令番人以马换茶，对入贡的赏赐也以茶和布匹代替。西边诸族国，一来贪入贡和互市的利益，二来要保住世代袭官的权利，三来有僧侣劝导，共尊中国，都服服帖帖，不敢生事。有明一代，西边太太平平，无寇乱之患，不能不归功于这种边疆政策的实施。

第四章　恐怖政治

第一节　几件大案

明太祖继元立国，有惩于元代之以纵弛失败，矫枉过正，特用严刑治国，诛杀屠戮，几无虚日。用恐怖的手段，肃清贪污官吏，排除有野心的文武臣僚，恐吓知识分子，造成至高无上、森严可怖的皇权。

在他在位的三十一年中，根据他自己的著作《大诰》、《大诰续篇》、《大诰三篇》和《大诰武臣》的统计，所列凌迟枭示种诛有几千案，弃市以下的有一万多案，《三篇》所定算是最宽容了，所记进士、监生罪名，从一犯到四犯的仍有三百六十四人，最优待的办法是暂赦死刑，仍回原职、戴斩罪办事！内中最大的案件有胡惟庸案、蓝玉案、空印案和郭桓案。前两案属于政治阴谋，后两案则为贪污。前两案株连被杀者有五万人，后两案也有好几万。从开国元勋到列侯、裨将，诸司官吏到州县胥役，进士、监生，富人、地主，僧道、屠沽，甚至亲侄、亲甥，一有不是，立刻丧身灭族。在他这一朝，差不多各阶层的比较有作为的领袖人物，都被杀完了，杀得全国寒心，人人战战兢兢，不知命在何日。尤其是在朝的官吏，和皇帝最接近的，死的机会也最多。朝官每天上朝，先和妻子诀别，立下遗嘱，幸而不死，居然活着回来，便举家相庆。有的被判处作苦工或充军，亲朋也都来道喜。在这紧张惨酷的空气下，贪污是绝迹了，行政效率是提高了，国家的纲纪是建设起来了，治权是稳定了，可是国家民族的元气也被斫丧了！

胡惟庸案发生于洪武十三年，蓝玉案发生于洪武二十六年，前后相隔十三年，主犯虽不同，其实是一个案子。

胡惟庸是太祖初起兵占领和阳时的帅府旧部，和李善长同乡，因李善长的举荐，逐渐进用，洪武三年就拜中书省参知政事，六年七月拜右丞相。

中书省综掌全国军、民大政，丞相对一切庶务都有专决的权力，统率百司，只对皇帝负责。这制度对于一个平庸的唯唯否否、不敢作主的丞相，或是一个嬉游逸乐、不理国事的皇帝，也许不会引起什么问题。或者一方面性情谦和退让，一方面性情刚断果决，柔刚互济，也许可以适合。但是胡惟庸是一个干练有为的野心家，在中书省年代久了，大权在手，威福自任，不肯放下。明太祖呢？赤手建国，英明果断，苦战几十年才得到的大权，岂肯轻易倒持太阿，授人以柄。困难的是皇帝和丞相的权力，从来没有清楚的界限，理论上丞相是辅佐皇帝治理天下的，相权是皇权的代表，事实上如一切庶务都归丞相处决，皇帝只好高拱无为，签字盖印。反之如皇帝躬亲庶务，则丞相也成为虚设，伴食画诺。这两个人都好揽权，又都刚性，不肯相让，结果相权和皇权发生摩擦，皇帝有兵权，失败的当然是丞相。在胡惟庸以前，第一任丞相李善长小心怕事，徐达经常统兵在外，冲突还不明显（刘基自己知道性子太刚，一定合作不来，坚决不干）。接着是汪广洋，数黜数进，终于赐死。中书官稍有权的如杨宪，也不免一死。胡惟庸是任期最长、冲突最久的一个，惟庸死而中书省遂废，相权和皇权合一。洪武二十八年太祖立下政治遗嘱说："朕罢丞相，设府部都察院分理庶政，事权归于朝廷，嗣君不许复立丞相，臣下敢以请者置重典！"就整个历史说，胡惟庸是最后的一个丞相。

胡惟庸之死只是这件大案的一个引子，他的罪状是擅权枉法。以后明太祖要消除有野心的文武臣僚，便把这案情放大：一放为通倭，再放为通元。倭寇和蒙古是国家当时的两大敌人，通敌当然是谋反。三放为串通李善长谋逆，四放为蓝玉谋逆案。罪状愈多，牵连的罪人也愈多，由甲及乙，由乙及丙，一网打尽，名为株连，被杀的都是以家族为单位，杀一人也就是杀一家。坐胡案死的著名人物有：御史大夫陈宁、中丞涂节、太师韩国公李善长、吉安侯陆仲亨、平凉侯费聚、南雄侯赵庸、荥阳侯郑遇春、宜春侯黄彬、河南侯陆聚、宣德侯金朝兴、靖宁侯叶昇，申国公邓镇（愈子）、济宁侯顾敬、淮安侯华中（云龙子）、临江侯陈镛、营阳侯杨通（璟子）、毛骧、李伯昇、丁玉和宋濂之孙慎，宋濂也因此被贬死茂州。坐蓝党死的除凉国公蓝玉以外，有：吏部尚书詹徽、侍郎傅友文、开国公常升（遇春子）、景川侯曹震、鹤庆侯张翼、舳舻侯朱寿、东莞伯何荣（真子）、普定侯陈桓、宣宁侯曹泰、会宁侯张温、怀远侯曹兴、西凉侯濮玙、东平侯韩勋、全宁侯孙恪、沈阳侯察罕（纳哈出子）、徽先伯桑敬、都督黄辂、汤泉等。胡案有《昭示奸党录》，蓝案有《逆臣录》，把口供和判案都详细记录，让全国人民都知道这些人是该杀的。李善长死时已经七十七岁了，替明太祖办了三十九年事，儿媳妇是太祖的女儿——公主，和皇帝是两亲家，末了却落得全家诛戮。他死后一年，有人替他上疏讼冤说：

> 善长与陛下同心，出万死以取天下，勋臣第一，生封公，死封王，男尚公主，亲戚拜官，人臣之分极矣。借令欲自图不轨，尚未可知；而今谓其欲佐胡惟庸者，则大谬不然。人情爱其子，必甚于兄弟之子；安享万全之富贵者，必不侥幸万一之富贵。善长与惟庸，犹子之亲耳，于陛下则亲子女也。使善长佐惟庸成，不过勋臣第一而已，太师、国公、封王而已矣，尚主纳妃而已矣，宁复有加于今日？且善长岂不知天下之不可幸取：当元之季，欲为此者何限？莫不身为齑粉，覆宗绝祀，能保首领者几何人哉！善长胡乃身见之，而以衰倦之年身蹈之也！凡为此者必有深仇激变，大不得已；父子之间，或至相挟以求脱祸。今善长之子祺备陛下骨肉亲，无纤芥嫌，何苦而忽为此！若谓天象告变，大臣当灾，杀之以应天象，则尤不可；臣恐天下闻之，谓功如善长且如此，四方因之解体也。今善长已死，言之无益，所愿陛下作戒将来耳。

明太祖看了，句句都有道理，无话可驳，只好算了。

※　※　※

二案以外，开国功臣被杀的有德庆侯廖永忠——谋杀小明王的凶手，洪武八年以僭用龙凤不法等事赐死。十三年永嘉侯朱亮祖父子被鞭死。十七年临川侯胡美以犯罪伏诛。二十五年江夏侯周德兴以帷薄不修伏诛。二十七年定远侯王弼、永平侯谢成、颍周公傅友德诛。二十八年宋国公冯胜赐死。周德兴是太祖孩提之交，傅友德、冯胜功最高，他们的被杀，别无罪过，正合着古人说“飞鸟尽，良公藏；狡兔死，走狗烹”的话。

不但列将以次诛夷，甚至替他坚守南昌七十五日、力拒陈友谅、造成鄱阳湖大捷、奠定王业的功臣——亲侄朱文正，也只以“亲近儒生，胸怀怨望”的罪过被鞭死。亲甥李文忠南征北伐，从十几岁起便替他打仗，也因为左右多儒生，好贤下士，有政治野心的罪过被毒死。刘基运筹帷幄，不但有定天下的大功，并且是奠定帝国规模的主要人物，却被猜忌最深。洪武元年，便被休致回家。又因为隔得太远，太祖不放心，硬拉回到南京，终于把他毒死。徐达为开国功臣第一，小心谨慎，也逃不过，洪武十八年病了，生背疽，最忌蒸鹅，病重时皇帝却赐蒸鹅，只好流着泪，对使者吃了，不多日就死了。

武臣之外，文臣被杀的也着实不少，有记载可考的，有：宋思颜、夏煜、高见贤、凌说、孔克仁，这几人都是初起时的幕府僚属。朝官有：礼部侍郎朱同、张衡，户部尚书赵勉，吏部尚书余烷，工部尚书薛祥、秦达，刑部尚书开济，户部尚书茹太素，春官王本，祭酒许存仁，左都御史杨靖，大理寺卿李仕鲁，少卿陈汶辉，御史王朴；外官有：苏州知府魏观，济宁知府方克勤，训导叶伯巨，晋王府左相陶凯等。茹太素是个刚性人，爱说真话，几次为了话不投机被廷杖，降官。一天，太祖在便殿赐宴，赐他酒吃说：“金杯同汝饮，白刃不相饶。”太素接着说：“丹诚图报国，不避圣心焦。”太祖听了倒也很感动。不几日又得罪，和同官十二人都戴着脚镣办事，后来还是被杀。李仕鲁劝太祖不要太尊崇佛道，太祖不理会，李闹起迂脾气，当面交还朝笏，要告休回家，立刻被武士摔死阶下。陶凯起了一个别号叫耐久道人，触了忌讳被杀。叶伯巨在洪武九年以星变上书论用刑太苛说：

臣观历代开国之君，未有不以任德结民心，以任刑失民心者。国祚长短，悉由于此。古者之断死刑也，天子撤乐减膳。诚以天生斯民，立之司牧，固欲其并生，非欲其即死。不幸有不率教者入于其中，则不得已而授之以刑耳。议者曰：宋、元中叶，专事姑息，赏罚无章，以致亡灭。主上痛惩其弊，故制不宥之刑，权神变之法，使人知惧而莫测其端也。臣又以为不然：开基之主，垂范百世，一动一静，必使子孙有所持守；况刑者民之司命，可不慎欤！夫笞杖徒流死，今之五刑也；用此五刑，既无假贷，一出乎大公至正可也。而用刑之际，多裁自圣衷，遂使治狱之吏，务趋求意旨，深刻者多功，平反者得罪，欲求治狱之平，岂易得哉！近者特旨杂犯死罪免死充军，又删定旧律诸则减宥有差矣，然未闻有戒敕治狱者务从平恕之条，是以法司犹循故例。虽闻宽宥之名，未见宽宥之实；所谓实者诚在主上，不在臣下也。故必有罪疑惟轻之意，而后好生之德洽于民心，此非可以浅浅期也。何以明其然也，古之为士者以登仕为荣，以罢职为辱；今之为士者，以溷迹无闻为福，以受玷不录为幸，以屯田工役为必获之罪，以鞭笞箠楚为寻常之辱。其始也朝廷取天下之士，网罗捃摭，务无余逸，有司敦迫上道，如捕重囚。比到京师，而除官多以貌选，所学或非其所用，所用或非其所学。洎乎居官，一有差跌，苟免诛戮，则必在屯田工役之科，率是为常，不少顾惜，此岂陛下所乐为哉，诚欲人之惧而不敢犯也。窃见数年以来，诛杀亦可谓不少矣，而犯者相踵；良由激劝不明，善恶无别，议贤议能之法既废，人不自励而为善者怠也。有人于此，廉如夷、齐，智如良、平，少戾于法，上将录长弃短而用之乎？将舍其所长苛其所短而置之法乎？苟取其长而舍其短，则中庸之材争自奋于廉智；倘苛其短而弃其长，则为善之人皆曰某廉若是，某智若是，朝廷不少贷之，吾属何所容其身乎！致使朝不谋夕，弃其廉耻，或事掊克，以备屯田工役之资者，率皆是也，若是非用刑之烦者乎！汉尝徙大族于山陵矣，未闻实之以罪人也。今凤阳皇陵所在，龙兴

> 之地，而率以罪人居之。怨嗟愁苦之声，充斥园邑，殆非所以恭承宗庙意也……臣愿自今朝廷宜存大体，赦小过，明诏天下，修举八议之法，严禁深刻之吏，断狱平允者超迁之，残酷裒敛者罢黜之；凤阳屯田之制，见在居屯者听其耕种起科，已起户口见留开封者悉放复业。如此则足以隆好生之德，树国祚长久之福，而兆民自安，天变自消矣。

此书一上，立被逮捕，死在刑部狱中。

※ ※ ※

照规定，每年布政司府州县派计吏到户部核算钱粮军需诸事，数目琐碎畸零，必须府合省，省合部，一层层上去，到部里审核通过，才算完事。省府离京师远的六七千里，近的一二千里，如有问题改造新册，必得用印，来回就得一年。为免往返麻烦，照例都带有空印文书，遇有部驳，随时填用空印文书。洪武十五年，太祖忽然发觉这事，以为一定有弊，全国地方长吏，凡是主印的一律处死，佐贰官杖一百充军边方。其实计吏所预备的空部文书只有半边印，不一定用得着，而且也不能作为别用。全国各机关都明白这道理，连户部也照例默认，只是差一点没成为法律。可是案发后，政府中人谁也不敢说明这情形，有一个不怕死的老百姓拼着命上书把这事解释清楚，也无用处，末了还是把地方长吏一杀而空，当时最有名的好官济宁知府方克勤（建文朝大臣方孝孺的父亲）也死在这案内，这上书人也被罚充军。

郭桓是户部侍郎，洪武十八年太祖怀疑北平二司官吏和郭桓通同舞弊，从六部左右侍郎以下都处死刑，赃七百万，供词牵连到诸直省官吏，系死者又数万人。追赃所牵连遍全国，中产阶级几乎全被这案闹得人亡家破。这案激动了全国人心，大家都指斥告发此案的御史和审判官，议论沸昂，太祖只好用手诏条列郭桓等罪状，说明这些人的该死，又把原审官也杀了，再三申说，求国民的谅解。

严刑重法，接连地发生这几次大案，凡是作官的随时随地都有死的威胁和恐怖，提心吊胆，过不成日子，有的人实在受不了，只好辞官，回家当老百姓；不料这又触了皇帝的忌讳，以为他们不肯替国家办事，看不起他，答复是杀头！没有做官的读书人，或者前朝遗老，躲在家里不敢出来应考做官；他又以为这些人看不起他，不肯替国家做事，下命令叫各地方官用种种方法逼他们出来，立下一条法律，叫作“寰中士夫不为君用”，处置的办法也是杀！例如贵溪儒士夏伯启叔侄断指立誓不做官，苏州人才姚润、王谟被征不肯出来，都被处死，并且全家籍没。总之，在太祖一朝的读书人和官吏，恰像被合围的鸟兽，紧紧地困在几层圈子里，出去是死，不出去也得死，不死的是太渺小的虫蚁和聪明一点的狐狸，有法不让人注意。大将中汤和最乖觉，知道皇帝对武人不放心，赶紧交还兵权，回家养老，算侥幸老死。文臣中袁凯一看颜色不对，立刻装疯装瞎，吃尽苦头，也得善终。

吴人严德珉由御史升左佥都御史，因病辞官，太祖发脾气，把他黥配南丹，后遇赦放还，布衣徒步，谁也不知道他是官。到宣德朝，还很健朗，一天因事被御史所逮，跪在堂下，供说，“我也曾在台勾当公事，通晓三尺法度。”御史问是何官，回说：“洪武中台长严德珉。”御史大惊谢罪。第二天去拜访，早已挑着铺盖走了。有一个教授和他喝酒，见他脸上刺字，头戴破帽子，问老人家犯什么罪，德珉说了详情，并说先时国法极严，做官的多不保首领，这破帽子真不容易戴呢！说完还北面拱手，嘴里连说：“圣恩圣恩！”

洪武一朝的历史可以说是血写的。

第二节　文字狱

明太祖虽然通文，却苦于识字不多，学问不到家，往往以文字疑误，发脾气杀人。他是穷和尚出身，最忌讳被人揭穿，例如光头、秃头、僧人等字样。当和尚不安分，又去跟红军造反，作贼、强盗等字样也使他难受。其他方面的嫌忌，想入非非，更不一而足。总之，他的出身太寒伧，尽管他自己口口声声说什么“淮右布衣”、“出身寒微”、“江右匹夫”，卖弄他同符汉高，平民皇帝，却绝不许人家对他如此说。洪武一朝文人被杀的特别多，追究原因却都不过是语言文字的过失，而且就文字字面论，或者就作者的写作动机论，都可以说是完全没有恶意的。

地方三司和卫所逢年过节或为特殊事由上呈皇帝的表笺，照例由学校教官代作。当时以文字嫌疑被杀的，有浙江府学教授林元亮，他替海门卫作谢增俸表，有“作则垂宪”一句话。北平府学训导赵伯庸为都司作万寿贺表，有“垂子孙而作则”一语。福州府学训导林伯璟为按察使撰贺冬表，有“仪则天下”一语。桂林府学训导蒋质为布按作正旦贺表，有“建中作则”四字。常州府学训导蒋镇为本府作正旦贺表，有“睿性生知”一语。澧州学正孟清为本府作贺冬表，有“圣德作则”一语。陈州府学训导周冕为本府作万寿贺表，有“寿域千秋”一语。怀庆府学训导吕睿为本府作谢赐马表，有“遥瞻帝扉”一语。祥符县学教谕贾翥为本县作正旦贺表，表文内有“取法象魏”一辞。亳州训导林云为本府作谢东宫赐宴笺，有“式君父以班爵禄”一语。尉氏县教谕许元为本府作万寿贺表，有“体乾法坤，藻饰太平”两句。德安府学训导吴宪为本府作贺立太孙表，有“永绍亿年，天下有道，望拜青门”三句。为了这几个字，几句话，这一些为人师表的教官，祸从天上来，到死还不明白他的罪过是什么。原来明太祖把字念别了：把“则”念成“贼”，“作则”即“作贼”，“生”和“僧”同音，“帝扉”读成“帝非”，“取法”读成“去发”，“式君父”读作“失君父”，“法坤”有点像“发髡”，“有道”又像是“有盗”，“藻饰太平”念成“早失太平”!

杭州府学教授徐一夔贺表有“光天之下，天生圣人，为世作则”等语，太祖读了大怒说：“生者僧也，骂我当过和尚；光是薙发，说我是秃子；则音近贼，又骂我作过贼!”立刻传旨把他杀了。吓得礼部官魂不附体，求皇帝降一表式，使臣民有所遵守，太祖就亲撰一文传播全国。

有一个和尚叫来复，上了一首谢恩诗，有“殊域”和“自惭无德颂陶唐”字样，太祖又大生气，以为“殊”字分为“歹朱”，明明骂我；又说“无德颂陶唐”，是说我无德，虽欲以陶唐颂我而不能；

又把他杀了。

其他文人被杀者，如：苏伯衡任处州教授，以表笺误论死。户部侍郎高启告归后，以为苏州知府魏观作上梁文腰斩。张羽为太常丞，投江死。徐贲仕至布政使，下狱死。孙蕡仕经历，王蒙知泰安州，和王行曾都以党案死。郭奎参朱文正军事，张孟兼仕至佥事，傅恕为博野令，谢肃为福建佥事，都坐事死。戴良被征后自杀。不死者如：张宣谪为驿丞，杨基谪输作，乌斯道谪役定远，唐肃谪佃濠梁，都算万分侥幸了。

明太祖本来不是挑剔文字、使小心眼的性格，他之所以这样做，有一个故事的背景。在开国以后，他很看重文人，以为治国非用文人不可。一般勋臣很不平，太祖告诉他们，世乱用武，世治用文，并非偏心。有人就说，"不过文人好挖苦毁谤，譬如张九四厚礼文儒，把文人捧得极高，但替他起名字，却起为'士诚'"。太祖说："这名字就很好。"那人说："不然，孟子里有'士诚小人也'这句话，把这句话割裂，骂他是小人，他哪里懂得，被人家叫了半辈子！"太祖由此起了戒心，惟恐人借古书、借成语损他，全国章奏全都一一过目，文字狱就是这样引起来的。

晚年，他所最喜欢的青年才子解缙，说他对文人"取之尽锱铢，用之如泥沙"。说得一点也不错。

已入网的文人被如此残杀虐待，使在网外的加倍警戒，不肯上做官这一钩，如杨维桢之"白衣宣至白衣还"，抵死不肯做官。胡翰、赵壎、陈基修元史成后，即刻回家。张煜被征，以老不仕。王逢以文学被征，其子为通事舍人，叩头乞免，都得逍遥网外，终其天年。开国谋臣陈遇、秦从龙只肯出主意，不肯露面做官，也是这个办法，果然明太祖对他俩始终优礼，和刘基之功成被毒，宋濂之白发谪死，真是不可同日而语了。

在明太祖初期幕府里的主要人物，还有一人名田兴，在功成后即隐遁江湖，太祖几次派人找他，他都不理会。到洪武三年，又专使以手书敦劝说：

> 元璋见弃于兄长，不下十年，地角天涯，未知云游之处，

何尝暂时忘也。近闻打虎留江北，为之喜不可抑，两次诏请，更不得以勉强相屈。文臣好弄笔墨，所拟词意，不能尽人心中所欲言，特自作书，以表一二，愿兄长听之。昔者龙凤之僭，兄长劝我自为计，又复辛苦跋涉，参谋行军，一旦金陵下，告遇春曰："大业已定，天下有主，从此浪迹江湖，安享太平之福，不复再来多事矣"。我故以为戏言，不意真绝迹也！皇天厌乱，使我灭南盗，驱北贼，无才无德，何敢妄自尊大，天下遽推戴之，陈友谅有知，徒为所笑耳。三年在此位，访求山林贤人，日不暇给。兄长移家南来，离京甚近，非但避我，且又拒我；昨由去使传言，令人闻之汗下。虽然，人之相知，莫如兄弟，我二人者不同父母，甚于手足，昔之忧患，与今之安乐，所处各当其时，而平生交谊，不为时势变也。世未有兄因弟贵，惟是闭门逾垣以为得计者也。皇帝自是皇帝，元璋自是元璋；元璋不过偶然作皇帝，并非作皇帝便改头换面，不是朱元璋也。本来我有兄长，并非作皇帝便视兄长如臣民也。愿念兄弟之情，莫问君臣之礼。至于明朝事业，兄长能助则助之，否则听其自便。只叙兄弟之情，断不谈国家之事。美不美，江中水；清者自清，浊者自浊。再不过江，不是脚色！

结果还是不理，神龙见首不见尾，是第一等人物，也是最了解明太祖个性的一个人物。

第三节 锦衣卫和廷杖

在旧式的政体之下，皇帝只是代表个人和家族，以及外环的一特殊阶级的利益，比较被统治的万民，他的地位，不但孤立，而且永远是在危险的边缘，尊严的、神圣的宝座之下，酝酿着待爆发的火山。为图权威和利益的持续，他们不得不想尽镇压的法子。公开的律例和刑章、公开的军校和法度不够用，他们还需要造成恐怖空气的"特种"组织、"特种"监狱和"特种"侦探，来监视着每一个可疑的人和可疑的官吏。他们用秘密的方法侦伺、搜查、逮捕、审讯、处刑。在军队中，在学校中，在政府机关中，在民间，在集会场所，甚至交通孔道，大街小巷，处处都有这样人在活动。执行这些任务的“特种”组织，在汉有“诏狱”和“大谁何”，在唐有“丽景门”和“不良人”，在宋有“诏狱”和“内军巡院”，在明初则有锦衣卫。

锦衣卫是内廷亲军，是皇帝的私人卫队，不隶于都督府。其下有镇抚府，专治刑狱可以直接取诏行事，不必经过外廷法司。锦衣卫的正式职务是“掌侍卫缉捕刑狱之事”，凡盗贼奸宄街涂沟洫密缉而时省之。主要的是“侦察不轨妖言”。不轨指政治上的反动或党派，妖言指宗教的集团如弥勒教、白莲教、明教等。明太祖出身于红军，深知“弥勒降生”和“明王出世”等传说，对于渴望改造生活的一般农民，所发生的政治作用，他尤其了解聚众结社对现实政权是有如何巨大的威胁。他已掌握政权，也已为这政权立下基础，唯一的问题是如何才能永远，子子孙孙都能不费事地继承这政权。他所感觉的严重危机有两方面：其一是并肩起事的诸将，个个都身经百战，枭悍猛鸷。其二是出身豪室的文臣，他们有地方的势力，有政治的声望，又有计谋，他自己在位一天，固然镇压得了，但也还杌陧不安，身后的继承人呢，太子忠厚柔仁，只能守成，不能应变。到太子死后，他已是望七高年，太孙不但幼稚，而且比他父亲更不中用，成天和一批腐儒接近，景慕三王，服膺儒术，更非制驭枭雄的脚色。他为要使自己安心，要替他儿孙斩除荆棘，便不惜用一切可能的残酷手段，大兴党案，锄杀功臣；又用整顿吏治、乱世用重刑的口实，把内外官吏、地主、豪绅也着实淘汰了一下。锦衣卫的创立和授权，便是负担这个作用。经过几次的大屠杀以后，臣民侧足而立，觉得自己的地位已经安定了，为着缓和太过紧张的空气，洪武二十年（1387），下令焚毁锦衣卫刑具，以系囚付刑部。再隔六年，胡党、蓝党都已杀完，不再感觉到政治上的逼胁了，于是又解除锦衣卫的典诏狱权，诏内外狱毋得上锦衣卫，大小案件都由法司治理，天下从此才算太平了。

※　　　※　　　※

和锦衣卫互相表里的一件恶政是廷杖。锦衣卫是明太祖始创的一个杰作，廷杖却是抄袭元朝的。

在元以前，君臣之间的距离还不十分悬绝，三公坐而论道，和皇帝是师友。宋代虽然臣僚在殿廷无坐处，却也礼貌大臣，绝不加以非礼的行为。“士可杀不可辱”这一传统的观念，上下都能体会。蒙古人可不同了，他们根本不了解士的地位，也不能用理论来装饰朝廷的庄严。他们起自马上，生活在马上，政府的臣僚也就是军队的将校，一有过错，拉下来打一顿，打完照旧办事，不论是中央官、地方官，在平时或是在战时，臣僚挨打是家常便饭，甚至中书省的长官，也有在殿廷被杖的记载。明太祖继元而起，虽然一力“复汉官之威仪”，摈弃胡俗胡化，对于杖责大臣这一故事，却习惯地继承下来，著名的例子，亲族被杖死的有朱文正，勋臣被鞭死的有永嘉侯朱亮祖父子，大臣被杖死的有工部尚书薛祥，部曹被廷杖的有茹太素。从此殿陛行杖，习为故事，士大夫不但可杀，而且可辱，君臣之间的距离愈来愈远，“天皇圣明，臣罪当诛”，礼貌固然谈不到，连主奴的恩意也因之而荡然无存了。

这两件事，到后来都为他的儿孙所取法，以为是“祖制”。而且变本加厉，锦衣卫之上又来一个东厂或西厂，或在东西厂之上又加一个内行厂。都由太监提督，连锦衣卫也在被侦缉之列，明人合称为厂卫。使一般士大夫都吓得提心吊胆，常晏起早阖，不敢偶语，骑校过门，如遇大盗。廷杖则去衣受笞，血肉横飞，皇帝用之以钳制言官，阉人用之以诛锄异己。一直到亡国，这个“祖制”才与国同亡。

太祖不但用锦衣卫来侦伺臣下，甚至亲自主持，不管大臣小臣、现任官卸任官，都在被侦伺之列。例如罗复仁官至弘文馆学士，说一口江西话，质直朴素，太祖虽叫他作老实罗，但还是不放心。有一天忽然一个人跑到罗家，罗家在城边一个小胡同里，复仁正爬在墙上粉刷墙壁，见皇帝来慌了，赶紧叫他女人抱一个小凳子请皇帝坐下。明太祖见他实在穷，不过意，说：“贤士岂宜居此！”即刻赏他城中一所房子。宋濂以文辞经术受知为侍从，性格最为诚谨，有一天请客喝酒，太祖也派人侦察，第二天当面问他，昨天喝酒了没有？请的客是谁？备了什么菜？宋濂一五一十老老实实说明，他方释疑，笑说："全对，你没有骗我。"又如吴琳以吏部尚书告休回家，太祖特地派人去暗中察看，见一农人坐小凳，起拔稻苗布田，貌甚端谨，使者前问："此地有吴尚书这人在否？"农人敛手对曰："琳便是。"使者回去告诉，太祖甚是高兴。又如南京各部皂隶都戴漆巾，只有礼部是例外。诸司门前都有门额，只有兵部没有。据说这也是锦衣卫逻卒干的事，因为各机关都常常有专人在秘密侦察。有一天，礼部皂隶睡午觉，被取去漆巾；兵部有一晚未守夜，也被取去门额。发觉后都不敢作声，也就成为典故了。

第四节　皇权的极峰

就整个历史的演进说，皇帝的权力到明太祖可以算是达到了最高峰。

第一，在明太祖以前，在三省制度下，政府的领袖是三省长官（中书省为中书令，门下省为侍中，尚书省为尚书令，唐、宋以来以三省长官官高不除人，多以他官兼任，有同中书门下平章事、同平章事、参知政事等名目），六部属于尚书都省。到元代改三省为一省，明太祖杀胡惟庸后，又废中书省，提高六部的地位，直属于皇帝，皇帝除为国家的元首外，又为事实上的政府领袖，一切庶务都直接由皇帝处理，皇权和相权合一，加上原有的军权、立法权、司法权，举凡人类政治社会中一切权力都集中在一人之手，这种局面是前所未有的。

第二，在明太祖以前，在三省制度下，皇权是有限制的。三省的职权是中书取旨，门下封驳，尚书施行。中书省有中书舍人掌起草诏令，中书省在得到皇帝同意或命令，就由舍人起草，舍人在接得词头（命令大意）后，认为不合的便可以缴还词头，不给起草。

在这局面下，皇帝就得改换主意，如坚持不改，虽还可以第二次第三次发下，但舍人仍可以第二次第三次缴还，除非皇帝罢免他的职务，否则还是拒绝起草。门下省有给事中专掌封驳，凡百司奏抄，侍中审定，则先读而署之，以驳正违失。凡制敕宣行，大事复奏而请施行，小事签名颁下。其有不便者，涂窜而奏还，叫作涂归，又称批敕。这制度规定皇帝所颁诏令，得经过两次审查，第一次是中书省专主起草的中书舍人，他认为不合的可以拒绝起草，舍人把诏令草成后，必须经过门下省的第二次审查，由给事中签名副署，才行下到尚书省施行。如被封驳，便当作为罢论。倘两省官都能尽职，坚定地执行他们的职权，便可防止皇帝的过举和政治上的不合法行为。元废门下省，给事中并入中书省，到明废中书省后，中书舍人成为抄录文件的书记，给事中无所隶属，只好兼领谏职，和稽察六部百司之事。皇帝的意志和命令即为法律，任何人都得遵守，直接颁下，虽然给事中还保持有名义上的副署权和封驳权，却本末倒置，以侍从规谏和稽察部司为主。皇权不受任何限制，这也是过去所未有的局面。

第三，在明太祖以前，守法在理论上是皇帝的美德。法有两种：一种是成文法，即历朝所制定的法典；一种是不成文法，普通政治上的相沿传统属之。两者都所以纲纪政事，维持国本。皇帝地位虽高，也不能以喜怒爱憎，凭个人的感情来破法坏法；即使有特殊情形，也必须先经法的制裁，然后运用皇帝的特赦权或特权来补救。著例如汉文帝的幸臣邓通，在帝旁有怠慢之礼，丞相申屠嘉因言朝廷之礼不可以不肃，罢朝坐府中，檄召通到丞相府，不来且斩。通求救于帝，帝令诣嘉，免冠顿首徒跣谢，嘉谓小臣戏殿上，大不敬，当斩，史令行斩之。通顿首，首尽出血不解。文帝预料丞相已把他困辱够了，才遣使向丞相说情，说这是我的弄臣，请你特赦他。通回去见皇帝，哭着说："丞相几杀臣！"又如宋太祖时有朝臣当迁官，太祖素恶其人不与，宰相赵普坚以为请，太祖生气说："我偏不给他迁官，你怎么办？"普说："刑以惩恶，赏以酬功，是古今来的通道。而且刑赏是天下之刑赏，非陛下之刑赏，岂可以个人的喜怒来破坏!”太祖生气极了,不理赵普,竟自走开,赵普也跟着走,太祖走入宫门,普立于宫门口不肯走,太祖没奈何,只好依他。到明太祖,他一方面制定法典叫人遵守,犯法者必死,他自己却法外用刑,在《大诰》里所规定的十种死罪,都出于法典之外。他专凭喜怒杀人,完全不依司法程序。他在政治上的设施也不依成法,自我作古。他的性格,他的权力,和古所未有的地位,使得没有人敢拿法来限制或劝告他。他这种反法坏法的行径,他自己也知道不对,晚年屡次训诫太孙,以自己治乱世当用重刑,以后治平世则当用轻刑,又禁止使用他所常用的种种非刑。洪武二十八年诏:“朕起兵惩创奸顽,或法外用刑,本非常典。后嗣止循律典,不许用黥刺、剕、劓、阉割之刑,臣下敢以请者置重典”。自己不守法,却强迫别人守法,皇帝的感情决定人类和社会的命运,这种局面也是前所未有的。

他用残酷的、恐怖的屠杀手段,推翻八百年来的传统政治制度,组织新的分部负责政府,而由自己综揽大权,乾纲独运。又接连不断地兴起大狱,杀了十几万社会上层的领袖人物,利用锦衣卫来侦伺臣民,用廷杖来折磨士气,立“寰中士夫不为君用”之法,强迫知识分子和他合作。在三十年为一世的长期统治下,开国功臣被杀完了,谋臣、策士也非死即被放逐,社会上层的豪绅、地主也被淘汰得差不多了。举国上下都诚惶诚恐,拱手听命。他不但是国家的元首,也是国军的最高统帅,政府的最高负责领袖,同时是最高的立法人和审判官,他有无限的财政支配权,他用学校和科举来造成忠顺的干部,他用里甲轮役的方法来使国民为他服务,他收复了沦陷于外族四百三十年的疆域,他建立了汉族自主的大帝国,他是大明帝国的主人,也是几十个属国和藩国的共主,同时也是历史上伟大的民族英雄之一,有史以来权力最大、地位最高的皇帝。

※　※　※

他统治这帝国三十一年,诚然过于严酷,过于残暴,可是这也有个分野,他用一条线来划分:一边是有势力和有钱的,一边是被欺侮的穷人。他的严酷和残暴,似乎专用以对付“有”的阶级:对于“无”的穷人,他便用另一种态度、另一种方法。

他了解四民之中，农民最劳最苦，当春之时，鸡鸣而起，驱牛秉耒而耕，及苗既种，又须耘耨，炎天赤日，形体憔悴。及至秋成，输官之外，所余无几，一遇水旱虫蝗，则举家皇皇，毫无办法，可是国家的赋税出于农民，力役也出于农民，要使国家富强，必须使农民能够安居乐业。

安抚农民的办法，积极地为农民兴利，消极地为农民除害。

兴利的事业主要的是增产，他在立国后，即下令凡民田五亩至十亩者栽桑麻木棉各半亩，十亩以上倍之。末年又令户部劝谕民间，但有隙地皆令种植桑枣，授以种植法，又益种棉花，蠲其税，使农民的衣的问题得以自给。棉花的种植由此遍于全国，过去平民常服的麻衣，遂渐为棉布所代替。其次是水利，在国初即诏所在地方官，民以水利条上者即具奏。又特谕工部官，凡陂塘湖堰可蓄泄以备水旱者，皆因其地势修治之。分遣国子生及人才遍到全国各处督修水利，凡开塘堰四万九百八十七处。复次是劝导农民合作，就里甲的基础，由户部负责劝谕，一里之间，凡遇婚姻死丧、疾病患难，富者助财，贫者助力，春耕秋获之时，一家无力，百家贷之。每乡里各置木铎，选年老者每月六次持铎徇于道路，每里置一鼓，凡遇农桑时月，晨起击鼓会田所，怠惰者里老督责之，里老不劝督者罚。

除害的事业是天灾的赈免，和贪官污吏的肃清。

太祖定制，凡四方有水患，蠲免赋税。暨年无灾伤，也择地瘠民贫的地方特别优免。凡岁灾尽蠲二税，且贷以米，或赐以米布和钞。又设预备仓，令老人运钞易米以储粟，旱伤州县，如地方官不奏，许耆民申诉，处地方官以极刑。二十六年又谕户部，凡岁饥，许地方官先发仓庾存米赈贷，然后奏报，著为令。在位三十多年中，所赐布钞达数百万，米百余万，所蠲租税无数。

地方官贪酷害民者，许人民到京师陈诉，赃至六十两以上者枭首示众，仍剥皮实草。府、州、县、卫之左特立一庙以祀土地，为剥皮之场，名曰皮场庙。官府公坐旁各悬一剥皮实革之袋，使之触目惊心。洪武十八年诏逮各地官吏之为民害者赴京师筑城，官吏有罪，笞以上悉谪凤阳屯田，至万余人。地方官就任都赐予路费，其家属也赐予衣料，使其不致侵渔百姓。考绩以农桑和学校为准。来朝时又特别告诫以天下新定，百姓财力都困，如鸟初飞，木初植，勿拔其羽，勿撼其根。由此，一时地方守令都惴惴畏法，洁己爱民，吏治风气，焕然不变。

洪武一朝，政虐于上，民安于下，恐怖政治的作用，就肃清贪污一点说，是非常成功的，后来的仁、宣之治，就是这时代打的基础。

第五章　家庭生活

第一节　马 皇 后

说到明太祖的家世，他的祖父原是逃亡的淘金户，父亲是贫农，外祖是巫师。家世寒微，父、祖以上的名讳都记不得。马皇后的父亲马公是宿州人，和郭子兴是好朋友，犯了杀人罪，逃亡到定远，把小女儿托子兴抚养，他的名字也无人知道。一个是亲兵，一个是养女，就家世和身份说，真是门当户对。

至正十二年（1352），郭子兴和他的次妻小张夫人主张，替两人择吉完婚。亲兵升格为元帅赘婿，这婚姻提高了明太祖在军中的身份，被人称为朱公子，对他日后事业的影响很大。这一年明太祖二十五岁，马皇后二十一岁，照那时代的习俗，两人都已过了结婚年龄了。

女人读书识字，在从前只有世代书香的官宦人家才有偶然的例子，马皇后自然不能例外。那时代的女人照例缠足，但她却是天足，原因是：一则淮西地瘠民贫，穷人家妇女都得下田工作，小脚做不得活；二来她是养女，成天要操作，没爹娘替她照顾，长大了也只好听其自然。为了这双脚，十几年后，她作了全国第一个女人，母仪天下时，还被她的臣民所挖苦。有一次，明太祖秘密出外察访，看见墙上一幅漫画，画了一个大脚女人怀里抱着一个西瓜，认为是讥讽他的太太——淮西妇人好大脚。查不出是谁干的，一生气把这条街的人全杀了。

她虽没有受过教育，长得也不大好，但却是一个好妻子、贤内助。

郭子兴秉性迟疑猜忌，直性不能容人，耳朵软，好听信谗言。明太祖则英断果决，善抚士卒，两人性格不相合，又有人从中挑拨，感情一日比一日坏。当有事时，对明太祖亲信如左右手，等到事情解决，又立刻疏远，不大理会。太祖左右亲信将校谋士逐渐被召离去，兵权也被解除一部分。太祖曲意小心，侍奉愈谨，还是不能消释子兴的疑惧心理。在这种危难情形下，多亏马皇后从中调解，以私蓄和将士所献赂遗给小张夫人，请她在子兴面前说好话，两下里的感情才不致破裂。有一次，太祖被子兴禁闭起来，饿得发昏，马皇后偷偷怀了炊饼救他，把胸口都烫焦。平时也准备了干粮腌肉，宁愿自己挨饿，使丈夫吃饱。太祖渡江，她率将士家属留守和州，克集庆后，和吴、汉战争无虚日，她亲制甲士衣鞋，供给军队。陈友谅入寇，应天形势危急，她尽出宫中金帛犒师。到洪武元年，明太祖即帝位后，册为皇后。

马皇后经过了多年的努力，不但认得字，而且读得书史，替她丈夫管理札记，临时要查问什么事，立刻翻出应用，节省了皇帝不少的精力。明太祖常常对群臣称述她的贤德，比之于芜菁豆粥、滹沱麦饭，可和历史上的唐长孙皇后媲美，回宫后说起，她说："我怎么敢比长孙皇后？我听说夫妇相保易，君臣相保难；陛下不忘和我同贫贱，也愿不忘和群臣同艰难，始终相保。"

她心地仁慈，明太祖在前殿办事，有时发脾气，回宫后她总是用好话劝谏，太祖虽然严酷，有时也强不过，敷衍一下，救活了无数的人命。朱文正得罪，将置重刑，经她苦劝才不将事情闹大。李文忠守严州时，有人诬告他有异心，也经她极力解释，才得保全。宋濂因孙慎坐胡党，被逮论死，她在太祖前替宋濂求情说："民家替子弟延师，尚且要讲礼貌，全始全终，何况皇帝家的师傅？而且他住在家里，也一定不知情。"太祖不理，到吃饭时，她不喝酒，也不吃肉，说是替宋先生作福事。太祖恻然，也吃不下饭，宋濂才因此得特赦免死，安置茂州。李希颜是一个老学究，规范严峻，被征为诸王师，他还照教蒙童的老办法，诸王有顽皮不听话的，就打额角，诸王哭了，跑到父亲前告诉，太祖一面用手摸儿子，一面生气，正要发作，她又劝说："先生用圣人之道教育我们的儿子，怎么可以生气！"太祖才释然，不把这事挂在心上。吴兴富民沈秀，绰号沈万三，家资富可敌国，他见同时的地主、豪绅，不是被迁徙，就是灭族，自动捐出家产一部分，助筑都城三分之一；后来又自动请求犒军，他本意是想免祸，不料更触忌讳，罪状是以一匹夫而犒赐皇帝的军队，必有阴谋，非杀不可。她又多方劝解，这个全国第一的富翁才得免死充军云南，他的家产当然收归国库。

她平时常劝太祖不要以喜怒加刑赏，赈灾不如先备蓄积，得宝不如得贤，仁厚愈于刻薄。又说："法屡更必弊，法弊则奸生。民数扰必困，民困则乱生。"她注意朝官会食殿廷的饮食，求皇帝使光禄寺改善。替国子监生立红板仓，积粮养活学生的家属。她个人的生活却力崇节俭，穿的衣服直洗到破都不肯换新的。太祖的饮食每次亲自省视，对妃嫔不妒忌，对诸子不偏爱。太祖要访求她的族人作官，她力辞以为爵禄不可私外家，可是每次提到父母早死，都悲哀流涕。

洪武十五年（1382）八月，马皇后病死，年五十一岁。病时怕连累医生得罪，不肯服药。临死还劝太祖求贤纳谏，慎终如始。谥为"孝慈皇后"。太祖恸哭，从此不再立后。义子沐英镇守云南，得到消息，痛哭至于呕血。宫人追念慈爱，作歌追颂她道：

> 我后圣慈，化行家邦。抚我育我，怀德难忘。怀德难忘，于斯万年。毖彼下泉，悠悠苍天！

第二节　一大群儿孙

旧时代的旧习俗，多妻是处高位者应有的特权，皇帝的配偶除正妻为皇后以外，其他妾御有贵妃、妃、嫔等不同名目。多妻的结果是多子，明太祖有二十六子、十六女，孙、曾辈更多得不可胜数。

太祖诸妃，就种族论，有高丽妃，有蒙古妃，汉族的更不用说。就来源论，有初起时掳来的，有出自元宫的，有陈友谅的妃嫔，有即位后用正式法令采选的。内中郭惠妃是他旧主郭子兴次妻小张夫人的女儿。子兴三子：长子先已战死，次子天叙被杀于集庆，三子天爵以天叙枉死，其父旧部尽归太祖，不免怨望，也为太祖所杀。子兴绝后，孤女自然只好作她父亲帐下亲兵的妾媵子。蒙古妃和高丽妃都生有子女，传说明成祖即蒙古妃所生，太祖子孙中有蒙古的、高丽的血统，是毫无问题的。

太祖本人在早年没有机会受到好教育，因之他对诸子的教育特别注意。特建大本堂，取古今图籍充其中，征四方名儒教太子和诸王，分番夜直，选才俊之士充伴读。时时赐宴赋诗，商榷古今，评论文字无虚日。诸子师傅中最重要、最著名的是宋濂，专负责教育皇太子，先后十几年，凡一言一动，皆以礼法讽劝，使归于道，至有关政教和前代兴亡事，必拱手剀切说明，并且指出这事论理应该如此作，不该那样。皇太子也悉心受教，言必称师父。又命博士孔克仁授诸子经，功臣子弟也令入太学读书，太祖把教育的方针指示出来说："人有积金，必求良冶而范之，有美玉必求良工而琢之；至于子弟有美质，不求明师而教之，岂爱子弟不如金玉也。盖师所以模范学者，使之成器，因其材力，各俾造就。朕诸子将有天下国家之责，功臣子弟将有职任之寄。教之之道，当以正心为本，心正则万事皆理矣；苟道之不以其正，为众欲所攻，其害不可胜言。卿等宜辅以实学，毋徒效文士记诵辞章而已。"

学问要紧，德性尤其要紧。学问方面有名儒经师启迪训导，德性方面也要有端人正士来陶镕默化，于是又以梁贞、王仪为太子宾客，秦庸、卢德明、张昌为太子谕德，把职务告诉他们说："范金磐玉，所以成器；尊师重傅，所以成德。朕命卿等辅导太子，必先养其德性，使进于高明。于帝王之道，礼、乐之教，及往古成败之迹，民间稼穑主事，朝夕与之论说，日闻谠言，自无非僻之干。积久以化，他日为政，自然合道"。

到皇太子成年以后，果温文儒雅，俨然是个儒者。太祖对他的第三步教育是政事的实习，洪武十年令自今政事并启太子处分，然后奏闻。他面谕太子道："自古创业之君，历涉勤劳，达人情，周物理，故处事咸当。守成之君，生长富贵，若非平昔练达，少有不谬者。故吾特命尔日临群臣，听断诸司启事，以练习国政。惟仁不失于疎暴，惟明不惑于邪佞，惟勤不溺于安逸，惟断不牵于文法。凡此皆心为权度。吾自有天下以来，未尝暇逸于诸事务，惟恐毫发失当，以负上天付托之意。戴星而朝，夜分而寝，尔所亲见；尔能体而行之，天下之福也。”叫太子学他的勤劳，学他的明断，作一个守成的仁王。

他鉴于前代不立储贰，以致引起家庭惨变和政治危机之失，在为吴王时即立长子为世子，即皇帝后又立为皇太子。他鉴于前代宫僚自成系统，和廷臣分开，易生嫌隙之失，以政府重臣兼任东宫官属。他一心一意地用尽思虑，要替国家训练出一个第二代的好皇帝，他的理想的继承人。

洪武二十五年四月，皇太子薨，九月立太子第二子允炆为皇太孙。他对太孙的教育还是和对他父亲一样，也是学问、德性并重，裁决庶务，学习办事的方法。

诸子中，除第九子和第二十六子早殇，第四子燕王后来举兵靖难、篡位为明成祖外，其他二十三子都封王建国。

因为太祖对于教育特别注意，诸子成人后都有所表现。洪武二十六年以后，开国诸将诛夷殆尽，北边对蒙古的防务，就由第二子秦王、第三子晋王、第四子燕王负责，其他封在边境的诸小王也领兵跟着几位长兄巡逻斥堠，校猎沙漠。在文学方面有表现的也有好几个，如第五子周王好学能词赋，著《元宫词》百章；又以国土夷旷，庶草蕃庑，考核其可佐饥馑者四百余种，绘图疏之，名《救荒本草》，对植物学很有贡献。十七子宁王撰《通鉴博论》、《汉唐秘史》，《史断》等著作数十种。八子潭王、十子鲁王、十一子蜀王，十六子庆王都好学礼士。十二子湘王尤文武全才，读书每至夜分，开景元阁，招纳俊乂，日事校雠，志在经国。膂力过人，善弓马刀槊，驰马若飞。在行军时，缥囊载书以随，遇山水胜境，辄徘徊终日。尤善道家言，自号紫虚子。风度襟怀，在诸子中最为杰出。

相反的，不争气的也有两个：一个是十三子代王，早年多过失是不用说了，到晚年头发白了，还带着几个不肖子弟，窄衣秃帽，游行市中，袖锤斧伤人，干些不正经的勾当。末子伊王封在洛阳，年少失教，好武不乐居宫中，时时挟弹露剑，驰逐郊外，奔避不及者手击之，髡裸男女，以为笑乐。

太祖对诸子期望大，管教严，决不姑息。二子秦王以多过失，屡受责备，以皇太子救解，得免废灭。死后他亲谥为“愍”，册文说：“哀痛者父子之情，追谥者天下之公。朕封建诸子，以尔年长，首封于秦，期永绥禄位，以藩屏帝室。夫何不良于德，竟殒厥身，其谥曰‘愍’”。十子鲁王饵金石，毒发伤目，太祖很不喜欢，死后也追谥为“荒”。八子潭王，王妃于氏父兄都以胡党被杀，被召入朝，夫妇阖宫自焚死。

皇族的禄饷一概由政府支给。洪武九年定诸王、公主岁供之数：亲王米五万石，钞二万五千贯，锦四十匹，纻丝三百匹，纱罗各百匹，绢五百匹，冬夏布各千匹，绵二千两，盐二百引，茶千斤。亲王嫡长子年及十岁，立为王世子，长孙立为世孙。诸子封郡王。郡王嫡长子承袭，诸子封镇国将军，孙辅国将军，曾孙奉国将军，四世孙镇国中尉，五世孙辅国中尉，六世以下皆奉国中尉。帝女封公主，亲王女封郡主，郡主女封县主。凡皇族出生，由政府命名，成人后由国家主婚，一生的生活到死后的丧葬全由国家负担。郡王以下的禄饷照比例递减。到洪武二十八年皇族人数日益众多，国家财力感觉困难，乃更定为亲王岁禄万石，郡王二千石，以下以次递减。不到两百年工夫，皇族孳生蕃殖，竟到了使国家无法维持的地步。嘉靖四十一年（1562）时统计，全国岁供京师粮四百万石，而诸府禄米凡八百五十三万石。以山西言，存留地方的粮食百五十二万石，可是宗禄就要二百十二万石。以河南言，存留八十四万三千石，宗禄却要百九十二万石。即使把地方经费，不作别用，全数都拿来养活皇族，也还不够一半，只好打折扣和欠支，郡王以上的底数大，还可过好日子，至于以下的就不免饥寒了。政府无法应付，又就原数裁减，再打折扣，国家的预算算是勉强作好，可是皇族疏远的越发无法过活。他们既不能应科举作官，又不许作工行商，坏皇家的体面，穷极无聊，一部人便欺骗敲诈，无恶不作，使社会秩序大受影响。同时人数过多，政府照顾不过来，穷皇族无钱贿赂礼部官吏的，不但一辈子没有名字，甚至到头发白了，还不能婚嫁。到明朝末年，政府觉悟到过去的不是办法，才把科举的和政治的大门打开，皇族可以应科举，可以作官，让他们自谋出路。可是太晚了，不久就亡国了。

到明亡时，据不完全的统计，明太祖的直系子孙，有十几万人。

第三节 他的教养和性格

明太祖的出身是穷和尚，起事后和儒生接近。自以出身寒贱，要震炫世人耳目，神道设教，又和几个道士往来，让他们来装点神异。在他的一生中，和尚、儒生、道士，都替他尽了最大的作用。

先就儒家的影响说。

从渡江到建国，在他幕府中的儒生，如：范常、陶安、夏煜、孙炎、杨宪、秦从龙、陈遇、孔克仁、范祖干、叶仪、吴沈、许干、叶瓒玉、胡翰、汪仲山、李公常、戴良、刘基、宋濂等人，都和他朝夕讨论，讲述经史。经过十几年的熏陶和自己的努力，他不但了解经义，不但能写通俗的白话文，并且能作诗，能欣赏文学的优美了。

在未称帝以前，闲时常和儒臣列坐赋诗，范常诗每先成，太祖笑说："老范诗质朴，像他的为人。"初下徽州，朱升请题字，即亲书"梅花初月楼"赐之。和陶安论学术，赐之门帖曰："国朝谋略无双士，翰苑文章第一家。"征陈友谅，过长沙王吴芮祠，见胡闰所题诗，大为爱好。鄱阳湖战胜，和夏煜等草檄赋诗。宋濂喝不得酒，强把他灌醉了，制楚词以赐，又赐以良马，亲制白马歌。

即位后，更加喜欢弄笔墨，毛骐、安然、陶安死，他亲写祭文。桂彦良作晋王傅，又作文送他。宋讷读书，火燎其衣及胁，亲自作文劝戒。张九韶致仕，作文送行。

他会写散文，他主张文章应该明白显易，通道术，达时务。读曾鲁文后，非常高兴，说："读陶凯文后，已起人意；鲁又如此，文运其昌乎！"以刘三吾主考会试，疑有弊，亲撰策问复试。

他喜欢研究音韵，元末《阴氏韵府》是他常读的书。以旧韵出江左，命乐韶凤参考中原正音订定，名《洪武正韵》。他甚至会作赋，和儒臣欢宴大本堂，自作《时雪赋》；亲撰《凤阳皇陵碑》，粗枝大叶，通篇用韵。也会作骈文，徐达初封信国公，亲制诰文说："从予起兵于濠上，先存捧日之心；来兹定鼎于江南，遂作擎天之柱。"末尾说："太公韬略，当宏一统之规；邓禹功名，特立诸侯之上。"俨然是个四六作家了。

对历史尤其熟悉，他尝和太子讨论汉七国反事，太子以为曲在七国，太祖说："这是讲官偏说。景帝作太子时，以博局杀吴王世子，及为帝，又听晁错之说，黜削诸侯，此七国所以反也。"论内官则以为古之宦竖，不过司晨昏而已。自汉邓太后以女主临朝，以阉人为常侍等官，从此权倾人主。读宋史见宋太宗改封桩库为内藏库，他批评说："人君以四海为家，因天下之财，供天下之用，何有公私之别！太宗宋之贤君，亦复如此。他如汉灵帝之西园，唐德宗之琼林大盈库，更不必深责也。"谕翰林张信等以论思为职，则引唐陆贽、崔群、李绛等为训。教官吴从权不知民事，则谕以宋胡瑗教诸生，皆兼时务。到处引征史实，作为当前问题的参考。

对经学，他跟宋濂读《春秋左氏传》、陈南宾读《洪范》、《九畴》。他读蔡氏《书传》，以其所说象纬运行和朱子《书传》相反，特征宿儒订正。以孟子书中有草芥寇仇等不利皇权的民主论调，特命儒臣删去，编为《孟子节文》。他自己的著作有《御注洪范》，多用陈南宾说。

※　　　※　　　※

对释教，他在即位后又非常接近，当时用诏旨征东南戒德僧，在蒋山大开法会，他和群臣去顶礼膜拜。僧徒中有应对称意的，辄赐金襕袈裟衣，召入禁中赐坐讲论。吴印、华克勤等都还俗做到大官。他以为和尚与尘世绝缘，无所牵涉，寄以心腹，用作耳目，使其侦察官民动静，由此其徒得意横行，谗毁大臣。刘基、徐达之见猜，李善长、周德兴之被谤，都与和尚有关。僧徒恃宠，请立职官，于是改先所置善世院为僧录司，设左右善世、左右阐教、左右讲经觉义等官，高其品秩。道教也照样设官，度僧、尼、道士至逾数万。他自己并著有《集注金刚经》一卷。

道士替太祖帮忙的有周颠和铁冠子。

周颠十四岁时得了狂疾，在南昌市中乞食，说话语无伦次，人家都叫他为颠。常跑去见长官说："告太平"，无人懂得。太祖克南昌时，他疯头疯脑来见，回南昌又跟回来，一天又来求见，问他何事，又回说："告太平"。太祖腻了，叫人拿铜缸把他盖住，用火烧，等柴炭烧完，打开缸看时，他正在出汗。太祖觉得奇怪，叫他到蒋山寺里住去，过了几天，和尚来说，颠和小沙弥抢饭吃，闹脾气有半个月不吃东西了。太祖去看，一点也看不出他饿，请他大吃一顿，又给关在一间空房子里，一个月不给他东西吃，还是不在乎。这事情传说遍了，诸将争着请他吃酒馔，随吃随吐，只有跟太祖吃饭，才规规矩矩，像个样子，大家都信服了，以为他是仙人。

太祖大举征陈友谅，行前问他，这次如何？说："行"。又问："友谅已经称帝，消灭他怕不容易？"他仰头看天说："天上没有他的座位。"到安庆舟师出发无风，又找人问他，回说："只要走，风就来了。"果然一会儿大风起来，一口气直驶到小孤山。

铁冠子姓张名中，谈祸福多中。佯狂玩世，征陈友谅时也在军中。事先克定南昌解围和大胜的时日。

周颠后来不知所终，时人以为仙去，太祖亲撰《周颠仙人传》记其事。

太祖所常读的道教经典是《道德经》。

太祖利用神道设教的真意，当时即已被人指出。洪武二十一年（1388）解缙上万言书说：

> ……陛下天资至高，合于道微，神怪诞妄，臣知陛下洞瞩之矣。然犹不免所谓神道设教者，臣谓必不然也。一统之舆图已定矣，一时之人心已服矣，一切之奸雄已慑矣，天无变灾，

民无患害，圣躬康宁，圣子圣孙，继继绳绳，所谓得真符者矣。何必兴师以取宝为名，谕众以神仙为征应者哉！

果然，一切已都不成问题，从此以后，他对释、道两教的兴趣减低，不再侈谈神异了。

他这狡狯的利用是非常成功的，一直到现在，隔了快六百年了，民间还流行着许多洪武皇帝的神异故事，以为他是真命天子。传说中主要的一个是：天上有二十八宿，轮流下凡作人主；元天历元年（1328），天上娄宿不见，到洪武三十一年（1398），娄宿复明。他所颁发的洪武钱，乡间百姓很看重，以为可给小儿辟邪。他的儿时故事，也最为乡童所乐于传说。

用天命真主之说，来补救他的出身和门第的缺陷，他除利用佛道之外，又巧妙地把元朝诏书的开头，白话文的“长生天气力里，大福荫护助里，皇帝圣旨”，文言的“上天眷命”，改为“奉天承运皇帝诏曰”云云，表示他确是上天所命、应运而生的皇帝。

※　　※　　※

他是穷措大出身的，对于饮食起居，似乎并不十分奢侈，一般作皇帝的享受，在他是认为满足的。至正二十六年建宫室时，典营缮者打好图样请他看，他把雕琢得太考究的都去掉了。宫殿造成后，朴素无饰，他叫人写了许多可以鉴戒的历史故事和《大学衍义》。有人提议某处产一种很美的石头，可以铺地，他拿节俭的大道理痛切教训了一顿。凡是乘舆服御诸物应该用金的，都用铜代替。他不但自己厉行节俭，对人也是如此。有一次，他看见有一个内侍穿着新靴在雨中行走，一个舍人穿着一套值五百贯的漂亮衣裳，都着着实实地责备了一顿。司天监把元顺帝费尽心机作成的自动宫漏进献，他看了说：“废万几之务，用心于此，所谓作无益害有益也。”把它打碎了。陈友谅尝造镂金床，极为工巧，既亡，江西行省以床进，太祖叹曰：“此与孟昶七宝溺器何异！”也把它打碎了。

他的父、祖都是贫农，他的思想也彻头彻尾是贫农的保守思想。他只愿安分地省事地保有旧有的一份，决不愿冒险地费力地开拓新鲜的一份。有人告诉他山东有银场可开发，西戎有水银坑，磁州有铁矿，他都不接受，或训斥，或杖责，甚至把提议人充军。

他不喜无谓的恭维，禁止臣下笺文颂美，也不喜欢浮辞虚文，禁止表章四六骈偶。在朝会时不用女乐，在宫廷中不事兴建。

他虽神道设教，自诩神异，却不相信神仙，他告诉宋濂说："秦始皇、汉武帝好尚神仙，以求长生，卒无所得。假使他们移这份心思来治国，国家怎会不治？以我看来，人君能清心寡欲，使百姓安田里，足衣食，熙熙皞皞而不自知，也就是神仙了。"有道士献长生术，他说："我所要的是全国人民的长寿和快乐。"置之不理。有人迎合他的心理，学宋朝大中、祥符年间的办法献天书，用上天的意旨证明他是真命天子，他把这人杀了。他也不信祥瑞，洪武二年有瑞麦一茎三穗和五穗的，群臣称贺，他说："我作皇帝，只要修德致和，寒暑适宜，就算国家之瑞，倒不在乎以物为瑞。历史上汉武帝获一角兽，产九茎芝，好功生事，使海内空虚。后来宣帝时又有神爵甘露之瑞，都闹得山崩地裂，汉德于是乎衰。由此看来，祥瑞靠不住，灾异却是不可不当心的。"他命令今后四方或有灾异，无论大小，皆令有司，及时飞奏。

他对失败的敌人并不加以侮辱，洪武三年李文忠克应昌，获元主孙买的里八剌，并知元主已死，捷报到南京，百官称贺，太祖命礼部榜示，凡曾经仕元的不必参加称贺。又以元主不战而北走，谥为顺帝，亲自作文致祭。俘虏到京，礼臣请行献俘典礼，以为唐太宗尝行之，太祖说："唐太宗是待王世充的，若遇隋之子孙，恐不行此礼。元人入主中国，百年之内，生齿甚繁，家给人足，我的祖先，亦预享其太平。"只令服本俗衣入朝。这话虽然具政治作用，使蒙古族消释反感，却也充分表示他的政治家的风度。对以死殉节的敌人则表示钦佩，元将石抹宜孙、福寿、余阙、李黼战死，都为立祠于所守城邑，让后人永远纪念他们的忠烈。对始终不屈的敌人尤其中心敬礼，扩廓帖木儿拥兵犯边，百战不挠，是他最大最危险的敌人，他却许为天下第一奇男子，以不得臣之为恨。反之，危素是元朝老臣，文章头领，投降后为翰林侍读学士。一天，太祖在东阁，忽听履声橐橐，问："楼上何人？"答是："老臣危素。"太祖说："原来你？我说是文天祥！既是元朝老臣，何不到和州看守余阙庙去！”这老臣被谪去替元朝死节的忠臣看庙，不一年，就羞愧死了。

他执法极严，令出必行。初起兵时，因粮食不足，下令禁酒，胡大海方统军攻越，其子首犯令，王恺请勿诛以安大海心。太祖说：“宁可使大海叛我，不可使法不行。”遂亲杀了他。赵仲中为起兵时勋旧，命守安庆，陈友谅来攻，仲中弃城走，常遇春替他讲情，太祖不许，说：“法不行，无以惩后。”还是把他杀了。平章邵荣百战功高，和徐达齐名，也以细故立被诛杀。冯胜攻高邮，城中诈降，胜使康泰等先入城中，高邮人关门尽杀之。太祖召胜还，决大杖十，令步行至高邮。胜愧愤，竟攻克高邮。末年驸马都尉欧阳伦以贩带私茶违犯国法，虽贵为帝婿，也不免赐死。

※　　　※　　　※

和历代皇帝比起来，明太祖对于女人算是最不留意的，虽然事实上他有几十个妃妾。在他的著作《大诰》中有过一次极有趣的自白：“朕当未定之时，攻城略地，与群雄并驱十有四年余，军中未尝将一妇人女子。惟亲下武昌，怒陈友谅擅以兵入境，既破武昌，故有伊妾而归。朕忽然自疑，于斯之为，果色乎？豪乎？智者鉴之！”这一个故事不久便演变成另一个传说，说是陈友谅妻阇氏没入掖廷后，未几生遗腹子潭王，到封国时，阇氏哭告他说：儿父是陈友谅，儿父被杀，国被灭，我被俘辱，忍死待儿成人，儿他日当为父报仇。后来潭王果然举兵造反，太祖遣太傅徐达的儿子去讨伐他，潭王坚闭城门，抱着他的幼儿绕城行走，并取铜牌书其上云：“宁见阎王，不见贼王。”因掷于城外，遂举火阖宫尽焚，携其子投隍堑而死。其实这传说是冤枉明太祖的：第一，潭王是达定妃所生，和齐王同胞。第二，陈友谅死于至正二十三年（1363），潭王生于洪武二年（1369），前后相隔六年。第三，潭王因妃父于显坐胡党死，被诏入朝，疑惧自焚，和陈友谅全不相干。

※　　　※　　　※

他的理想的模范人物是汉高祖，第一个提醒他的是李善长。

他心目中时时有个汉高祖在，处处事事都以汉高祖自比。他所常读的书是《汉书》，常提到的古帝王是汉高祖。

当灭陈友谅后，兵势日盛，他便取法汉高。他尝和他的幕僚孔克仁闲谈说："秦政暴虐，汉高帝起布衣，以宽大驭群雄，遂为天下主。今群雄蜂起，可是都不知修法度以明军政，此其所以无成也。"说了很是叹息。有一次读《汉书》时，宋濂和孔克仁都在座，太祖问："汉治道不纯者何故？"克仁以为"王道霸道相杂"。太祖又问："谁应负责？"克仁说："责在高祖。"太祖说："不然，高祖创业，遭秦灭学，民憔悴甫苏，礼、乐之事，来不及讲究。孝文为令主，正当制礼作乐，以复三代之旧，乃逡巡未遑，使汉业终于如是。帝王之道，贵不违时。三代之王，有其时而能为之；汉文有其时而不为；周世宗则无其时而为之者也。"又问："汉高祖起布衣而为帝，所操何道？"克仁对说："知人善任使。"太祖说："项羽南面称孤，仁义不施而自矜功伐。高祖知道这毛病，承以柔逊，济以宽仁，所以把他打败。现在豪杰非一，我守江左，任贤抚民，以观天下之变，如徒与角力，一时怕也不容易成功。"

他研究汉高祖的个性和行事最为透彻，在他自己有所作为时，自然有意地或无意地要受汉高祖的影响。举例说，汉高当天下未定，即命萧何营未央宫，他也在南征北伐军未出发前，先建金陵宫阙。汉初徙齐、楚大族：昭氏、屈氏、景氏、怀氏、田氏以实关中，他也徙江南富人十四万户于中都。汉初分王子弟，他也分封诸子于各省。汉初赐民爵七大夫以上，他也诏天下富民年八十以上赐爵里士，九十以上赐爵社士。汉高祖醢韩、彭，他也大杀功臣，一杀再杀，杀到后来他的子孙无人可用。

"前王后王，其揆一也"。相隔一千六百年的两位同乡开国皇帝，竟是一脉渊源的师生，也是历史上的趣事。

第四节 晚年的悲哀

明太祖的智力是绝人的，他长于高瞻远瞩，当机立断，在众多谋士将军的意见中，采取最健全的一说。在平定群雄后，他和群臣论取天下大略说："朕遭时丧乱，初起乡土，本图自全。及渡江以来，观群雄所为，徒为生民之患，而张士诚、陈友谅尤为巨蠹，士诚恃富，友谅恃强；朕独无所恃，惟不嗜杀人，布信义，行节俭，与卿等同心共济。初与二寇相持，士诚尤逼近，或谓宜先击之；朕以友谅志骄，士诚器小，志骄则好生事，器小则无远图，故先攻友谅。鄱阳之役，士诚卒不能出姑苏一步，以为之援。向使先攻士诚，浙西负固坚守，友谅必空国而来，吾腹背受敌矣。二寇既除，北定中原，所以先山东，次河洛，止潼关之兵，不遽取秦、陇者，盖扩廓帖木儿、李思齐、张思道皆百战之余，未肯遽下，急之则并力一隅，猝未易定。故出其不意，反旆而北，燕都既举，然后西征，张、李望绝势穷，不战而克。然扩廓犹力抗不屈，向令未下燕都，骤与角力，胜负未可知也"。这是说明他的战略的成功。

在另一个场所，他又说："当元之季，君宴安于上，臣跋扈于下，国用不经，征敛日促，水旱灾荒，频年不绝，天怒人怨，盗贼蜂起，群雄角逐，窃据州郡不得已，起兵欲图自全。及兵力日盛，乃东征西讨，削除渠魁，开拓疆宇。当是时，天下已非元氏有矣。向使元君克畏天命，不自逸豫，其臣各尽乃职，罔敢骄横，天下豪杰曷得乘隙而起！朕取天下于群雄之手，不于元氏之手"。这是说明他的战略之所以成功。

以后，洪武四年的灭夏，十四年的征云南，二十年的定辽东，事前都由他亲授妙算，制敌决胜，事后的抚靖布置，也由他发踪指示，诸将只是奉行而已。

※　　※　　※

他的励精图治的精神，夙兴夜寐，几十年不懈，在历代帝王中也是屈指可数的。他未明求衣，秉烛治事，全国大小一切事务，都由他一人作最后决定。历史上记载他在某八天中曾处理批阅诸司奏札一千六百六十件，计三千三百九十一事。冗长空洞的奏折，当然容易使他发怒，刑部主事茹太素上万言书，太祖叫人念了，大发脾气，打了一顿，第二晚叫人再念，觉得内中有四件事还有理，五百字已够，因令中书定奏对式，不许繁文乱听。此后读奏札虽然省一点事，可是从中书省废后，六部府院直隶皇帝，政务越发繁忙，他虽然精力过人，拼着命干，毕竟也觉得不济了。

他是赤手起家的，除他自身外，两个哥哥和几个堂房兄弟，都在壬辰起兵那年死去，父系亲属只有亲侄文正一人，真够上“门单户薄”四个字。母族绝后，妻族也绝了，无期功强近之亲。到文正得罪被杀后，诸子都还幼弱，国是未定，一人独踞高位，前后左右，没有一个可以寄托心腹的人。他要撑持着，时刻提防着、警戒着，保卫自己，不使被人暗算。他白天整天紧张，晚上也不得安睡，他把所有的人都假定是敌人，他猜疑人人都对他怀有恶意，雄鸷枭厉的将军想篡位，舞文弄墨的文臣要揽权，咬文嚼字的儒生讽刺他。从他得了大权、作了皇帝以后，他害了猜疑病。

他早年过的是衣食不足的穷苦生活。中年驰驱军中，在兵火喧天、白刃相接的极度紧张的劳苦的生活中，完成了自己的教育。四十岁以后，又操劳于政务，把全副精力整个时间都为国家工作，体力的消耗之外，再加上对人对事的不安，精神永远集中在这一点。他容易暴怒，甚至于失常态，他的性格变得更加残酷，他极少机会微笑，在他的脸盘上，绝无温和的表情，正和他的心中缺少温情一样。他用屠杀来减轻他的不安，他杀一个人或杀一批人，正如他在散步时踢开一块挡路的石头那样轻易。

可惊的是他的精神虽有点失常，他的智力却并不减退。他的大儿子标忠厚仁弱，有点像汉惠帝。他用全副力量来教育他，使这一个候补皇帝将来能继承他，制礼作乐，作一个守成令主。到他五十岁左右的时候，体力有点来不及了，便让他儿子来帮忙，裁决庶务，一来减轻自己的工作，二来也借此机会训练儿子，教他如何作皇帝。可惜的是父子俩性格恰好相反，一个要严，一个要宽，不免引起冲突。老皇帝眼看着下一代不如自己，也只好叹一口气，闷在肚子里。免不了自己动手，大兴党狱，把一些平素不顺眼的和靠不住的文武臣僚，一网杀尽，替他儿子斩除荆棘，将来好作现成皇帝。

好容易皇太子的学业和政治教育都已完成，太祖自以为付托得人，国和家都可绳绳继继，长治久安了。却又变生意外，太子于洪武二十五年（1392）病死，六十五岁的老皇帝受了这致命的打击，伤心的程度是可以想象的。

太子死后，立太子嫡子允炆为皇太孙，才十六岁。

皇太孙仁弱像他的父亲，年龄又小，没有经过历练。太祖虽然也叫他帮自己办事，终是替他发愁，生怕自己一旦死去，诸将、大臣不服这孩子的调度。只好又动辣手，借题目杀了几个将军；又兴蓝案，把他平日所猜疑的、当时战功最高、最了不得的大将蓝玉和他的部将一起杀完，最后连开国元勋仅存的傅友德、冯胜，也无故诛夷，将帅一空。他想这小孙子将来再不会有人来和他为难，作祖父的算是用尽心血了。

他的政治教育，一半出于实际经验，另一半则得之于历史教训。他明白皇位继承是维持帝国和平最重要的制度。皇位继承必须有一个规定的合理的法则，才不致引起家族的纠纷和政变。最合理的法则无过于宗法制度下的嫡长承袭。在皇太子正位后，他要使诸王安分，翼卫中朝，洪武六年命群臣采汉、唐以来藩王善恶可为劝戒者编作一书，名为《昭鉴录》，二十八年又颁布《皇明祖训》条章，把一切作皇帝、作藩王和臣下所应遵守的和不该做的事都详细记载，并定制后代有人要更改祖训的以奸臣论，杀无赦。他希望用教育、用制度使各藩王忠心于这未来的小皇帝——朱家的族长。

可惜他的心思白用了，第二子秦王、第三子晋王都雄武有英略，见太子仁懦，都有异心，也都被他发觉，要治重罪，亏得太子友爱，尽力解救，方才无事。秦王死于洪武二十八年，晋王死于洪武三十一年，都死在他之前，算是没有出事。他费尽了心机，父子兄弟间却还不免钩心斗角，这对他自然也是一个精神上的打击。

他的猜疑病愈来愈重，成日成年生活在忧疑恐惧之中，体力愈来愈坏，脾气也愈来愈大，体力和精神互相影响。到洪武三十一年（1398），他已达七十一岁的高龄，这年五月间，便病倒在床上，不能动弹，病了整整三十天，终于离开他手创的帝国，离开他的继承人，离开他的臣民，结束了一生的恩怨，安静地死去。

他被葬在南京城外的孝陵，庙号太祖，谥曰“高皇帝”。

死后遗诏说：“朕膺天命，三十有一年，忧危积心，日勤不怠，务有益于民。奈起自寒微，无古人之博知，好善恶恶，不及远矣。今得万物自然之理，其奚哀念之有？皇太孙允炆仁明孝友，天下归心，宜登大位，内外文武臣僚同心辅政，以安吾民。”“忧危积心”四字真可说是形容他这三十一年生活的最恰当词句。

太孙继立后不久，他的第四子燕王棣果然起兵造反（1399），以靖难为名，建文四年（1402），篡位自立，是为明成祖。离太祖之死，还不到五年。

他的相貌不甚体面，晚年尤其严厉，看着叫人害怕。他曾找了很多画工，给他画像，他都不喜欢。有高手画师把他画得十分逼真，以为一定可以得赏了，他还是不说好。后来有一个聪明画师画得一像，有点像他，却满面温和，充满慈祥。他看了极高兴，还叫传写几本，分赐诸王。他的真像，现在南京城外明孝陵享堂里还有一幅。

附录　朱元璋年表

纪年	公元	元璋年龄	纪事
元天顺帝天历元年	1328年	1岁	九月，丁丑，元璋生。
元顺帝至元三年	1337年	10岁	正月，广州增城县民朱光卿反，伪称大金国，旋讨平。 二月，棒胡反于汝宁信阳，以烧香惑众、妄造妖言作乱，命河南行省左丞庆童讨之。己丑，汝宁献所获棒胡弥勒佛小旗、伪宣敕等。四月禁汉人、南人不得执持军器，凡有马者拘入官。同月，合州大足县民韩法师反，自称南朝赵王。同月，惠州归善县民聂秀卿、谭景山等造军器，拜戴甲为定光佛，与朱光卿相结为乱，命江西行省左丞沙的捕之。
至元四年	1338年	11岁	六月，袁州民周子旺反，僭称周王，寻擒获伏诛。漳州路南胜县民李志甫反，围漳城。
至元五年	1339年	12岁	四月，申汉人、南人不得执军器弓矢之禁。十一月，开封杞县人范孟反，伪传帝旨，杀河南平章政事月禄等，已而捕诛之。
至元六年	1340年	13岁	五月，禁民间藏军器。
至正元年	1341年	14岁	湖广、山东、燕南强盗纵横至三百余处，选官捕之。
至正四年	1344年	17岁	七月，益都县盐徒郭火你赤作乱，上太行，入壶关，至广平，杀兵马指挥，复还益都。是年春淮北大旱，继以瘟疫，元璋父、母、长兄、次兄皆病死。 秋九月，入皇觉寺为沙弥。一月后，云游淮西颍州一带。

续前表

纪年	公元	元璋年龄	纪事
至正五年	1345年	18岁	在淮西游方未归。
至正六年	1346年	19岁	盗扼李开务之闸河，劫商旅船，官兵不能捕。 在淮西。
至正七年	1347年	20岁	四月，临清、广平、滦河、通州等处盗起，遣兵捕之。十一月，沿江盗起，剽掠无忌，有司莫能禁。 在淮西。
至正八年	1348年	21岁	海宁州、沭阳县等处盗起，遣兵讨之。台州方国珍为乱，聚众海上，命江浙行省参政讨之。 是年底回皇觉寺。
至正九年	1349年	22岁	冀宁、平遥等县曹七七反，命刑部郎中讨之。
至正十年	1350年	23岁	方国珍攻温州。
至正十一年	1351年	24岁	四月，诏开黄河故道，命贾鲁以工部尚书为总治河防使，发汴梁、大名等十三路民十五万，庐州等戍十八翼军二万，自黄陵冈南达白茅，放于黄固、哈只等口，又自黄陵西至阳青村，合于故道，凡二百八十里有奇，仍命中书右丞玉枢虎儿吐华、同知枢密院事黑厮以兵镇之。 五月，颍州刘福通为乱，以红巾为号，陷颍州。韩山童被捕身死，其妻杨氏与子韩林儿在逃。六月，刘福通据朱皋，攻破罗山、真阳、确山，遂攻武阳、叶县等处。江浙左丞孛罗帖木儿为方国珍所败，元帝遣使招谕方国珍。八月，萧县李二及彭大、赵均用等攻陷徐州。李二号芝麻李，与其党亦以烧香聚众而反。 蕲州罗田人徐寿辉与黄州麻城人邹普胜等举兵为乱，以红巾为号。十月，据蕲水为国都，称帝，国号天完，建元治平。

续前表

纪年	公元	元璋年龄	纪事
至正十二年	1352年	25岁	徐寿辉部将陆续陷汉阳、兴国府、武昌、安陆府、沔阳府、江州、岳州、袁州、瑞州、徽州、信州、饶州、杭州。 二月，郭子兴等起兵于濠州。闰三月，元璋投郭子兴部下为兵。元丞相脱脱征徐州克之，芝麻李败死，彭大、赵均用奔濠州。答失八都鲁起义兵复襄阳，察罕帖木儿、李思齐同起义兵，屡战有功，元政府各授以官。
至正十三年	1353年	26岁	张士诚陷泰州、高邮，称诚王，国号大周，建元天祐。元璋略定远，下滁州。
至正十四年	1354年	27岁	元丞相脱脱大败张士诚于高邮，分兵围六合，元璋率兵赴援。元帝削脱脱官爵，安置淮安路，又诏使西行，鸩死于吐蕃境。 是年在滁州。
元顺帝至正十五年宋小明王龙凤元年	1355年	28岁	正月，元璋克和州，奉郭子兴命总诸将。三月子兴卒。二月，刘福通等迎立韩林儿为皇帝，号小明王，国号宋，建都亳州，建元龙凤。十二月，答失八都鲁大败刘福通于太康，遂围亳州，小明王奔安丰。 四月，常遇春归元璋。五月，廖永安、俞通海以水军降，元璋遂下采石，取太平。 小明王命郭天叙为都元帅，张天祐、朱元璋为左右副元帅。九月，郭、张二帅攻集庆，皆死之，于是子兴部将尽归元璋。
元顺帝至正十六年宋小明王龙凤二年	1356年	29岁	二月，元璋攻集庆，下之，改名应天府。遣徐达攻镇江，拔之。六月，邓愈克广德。 小明王升元璋为枢密院同佥，不久又升为江南等处行中书省平章。 徐寿辉迁都汉阳。 张士诚陷平江，以为国都，改名隆平府。 李武、崔德等破潼关。

续前表

纪年	公元	元璋年龄	纪事
元顺帝至正十七年宋小明王龙凤三年	1357年	30岁	二月，刘福通遣毛贵陷胶州、莱州、益都、滨州。六月，刘福通犯汴梁。关先生、破头潘、冯长舅、沙刘二、王士诚寇晋冀。白不信、大刀敖、李喜喜趋关中。 九月，徐寿辉部将倪文俊谋弑其主不果，自汉阳奔黄州，其下陈友谅袭杀之。友谅自称平章。 元以张士诚为太尉，方国珍为江浙行省参政，使由海道运粮入都。 明玉珍据重庆路。 答失八都鲁死，其子孛罗帖木儿代领其众。 是岁元璋占据长兴、常州、宁国、江阴、常熟、徽州、池州、扬州等地。
元顺帝至正十八年宋小明王龙凤四年	1358年	31岁	五月，刘福通陷汴梁，自安丰迎小明王入居之，因以为国都。关先生、破头潘等陷辽州虎林，复陷上都，烧宫阙，转略辽阳。 陈友谅陷龙兴路、吉安路。 二月，元璋以康茂才为营田使。十二月，自将攻婺州，下之，改为宁越府。
元顺帝至正十九年宋小明王龙凤五年	1359年	32岁	汴都为察罕帖木儿所破，刘福通奉小明王退安丰。 陈友谅以江州为都，迎徐寿辉居之，自称汉王。 元璋兵克诸暨、衢州、处州等地，命宁越府立郡学。 小明王升元璋为仪同三司江南等处行中书省左丞相。
元顺帝至正二十年宋小明王龙凤六年	1360年	33岁	陈友谅陷太平，弑其主徐寿辉而自立，国号大汉，改元大义，遂回驻于江州，遣将陷辰州。明玉珍闻徐寿辉被弑，自立为陇蜀王，塞瞿塘，不与友谅通。 孛罗帖木儿与察罕帖木儿互相攻杀，元帝下诏调解，皆不听。陈友谅犯应天，元璋大败之，遂复太平。徐寿辉旧将以袁州降于元璋。

续前表

纪年	公元	元璋年龄	纪事
元顺帝至正廿一年宋小明王龙凤七年	1361年	34岁	元璋击陈友谅于江州，友谅奔回武昌，遂分兵徇南康、建昌、饶州、蕲州、黄州、广济等处，皆下之，又下抚州。小明王封元璋为吴国公。
元顺帝至正廿二年宋小明王龙凤八年	1362年	35岁	明玉珍称帝，国号夏，建元天统。 察罕帖木儿死，其子扩廓帖木儿代领其军。 友谅部将胡廷瑞以龙兴降于元璋，改为洪都府。瑞州、吉安、临江相继下。
元顺帝至正廿三年宋小明王龙凤九年	1363年	36岁	张士诚将吕珍攻安丰，元璋自将救之，刘福通已突围奉小明王居滁州，陈友谅大举攻洪都，围八十五日不下，元璋急撤安丰援兵往救，大战于鄱阳湖，友谅中流矢而死，其子陈理突围奔回武昌，元璋亲往围之。 张士诚自立为吴王，停止运粮至元都。
元顺帝至正廿四年宋小明王龙凤十年	1364年	37岁	孛罗帖木儿举兵向阙，入大都，元帝命为中书右丞相，节制天下兵马。 元璋自立为吴王，建百官。陈理降，汉亡。
元顺帝至正廿五年宋小明王龙凤十一年	1365年	38岁	孛罗帖木儿被杀，扩廓帖木儿代为相，已复令总制关、陕、晋、冀、山东兵马，听便宜从事。 元璋以徐达为大将军，规取江北、淮东张士诚之地，先取泰州及高邮。
元顺帝至正廿六年宋小明王龙凤十二年	1366年	39岁	李思齐、张良弼等屯兵关中，不服扩廓调度，双方又连兵不已。徐达等下淮安、濠州、宿州、徐州等地，淮东悉入元璋版图。五月命徐达、常遇春讨张士诚，连下湖州、杭州，大军进围平江。 明玉珍死，其子明昇嗣立，改元开熙。 十二月，元璋遣廖永忠迎小明王于滁州，中途沉之于江，宋亡。
元顺帝至正廿七年	1367年	40岁	元削扩廓帖木儿兵权，置抚军院，以皇太子总制天下兵马。 徐达等执张士诚，吴亡。元璋命汤和等征方国珍，降之。又以徐达为征虏大将军，北伐中原，胡廷瑞等取福建，杨璟等取广西。徐达等下山东诸郡。

续前表

纪年	公元	元璋年龄	纪事
元顺帝至正廿八年明太祖洪武元年	1368年	41岁	正月，元璋称帝，国号大明，建元洪武，是为明太祖，立世子标为皇太子，妃马氏为皇后。汤和克延平，执陈友定，福建平。命汤和等以舟师攻取广东，广州守臣降。杨璟等下宝庆、全州、靖江等地。徐达等下汴梁，以应天为南京，开封为北京。闰七月元帝出奔上都。八月，徐达等入元都，改大都曰北平府。保定、真定、怀庆、泽州、潞州相继下。
洪武二年	1369年	42岁	奉元、凤翔、临洮相继下，李思齐降。常遇春攻克开平，元帝奔和林。常遇春卒于军。元军攻大同，李文忠败之。徐达下庆阳。定内侍官制。编《祖训录》。定诸王封建之制。
洪武三年	1370年	43岁	命徐达、李文忠等分道北征。元顺帝崩，太子嗣立，李文忠获其子买的里八剌以归，嗣君北遁。 封诸子为王。 大封功臣。
洪武四年	1371年	44岁	汤和、廖永忠率舟师由西路入川，傅友德率步骑由秦陇伐蜀。傅友德连下阶州、文州、隆州、绵州。廖永忠克夔州，明昇出降，夏亡。 元平章刘益以辽东降。
洪武五年	1372年	45岁	命徐达为征虏大将军，出雁门趋和林，李文忠趋应昌，冯胜取甘肃，征扩廓帖木儿。徐达败绩。命邓愈征吐蕃。 诏以农桑学校课有司。
洪武六年	1373年	46岁	颁《昭鉴录》，训诫诸王。 扩廓帖木儿犯大同，徐达遣将击败之。 颁定大明律。
洪武七年	1374年	47岁	李文忠、蓝玉大败元兵。遣元皇子买的里八剌北归。
洪武八年	1375年	48岁	诏天下立社学。 元扩廓帖木儿卒。
洪武十年	1377年	50岁	以羽林等卫军益秦、晋、燕三府护卫。邓愈、沐英讨吐蕃，大破之。命政事启皇太子裁决奏闻。

续前表

纪年	公元	元璋年龄	纪事
洪武十三年	1380年	53岁	左丞相胡惟庸以擅权诛，坐其党死者甚众。废中书省及丞相等官，提高六部官秩。改大都督府为中、左、右、前、后五军都督府。燕王棣之国北平。安置宋濂于茂州，死于道。
洪武十四年	1381年	54岁	命傅友德、蓝玉、沐英征云南。傅友德等大败元兵于白石江，遂下曲靖，元梁王自杀，云南平。
洪武十五年	1382年	55岁	蓝玉、沐英克大理，分兵徇鹤庆、丽江、金齿俱下。 皇后马氏崩。置殿阁大学士。
洪武十六年	1383年	56岁	召征南师还，沐英留镇云南。
洪武十七年	1384年	57岁	曹国公李文忠被毒死。禁内官预外事，敕诸司勿通内官监文移。
洪武十八年	1385年	58岁	魏国公徐达中毒死。户部侍郎郭桓坐盗官粮诛，死者数万人。
洪武二十年	1387年	60岁	冯胜、傅友德、蓝玉同征纳哈出，冯胜率师出松亭关，下大宁、宽河、会州、富峪四城，纳哈出降，东北平。
洪武廿三年	1390年	63岁	晋王㭎、燕主棣帅师征元丞相咬住、太尉乃儿不花，颍国公傅友德等皆听节制。齐王榑帅师从燕王棣北征，燕王棣师次迤都，咬住等降。韩国公李善长党胡惟庸案发坐诛，牵连而死者甚众，作《昭示奸党录》布告天下。
洪武廿四年	1391年	64岁	天下郡县赋役黄册成。八月，皇太子巡抚陕西，十一月还京师。
洪武廿五年	1392年	65岁	皇太子标薨，立长孙允炆为皇太孙。沐英卒于云南，其子沐春袭封西平侯，镇云南。
洪武廿六年	1393年	66岁	凉国公蓝玉被杀，功臣同死者甚众。冯胜、傅友德备边北平，其属卫将校悉听晋王、燕王节制，诏二王军务大者始以闻。
洪武廿七年	1394年	67岁	颍国公傅友德坐诛。

续前表

纪年	公元	元璋年龄	纪事
洪武廿八年	1395年	68岁	宋国公冯胜坐诛。谕群臣禁以后法外用刑。嗣君不许置丞相。皇亲惟谋逆不赦，余罪宗亲会议取上裁。法司只许举奏，勿得擅逮。勒诸典章，永为遵守。八月，秦王樉薨。颁《皇明祖训》条章于中外，后世有言更祖制者以奸臣论。
洪武卅一年	1398年	71岁	二月晋王棡薨。闰五月太祖崩，年七十一。
惠帝建文元年	1399年		太孙允炆继位，禁诸王奔丧。八月，周王橚有罪，废为庶人，徙云南。诏诸王勿得节制文武吏士。湘王柏自焚死。代王桂、齐王榑、岷王楩有罪，废为庶人。燕王棣举兵反，自称靖难之师。谷王橞自宣府奔京师。诏削燕王属籍，以长兴侯耿炳文为征虏大将军讨之。耿炳文与燕兵战于滹沱河，败绩，以曹国公李景隆代之。燕王入大宁，以宁王权及朵颜三卫卒归北平。
建文二年	1400年		保定知府叛降燕。李景隆与燕战，败绩，景隆奔德州，复奔济南，燕兵陷德州，攻济南，铁铉、盛庸御之，三月不下。铁铉击败燕兵，遂复德州。燕兵犯济宁，薄东昌，盛庸击败之。
建文三年	1401年		盛庸与燕兵战于夹河，大败之，再战不利。使人谕燕王罢兵，王不奉诏。中官被黜者奔至燕，具言京师空虚，燕王遂决意南下。
建文四年	1402年		燕兵自馆陶渡河，连陷东阿、汶上、兖州、济阳。陷沛县，薄徐州。燕兵攻宿州，平安追及于淝河，斩其将王真，遇伏败绩，宿州陷。徐辉祖败燕兵于齐眉山，会召还。诸将与燕兵大战于灵璧，败绩。盛庸军溃于淮上，燕兵渡淮趋扬州，扬州降。盛庸败燕兵于浦子口，复战不利，命陈暄率舟师往援，陈暄降燕。镇江守将叛降燕。燕兵渡江至龙潭，帝遣使谕割地讲和，不听，燕兵犯金川门，谷王橞、李景隆叛降燕，京师陷。大索齐泰、黄子澄等五十余人，榜其姓名曰奸臣。杀其亲族，坐死者甚众。燕王即皇帝位，复周王橚、齐王榑爵，徙封谷王橞于长沙。论靖难功，封公侯伯有差。

续前表

纪年	公元	元璋年龄	纪事
成祖永乐元年	1403年		代王、岷王各还旧封。以北平为北京顺天府。徙封宁王权于南昌。 代王有罪，削其护卫。岷王有罪，削护卫。 始命内臣出镇及监京营。
永乐三年	1405年		中官郑和帅舟师使西洋诸国。
永乐四年	1406年		齐王榑有罪，削护卫官属，留之京师。朱能、沐晟、张辅分道讨安南。齐王废为庶人。
永乐五年	1407年		张辅大败安南兵，擒其王献京师，安南平，置交趾布政司。 郑和还，械至海贼陈祖义等斩之。
永乐六年	1408年		岷王楩复有罪，罢其官属。郑和再使西洋。
永乐八年	1410年		亲征漠北。
永乐九年	1411年		郑和还自西洋献所俘锡兰山国王亚烈苦奈儿并其家属。
永乐十年	1412年		郑和复使西洋。辽王植有罪，削其护卫。
永乐十二年	1414年		亲征瓦剌。庆晋王济熺为庶人。

朱元璋传

（1948年本）

第一章　小流氓

一、小 沙 弥

元至正四年（1344年，元顺帝妥懽帖木儿在位的第十二年），淮河流域的人民遭受了苦难。旱灾，蝗灾，加上瘟疫。

好几个月没有见过雨了，栽下的苗晒得干瘪枯黄，大地裂成了一条条的龟缝。到处在求雨祈神，老年人恭恭敬敬向龙王爷磕头，孩子们戴着柳枝圈圈蹿出蹿进。正在焦急没收成时，又来了弥天漫地的蝗虫，把穗上稀稀的几颗粟粒吃得一干二净。地方上有年纪的人都在唉声叹气，哭丧着脸，说几十年来没有见过这样的年成，这日子着实过不得了。

不料祸不单行，疫疠大起，钟离太平乡的人，接二连三地病倒。已经吃了多少时候的草根树皮了①，病一起就挺不住，开头只觉得浑身无力气，接着是上吐下泻，不到一昼夜便断了气。起初大家还不理会，到了一个村子里一天死去了几十个人，家家死人，天天死人的时候，明白这是上天在降罚，散布瘟疫来收人，才着了慌，不管“在数的难逃”的老话，还是逃命要紧，各村庄的人携儿带女，只要有亲戚朋友家可投奔的，连家里的病人都顾不得了。不过几天功夫，太平乡数得出的十几个村子，便闹得人烟寥落，鸡犬声稀，显出一片凄凉黯淡的景色。

孤庄村②朱家，朱五四官名叫世珍的，一大家人，不过半个月，

① 《明太祖实录》卷三十九：“洪武二年三月丙申，上以旱灾相仍，因念微时艰苦，乃祭告仁祖淳后曰：因念微时皇考皇妣，凶年艰食，取草之可茹者，杂米以炊，艰难困苦，何敢忘也。”

② 《明太祖实录》卷一，《一统肇基录》本《皇陵碑》，并作孤庄村。沈节甫《纪录汇编》本《天潢玉牒》作太平乡县庄村。《七修类稿》引《皇陵碑》作孤庄村。

死了三口。五四六十四岁了，四月初故去，三天后，大儿子重四学名叫兴隆的也死了，到二十二那一天五四的老伴陈二娘又死了。五四的二儿子重六（兴盛）和小儿子元璋（原名兴宗，小名重八），眼看着大人一个个倒下，请不得郎中，抓不到药，只急得相对痛哭。① 尤其为难的是：家里没有一贯钞，一钱银子，买不了棺木，更谈不上坟地。田主呢？几年的主客，想来总该施舍佃户一块埋骨之地，谁知不但不理会，反而“呼叱昂昂”②。邻舍们都觉得难受，伤心。正没计较处，同村人刘继祖③不忍心，慨然舍了一块地④，两兄弟磕头谢了，真是一头有了着落。但是，衣衾呢？棺椁呢？还是没办法。只好将就把几件破衣裳包裹了，抬到坟地草葬。两兄弟一面抬，一面哭，好容易抬到了，还未动手挖坑，突然间风雨交加，雷轰电闪，整个天像塌下来似的。两兄弟躲在树下发抖，约够一顿饭时，天霁雨晴，到坟地一看。大吃一惊，尸首不见了，原来山脚下土松，一阵大水把坡上的土冲塌了，恰好埋了尸首，薄薄的一个土馒头，俗语叫做“天葬”⑤。三十五年后，朱元璋写《皇陵碑》时，还觉得伤心：“殡无棺椁，被体恶裳，浮掩三尺，奠何殽浆！”⑥

父母的大事虽了，过日子呢？没留下一寸土，一颗米，元璋饿了些日子，到处找零活作。谁知大户人家都已逃荒逃瘟去了，贫民小户自己都在挨饿，怎么雇得起人？到处碰壁，懒洋洋地不愿回家，一径到村外给他父母上坟。蹲在新长着青草的坟边，沉思如何来打

---

① 《明太祖实录》卷十八；潘柽章：《国史考异》，引承休端惠王：《统宗绳蛰录》。

② 《纪录汇编》本《御制皇陵碑》。晗按《皇陵碑》有二本：一危素撰，《太祖实录》卷三十七：“洪武二年二月乙亥，诏立皇陵碑，先命翰林侍讲学士危素撰文，至是文成，命左丞相宣国公李善长诣陵立碑。”一太祖御制，“洪武十一年四月，以皇陵碑记皆儒臣粉饰之文，特述艰难，明昌运，俾世代见之”。一散文，一韵文。二文并见郎瑛《七修类稿》卷七，后文亦收入《纪录汇编》。

③ 《天潢玉牒》及高岱《鸿猷录》作刘继祖，徐祯卿《翦胜野闻》作刘大秀。沈德符：《野获编补遗》义惠侯条：刘继祖字大秀。明太祖《高皇帝文集》追赠刘继祖为义惠侯诰，略曰：“朕微时罹亲丧，难于宅兆，尔发仁惠之心，以己沃壤，慨然见惠，大惠云何可忘。”

④ 《皇陵碑》；《御制皇陵碑》；《天潢玉牒》；《翦胜野闻》；《鸿猷录·龙飞淮甸》。

⑤ 徐祯卿：《翦胜野闻》；王文禄：《龙兴慈记》；王鸿绪：《明史稿·太祖纪》。

⑥ 《御制皇陵碑》。

发日子，对付肚子。

他长得躯干魁伟，黑黑的脸，下巴比上颚长出一寸多，高高的颧骨，却又大鼻子，大耳朵，就整个脸盘看，恰像一个横摆着立体形的山字，脑盖上一块奇骨隆起，像一个小山丘。粗眉毛，大眼睛，样子虽看着叫人不喜欢，却怪匀称，怪威严而沉着。

小时候替人看牛放羊，最会出主意闹着玩，别的同年纪的甚至大几岁的孩子都习惯地听他指挥。最常玩的一个游戏是作皇帝，你看，虽然光着脚，一身蓝布短衣裤全是窟窿补丁，他却会把棕树叶子撕成丝丝，扎在嘴上作胡须，找一块车辐板顶在头上当平天冠，弄一条黄布包袱披在身上，土堆上一坐，自己作起皇帝来了。捡一些破木板，让孩子们毕恭毕敬地双手拿着，当作朝笏，一行行，一排排，整整齐齐地三跪九叩头，同声喊万岁。

又最会作坏事。有一天，忽然饿了，时候早又不敢回家，怕田主骂。同看牛的周德兴、汤和、徐达许多孩子也都嘴馋起来了。大家越说饿，真的肚子咕噜得越凶。这个说有一碗白米饭吃才好呢。那个又提真想吃一顿肉，一个又说肉是财主们吃的，不知道是什么味道。个个的嘴都说得流涎。猛然间元璋一喊有了，大家齐声说什么？元璋笑着说，现放着肉不吃，真是呆鸟！大家还不明白。元璋也不再说话，牵过一条花白小牛娃，放牛绳捆住前后腿。周德兴看了，赶紧抄着斫柴斧子，当头就是一斧。汤和徐达也来帮忙剥皮割肉。别的孩子们捡烂柴树叶子，就地生起火来。一面烤，一面吃，个个眉飞色舞，兴高采烈。不一会儿，一条小牛娃只剩一张皮一堆骨头一根尾巴了。这时太阳已经落山，山脚下村子里，炊烟袅袅在半天空，是该回家的时候了。蓦地一个孩子省悟了，小牛吃了如何回主人的话。大家都面面相觑，想不出主意，担不起罪过，正在着急，互相埋怨，乱成一团的时候，小一点的孩子竟哇声哭了出来。元璋一想，主意是自己出的，责任该担起来，一拍胸脯算我的事。也真亏他想，把皮骨都埋了，把小牛尾巴插在山上石头空缝里，说是小牛钻进山洞里去了，只留下尾巴，拉了半天不出来。孩子们齐声说好。当晚上，元璋挨了一顿毒打，被赶回家。虽然吃了苦，丢了饭碗，也深深得到孩子们的信任，大家都甘心当他作头脑。①

算是十七岁，是元天历元年（1328年）九月十八日未时生的，属龙，扣准了还不满十六足岁。父亲是老实本分人，辛苦了一辈子，头发胡子全白了，搬了一辈子家，从泗州盱眙县迁到灵璧县，又迁到虹县，到五十岁时又迁到钟离东乡，住了十年，活不下去，再迁到西乡，四年前才搬到这孤庄村来。② 十个田主大户竟有十个是黑心的，说尽好话算是佃了几亩地，天不亮就起床，天黑了还在地里作活，出气力、流汗水，忙碌一年到头，算算收成，十成里竟有六成孝顺了田主。左施肥、右戽水，把田地服侍得肥了些，正好多收一点时，田主立刻就加租，划算一下，还是佃户吃亏。划不来，只好搬家另觅大户；忍下去吧，三两年后还是得被撵走。因之，虽然拖儿带女，在一地方竟住不满十年，而且，老是替新大户开荒地，服侍熟了，就得走路。卖力气，受欺侮了一生，到死后，连葬处都没有，要不，怎么会求刘继祖舍地？

儿女都大了。大哥二哥算是娶了媳妇，说也笑话，连花轿也坐不起，喜酒也没有一盅，还不是一样佃客人家的女儿。三哥重七（兴祖）给人家招了上门女婿，白得一房家小，可是得给人家挖一辈子地，也好，家里省一张嘴。大哥有两个小的，二哥也养了一个男孩，算是一家老小三代。大姊嫁给王七一，二姊远了，还是在盱眙时候订的，男人叫李贞。③ 只有自己没成家，要是时和世泰、雨顺风调的太平年头，一家子勤勤恳恳，佃上几十亩田地，男耕女织，喂鸡养猪，上山斫柴，沿路捡粪，靠着有的是人力，缩衣节食，苦虽苦，像牛马样总活得下去。偏又时运不济，二嫂三嫂先后病死，大侄儿和二房的孩子都夭折了，王家满门死绝，嫁给李家的二姊也死了，姊夫带着外甥保儿逃荒，不知去向。偏偏今年又闹瘟，一家

① 王文禄：《龙兴慈记》。

② 危素撰：《皇陵碑》；《天潢玉牒》；《明太祖实录》卷一。

③ 《统宗绳蛰录》；《国史考异》，引朱元璋：《朱氏世德碑》；《七修类稿》卷七；《明太祖实录》卷五十三。

三口都被瘟神带走，偌大一个人家，只剩大嫂王大娘和二侄文正，二哥重六和元璋自己了。

剩下四口人，粮食一颗也没有，地里的呢，一旱一蝗，收到的不够交租，哪来吃的！平时一家子都靠力气血汗换饭吃，如今只好吃草根树皮，何况也不容易找。估计大嫂还有娘家，总可以央告到一升两升。二哥呢？这些天脸色也老是不对劲。自己食量又大，粗重活计虽干得，却苦于这荒年，空有气力没处卖。小时候虽跟蒙馆老师上过几月学，一来贪玩，二来农忙得下田，哪曾好好念过一天书，虽然靠着有点记性，认得几百个字，又苦不甚通解，做不得文墨勾当，当不得衙门里的书手，也写不得书信文契。父亲搬到本村来，本是贪图这一乡荒地多、人力少，只要死命使气力，三个壮丁加上女眷，孩子们替人放牛赶羊，也不会吃闲饭，天可怜见有两三年好庄稼，对付着混过日子。没想到天下乌鸦一般黑，刻薄狠心像是田主应有的德性，三节送礼，按时交租，陪着笑脸，还是掂斤播两，嫌麦子太潮，嫌秤不够，恨不得用两个秤锤，扳住秤尾起不来。那一些管事的更是刁难百般，饶是肥鸡大肉，大碗酒，还拍桌捶凳，脸上像绷过似的，剥不出一丝笑容。这年头能少交一点租就是天大的人情了，还敢开口向他们借口粮？官家的赈济呢？不敢指望。即使皇恩浩荡，居然会有一点，还不是落在县官的荷包里、大户的仓库里去，哪儿会有穷人的份！而且，即使漏出一星星、几颗颗，要铺保啦，到保甲长家里去捺手印啦，又是调查啦，登记啦，还有什么什么的，发下来不够吃一顿。腿跑断了，头磕破了，气受够了，也许还挨不着，轮不到。索性断了这个梦，倒少些麻烦。再说本家呢？伯父这一房还在泗州盱眙县，是祖父手上打的根基，伯父名下有四房，听说近年已衰落得不像样，几个哥哥侄儿先后去世，只剩一个四嫂在守寡，看光景也投奔不得。①

再往上，祖籍是句容，朱家巷还有许多族人。祖父在元朝初年是淘金户，本地不出金子，官府不由分说按年照额定的数目要，

① 《朱氏世德碑》；《统宗绳蛰录》。

只好拿谷子换钱钞，到远处买金子缴纳。后来实在赔纳不起，没奈何，丢了房屋田地，逃到泗州盱眙县垦荒。那边几代没来往，情况不明。再老的祖籍是沛县，如今已经隔了几百年，越发不用说了。①

舅家呢？外祖父陈公那一嘴大白胡子，惯常戴上细竹丝箬帽，仰着头，那扣齿念咒的神气，还依稀记得。想起来也真怪，只知道叫他外公，连什么名字也不知道。死的那年已经九十九岁，差一年便算人瑞，可以报官领赏，据说还有花红表里，县太爷还要请酒作揖呢。母亲曾翻来覆去地说外祖的故事，这话已有五六十年了！那时外祖在宋朝大将张世杰部下当亲兵，鞑子兵进来，宋朝的地方全被占了，连文丞相都打了败仗，被俘虏过去。张世杰忠心耿耿，和陆丞相保着小皇帝逃到崖山，那年是己卯年（1279年）。二月间，张世杰集合了一千多条大船，和鞑子兵决战，不料崖山海口失守，斫柴取水的后路给切断了，大家只好吃干粮，干得忍不住，连海水也顾不得，大口大口灌下，弄得全军都呕泻病困。鞑子兵乘机进攻，宋军船大，又都联在一起，无法转动，三军望绝死战，一霎时中军已被冲坏了，陆丞相眼见得不济事，不肯被俘，让鞑子作践，仗剑叫妻子女儿都跳下海去，自己背着六岁的小皇帝跟着殉了国。张世杰带了十几条船，冲出重围，打算重立赵家子孙，恢复国土，忠义之气实在感动人。谁知天不保佑，船刚到平章山洋面上，一阵飓风，把船都吹翻，张世杰也淹死了，宋朝也就真个亡了国！外祖掉在海里，侥幸被人救起，吃了许多苦头才得回家。为着不肯再替敌人当兵，迁居到盱眙津里镇。他原来会巫术，就靠当巫师，画符念咒，看风水，定阴阳过日子。到老年常时含着一泡眼泪说这故事，惹得听的人也听一遍哭一遍。外祖只生了两个女儿，大的嫁给季家，小的就是母亲；过继了季家大表兄作孙子，外祖死后，这些年也没有和季家来往，料想这年头，景况也不见得会过得去。②

---

① 《朱氏世德碑》。

② 《明史》卷三百，《外戚·陈公传》。

元璋想来想去，竟是六亲都断，天地虽宽，无处投奔，前后左右，四面八方，无路可走。越想越闷越烦，无精打采地走回家来，蒙头便睡。

吃了一些日子草根、树皮、糠屑、观音土，半饥半饱，游魂失魄似的一筹莫展。大嫂带着侄儿回娘家去了，二哥一样的饿，也没主意。常时在一起的几个朋友周德兴汤和年纪都比自己大，有气力、有见识，又都出外谋生去了，无人可商量。从四月一直待到九月，半个年头了，还计较不出一条活路。

天还是吝惜雨水，蝗虫越来越多，日子久了，连草根树皮都吃完了，再也撑不下去，和二哥商量如何是好，二哥急得直跳，哭了半天，想想只有远走他乡，各奔前程找活路去。哥哥舍不得兄弟，兄弟舍不得哥哥，哭得连邻舍也伤心了。隔壁汪老娘看着重六不放心小兄弟，提醒当年五四公不是在皇觉寺许了愿，舍朱重八给高彬法师当徒弟吗？如今何不一径当和尚去，一来还了愿，二来总有碗淡饭，不比饿死强？二哥想想也是办法，这事就此定了局。①

原来元璋少时多病，才生下，三四天不会吃奶。② 肚子胀得圆圆鼓鼓，险些不救。五四公做了一个梦，梦里觉得孩子不济事了，怕是命硬，也许只有佛菩萨救得下，索性舍给庙里吧，一径抱着孩子进一个寺，寺里和尚一个也不在，接不着头，又抱回来。忽然听见孩子哭声，梦醒了，孩子真在哭，妈妈在喂奶，居然会吃奶了，过几天，肚胀也好了。长大后还是三天风、四天雨，啾啾唧唧，病总不离身，父母着了慌，想起当年的梦，才真的到寺里许了愿，给元璋舍了身。③

汪大娘和他的儿子汪文替元璋预备了香烛，一点礼物，央告了高彬法师。九月里的一天，皇觉寺多了一个小沙弥，长老添了小徒弟。朱元璋剃光成葫芦头，披上一件师父穿烂的破衲衣，居然是佛

---

① 《御制皇陵碑》；危素撰：《皇陵碑》。

② 《鸿猷录·龙飞淮甸》。

③ 《皇朝本纪》。

门弟子了。扫地、上香、打钟、击鼓、煮饭、洗衣、念经，是日常功课，见人叫师父、师兄、施主，连称呼也改了。早晚听着钟声、鼓声、木鱼声，想想自己，想想半年前的家，想想不知逃到哪儿去的二哥，心中无限感慨。①

二、游 方 僧

皇觉寺坐落在孤庄村西南角，规模不大。照例一进门是四大金刚，横眉怒目，韦驮菩萨拄着降魔宝杵，二进是大雄宝殿，三进是禅堂，左边是伽蓝殿，右边是祖师殿。油漆都已剥落了，佛像金身披着灰尘，殿瓦上满是青草，院子里铺的石板也已坎坷不平，显出一副衰落样子。八九个和尚，穿得挺寒伧，讲佛理说不上三句，光会念阿弥陀佛。平时靠有限的一点常住田租米，加上替本乡人念倒头经、打清醮、做佛事，得一点衬钱，虽然吃不上大鱼大肉，总比当粗工垦田地出气力安逸。原来那时候出家当和尚也是一门职业。有的是迷信，以为当了和尚真可以成佛成祖，这类人很少。有的是作了坏事，良心不安，躲进佛门医心病。有的呢？杀人放火，怕官府刑法，一出家作佛门弟子，就像保了险似的，王法治不到。更多的呢？穷苦人家养不活，和尚吃十方，善男信女的布施吃不完，放印子钱，多几张嘴不在乎。而且，寺院里多的是有钱人舍的田地，挖地垦田都要人力，多一个徒弟，强过雇长工，得力还省钱。朱元璋年青力壮，正是使气力的时候，高彬长老便收留了他。没有受过戒不能算和尚，照寺院规矩叫小沙弥。至于真正要讲佛学、弄经典、说道理，那是从来也没有的事。

元璋生性泼辣阴狠，从小贪玩撒野，爱出主意，支使人。又是小儿子，父母哥嫂都宠着些，就越发自尊自大，忘其所以了。兼之有点小聪明，看事情比别人准，也来得快，打定主意要弄成什么，

① 危素撰：《皇陵碑》；《御制皇陵碑》；《天潢玉牒》；《鸿猷录·龙飞淮甸》。

一定要做到，也常常做到，伙伴们都服从调度。可是一到皇觉寺，景况便全不相同了，不说师伯师叔师父师兄，还有师娘师姊，原来高彬长老是有家小的①，个个都是长辈，得低声下气，成天陪笑脸伺候，就是打水煮饭的长工，也威风得很，讲先来后到的规矩，支使元璋做事。这么一来，元璋除了做和尚的徒弟之外，还兼了两个差使，一个是长老家的小厮，一个是长工的打杂。事情多，闲气也就多，日子久了，堆满一肚子火气，时刻要发作，却又使劲按住，为的是吃饭要紧，闹决裂了没去处。

对活人发作不了，只好对泥菩萨发作了。一天扫佛殿扫累了，扫到伽蓝殿，已是喘吁吁的，不留神绊住伽蓝神的脚，跌了一跤，没地方出气，顺手就用笤帚使劲打了伽蓝神一顿。又一天，大殿上供养的大红烛给老鼠咬坏了，长老数说了元璋一顿。伽蓝神是管殿宇的，菩萨不管老鼠，害徒弟受罪，新仇旧恨，越想越气，向师兄讨了管笔，在伽蓝神背上写上“发去三千里”，罚菩萨去充军。这两件事都被长老看在眼里，也不说话。②

皇觉寺是靠租米过日子的，这一年灾情太大了，收不到租，师父师叔成天和佃户吵架，恫吓着要送官，眼看着地都晒白了，十成粮食还收不到半成。几百年的古寺第一回闹饥荒，师婆出主意，先打发挂单的和尚走路，接着师伯师叔也出门云游。不上十天，除了师父一家子，全各奔前程去了。朱元璋当沙弥才满五十天，末了一个被打发。没奈何，虽然念不得经典，做不得佛事，也只好学个做和尚的样子，出门行脚。一顶箬帽，一个木鱼，一个瓦钵，背上拳头大的包袱，拜别了师父一家子，硬着头皮，离开了家乡。

---

① 《皇朝本纪》：“时师且有室家，所用匆济。”谈迁《枣林杂俎》僧娶妻室条：“凤阳大龙兴寺，即皇觉寺，一曰于皇寺。太祖敕僧律：‘有妻室僧人，除前辈老僧，盖因元末兵乱，流移他方，彼时皆有妻室，今已年老无论外，其后进僧人，有妻室者，虽在长上辈比肩，及在下诸人，皆得凌辱，亦无罪责。’今僧俱婚娶亦无差累。”《草木子·杂俎篇》：“中原河北僧皆有妻，公然居佛殿两庑，赴斋称师娘，病财于佛前首询，许披袈裟三日，殆与常人无异，特无发耳。”

② 《龙兴慈记》。

说游方是和尚的话，俗人的呢，就是叫化——见大户伸手要米要钱要饭吃，也叫化缘。大户人家多半养狗看门，狗有种德性，专咬衣衫破烂的穷人。为着不让狗咬，离大门几步使劲敲木鱼，高唱佛号。作大户的和狗一样，也专打穷人的算盘，可是和狗不同，为的是坏事作得太多，这辈子不好，要修来世，求佛菩萨保佑，死后免入地狱、上刀山、下油锅。要让佛菩萨说好话，就得对和尚客气，把从佃户榨来的血汗，匀出一星星作布施，算是对佛菩萨的贿赂。这样，一听见木鱼响，就明白是作好事的机会来了，一勺米，几文钱，绝不吝惜。主人对和尚客气，狗也落得大方了。要是主人不出来，硬赖着不走，把木鱼敲得震天价响，响到邻舍四面都听见，这时候，不是大娘大母出来打发，就是主人出来，为的是他一向有善人名气，吵得邻舍都知道了，会落不信佛的坏名誉。而且，明知道和尚上门绝不肯空手走，多少总得敷衍一下。还有化缘的只要学会说谎话，明明是钟离皇觉寺的，偏说是峨眉山金顶寺，天台山国清寺，普陀什么寺，反正和尚没有籍贯，无从查对；再说一套大殿翻修，菩萨开光或者装金，递上化缘簿，多少是一笔财喜。积少成多，走上几百千家，这笔钱也就够一些时候花销了。

朱元璋虽然只住了两个月庙，成天听的是这一套，见的也是这一套，不会也会了。打定主意，听人说往西汝州一带，年岁比较好，反正只要有饭吃，不管什么地方都可去，也没有规定的日子，爱走多久就多久。就往南先到合肥。转向西，到固始、光州、息州、罗山、信阳，北转到汝州、陈州，东返由鹿邑、亳州到颍州。游来游去，只拣繁富的地方，穿城越村，对着大户人家敲木鱼。① 软化硬讨，受尽了人生的辛苦，走遍了淮西一带名都大邑，熟识了每一条河流，每一个山脉的地理，尤其是人情、物产、风俗，充实了丰富了经验，锻炼了坚强了体力。这时期的景况，用他后来写的《皇陵碑》的话：

> 众各为计，云水飘飏。我何作为，百无所长。依亲自辱，

① 危素撰：《皇陵碑》；《太祖实录》。

仰天茫茫。既非可倚，侣影相将。突朝烟而急进，暮投古寺以趋跄。仰穷崖崔嵬而倚碧，听猿啼夜月而凄凉，魂悠悠而觅父母无有，志落魄而佒佯，西风鹤唳，俄淅沥以飞霜。身如蓬逐风而不止，心滚滚乎沸汤。

文字虽然极拙劣，感情却是很真挚的。一直到至正八年（1348年），听说家乡一带在闹土匪强盗，很不太平，人心惶惶，不由得勾起想家的念头，依然是一顶箬帽、一个木鱼、一个瓦钵，回到皇觉寺。

淮西在朱元璋游方的几年中，后来西系红军的开山祖师彭莹玉正在这一带秘密活动，传布弥勒佛下生的教义。彭莹玉也是游方和尚，朱元璋即使没有见过彭和尚，至少也和彭和尚的党徒接触过。几年后，这地方又成为东系红军的根据地。在这大元帝国的火药库周游了几年，二十一岁的穷和尚，接受了新的宗教、新的看法，嗅饱了火药气味，当然，也加入了秘密组织。回到皇觉寺以后，开始结交朋友，物色有志气有胆量敢作敢为的好汉，时时进濠州城探访消息，同时也立志多识字、多读书。不久，便被人发觉他是一个不安分的家伙。①

彭莹玉秘密传布的宗教，是多元的，并且有外国来的成分。烧香诵偈，奉的神是弥勒佛和明王，主要的经典有《弥勒降生经》、《大小明王出世经》。彭莹玉生于浏阳，出家于袁州，布教于淮西，可以说是南派。另一个系统是北派，头目是赵州栾城（今河北栾城）的韩家。韩家几代以来都是白莲会会首，烧香结众，很得一般农民的信仰，潜势力极大，碍了官府的眼，被谪徙到广平永年县（今河北永年）。到韩山童接手当会首后，宣传天下要大乱了，弥勒佛降生，明王出世。这两派在起兵以后，因为目标相同，都要推翻这个政府，信仰相同，都指出有一个新的光明的前途，就混而为一了。教徒用红巾裹头，时人称之为红巾、红军。因为烧香拜佛，又称为香军；所奉的偶像是弥勒佛，也叫弥勒教；宣传明王出世，又叫

① 《天潢玉牒》；《皇朝本纪》。

作明教。①

明教的来源可以往上推到唐朝。原来叫摩尼教(Manichaeism),是波斯人摩尼(Mani,216—277A.D.)所创。这个教是大杂烩,搀和了祆教、基督教、佛教,成为新东西。主要的道理是世界有两个不同的力量,叫作明暗二宗,明是光明,暗是黑暗,光明一到,黑暗就给消灭了。明就是善,就是理,暗是恶是欲。明教的神叫明使,也叫明尊明王。还有净风善母二光明使,和净气、妙风、妙明、妙火、妙水五明使。光明必然战胜黑暗,最后人类必然走上光明极乐的世界。② 唐武后延载元年(公元694年)传到中国,后来又传到回鹘,回鹘朝廷和百姓极为信奉。③ 教规不设偶像,不崇拜鬼神,吃斋禁止杀生,教徒穿白衣服戴白帽子,天黑了才吃饭。④回鹘当时帮唐朝打仗,援唐有功,因此,回鹘人崇信的宗教,唐朝不敢不保护。⑤ 到九世纪中期,回鹘内乱,为唐军所大败,唐武宗会昌年间禁止佛教,明教也连带倒霉,教堂被封闭,不许传播。⑥从此明教便成为秘密宗教,因为没有外国力量来支持,弄的一套又和中国人的习惯不大对劲,站不住脚,只好慢慢地变,吸收了佛教和道教的许多东西,加上民间的原始信仰,成为一种杂七杂八的新宗教。

因为明教相信黑暗就要过去,光明就要到来,所以有勇气、有力量敢于闹革命,当时叫做造反。五代时首先在陈州起事,武装暴动,给政府军打垮了⑦,侥幸逃生的人一部逃到福建。到北宋时,福建南部是明教最重要的教区,明教的经典,编进道教的道藏,安置在亳州明道宫。⑧ 又从福州传到浙江,光是温州一地就有明教斋

---

① 陆深:《平胡录》;《元史·顺帝纪》;高岱:《鸿猷录》卷七,《宋事始末》;何乔远:《名山藏·天因记》;钱谦益:《国初群雄事略》卷一。

② 北平图书馆藏:《摩尼教残经》。

③ 李文田:《和林金石录》,《九姓回鹘可汗碑》。

④ 《志磐佛祖统纪》卷四十一;《册府元龟》卷九十九。

⑤ 《唐会要》卷十九。

⑥ 《新唐书》卷二一七下。

⑦ 《旧五代史·梁书·末帝纪》;《佛祖统记》卷四十一。

⑧ 徐铉:《稽神录》;何乔远:《闽书》卷七,《方域志》;洪迈:《夷坚志》。

堂四十多个。斋堂里的长老叫行者，执事有侍者、听者、姑婆、斋姊种种称呼。① 到南宋初年，已经传遍了淮南、两浙、江东、江西一带地方了。② 教徒严格执行在密日（日曜日）吃斋。神的画像是摩尼和夷数（耶稣），全是高鼻子、洼眼睛、黄头发，乡下人看不惯，以为是魔鬼，以此，这教在教外人说起来是“吃菜事魔”，吃菜指的是吃斋；事魔呢？拜魔神。又叫作魔教。为了深入农村，适应农村的环境，明教提倡素食，薄葬，节省消费，使贫苦农民可以稍微过得好点。同教的人互相帮助，大家凑钱来帮忙新参加的和穷苦的教友。每逢初一十五出四十九文铜钱，给教头烧香，汇齐后交给教主作教里的经费。一家有事，同教人齐心合力，有钱出钱，有力出力。有人被捉去坐牢，大家出钱帮着打官司③，充分发挥互助合作的精神。中国的农民向来只有被政府剥削、被官吏虐待、被地主绅士奴役的份儿，从来没有人关心过，救济过，甚至于怜悯过。没有组织，不能团结，当然也没有力量来保护自己，反抗压迫。如今，有了这么一群和自己一样的人，穿一样衣服、说一样话的力量在招手，好处多，而且日后还有大好处，不再受人欺侮，又怎么肯不参加？农民入教的愈来愈多，明教的教区跟着越发扩大，反抗政府的行动，自然也就越来越多了。从北宋末年起，睦州、台州、衢州、东阳（以上都属现在的浙江省）、信州（江西）、泾县（安徽）都曾发生明教徒的武装革命。④

明教又和弥勒教、白莲社两种宗教混合。弥勒教和白莲教都出于佛教的净土宗，一个叫弥勒净土，一个叫弥陀净土。弥勒佛是佛教里的著名人物，传说在释迦牟尼灭度（死）后，世界就变坏了，种种坏事，全都出现，不但气候坏，庄稼收成坏，连人心也坏了，人的生活苦到不能再苦。幸得释迦牟尼佛在灭度前留下一句话，说再过若干年，会有弥勒佛出世，这个佛爷一出世，你看这世界立刻

① 《宋会要稿·刑法》。
② 陆游：《渭南文集》卷五。
③ 庄季裕：《鸡肋编》中；李心传：《建炎以来系年要录》卷七六。
④ 《建炎以来系年要录》卷三二、三六、六三、一三八、一五一、一七六。

变了；地面又宽又大又干净，刺人的荆棘不见了，青的山、绿油油的水，满地铺着金沙；到处是清汪汪的水池，碧森森的树林，灿烂的花，绵芊的草，还有各种无名的宝贝，像在比赛谁更美些。人心也慈善了，抢着做好事，好事做多了，寿命也长了，泰泰平平过日子。人口一天天加多，城市越来越稠密了。种的稻麦，下一次种有七次的收成，用不着拔草翻土，自会长大。① 这样美丽的远景，又谁不想望呢？何况是吃够了苦，流尽了汗，受尽了气的穷苦农民！自从有了这个故事以后，成千万的农民伸长了脖子等待着、期望着这一天的到来，十年、百年、几百年都过去了，依然在等待，在期望。一听见什么地方有弥勒佛出世的话，十传百，百传千，抢着去跟随。从隋唐到宋元，这一悠长的世代中，历史上写满了弥勒佛教徒"造反"的记录。说起关于弥勒佛的若干部经典的翻译，是两晋时候才开头的，到南北朝时代就已发生大影响。举例说，那时代兴的风气，在岩壁上挖洞刻佛像，一个洞有几十个大佛，一个山有好多石洞，往往要几十年甚至几百年才能刻成。刻像最多的就是弥勒佛和阿弥陀佛。传说的煽动，经典的传布，佛像的礼拜，加上无数次弥勒降生的革命号召，使得这一神秘亲切的名字为每一个穷人所熟习，所欢迎，深深种根在农民的心坎中，甚至魂梦中了。信弥勒教的人也穿白衣服，戴白帽子，也烧香②，也相信世界上有明和暗、好和坏两种力量，大体上和后起的明教很相像，结果这两个教就混合在一起，再也分不清。

白莲社供养的是阿弥陀佛，劝人念佛修行，多做好事，死后到西方净土白莲地上，过快活日子。这团体创始于五世纪初年，到十二世纪前期，又加进了天台宗的格言，忌葱乳、不杀、不饮酒，衍变成白莲教，因为仪式和戒条都和明教弥勒教相近，所以三教也就合流了。③

明教和弥勒教都以为目前的现状不好，都不满意现在。都相信

① 大阿罗汉难提密多罗所说：《法住记》。

② 《隋书》，《炀帝记》、《五行志》。

③ 《佛祖统记》卷四七；重松俊章著：《初期之白莲教》。

不久以后会有而且必然地有更好的或最好的世界来到。这理想世界的实现有一个显明的标识，就是“明王”或“弥勒佛”的出世。听从他的号召，用人民大众的力量来实现这理想，由宗教的预言成为现实的政治革命。以此，从隋唐以来，凡是现实政治最使人民失望的时候，“明王”、“弥勒”出世的宣传就自然而然地出现，跟着是竹竿锄头队伍农民军的起义。虽然都被有组织的正规军所压制、扫荡、屠杀，以至消灭，但是，农民永不会屈服，跌倒了，舐干净血迹，再爬起来，再反抗，永远反抗下去，一直到实现这个理想才罢休。人人的心目中，都憧憬着美丽而又肯定的远景，相信总有一天，“明王”或“弥勒”会来解放他们，满足他们。

“明王”和“弥勒”这两个名词，在中国历史上，可以读作衡量政治的尺度。

远在朱元璋出生前三年，元泰定二年（1325年）六月，息州人赵丑厮、郭菩萨就宣传弥勒佛要来治理天下了。① 十二年后，陈州人棒胡（闰儿）又说弥勒佛已经降生了，烧香会齐教友，在汝宁府信阳州起事，打下归德府鹿邑，烧了陈州（陈州正是四百多年前明教徒起义的根据地）。② 这年朱元璋已经十岁，懂人事了。第二年周子旺在袁州起事——周子旺是袁州慈化寺和尚彭莹玉又叫彭翼，诨号妖彭的徒弟——劝人念弥勒佛号，每晚点着火把，烧香礼拜，口宣佛偈，跟从的人极多。约定用寅年寅月寅日寅时起兵，参加的人背心上写一个佛字，刀兵不能伤。至元四年（1338年）戊寅是寅年，年月日时都凑齐，周子旺自称周王，改了年号，带五千人动手，这一支未经组织训练的乌合之众，虽然有信心，打仗却不中用，刚一点火，就被扑灭了。彭莹玉侥幸逃脱，躲在淮西民家，秘密传教，准备再干。③

朱元璋这几年内所到的地方，息州、陈州、信阳和整个淮西流域，前三个是弥勒教徒起事失败的场所，后一个是彭莹玉的教区。④

---

① 《元史·泰定帝纪》。

② 《元史·顺帝纪》。

③ 叶子奇：《草木子·克谨篇》；《明太祖实录》卷八；陆深：《平胡录》；《元史·顺帝纪》；权衡：《庚申外史》。

④ 参看吴晗：《大明帝国与明教》，载《清华学报》十三卷一期。

跌倒了，舐舐血，爬起来，再干。

三、逼上梁山

大地在撼动，狂风、暴雨、电光、雷声交织在一起，火药库爆炸了。

元顺帝至正十一年（1351年）五月，满身伤痕血迹的农民群，不约而同地，头包红布，作为标识，扛着竹竿锄头，长枪板斧，呐喊一声，杀向吸血的元帝国政府，这就是历史上的著名事件——红军起义。

经过多年的酝酿、组织、教育，牺牲了不少优秀的领导人才，从血泊里锻炼出来的坚强的革命细胞，散布在各个受苦难的区域。大家一条心，推翻这个坏政府；一个目标，赶走害人的鞑子。正像放焰火样，开头在东南角射出一支红色的火箭，炫眼的光芒照耀半天空。信号一发出，西面南面，四方八面都投射出一样颜色的光，十条、百条、千条，交织在天空，像无数条火龙，夭矫蜿蜒，热生出光，造成了力量，照得大地一色，黑暗被消灭了，跟着来的是光明世界。

红军的队伍，数不清，说不完。拣重要著名的说吧：东系在颍州（今安徽阜阳）发动的，头目是杜遵道，奉韩山童的号令，占领了朱皋，拥有元朝米仓，开仓散米，一下子就团结了几十万人，攻下汝宁（今河南汝南）、光州（今河南潢川）、息州（今河南息县）、信阳（今河南信阳）。西系起于蕲（今湖北蕲春）、黄（今湖北黄冈），由彭莹玉和尚领导，推徐真逸（寿辉）作头目，攻下德安（今湖南安陆）、沔阳（今湖北沔阳）、安陆（今湖北钟祥）、武昌（今湖北武昌）、江陵（今湖北江陵）、江西（今江西九江南昌一带）诸郡。起于湘水汉水流域的，推布王三、孟海马为头目。布王三的队伍叫北琐红军，占领了唐（今河南唐河）、邓（今河南邓县）、南阳（今河南南阳）、嵩（今河南嵩县）、汝（今河南临汝）、河南府（今河南洛阳）；孟海马率领南琐红军，占领了均（湖北均县）、房（今湖北房县）、襄阳（今湖北襄阳）、荆门（今湖北荆门）、归峡（今湖北秭归）。起于丰沛的，是芝麻李的队伍，控制了徐州（今江苏铜山）、近县和宿州（今安徽宿县）、五河（今安徽五河）、虹县（今安徽泗县）、丰（今江苏丰县）、沛（今江苏沛县）、灵璧（今安徽灵璧），南边到安丰（今安徽寿县）、濠（今安徽凤阳）、泗（今安徽临淮）。前后不过几个月功夫，东西两系红军，东边从淮水流域，西边到汉水流域，像腰斩似的把大元帝国拦腰切作两段，从此南北隔绝，北边顾不到南边，南边的粮食也不能接济北边，死是死定了，只等着咽气。①

大元帝国的崩溃，有远因，也有近因。②

远因是赵宋三百二十年的统治，相当宽大，拿定养鸡吃蛋的主意，对百姓说不上怎样好法，倒也不到剥尽刮干的地步。后期的几个君主虽然孱头孱脑，好事作不了，无论如何，总安不上“荒淫无道”的罪名。突然被穿羊裘喝酪浆拖小辫子的外族征服了，生活习惯甚至想法都完全不同的新的统治，激起人民反感。尤其蒙古和色目人③的残暴屠杀，动不动就屠城，把一个城子里的人民，除去工匠以外的壮丁老弱扫数杀光，剩下的少女少男，作为俘虏，叫作驱口，就是奴隶，子子孙孙不能翻身。加上奸淫掳掠，无恶不作，种种想象不到的血腥的事实，种下了民族间的深仇大恨。

在这外族统治下的社会组织，是畸形的不健全的。论文化，蒙古族非常落后幼稚。论人口，蒙古族统共不过几十万人，光凭了优越的武力来统治压迫被征服的几千万人民，由蒙古皇室、贵族、僧侣、官僚、地主、商人所组成的统治集团，和用以维持这政权的大量军队，吃的、喝的、穿的、用的一切费用，都由汉人、南人④负担。汉人、南人的生命财产却没有保障，随时会被打、被抢劫、被

① 权衡：《庚申外史》。

② 吴晗：《元帝国之崩溃与明之建国》，载《清华学报》十一卷二期。

③ 色目人指蒙古人最初征服的钦察回回、康里、波斯等民族。在元代其社会地位仅次于蒙古人。

④ 元代的汉人指金的国民和高丽、契丹、女真等民族，南人指宋治下的人民。

没收，甚至被逮捕、被诛杀，无处申冤，也不许申冤。政治地位呢？朝廷和地方机关的长官，必须是蒙古人或者色目人，汉人、南人只能担任不重要的职务，用人的标准是种族而不是能力和学识。至于被抑勒作驱口的，就更惨了，简直不被当作人，在主人的心眼中，驱口只是一种活的工具，或者是可以卖钱的牲口。这个统治集团同时也是大地主，土地的来源是抢劫、占领，说不上买卖，干脆一句话，没收。全国最大部分的最好的土地，经由这种方法，转移到少数的脑满肠肥的外族手里，汉人、南人除了一小部分甘心作顺民，作走狗的以外，被迫失去了土地，成为贫农和佃户。最大规模的商业也被控制在回回人手里，他们替蒙古贵族经营财产，放高利贷、印子钱，也叫作羊羔儿息①，来榨取汉人、南人的血汗。

就连蒙古、色目人算在一起，在中国也还是少数民族，有一天被征服的人民组织起来，有了力量，他们就得被清算。加上所作的坏事也实在太多了，明知汉人、南人决不心服，有机会就会反抗，报仇。这一切，蒙古贵族心里明白、害怕，脸上虽然摆出一副狠相，骨子里正在怕得发抖。怕什么呢？怕人民有组织，怕人民有团结，一句话害怕人民有力量。

为了镇压人民，掐住人民的脖子，元朝政府采了几种恶毒的办法：一种是驻兵，以嫡系的蒙古军驻防在河洛山东，据全国军事要害，以汉军、探马赤军②驻防在淮水长江之南，带着一部新附军。蒙古军驻防是带家眷的，按一定时候换防。总计江南三行省建立了六十三处驻兵区。③ 在必要时就用武力来消灭任何反抗或者不服从的行动。一种是缴械，从元世祖至元十三年（1276年），征服了南宋的首都临安时起，就开始收缴民间的武器和马匹，定下极严厉的刑罚，强迫人民交出可以作杀场用的武器，并且明令禁止汉人、南人、高丽人执弓矢兵仗。以后列朝都三翻四覆，重申这办法。④ 这样，

---

① 徐霆：《黑鞑事略》；柯绍忞：《新元史·食货志·斡脱官钱》。

② 《元史兵志》："蒙古军皆国人，探马赤军则诸部族也。既平中原，发民为卒，是为汉军。"

③ 《元文类》卷四十一，《经世大典序录》，《政典总序》。

④ 《元史》卷一六八，《陈天祥传》；《世祖纪》；《顺帝纪》。

一面是全副武装，威风凛凛，正规编制，千兵万马的征服军；另一面呢，是个别的穷困的被包围的被作践的被剥削的，而且是手无寸铁的人民。照理，蒙古族可以安心了，晚上可以睡得安稳了，但是，决不，他们还是在害怕，害怕人民在暗地里集会，产生组织，害怕人民的反抗思想，日渐传播，成为心腹的威胁。于是，另外一套又来了，叫作里甲。要点第一是编民户二十家为一甲，每甲派一个蒙古人作甲主，甲主有充分的权力，随时侦察甲民活动，除了写报告以外，有执行之权，他要衣服得给，要饮食得给，要童男呢？送上，要少女呢？赶紧送上，一有不是，立刻有灭门之祸。① 第二是戒严，夜间禁止通行："一更三点钟声绝禁人行，五更三点钟声动听人行。"② 在这期间，老百姓被关在房子里，政府的军官军人和甲主是可以随便通行，半夜里也可以进民居访问以至调查的。第三禁止夜间点灯，在戒严期间绝对禁止，禁钟以前和解严以后，也只许小贩和儒生点灯。③ 第四禁止集会祠祷，祈赛神社，集场买卖，不管是宗教的迷信的以至商业性的集会，凡是群众性的，有多人集合在一起的，一概禁止。④ 第五禁止汉人田猎和学习武艺，禁止汉人学习蒙古、色目文字⑤，不会武艺就不能打仗了，不懂政府所用的文字，就无法和使用这种文字的人相接触。这三整套办法互相配合，构成了天罗地网，铜墙铁壁，没有一点漏洞，透不出一点气，没有声音，连耳语也不敢，没有文字的抗议，连数说历史都是犯法的。出远门要有通行证，每一个地方都被孤立了，成为无量数的孤岛。没有消息。好的没有，坏的也没有。蒙古人的统治，把这个国度造成一个死海。

但是，虽然是死海，还不时有波浪，压力越大，反抗也越厉害。严格地说，从南宋亡国的一天起，一直到红军大起义，这七十年中，汉人、南人的反抗，一直没有停止过。从可歌可泣的崖山之役，张

---

① 徐大焯：《烬余录》。

② 《元典章》卷五十七，《禁夜》。

③ 《元史·刑法志·禁令》。

④ 《元史·刑法志·禁令》；《元典章》五十七，《禁聚众》。

⑤ 《元世祖纪》；《顺帝纪》。

世杰、陆秀夫壮烈殉国后，起兵复国，几次失败，百折不回的文丞相（天祥）终于在至元十九年（1282年）十二月被杀于大都，成仁取义，这两件事发挥了民族正气，感动了也号召了全民族和后代子孙，使他们明白，只有“驱逐鞑虏，恢复中华”才有好日子过，才对得起先烈，对得起民族。文丞相死的第二年，建宁路总管黄华起义，用宋祥兴年号。至元二十三年，西川赵和尚自称宋福王子，在广州起事。后至元三年（1337年）合州大足县民韩法师反，自称南朝赵王，都用恢复赵宋来号召。此外如至元二十年广州的罗平国，二十年漳、邕、宾、梧、韶、衡诸州（福建、广西、广东、湖南）的农民暴动，二十三年婺州（浙江金华）永康县民陈巽四之乱，二十五年广东浙江之乱，二十七年的江西之乱，成宗元贞二年（1296年）的赣州之乱，以至至元三年（1337年）广州的大金国之乱，至正八年（1348年）辽东锁火奴自称大金子孙之乱。前面跌倒了，后面的接着上去，倒下一个两个，起来了百个千个。这一连串的反抗运动，起因虽不完全相同，目标却只有一个，推翻这个坏政府！至正十一年（1351年）的红军大起义，正是这一连串反抗运动的延续和发展。

近因是蒙古皇室和政府的腐烂，像一所房子，长了白蚁，把椽子栋梁都蛀蚀空了，一阵风便把整所的房子刮倒，当然，白蚁也压死很多。

白蚁一开头就把帝国给蛀蚀空了。大元帝国是由几个汗国组织成功的，以蒙古大汗的宫廷作中心。自从忽必烈大汗（元世祖）作了中国皇帝之后，破坏了大汗继承的规矩，以后的大汗都由实力派拥立，宫廷里的暗杀，战场上的火并，闹个无休无歇。成吉思汗位下的许多大王，分裂成几派，打了多少年仗。西北几个汗国各自独立，脱离了母国，大元帝国分裂了，蒙古大汗兼中国皇帝的统治权开始动摇了。

这一窝的白蚁王是忽必烈大汗自己，他建立了这个窝，也蛀蚀了这个窝。他是一个贪得无厌的君主，为了积累更多的财富，发动了长期的广泛的海洋侵略。军费的负担无限扩大，增加国内财政困难，只好任命一批作买卖的刮钱好手作大臣，专门搜括财富，剥削人民，造成了贪污刻薄而又无能的政治风气，闹成对外打仗失败对内民穷财尽的局面。

军费之外，还有诸王的定期巨量赏赐，僧侣的宗教费用和宫廷的浪费。一年的收入还不够几个月的用度，没办法，只好加紧印钞票。元朝的钞票原来有很好的制度，发行有定额，可以随时兑现，和物价有一定的比例，通行全帝国，信誉极好。到了政府财政无办法，支用完钞票的准备金，变成不兑现纸币，加上无限制发行，发得愈多，币值愈跌，相对的物价愈高。到了十四世纪中期，整车整船运钞到前方，已经不济事了，一张钞还抵不上同样的废纸，不值一钱。国家财政和国民经济总崩溃了。

政治的情况也和经济一样，从元武宗以来，唱戏的，杀猪卖酒的，和尚道士，只要有门路，得到大汗欢心，就可作大官，有作到中书左丞、平章参政的。国公、司徒，多到无法计算。贵族诸王随便杀人，随便荐人作官。地主豪民犯法该杀的，只要买通僧侣，就可以得到大汗特赦。后来索性卖官鬻爵，贿赂公行了。尤其是蒙古色目的官吏，根本不知道有廉耻这回事，问人讨钱，各有名目，例如下属来拜见有“拜见钱”，无事白要叫“撒花钱”，逢节送“追节钱”，过生日要“生日钱”，管事要“常例钱”，送迎有“人情钱”，发传票拘票要“卖发钱”，打官司要“公事钱”。弄得钱多说是“得手”，除得州美说是“好地分”，补得职近说是“好窠窟”。甚至台宪官都可以用钱买，像拍卖似的钱多得缺。肃政廉访司官巡察州县，各带库子，检钞秤银，争多论少，简直在作买卖。① 大官吃小官，小官呢？当然吃百姓。民间有诗嘲官道：“解贼一金并一鼓，迎官两鼓一声锣，金鼓看来都一样，官人与贼不争多。”② 温州台州一带的老百姓，给官府榨苦了，在村子边树起旗子，上面写着：“天高皇帝远，民少相公多，一日三遍打，不反待如何？”③

---

① 《草木子》卷四，《杂俎篇》。

② 《草木子·谈薮篇》。

③ 黄溥：《闲中今古录》。

军队呢？自从平宋之后，太平了多年，忘记了怎样打仗。驻防在内地繁华都市，日子久了，生活整个儿腐化，也不愿意打仗了。军官们大都是世袭的公子哥儿，懂吃，懂喝，懂玩，会发脾气，会克扣军粮，会奴役虐待士兵，更会劫掠百姓，就是不懂和不会打仗。蒙古初起时，那种纵横欧亚、叱咤风云的沙漠中健儿的子孙，到这时已经完全不是军人了，他们比老百姓更胆小，怕事。①

这个几十个家族奴役中国人民的政权，一靠官僚，二靠武力支持。官僚弄钱，武力吓人。如今，全不行了，千疮百孔，到处发霉发烂了。从顶到脚，都蛀蚀得空空，自然经不起红军雷霆万钧的一击。

红军爆发的导火线是蒙古政府对汉人、南人加重压迫和歧视。

元顺帝从广西进京作皇帝，河南行省平章伯颜率领部下蒙古汉军扈送，因功作了丞相。伯颜仗着功劳大，擅权贪污。养着西番师婆叫畀畀，常问她来年好歹，又问身后事如何，畀畀说当死于南人之手。伯颜因此深恨南人。至元三年（1337年）广州朱光卿反，称大金国，棒胡反于汝宁信阳州，伯颜假借题目，四月间下诏书禁汉人、南人不得执持军器，凡有马的都拘收入官。五月间又说汝宁棒胡，广东朱光卿等都是汉人，汉人有在政府作官的，应该讲究诛捕造反汉人的方案，呈报上来。接着又要提出杀张王刘李赵五姓的汉人、南人，因为这五姓都是大族，人数最多，汉人、南人杀了大半，自然不能造反了。五年四月又重申汉、南、高丽人执持军器的禁令。还规定一条法令，蒙古、色目人殴打汉人、南人，汉人、南人只许挨打，不许还手。伯颜贬死，他的兄弟马札儿台作丞相，又禁民间藏兵器，马札儿台辞位，子脱脱作丞相。红军起事，中书省官员把报告案卷加标题“谋反事”，脱脱看了，改题作“河南汉人谋反事”，把河南全部汉人都看作叛徒了。② 伯颜脱脱一家人接连作首相，家族的看法也就代表皇室和贵族的看法。这一连串作为，使汉人、南

---

① 《草木子·克谨篇》。

② 权衡：《庚申外史》。

人不由得不恐慌、不着急，反抗也许还有生路，不反抗只有等死，有人一号召，自然是全国响应了。点上导火线的是丞相脱脱。当时黄河在白茅口决口，有人建议堵口，脱脱派工部尚书成遵勘察，成遵回来报告：河工太大开不得，而且南阳安丰盗贼成群，集合了几十万伕子，万一被人煽动，无法收拾。脱脱不听，另用贾鲁为工部尚书兼河防使，至正十一年（1351年）四月二十二日，发汴梁大名十三路民夫十五万，庐州等地戍军二万，从黄陵冈南到白茅口、西到阳青村，开河二百八十里，把黄河勒回旧道。韩山童得了这个消息，生出主意，叫人四处散布童谣说："石人一只眼，挑动黄河天下反。"暗地里凿了一个石人，面门上只有一只眼睛，偷偷埋在黄陵冈当路处。朝廷发的修河经费，被河官中饱了，修河夫吃不饱，正在怨恨。[①] 韩山童又分发几百个党徒去做工，宣传天下要大乱了，弥勒佛已经降生了，十人传百，百人传千，河南江淮一带的老百姓全信了。韩山童和亲信刘福通、杜遵道计较，光是老百姓不够，还得念书作官的一起干，至少也要做到让士大夫同情这运动。刘福通说有办法，鞑子不得人心，我们上一两代都是宋朝的老百姓，只要提出复宋的旗号，读书人没有不赞成的。河夫开河开到黄陵冈，果然在当路处挖出一眼的石人，几万伕子骇得目瞪口呆，一时人心骚动，三个一堆，五个一群，纷纷议论，大家心里明白，是动手的时候了。

刘福通聚了三千人在白鹿庄，斩白马乌牛，祭告天地，宣称韩山童是宋徽宗八世孙，当为中国主。福通是宋朝大将刘光世的后人，该帮旧主起义，恢复天下。大家齐心推奉山童作"明王"，克定日子起兵。[②] 四处派人通知，同时发动，以头裹红布为符号。正在歃血立誓，分配任务，举杯庆祝，兴高采烈的时候，不料消息走露了，永年县的县官带领马快兵役，冷不防团团围住白鹿庄，韩山童脱身不及被擒去杀了。山童妻杨氏带着儿子林儿趁着慌乱，逃出重围，躲入武安山中（在永年县境），隐姓埋名，等候外边消息。刘福通见

---

① 《草木子·克谨篇》；《庚申外史》。

② 何乔远：《名山藏·天因记》。

事已破露，等不到预定日子，整顿部队，出其不意，攻占颍州、罗山、上蔡、正阳、霍山，分兵进攻舞阳、叶县等处。黄陵冈的河伕得了信号，呐喊一声，杀了监工的河官，头上包一块红布，漫山遍野一片红，和部队会合在一起，不上一个月，红军已是五六万人的大队伍了。两淮江东西的穷苦百姓，等了不少年月，连夜起早赶来参加，真是"从乱如归"，声势一日比一日浩大。接着又占领了汝宁、光、息，人数增加到十几万。① 各地方的红军闻风响应，芝麻李、彭大、赵均用起丰沛，徐寿辉起蕲黄，布王三、孟海马起湘汉，半个中国照耀着红光②，各别攻城占地，开仓库，救穷人，严守教规，不杀平民，不奸淫，不抢劫，越发得到人民拥护。③ 当时民间流传着一阕醉太平小令，也不知道是谁写的，从大都一直到江南，人人会念，词道："堂堂大元，奸佞当权，开河变钞祸根源，惹红巾万千。官法滥，刑法重，黎民怨。人吃人，钞买钞，何曾见？贼做官，官做贼，混贤愚，哀哉可怜！"④

朱元璋在寺里接连不断地得到外边的消息：前些日子占襄阳，元兵死了不少；某日又占了南康，元军不战而逃；芝麻李八个人装作挑河夫，一晚上占了徐州。⑤ 说的人津津有味，听的人心花怒放。红军檄文指斥元朝罪状，最精彩的话是"贫极江南，富夸塞北"⑥。蒙古、色目人饱得胀死。汉人、南人却饿得要死。什么好东西，财帛粮食，括空了运到北边。做活出气力的是一种人，笼着手在享用的又是一种人。真把几十年来多少人心里闷着的全给说出来了。又听说徐寿辉已在蕲水建都，作了皇帝，国号天完，年号治平，拜邹普胜作太师，一支军队已进了江西。元兵到处打败仗，好容易调了六千绿睛回回阿速军，帮着汉军来攻颍州。阿速军以精悍著名，擅

---

① 《明史·韩林儿传》；《庚申外史》；钱谦益：《国初群雄事略·宋小明王》；《鸿猷录·宋事始末》；陆深：《平胡录》。

② 陆深：《豫章漫钞》。

③ 陶宗仪：《辍耕录》卷二八；《国初群雄事略》。

④ 《辍耕录》卷二三。

⑤ 《庚申外史》。

⑥ 《草木子·克谨篇》。

长射骑，只是纪律不好；将军呢，又光会喝酒玩女人。刚打住阵，看见红军阵势大，主将就扬鞭连说“阿卜，阿卜！”阿卜是走的意思，一霎时全军退却，淮西人当作笑话，传来传去。① 又调御史大夫也先帖木儿统三十万大军收复汝宁，才到城下，尚未交锋，便跃马后退，地方官急了，挽住马缰不放，也先帖木儿也急了，拔刀便斫，说；“我的不是性命！”飞马先逃，三十万大军跟着溃散。② 蒙古、色目、汉军都不能打，真正和红军作战的是各地官吏地主募集的义兵和民兵，这些人有的怕红军不放过，有的要保家产，为着自己的身家才肯拼命。到十二年二月底，又听说濠州也给红军占了，头目是郭子兴、孙德崖、张天祐几个人。

郭子兴是定远县有名的豪杰，原是曹州人，他父亲到定远卖卦相命，很积了一点钱。有一家大财主的闺女，长得体面，可惜是瞎子，嫁不出去。他父亲娶了，得了一份大财喜，生下三个儿子，子兴是老二。子兴一来家财丰厚，二来素性慷慨，平日交结宾客，接纳壮士，焚香密会，盘算做一番大事业。红军起事以后，钟离定远的农民，抛去锄头，拿起兵器，一哄就团聚成几万人的一股。地方官平时只会贪赃枉法，到这时便毫无办法了，张一只眼，闭一只眼，只装不知道，惹不起也犯不着多事。二月二十七日，郭子兴带了几千人趁黑夜先后偷入濠州，半夜里一声号炮，闯入州衙，杀了州官，在先有过杜遵道的号令，五个头目都称濠州节制元帅。③ 元将彻里不花远远地隔濠州几十里扎住营，怕红军厉害，不敢攻城，成天派兵到各村庄骚扰，把老百姓捉去，包上红布，算是俘虏，向上官请赏。濠州红军见官军不来捣乱，乐得安闲，关起城门享福，两下里“互不侵犯”。只是苦透了一般老百姓，官军硬派作红军，随便捉杀，红军呢，又怕是官军的奸细，要盘问防范，竟是左右做人难。又得供应粮秣夫子，红军要了，官军又要，闹得实在没法子活下去。有钱有地的大户怕事，都投到官军这边；无钱无地的穷人，不消说，

---

① 《庚申外史》。

② 《草木子·克谨篇》。

③ 张来仪：《敕赐滁阳王庙碑》；俞本：《皇明纪事录》；《国初群雄事略·滁阳王》。

只有一条路，揣块红布，呼亲唤旧，投奔濠州，拼上这条命，也不受官府大户的气。①

朱元璋划算了又划算，虽然相信彭莹玉的话，鞑子一定得赶走，汉人、南人一定得翻身，眼前就是穷人的好日子来了。可是，还得仔细计较，捡便宜省事有好处的路走。摆在前面有三条路：投官军呢，犯不着。官军的纪律他知道得太多，去了是自投死路。再则鞑子杀人放火，奸淫掳掠的一本血账，提起来谁都痛恨。外祖父说的崖山的故事，还记得清清楚楚，男子汉纵然不能做什么大好事，也万万不可丧心病狂到替敌人作走狗，来残害自己的兄弟姊妹！投红军呢？听说濠州有五个元帅，一字并肩，没有头脑，谁也不服谁，谁也支使不了谁，闹得乱哄哄，不成个体统。怕没有大出息，成不了事。留在寺里过安闲日子呢？迟早给官军捉去拿赏号，死得更是不明不白。想了又想，三条路都走得，又都有难处。②

一天，有人从濠州捎来一封信，是孩子时的伙伴写的，劝他到红军队伍里来。背地里读了，越发一肚皮心事，在大殿上踱过来，踱过去，以口问心，以心问口，反复计较。猛然省悟，把信就长明灯烧了。还是下不定决断。过不了几天，同房的师兄偷偷告诉，前日那信有人知道了，要向官军告发，好汉不吃眼前亏，还是赶快上濠州吧。元璋急得无法，到村子里找汤和，讨一个主意，汤和推敲了半天，说不出道理，劝向菩萨讨一个卦。元璋心里忐忑不定，慢慢走回寺里，还不到山门，就嗅到一股烟焰的气味，再走进去，只见东一堆瓦石，西一堆冒烟的木料，大殿只剩下半边，僧房斋堂全烧光了，只剩伽蓝殿，隔着一片空地，还完整。满院子马粪、破衲衣、烂家具。僧众星散，不知去向，冷清清只剩了几尊搬不动烧不着的泥菩萨。原来官军认为僧寺里有弥勒佛，红军里有许多和尚，念弥勒佛号，怕在寺的和尚和红军有勾搭，把附近的寺都烧光了，皇觉寺自然不能例外。元璋呆了一阵，走到伽蓝神前，磕了头，拿起圣珓，默祝菩萨：许出境避难，赏阳珓；守破寺，一阴一阳。一

---

①②《明太祖御制纪梦》。

掷两珓全阴，两掷三掷还是全阴。不许走也不许留，只有投红军去了。再祝投红军给阴的，一掷果然是阴的，大吃一惊。三次默祝，投红军实在害怕，还是求菩萨指点，逃往他乡，另求生路。闭着眼睛把珓掷出，一看一个是阴珓，投红军，一个呢，不阴不阳，端正地竖在地面。菩萨也劝元璋造反了，还有什么可说的！① 后来他在《皇陵碑》里描写这时候的心情道：

> 住（皇觉寺）方三载，而又雄者跳梁。初起汝、颍，次及凤阳之南厢。未几陷城，深高城隍，拒守不去，号令彰彰。友人寄书，云及趋降，既忧且惧，无可筹详。旁有觉者，将欲声扬。当此之际，逼迫而无已，诚与知者相商。乃告之曰，果束手以待罪，亦奋臂而相戕。知者为我画计，且祷阴以默相。如其言，往卜去守之何详，神乃阴阴乎有警，其气郁郁乎洋洋，卜逃卜守则不告，将就凶而不妨。

第二天，他离开皇觉寺，投奔红军去了。

---

① 《明太祖御制纪梦》；《皇朝本纪》；《天潢玉牒》。

第二章　红军大帅

一、小 亲 兵

至正十二年（1352年）闰三月初一，元璋到了濠州城下。这时元军仍在濠州附近，虽然没有动作，红军还是不敢大意，城墙上布满警戒部队，弓满弦，刀出鞘，巡逻哨探的川流不绝。城门的守兵挡住一个丑和尚，穿得极破烂，头裹红巾，堂堂皇皇走进来，毫不害怕。盘问来踪去迹，却只说来见郭元帅，更无别话，不由得起了疑心，以为是元军的奸细。三言两语，就闹翻了，不由分说，一索子捆了，派人报告郭元帅，请令旗行刑。郭子兴一想很怪，若是奸细，怎能这般从容？口说求见，亦许是来投顺的好汉，不要枉杀了好人。要知道究竟，骑一匹快马，赶到城门。远远看见四五十个兵围着，人头攒动，指手画脚在呵斥。连忙喝退众兵，只见一个躯干修伟，长得极怪的丑和尚，五花大绑，捆在拴马桩上，相貌虽不整齐，看着有一种威严的神采，绑着等杀头，并不害怕求饶，眼睛里充满着火气，脸上的肌肉痉挛表情，也告诉在愤恨。子兴心里已有点喜欢，下马上前问明底细，叫人松开绑，收为步卒。①

元璋入了伍，参见了队长，逐日跟弟兄们上操，练武艺。体格好，记性又强，不上半个月已是队里顶尖顶上的脚色，几次出城哨探，态度安详，计谋多，有决断，同队的都听调度。每次出去，总是立了功，不损伤一人一卒，喜欢得连队长也遇事和他商量了。不知不觉过了两个多月，一日，郭元帅带了亲兵出来巡察，经过元璋

---

① 《皇陵碑》；《纪梦》；《滁阳王庙碑》；《明太祖实录》卷一；《天潢玉牒》。

的营房，全队排成一字向主帅行礼，元璋个子高大，恰好排在队头。子兴见了，记起那天的事，唤队长问这投效的心地和能耐如何？队长极口说好，夸是千中选一的人才。子兴也觉得喜欢，就吩咐升元璋作亲兵十夫长，调回帅府当差。①

元璋遇事小心勤快，却又敢作敢为。得了命令，执行很快，办理得好。打起仗总是领头向前，一定打胜仗，也一定完成预期的战果。得到战利品，不管是衣服，是银子，是牲口粮食，总是扫数献给元帅。得到赏赐，又推说功劳是大家的，公公平平分给同伴的战友。说话不多，句句有斤两，又认得一些字，虽不甚通，一有文墨上的事情，譬如元帅的命令，杜遵道、刘福通的文告，以至战友们的书信，伙伴总找他解说。几个月后，不但在军中有了好名誉，勇敢、能干、大方、有见识、讲义气，一大堆好话算在名下，甚至连郭元帅也看作心腹，逐渐言听计从了。

郭元帅的第二夫人张氏，抚养了一个孤女，原是子兴的老友马公临死时托付的，已经成年，甚是贤德。子兴爱重元璋，要他出死力，和张夫人商量招赘作上门女婿。张夫人也听得元璋才能出众，子兴勇猛戆直，和同事的合不来，得有个细心能干的身边体己人帮着些，一力撺掇，就择日替两口子成婚。元璋平白地作了元帅娇客，前程多一层靠山，更何况是元帅主婚，自然满口应承。从此军中就改称元璋为朱公子，有了身份了，起一个官名叫元璋，字叫国瑞。②

孙德崖一伙四个元帅，都是粗人，说话作事没板眼。处的日子久了，子兴有些看不上眼，商量事情也没有好声气，两下里面和心不和。孙德崖一面人多嘴杂，闹了几次，子兴索性闲在家里，不和他们照面，勉强三五日见面一次，也是话不投机半句多。有时候等子兴不来，事情办了，也不通知，子兴越发不快，憋了一肚子气要发作。本来五个元帅一样大，谁也管不了谁，谁也不服谁，齐心还好办事，一闹别扭，各自发号施令，没有个通盘的调度，占了濠州大半年了，各人只管带领部下，向四乡要粮要牲口，竟不能出濠州

---

① 《御制纪梦》；《滁阳王庙碑》；《皇朝本纪》。

② 《滁阳王庙碑》；《明太祖实录》卷一；谈迁：《国榷》。

一步，不像个局面。子兴几次拿话开导，无人理睬，越想越气闷，也就心灰意懒了。元璋看出情势不妙，借个方便劝子兴打起精神，照常和四帅会议办事，假如老闲在私宅，他们四帅合起来，对付一个，这个亏吃了可没说处。子兴听了，勉强出去三四日，又闹脾气了。两边的感情越来越坏，都怕对方下毒手，又在盘算如何收拾人。元璋劝不动子兴，背地里向孙德崖赔小心，说好话，着意联络，以免真个决裂。①

九月间，元相脱脱统番、汉兵数十万攻徐州，招募当地盐丁和趫勇健儿三万人，黄衣黄帽，号为黄军。大军在后，督令黄军攻城，一口气把徐州攻下，见人便杀，见屋便烧，芝麻李落荒逃走，被元兵逮住杀害了。② 部下彭大、赵均用率领残兵投奔濠州。③ 徐州濠州都是红军，原是一家人，徐州的兵多，占的地方也大，到了濠州以后，竟反客为主，濠州五帅倒要听客人的调度了。彭大有见识，也懂事，和郭子兴相处得很好，孙德崖怕吃亏，使手段拉拢赵均用，两边明争暗斗，心里都不服气。孙德崖又把话来挑拨赵均用，说郭子兴眼皮浅，只认得彭将军，百般趋奉，对将军却白眼相待，瞧不起人。均用大怒，带领亲兵径来火并，冷不防把子兴俘虏了，带到孙家，锁闭在一间空房子里。这时朱元璋正好出差，得信奔回，郭家大小正在忙乱，要派兵抢救，他连忙止住，叫出子兴二子天叙天爵，一径去找彭大。彭大听了，勃然大怒说：他们太胡闹了，有我在，谁敢害你元帅！即时喊左右点兵，元璋也全身盔甲，团团围住孙家，掀开屋瓦，救出子兴，只见子兴项枷脚铐，浑身打得稀烂，当下打开枷铐，背回私宅。赵均用知道彭大出头，怕伤了和气，隐忍着了事。④

脱脱趁连下徐州、汝宁的兵威，分兵派贾鲁追击彭大、赵均用，进围濠州。大敌当头，红军的头脑们才着慌，大家和好，一心一意

---

① 《明太祖实录》卷一；《皇朝本纪》。

② 《庚申外史》；《元史》，《脱脱》、《也速传》；《皇明纪事录》。

③ 《龙飞纪略》。

④ 《皇朝本纪》；《明太祖实录》卷一。

地坚守城池。元璋深得军心，成天成夜在城墙上指挥防守。从这年冬天，一直到第二年春天，整整被围了五个月，幸得城池坚固，粮食丰足，没有出事。一日，元将贾鲁病死，元军围疲了，料着再打下去也不见得有把握，兼之军无斗志，只好解围他去。围虽解了，红军也折损了不少人马，吃了大亏。

彭大赵均用兴高采烈，彭大自称鲁淮王，均用自称永义王，作起王爷来了。郭子兴和孙德崖五人仍然是元帅。①

二、小 军 官

濠州经过长期围攻，不但粮秣缺乏，兵力也衰减得多。元璋想办法，弄了几引盐，到怀远换了几十石米，献给子兴。② 细想二王和诸帅，胸襟太窄，眼光太短，怕成不了什么气候，要作一番事业，得凭自己有队伍，才有力量。打定主意，请准了假，回到钟离，树起招兵大旗。少年伙伴徐达、汤和等几十个人，听说元璋作了红军头目，都来投效。不过十天工夫，招募了七百人，子兴大喜。至正十三年（1353年）六月，派元璋作镇抚，从此，就一跃成为带兵官了。③ 一年后，又以军功升作总管。④

彭赵二王管军无纪律，随便作坏事，不听劝，也不能改。子兴又兵力单弱，作不了主张。元璋认为一起混下去，会出毛病，不如自己单枪匹马，向外找出路，把新兵交代了，禀准了主将，带领贴身伙伴徐达、汤和等二十四人，南游定远。使个计策，招降了张家堡驴牌寨三千民兵。向东半夜里袭击元将老张，收降民兵男女七万口，挑拣得两万壮士，成为浩浩荡荡的一支队伍。用朱元璋自己的话来形容，真是："赤帜蔽野而盈冈。"⑤

---

① 《元史·贾鲁传》;《国初群雄事略》卷二，《滁阳王》。

② 《皇朝本纪》。

③ 《御制纪梦》;《明太祖实录》卷一。

④ 俞本:《纪事录》。

⑤ 《纪梦》;《御制阅江楼记》;《皇朝本纪》;《御制皇陵碑》。

元璋得到大量的生力军，立刻重新编制，加紧训练。他最看重纪律，在检阅新军时，特别指出这一点，恳切地训诫将士说："你们原来是很大的部队，可是毫不费事就到我这边来了。原因在哪里呢？一是将官没有纪律，二是士卒缺乏训练。现在我们得建立严格纪律，做到严格的训练，才能建功立业，大家有好处。"三军听了，无不喜欢。①

定远人冯国用、国胜（后改名胜）两兄弟，原来是地主，天下大乱后，团结地方上的佃户私乡民，建立堡砦自卫，听说元璋军队的纪律不错，带领部队来投效。元璋端详这两兄弟，装束很像读书人，行动说话都和一般老百姓不同，就问如今该怎么办。国用以为建康（元集庆路，今南京）这地方，形势极好，书上有"龙蟠虎踞"的话，是多少代帝王的都城，先占了这地方作根本，站稳了逐步发展，扩充地盘，不贪子女玉帛，多做好事，得到人民的支持，建功立业不是难事。元璋听了极高兴，留下作幕府参谋，把两家部队合并编制，南下攻滁州（今安徽滁县）。②

在进军滁州的路上，定远人李善长到军门求见。善长头脑清楚，有智谋，善于料事，学的是法家的学问，和元璋谈得极为投机。元璋问什么时候才能太平呢？善长劝他学汉高祖，以为汉高祖也是平民出身的，气量大，看得远，也看得宽，会用人，又不乱杀人，五年功夫，便打平了天下，元朝政治一团糟，已到土崩瓦解地步，濠州和沛相去不远，如能学学这位同乡，天下太平也就快了。元璋连声叫好，留下作掌书记，同时嘱咐："如今群雄四起，天下糜烂，仗要打好，要紧的是参谋人才。我看群雄中，掌书记和作参谋的幕僚，总说将士的坏话，将士无法施展，自然打不了胜仗。你要作一个桥梁，调和将士，不要学他们的榜样。"从这时候起，元璋心目中时时有个老百姓出身作皇帝的同乡在，说话、办事、打仗，事事都刻心刻意地学习。③ 善长呢，也一心一意作桥梁，沟通将士和主将，以

① 《明太祖实录》卷一。

② 《明史》卷一二九，《冯胜传》。

③ 《明史》卷一三五，《孔克仁传》。

及将士间的意见，尽心尽力，提拔有能力和有功的，让大家能安心做事。①

滁州守军力量单弱，元璋的前锋黑将军花云单骑冲破敌阵，战鼓打得震天价响，大军跟着推进，一霎时便占领了这座名城。元璋亲侄文正，姐夫李贞带着外甥保儿（后改名文忠）得到消息，奔来投靠，才知道二哥三哥也已去世了。大家哭了一场，又伤心又欢喜，伤心的是一家人只剩了这几口，欢喜的是这样乱世，还能团聚："一时会聚如再生，牵衣诉昔以难当。"② 定远人沐英父母都已死去，孤苦可怜。元璋把这三个孩子都收养作义子，改姓为朱。原来收养义子是当时流行的风气，带兵的将领要培养心腹干部人才，欢喜把俊秀勇猛的青年收养，不但打仗时肯拼命，在要紧关头，还用来监视诸将。沐英在军中称为周舍，又叫沐舍，舍是舍人简称（文武官员的儿子叫舍人）。元璋义子除文正、文忠、沐英以外，还有二十几个。后来所占城池，专用义子作心腹和将官同守，如得镇江用周舍，得宣州用道舍，得徽州用王驸马，得严州用保儿，得婺州用马儿，得处州用柴舍、真童，得徽州用金刚奴、也先，此外还有买驴、泼儿、老儿、保儿、朱文逊等人。柴舍即朱文刚，在处州死难；道舍即何文辉，马儿即徐司马，保儿即平安；朱文逊小名失传，在太平阵亡。王驸马、真童、金刚奴、也先、买驴、泼儿、老儿，复姓后的姓名可惜都失传了。③ 至正十八年（1358 年）胡大海、李文忠占领严州后，两人闹意见不和，元璋批示帐前都指挥使司首领郭彦仁，派他说和两人说："保指挥我之亲男，胡大海我之心腹，前者曾闻二人不和。且保指挥我亲身也，胡院判（大海官衔枢密院判官的简称）即我心腹也。身包其心，心得其安；心若定，身自然而定。汝必于我男处丁宁说知，将胡院判以真心待之，节制以守之，使我之所图易成，只此。"李文忠代表元璋亲身监视大将胡大海，并有节制

① 《明史》卷一二七，《李善长传》。

② 《御制皇陵碑》；《明太祖实录》卷一；《明史》卷一二六，《李文忠传》。

③ 刘辰：《国初事迹》；《明史》卷一二六《沐英传》，卷一三四《何文辉传》，卷一四四《平安传》；王世贞：《诏令杂考（弇山堂别集）》；孙宜：《洞庭集·大明初略》卷三。

之权，这一个例子说明了义子的作用，也说明了元璋对大将的不放心情形。①

单是用义子监视，还怕诸将靠不住，另一办法是留将士的家眷作抵押。这法子在刚渡江时便实行了。元璋统兵取集庆，马夫人和诸将家属留在和州（今安徽和县）②，到取下集庆以后定下规矩："与我取城子的总兵官，妻子俱要在京住坐，不许搬取出外。""将官正妻留于京城居住，听于外处娶妾。"规定极严格。将官顾虑妻子安全，自然不敢投敌以至反叛，平时征调差遣，也不敢不听话了。③

此外，还提防将官和读书人勾结，规定"所克城池，令将官守之，勿令儒者在左右议论古今。止设一吏，管办文书，有差失，罪独坐吏"。凡是元朝官吏和儒士，都要由朝廷选用，逃者处死，不许将官擅用。④这是因为读书人谈今说古，拿历史上的事情和现今一比，将官省悟了难免生是非，左思右想，不是好事的缘故。

当元璋进攻滁州时，濠州的红军主力由彭大、赵均用率领，攻下了盱眙泗州，两人脾气不对劲，为郭子兴的事结下怨，竟闹翻了。均用和孙德崖四个合成一气，彭大抵不过，事事不趁心，手下得力的人，也逐渐被均用收买过去，气闷不过，发病死了。儿子早住接着也称鲁淮王，年青，比均用矮一辈，又会敷衍说好话，均用没把他看在眼里，倒也相安无事。接着，是郭子兴代替了彭大作出气孔，左也不对，右也不对，做一事，说一句话都被挑眼，几次借题目要害子兴，碍着元璋在滁阳有几万人的部队，做决裂了怕坏事，于是出主意下令牌调元璋来守盱眙，一箭双雕，一窝子收拾掉。元璋明白这道理，委婉地推辞移防，说有军事情报，部队动不得。又使钱买通王府的人，拿话劝均用，不要听小人挑拨，自剪羽翼，惹人笑话，万一火并了，他部下不服，也不得安稳。针锋相对，均用摆布不得。说话的人又劝好好地待子兴，让他出气力占地方，保疆土。

---

① 《国初事迹》。

② 《明史》，《高皇后传》，卷一二五《常遇春传》，卷一三〇《康茂才传》；宋濂：《宋文宪公集》卷四，《开平王神道碑铭》、《蕲国武义康公神道碑铭》。

③④ 《国初事迹》；孙宜：《洞庭集》。

成天有人说项求情，均用软了，竟放子兴带原来人马一万多人回滁阳。元璋把兵权交出，三万多兵强马壮的队伍，旗帜鲜明，军容整肃，子兴大喜。①

至正十四年（1354 年）十一月，元丞相脱脱统兵大败张士诚于高邮，分兵围六合。

张士诚小字九四，泰州白驹场人，和弟士义、士德、士信一家子都靠运官盐贩私盐过活。贩私盐赚大钱，和伙伴们大碗酒大块肉，呼幺喝六，过得极舒服，入伙的人日渐加多，都听士诚调度。贩私盐是犯法的，当时卖盐给大户，大户吃住是私货，不但说闲话挖苦，有时还赖着不给钱，弓兵丘义尤其作践他们。士诚气忿不过，趁天下大乱，带着兄弟和李伯昇、潘原明、吕珍等十八壮士，杀了丘义和仇家大户们，一把火烧了房子，招兵买马，攻下泰州高邮，占了三十六盐场，自称诚王，国号大周，改年号为天祐，这是至正十三年五月间的事。②

元兵围六合，六合主将到郭子兴处求救。六合在滁州东面，万一失守，次一被攻击的目标便是滁州，要保滁州，就非守住六合不可。郭子兴和六合主将有仇恨，元璋费尽唇舌才说服了。元兵号称百万，无人敢去，推称求神不许，元璋只好讨了令箭，统兵出救。元兵排山倒海似地进攻，城防工事全被摧毁，拼死地抵住，赶修了堡垒，又给打平了，眼看守不住，只好把六合的老弱妇孺撤退，掩护撤退到滁州。元兵乘胜进攻，元璋在中途埋伏，打了一个胜仗，得到好多马匹。却顾虑到孤城无援，元兵如添兵包围，不困死也得饿死。忍气打点牛酒，派地方父老把马匹送还，哀求说全是良民，不敢作反，团结守护为了自卫，情愿供给大军军需给养，请并力去打高邮，饶饶老百姓。元兵信以为真，引兵他去，滁州算是保全了。③

元兵一退，郭子兴喜欢极了，打主意要在滁州称王。元璋劝说：

① 《明太祖实录》卷一；《国初群雄事略·滁阳王》；钱谦益：《太祖实录辨证》卷一。
② 《明史·张士诚传》；《辍耕录》卷二十九；《国初群雄事略》卷七。
③ 《明太祖实录》卷一；《皇朝本纪》。

滁州山城，交通不便，形势不好，一称王目标大了，元兵再来怕保不住。子兴才放弃了作王爷的念头。①

脱脱大军用全力攻高邮，城中支持不住，想投降又怕朝廷不肯赦罪。正在两难间，外城又被攻破了，张士诚急得团团转，准备城破时突围下海。突然元顺帝颁下诏旨，责备脱脱，说他："往年征徐州，仅复一城，不久又丢掉了。这次再当统帅，劳师费财，过了三个月，还无功效。可削去兵柄，安置淮安路，弟御史大夫也先帖木儿安置宁夏路。如胆敢不接受命令，即时处死。"宣读后全军忿恨大哭，一时四散，大部分投到红军，红军越发强大。张士诚趁机出击，不但转危为安，而且从此基础稳固，再也不能动摇了。

脱脱奉命交出兵权，被押送西行，鸩死于吐蕃境上。元朝唯一有作为有威名的大将一死，元朝的命运也就决定了。②

这一变化，简单说起来，是个人倾轧，政权的争夺。脱脱忠于元朝，元顺帝也极信任他，付以军政大权。从徐州平定后，脱脱威权日盛，元顺帝也以为天下太平了，该好好享乐。奸臣哈麻巴结皇帝，背地介绍西天僧，会房中运气之术，能使人身之气，或消或涨，或伸或缩，号演揲儿法，也叫秘密佛法、多修法。顺帝大喜，封为司徒大元国师。国师又荐了十个皇亲贵族会这佛法的，叫作十倚纳，里边有皇舅和皇弟。君臣共被，互易妻室，名为些郎兀该，意即事事无碍。上都穆清阁连延数百间，千门万户，充满了妇女，作大喜乐禅定，朝朝宴会，夜夜笙歌，君臣都玩昏了。哈麻忌脱脱正派，挑唆顺帝，挤出去总兵打仗。又怕脱脱功成回朝，多管闲事，当脱脱全军苦战，正要成功时，哈麻又使人弹劾，劳师费财，罢其兵权，还不甘心，索性把他毒死。顺帝糊里糊涂，也有些忌惮脱脱，哈麻如此安排，正中下怀，毫不在意。③

脱脱使心眼挤走伯父伯颜，在对汉人、南人的看法这一点上，却和伯颜一样。当红军初起时凡议军事，不许汉人、南人参预。有

---

① 《明太祖实录》卷一。

② 俞本：《纪事录》；《元史·脱脱传》；《庚申外史》；《辍耕录》。

③ 《庚申外史》。

一次脱脱进内廷奏章，中书官（中书省的属官，相当于现在的机要秘书）两人照例随后跟来，因为这两人是汉人，忙叫禁卫喝住，不许入内。又上奏本说，如今河南汉人反，该出布告，一概剿捕汉人；诸蒙古、色目犯罪罢贬谪在外的，都召回来，免得吃汉人杀害。这榜文一出，不但河南，连河北的汉人也不能不参加红军，来保全自己生命了。红军声势，因之日益浩大。①

脱脱死后，顺帝越发无忌惮。这时东南产米区常州、平江（苏州）、湖州（浙江吴兴）一带都被张士诚占领，浙东沿海地区被方国珍占领，往北运河线在红军控制下，海运和内河运输线全被切断。另一补给区湖广（湖南北）也早已失去。南方的粮食不能北运，大都的百万军民，立刻缺粮闹饥荒，加上中原连年闹蝗灾旱灾兵灾，老百姓拿蝗虫作食料，大都军民连蝗虫都没有，饿死的每天成千上万，又闹瘟疫，惨到真有人吃人的事，甚至连一家人都吃起来了。②在这样境况中，元顺帝却在内苑造龙舟，亲自打图样，长一百二十尺，宽二十尺。前瓦帘棚穿帘两暖阁，后五殿楼子龙身并殿宇，用五采金装，前有两爪，水手二十四人，身衣紫衫，金荔支带，四个带头巾，于船两旁下各执篙一。从后宫到前宫山下海子内往来游戏，驶动时龙的头眼口爪尾都跟着动。内有机括，龙爪自会拨水。顺帝每登龙舟，用彩女盛妆，两岸牵挽。③ 又自制宫漏，约高六七尺，宽三四尺，造木为柜，阴藏诸壶其中，运水上下。柜上有西方三圣殿，柜腰立玉女捧时刻筹，到时候自然浮水而上。左右站两金甲神，一悬钟，一悬钲，到夜金甲神会按时敲打，不差分毫。当钟钲敲响时，两旁的狮子凤凰会飞舞配合。柜的东西面有月宫，飞仙六人在宫前，到子午时飞仙排队度仙桥到三圣殿，又退回原处。精巧准确，的确是空前的制品。④ 又喜欢建筑，自画屋样。爱造宫殿模型，高尺余，栋梁楹槛，样样具备。匠人按式仿造，京师人叫作鲁班天子。

---

① 《庚申外史》。

② 《草木子》卷三，《克谨篇》。

③ 《元史》，《顺帝纪》至正十四年；《庚申外史》。

④ 《元史》，《顺帝纪》至正十四年。

内侍们想弄新殿的金珠装饰，一造好就批评不够漂亮，比某家的还差，马上拆毁重造，内侍们都发了财。① 成天搞这样，修那样，政事也懒得管了；成天游船摆酒，打仗的事也不在意了。还想出新办法。宫女十六人按舞，名为十六天魔，新奇打扮，头垂发数辫，戴象牙佛冠，身被缨络，着大红销金长短裙，金杂袄，云肩合袖天衣，绶带鞋袜，唱金字经，舞雁儿舞，各执加巴剌盘之器，内一人执铃杵奏乐。又宫女十一人练槌髻勒帕常服，或用唐帽窄衫，所奏乐用龙笛、头管、小鼓、筝、纂、琵琶、笙、胡琴、响板、拍板，以宦者管领，遇宫中赞佛，按舞奏乐。宫官除受秘密戒的以外不得参预。② 照旧例五天一移宫，还觉得不畅快，在宫中掘地道，随时往来，和十倚纳一起，以昼作夜，行大喜乐法，跟天魔舞女混成一团。国库的存粮全运到女宠家里，百官俸禄只好折支一点茶纸杂物。宫里充满了繁华升平的气象。③

滁州在战乱后，突然增加几万大兵，粮食不够吃，军心恐慌。元璋建议南取和州（今安徽和县），移兵就食。虹县人胡大海长身铁面，智力过人，带全家来归附，就用作前锋。至正十五年正月，子兴得到占领和州的捷报，派元璋作总兵官镇守。

元璋在子兴诸将中，名位不高，年纪又轻，奉命总兵，怕诸将不服。寻思了半天，想出主意。原来诸将会议军事，大厅上排有公座，按官位年龄就座，前一晚元璋叫人把公座撤去，只摆一排木凳子。次日五鼓，诸将先到，当时座位蒙古人办法以右首为尊，元璋后到，一看只留下左末一席，不作声坐下。到谈论公事时，诸将单会冲锋陷阵，杀人放火，要判断敌情，决定大事，却一句话也说不出来，像木偶般面面相觑。元璋随事提出办法，合情合理，有分寸，又会说话，诸将才稍稍心服。末后议定分工修理城池，各人认定地位丈尺，限三天完工。到期会同诸将查看工程，只有元璋派定的一段作完，其余的全未修好。元璋放下脸，面南坐下，拿出子兴檄文，

---

① 《庚申外史》。

② 《元史》，《顺帝纪》至正十四年；《庚申外史》。

③ 《庚申外史》。

对诸将说："奉主帅令总兵，责任重大。修城要事，原先各人认定，竟不齐心，如何能办事？从今说明白，再有不遵命令的，军法从事，可顾不得情分了！"一来确是子兴的令牌，和州军事由元璋作主，二来也确是自己不争气，误了军机，诸将作声不得，只好谢罪求饶。虽然如此，还仗着是子兴老部下，面子上认输，肚子里仍然唧唧咕咕。只有汤和小心谨慎，最听话服从。李善长从旁调和，左劝右说，元璋的地位才算稳定。这样，元璋又从总管成为总兵官，从带领几千人的小军官变成镇守一方的将军了。①

一天，元璋出外，有一小儿在路旁独自啼哭，元璋问你父亲呢？说是与官人喂马。母亲呢？也在官人处。原来红军攻破城池，各将领大抢一顿之后，又把满城男妇虏获，闹得老百姓妻离子散，家破人亡。元璋省悟不是久长的道理，召集诸将，说明，"大军从滁州来此，人皆只身，并无妻小。今城破，凡有所得妇人女子，惟无夫未嫁者许之，有夫妇人不许擅有。"第二天，阖城妇女男子都从军营里放出，在衙前会齐，让他（她）们自己认亲，一时夫认妻、妻认夫、子认父、父认女，闹哄哄挤成一团，有哭的，有笑的，有先哭后笑的，也有又哭又笑的，一霎时有多少家庭团圆，也有多少孤儿寡妇在啜泣。原来惨惨凄凄路上无人行的景象，稍稍有了生气，不光是有驻军的城子，也是有人民的城子了。②

孙德崖因濠州缺粮，一径率领部队到和州就食，将领兵士携妻挈子，不由分说，占住和州四乡民家。德崖带了亲兵，说要进城住一些时候，人多势大，元璋阻拦不住，也无法推脱，正在苦恼发愁。郭子兴听得消息，也从滁州赶来，两个对头挤在一处，苦煞了元璋这个小头目。

原来子兴人虽刚直，耳朵软，容易听人闲话。开头有人报告，元璋多取妇女，强要三军财物，已然冒火，再听说孙德崖和元璋合伙去了，越发怒气冲天。也不通知日子，黑夜里突然来到，元璋来不及迎接。一进门，子兴满面怒容，好半晌不说话。元璋跪在下面，

---

① 《明太祖实录》卷二。

② 《皇朝本纪》。

筹思答话。突然子兴发问："是谁？"元璋答说："总管朱元璋。"子兴大喊："你知罪吗？你逃得到哪里去？"元璋放低了声气："儿女有罪，又逃得到哪里去？家里的事迟早好说，外面的事要紧，得马上办。"子兴忙问："是什么事？"元璋站起来，小声说："孙德崖在此地，上回的事结了深仇，目前他的人多，怕会出事。大人得当心，安排一下。"子兴还带信不信，把元璋喝退，独自喝酒解闷。

天还不亮，孙德崖派人来说："你丈人来了，我得走了。"元璋知道不妙，连忙去告诉郭子兴，又来劝孙德崖："何必这样匆忙呢？"德崖说："和你丈人相处不了。"元璋看德崖的神色，似乎不打算动武，就劝：两军在一城，提防两下里有小冲突，最好让部队先出发，元帅殿后好镇压。德崖答应了，元璋放下心，出来替孙军送行，越送越远，正要回来，后军传过话来，说是城里两军打起来了，死了许多人。元璋着急，连忙喊随从壮士耿炳文、吴祯靠近，飞马奔回。孙军抽刀拦住去路，揪住马衔，簇拥向前，见了许多将官，都是旧友，大家诉说，以为城内火并，元璋一定知情。元璋急忙分辩，边说边走，趁大家不注意，勒马就逃。孙军的军官几十人策马追赶，枪箭齐下，侥幸衣内披了连环甲，伤不甚重。逃了十几里，马力乏了，被赶上擒住。这回可是俘虏了，铁索锁住脖子，有人就要杀害，有人主张孙元帅现在城里，如此时杀了朱元璋，孙元帅也活不了，不如派人进城看明白再作道理。立时就有一军官飞马进城，见孙德崖正锁着脖子，和郭子兴对面喝酒呢。郭子兴听得元璋被俘，也急了，情愿走马换将，可是两家都不肯先放，末后挑定折衷办法，郭子兴先派徐达到孙军作抵押，换回元璋，元璋回到城里，才解开锁放回孙德崖，孙德崖回去了，再放还徐达。综计元璋被孙军拘囚了三天，几次险遭毒手，亏得有熟人保护，才能平安脱身回来。①

元至正十五年（宋龙凤元年）二月，红军统帅刘福通派人在砀山（今江苏砀山）夹河访得韩林儿，接到亳州（今安徽亳县），立为皇帝，又号小明王，臣民称为主公。建国为宋，年号龙凤。拆鹿邑

① 《明太祖实录》卷二；《皇朝本纪》。

太清宫木材，建立宫殿。小明王尊母杨氏为皇太后，以杜遵道、盛文郁为丞相，刘福通、罗文素为平章政事，福通弟刘六为知枢密院事。军旗上写着鲜明的联语："虎贲三千，直抵幽燕之地。龙飞九五，重开大宋之天。"遵道得宠擅权，福通不服气，暗地里埋伏甲士，挝杀遵道，自为丞相。不久又改为太保，东系红军军政大权全在他手里。①

郭子兴深恨孙德崖，为着交换元璋，受了惊吓，又忍着气，成天愤恨发脾气，得了重病，三月间不治死去，葬在滁州。军中军务由子兴子天叙，妇弟张天祐和元璋共同商议，担心着主帅新死，万一元兵来攻，孤军无援，怕站不住脚。正好杜遵道派人来计较统一指挥，大家公推张天祐到亳都面议，不久带回杜遵道文凭，委任郭天叙为都元帅，张天祐为右副元帅，朱元璋为左副元帅，军中文告都用龙凤年号。②

三、大元帅、大丞相

都元帅府三个元帅，依地位说，郭天叙是主将，张天祐和朱元璋是偏裨，一切军务都应该由都元帅发号施令。可是一来郭天叙没有军事经验，张天祐一勇之夫，逢事无决断；二来朱元璋会笼络人，不但有大批勇猛善战的贴身伙伴，徐达、汤和等一批将领，更重要的是他有自己系统的军队，这一部分军队由他招降、训练、组织、指挥，占郭系军队里很重的分量；第三，朱元璋阴险刻毒，打定主意要独吞郭系军队，对郭、张两帅事事使心计，又有李善长、冯国用弄文墨的作帮手，越发做得开。以此，元璋虽然只坐第三把交椅，却作得主，办得事，俨然是事实上的主帅。③

虹县人邓愈，十六岁就跟父兄起兵，父母都阵亡了，邓愈带着

---

① 《辍耕录》卷二一；《皇明纪事录》；《元顺帝本纪》；陆深：《平胡录》。

② 《皇明纪事录》；《皇朝本纪》；陆深：《平胡录》。

③ 《皇朝本纪》；俞本：《纪事录》。

部队，每战总是挺身当前，打胜仗，军中都服他果决。怀远人常遇春，膂力绝人，勇冠三军，性情刚直，又有智谋，做了些时强盗，看那些首领们打家劫舍，没出息，决心自找出路。两人都来投奔。邓愈有队伍，作管军总管，常遇春作前锋。①

和州东南靠长江，城子小，屯驻的军队多。元兵围攻几次以后，又闹粮荒了。过长江，贴对面是太平（今安徽当涂）。太平南靠芜湖，东北达集庆（今南京），东倚丹阳湖。湖周围的丹阳镇、高淳、宣城都是产米区。发愁的是眼看着对岸有成仓成库的米粮，被长江隔断了，浪花起伏，怒涛汹涌，没船只如何过得去？船少了不济事，总得上千条才行，一时又怎么打造得起来？即使有了够用的船只了，没有水手又怎么驶得过去？

事有凑巧，巢湖水军头目李扒头（国胜）的代表来了。原来从大乱以来，巢湖一带的豪族俞家——俞廷玉、通海、通原、通渊父子，廖家永安、永忠兄弟，赵仲中、庸兄弟，纠集地方武力，推举李扒头作大头目，双刀赵（普胜）坐二把交椅，屯泊巢湖，连结水砦，有千多条大小船只，万多人的水军。和庐州（今安徽合肥）的红军左君弼结下仇，吃了好多回败仗，势力孤单，派人来求救兵。元璋喜极，亲自到巢湖连络，苦劝与其死守挨打，不如结伙渡江，正好五月间霉雨季，连下二十天，河坑都淹平了，毫不费事，大小船只扫数到达和州。②

六月初一，水陆大军乘风渡江，直达采石，常遇春跳上岸，奋戈奔向元军，诸军鼓勇续进，元兵惊溃，缘江堡垒，一齐归附。红军饿了多日，一见粮食牲口，眼都花了，抢着搬运，打算运回和州慢慢享用。元璋看出军士意思，和徐达商量，乘胜直取太平。把船缆都斫断了，推入急流，霎时间顺流东下，江面上空洞洞片帆不见，诸军慌乱叫苦。元璋下令，前面是太平府，子女玉帛无所不有，打下了任意搬运回家。军士无法，兼之听说可以随意行动，都动了心，

---

① 《明史》卷一二五《常遇春传》，一二六《邓愈传》。

② 《明太祖实录》卷二；《皇朝本纪》；高岱：《鸿猷录·龙飞淮甸》；《明史》卷一三三《廖永安传》、《俞通海传》。

饱餐后径奔太平城下，攻进城放开手大杀大抢。元璋事先叫李善长写了禁约，不许掳掠，违令按军法处置，四处张贴，调一排执法队沿街巡察。军士看了诧异，都住了手。有一小兵不听，立时斩首，太平一路的百姓才免了此劫。又怕军心不稳，叫当地大财主献出些金银财帛，即时分赏将士，将士得了采头，小兵自然不敢说话了。①

从和州渡江是巢湖水军的功劳，元璋在船上摆酒庆功，把李扒头灌醉，捆住手脚，丢在江里。双刀赵不服，逃归徐真逸。扒头部下诸将，无主将，也无船只，只好投降，元璋从此又有了水军。②

太平地方儒士李习、陶安首先来见元璋，元璋问："有何道教之?"安说："如今群雄并起，不过抢子女玉帛。将军若能反群雄之志，不杀人，不掳掠，不烧房屋，东取集庆，可以作一番大事业。"元璋很以为然，留在元帅府作令史。改太平路为太平府，以李习为知府。置太平兴国翼元帅府，元璋作大元帅，以李善长为帅府都事，汪广洋为帅府令史，潘庭坚为帅府教授。点乡下老百姓作民兵。居民蓄积，扫数运进城来，准备固守。③

元兵分两路包围太平：水路以大船封锁采石，堵住红军的归路，陆路由民兵元帅陈野先率军数万进攻，形势急迫。元璋亲自领将士拼命抵住。新讨的二夫人孙氏，劝把府库中的金银抬到城上，分给有功将士。别出一军，绕到敌人背后，前后夹击。元兵大败，生擒陈野先。元璋劝他投降，宰白马乌牛，祭告天地，结为兄弟。第二天，野先全军归降。约好一同攻取集庆。

野先的妻子被留在太平作质，部下被张天祐领去攻集庆。他是大地主，极恨红军，暗地里嘱咐部下，只装做打仗的样子，千万别认真打，三两日自己脱了身，就回来打红军。这话给元璋的心腹检校④探到了，元璋心里明白，也不告诉张天祐。到集庆城下，元朝守将福寿力战，张天祐只有小半人在打，大半人在看，吃了大败仗，

---

① 《皇朝本纪》。

② 刘辰：《国初事迹》。

③ 《国初事迹》；《明太祖实录》卷二。

④ 元璋的秘密谍报人员，专门侦探将士的私事。

回来好生没趣。

元璋索性放了陈野先，让他带领旧部，和郭天叙、张天祐合军再攻集庆。野先早已和元将福寿约好城内外表里夹攻，邀天叙吃酒，席间杀了，生擒张天祐，送给福寿也即时杀死。元军会师总反攻，红军大败，死了两万多人。陈野先追击到溧阳，马乏落后，当地民兵不明底细，听说他投降了红军，设埋伏也把他杀了。部队由从子兆先接管。①

元璋借刀杀人，郭张二帅一死，郭子兴的旧部全归元璋指挥，成为名实一致的都元帅，小明王麾下一员大将了。子兴次子天爵，小明王命为中书右丞，在元璋底下作官，没有兵，更没有权，眼睁睁看着郭家的基业改了姓，忍不住背地里发牢骚，给元璋结果了。子兴的小女儿孤苦伶仃，无可倚靠，元璋收作第三房小妾，侍候他父亲当年的亲兵。②

元璋率领太军渡江，马夫人和将士的家眷仍留在和州。和州是后方基地，得有亲人镇守，而且将士家眷有人看管，也可以使将士安心作战。和州和太平的交通只有水路，虽然七八个月来陆续占领了溧水、溧阳、句容、芜湖一些城子，集庆孤立，三面被包围，可是水路却被元军切断了，消息不通。一直到龙凤二年（至正十六年，1356年）二月，元璋大败元水军，尽俘其舟舰以后，两地的来往才完全畅通，有了信息，军心也安定了。

三月初一，水陆大军并进，三攻集庆，城外屯兵陈兆先战败投降，得兵三万六千人。集庆城破，守将福寿战死，元帅康茂才和军民五十余万归降。元璋入城后，召集了一次官吏和民众的大会，剀切宣告："元朝这个坏政府，政治腐烂，到处在打仗，百姓吃够了苦。我是来替你们除乱的，大家只要安心作事，不要害怕。好人我用他，坏事替你们除掉。作官的不要乱来，叫百姓吃苦。"几句话安定了人心，恢复了秩序。当下改集庆路为应天府；设天兴建康翼统

---

① 俞本：《纪事录》；《皇朝本纪》；《明太祖实录》卷三；钱谦益：《国初群雄事略》卷二；《国初事迹》。

② 《明太祖实录》卷二；《明史·郭子兴传》。

军大元帅府，以廖永安为统军元帅。以赵忠为兴国翼元帅，守太平。儒士夏煜、孙炎、杨宪等十几人进见，先后录用。小明王得到捷报后，升元璋为枢密院同佥。不久又升为江南等处行中书省平章，李善长为左右司郎中，以下诸将都升元帅。元璋这年才二十九岁，已经是独当一面的地方长官，指挥十万大军的统帅了。①

元璋据应天后，他的疆域以应天作中心，西起滁州，划一直线到芜湖，东起句容到溧阳。西边长，东线短，一块不等边形，横摆着恰像个米斗，西线是斗底，东线是斗口。四面的形势是：东边元将定定扼守镇江；东南张士诚已据平江（今江苏吴县），破常州，转掠浙西。东北面青衣军张明鉴据扬州（今江苏江都）；南面元将八思尔不花驻徽州（今安徽歙县），另一军屯宁国（今安徽宣城）；西面池州（今安徽贵池）已为徐真逸所据；东南外围则元将石抹宜孙守处州（今浙江丽水），石抹厚孙守婺州（今浙江金华），宋伯颜不花守衢州（今浙江衢县）。元璋局面小，兵力也不强，处境呢，真是四面受敌。

幸亏这时元兵正用全力和小明王作战。前一年十二月元将答失八都鲁大败刘福通于太康，进围亳州，小明王奔安丰（今安徽寿县）。察罕帖木儿和红军转战河南，一时顾不到南面，而且也看作是小股力量，等手空了再说。红军势力暂时消沉，张士诚又猖獗起来了，徐寿辉在湘汉流域也大大活动。元兵两面挨打，竟照顾不过来。龙凤二年秋天，也就是朱元璋占应天以后，红军休息过来了。兵力经过补充，整个战略决定，分兵出击：一路破武关（在今陕西商县东），陷商州（今陕西商县），进攻关中（今陕西省）；一路侵占了山东北部。第二年刘福通分兵三路，一路趋晋冀（今山西河北），一路攻关中，一路由山东北犯。第一路军又分两路，一出绛州（今山西新绛县），一出沁州（今山西沁县），过太行山，破辽潞（今山西辽县长治县），陷冀宁（今山西太原），攻保定（今河北清苑），下完州（今河北完县），掠大同兴和（今山西大同察哈尔张北县）塞外部落，

---

① 俞本：《纪事录》；《国初事迹》；《明太祖实录》卷四。

攻下上都（今察哈尔多伦县东南），转掠辽阳（今辽宁辽阳），直到高丽。从西北折回到东北，兜了一个大圈子。第二路军陷凤翔（今陕西凤翔）、兴元（今陕西南郑），南进四川；别部又陷宁夏，掠灵武（今宁夏灵武）诸边地。第三路军尽占山东西北部河北南部，北取蓟州（今河北蓟县），犯漷州（今河北通县南四十五里），略柳林（今河北通县南，故漷县西），逼大都（今北平）。福通自己统军占山东西南角和河南北部，出没河南北。龙凤四年五月，攻下汴梁（今河南开封），建作都城，接小明王来定都。① 红军所到的地方：攻无不取，战无不胜，元朝地方官吏吓破了胆，一听有红军来攻，抹回头就跑。当时有童谣形容道：

满城都是火，府官四散躲，城里无一人，红军府上座。②

五六年间，红军长驱深入，来回地绕弯子，元朝军队使尽方法抵抗和进攻，大敌当前，顾不到这个新起来的小头目。便宜了朱元璋，在这期间，逐渐巩固地盘，扩充实力，逐渐消灭群雄，开辟疆土。而且，更有利的是地理位置，他和元朝大军中间，恰好隔着三个政权，东边是张士诚，北面是小明王，西边是徐寿辉，这三个大卫星保护着，使他无从受到元军的主力攻击。等到小明王军力已被元朝消灭的时候，两败俱伤，元朝的军力也被久战削弱了。朱元璋呢，相反的已经土广民众，成为最强大的有组织有训练有经验的实力者，可以和元军打硬仗，比一比高下了。

在这斗形地带所受到的军事威胁，东边镇江如落在张士诚手里，可以直捣应天，刨根挖窝；南边宁国如给徐寿辉（真逸）占了，背上插一把尖刀，也不得安稳。要确保应天，就非取得这两个据点不可。元璋在应天才安顿停当，即派徐达统兵攻下镇江，分兵占领金坛丹阳等县，向东线出一个触须。到六月又派邓愈攻下广德路，堵住后门。在出兵时，元璋自己留守老家，怕诸将还是过去那一套，

① 权衡：《庚申外史》；陆深：《平胡录》；《国初群雄事略》卷一，《宋小明王》；《明史·韩林儿传》。

② 陶宗仪：《辍耕录》卷九。

杀人放火，奸淫抢劫，和人民作对，失尽了民心，和徐达说通了，故意找出徐达错处，绑了请王命牌要杀，李善长和一群幕僚再三求情，说好说歹，才放了绑，当面吩咐，这次出兵，取下城子，不烧房子，不抢东西，不杀百姓，才准将功折罪，徐达叩谢了。破镇江时，百姓安安静静，照常做事作买卖。别的城子听说朱元璋的军队不杀人，军纪比鞑子好，放了心，不肯拼命抵抗。这名气传遍了，元璋军事上的成功有了保障，地盘跟着一天天扩大，力量也跟着一天天膨胀了。① 接着分遣诸将攻克长兴、常州，亲自攻下宁国，又先后占领江阴、常熟、池州、徽州、扬州。在龙凤三年（至正十七年，1357 年）这一年中，把应天周围的军略据点全数取下，作为向外进攻的前哨基地。在战略上；北起江阴，沿太湖南到长兴，划一条直线，构成防线，堵住张士诚西犯的门路；宁国徽州屯聚大兵，安排进入浙东；西线和天完（徐寿辉国号）接境，以守为攻；北面是友军，不必操心。看准了周围情况，先伸出南面的钳子，吞并和本部完全隔绝、孤立无援的浙东元军。形势已经和一年前大大不同了。

元璋明白读书的好处，苦于自己读书不多，许多事说不出道理，以此，很尊敬有学问的读书人。也明白读书人能讲道理，替人出主意，很可怕；谁对他们客气，给面子，养得好，吃得饱，就替谁出力作事。这种办法叫作“养士”，养什么似乎不大好听，不过只要养之养之，被养的也就不大在乎了。养士是件好事，而且，你不养，跑到敌人那儿或者被别人养去了，却会坏事。为了这个，他禁止部下将官和儒士交结，不许别人养士，却自己来包办，养所有肯被养的士。并且，还有一个大好处，士多半在地方上有名气，老百姓怕他也服他，把士养了，老百姓也就大部分跟过来了。费得不多，赚头极大，真是划算的买卖。因之，每逢新占领一个地方，必定访求这地方的读书人，软硬都来，罗致在幕府里作秘书，作顾问，作参谋。徽州的老儒朱升，告诉元璋三句话：“高筑墙，广积粮，缓称王。”对元璋后来的事业极有影响。②

---

① 《皇朝本纪》；《明太祖实录》卷四。

② 《明史》卷一三六，《朱升传》。

从渡江以后，还是遭遇到粮食的困难。几年来到处战乱，农村壮丁大部分从军去了，土地上的劳动力大大缺乏，加上战争蹂躏，粮食收成减少。各处军队的给养，形式上书押大榜，招安乡村百姓缴纳粮草，叫作寨粮，其实还不是等于抢劫。生产减少，消费量相对增加，百姓饿死多，军队更加吃不饱。[①] 扬州的青衣军甚至拿人作粮食。[②] 在行军的时候，出征军士概不支粮，按照元璋军令："凡入敌境，听从捎粮。若攻城而彼抗拒，任从将士检括，听为己物。若降，即令安民，一无所取。如此则人人奋力向前，攻无不取，战无不胜。"[③] 捎粮说雅一点是征粮，老实一点呢？抢粮。检括这一词的来源，是同时候苗军创的。苗军打仗，靠检括供给，检括的意思是抄掠，不过比较上分量还重一点，重到括干净不留一点儿的地步。[④] 这种办法，不打长远算盘的时候，倒也方便。局面一开展，计算一下，政权的巩固靠老百姓服从，要粮要税都出在老百姓身上，全括干了，下次向谁要？而且，把老百姓逼到无路可走，他们也会反抗，不是自找麻烦吗？常遇春和胡大海都打报告，以为寨粮这办法要不得。元璋想了又想，要立下一份好基业得另想办法：与其向老百姓抢，不如自己来生产。古书上有过屯田的例子，龙凤四年（至正十八年，1358年）二月，以康茂才为都水营田使，专门负责修筑河堤，兴建水利工程，恢复农田生产，供给军需；又分派诸将在各处开荒垦地，立下规矩，用生产量的多少来定赏罚。且耕且战，几年工夫就成绩显著，仓库都满了，军食也够了。才明令禁止征收寨粮，人民负担减轻，足食足兵，两方面全顾到。这年十一月又立管领民兵万户府，抽点民间壮丁，编制作民兵，农时则耕，闲时练习战斗，作为维持地方安宁的力量，抽出正规军专门进攻作战。这样，把作战力量和生产力量合而为一，不但加强了战斗力，也同样加强了生产力。这一番作为，说明了为什

---

① 《国初事迹》。
② 《辍耕录》卷九；《明太祖实录》卷五。
③ 《国初事迹》。
④ 《辍耕录》卷八。

么当时群雄都先后失败，唯独这个新起的小头目所以成功的原因。①

外围的威胁解除，内部的生产有了办法之后，元璋的眼光立刻转移到浙东西的谷仓。步骤上先取皖南诸县，巩固后方基础，再由徽州进取建德路，改为严州府，先头部队东达浦江，构成侧面包围婺州的形势。十二月，元璋亲自统率十万大军，军旗上挂着金牌，刻着“奉天都统中华”字样。攻下婺州，置中书浙东行省。于省门建二大黄旗，上面写着；“山河奄有中华地，日月重开大宋天。”两旁立两个木牌，写着：“九天日月开黄道，宋国江山复宝图。”② 婺州是两百多年来的理学中心，号为小邹鲁，经过多年战乱，学校关门，儒生四散，没有人讲究这一套不急之务。元璋一进城，立刻聘请当地著名学者十三人替他分别讲解经书历史，建立郡学，请学者当五经师和学正训导，内中最著名的是宋濂。他开始和儒学接触了，受宋儒的影响了。这一政治上的作为：固然是收拾人心——尤其是读书人——的最好方法。同时，一个红军头目，宣传明王出世的明教徒，却请人讲孔孟的经典，在思想上已经开始转变了，虽然作的是小明王的官，喊的是复宋的口号。③

婺州攻克以后，分兵取浙东诸地。龙凤五年（元至正十九年，1359年）五月，小明王升元璋为仪同三司江南等处行中书省左丞相。④ 八月，元将察罕帖木儿攻陷汴梁，刘福通奉小明王退保安丰。元璋的浙东驻军先后占领诸暨和衢州、处州，东南被孤立的元朝据点，次第消灭。他的领土遂成为东面北面邻张士诚，西邻陈友谅，东南邻方国珍，南邻陈有定的局面。四邻的敌国，比较起来，张士诚最富，陈友谅最强。方国珍陈有定志在保土割据，并无远大企图。因之，元璋在整个军事计划里。又改变重点，采取对东南取守势，西北线取攻势的策略。拿张士诚和陈友谅比起来，士诚顾虑多，疑

---

① 《明太祖实录》卷六。

② 俞本：《纪事录》。按《国初事迹》作“于南城上竖立大旗，上写：山河奄有中华地，日月重开大统天。”大宋作大统。大统无意义，显然是后来窜改的。

③ 《明太祖实录》卷六。

④ 《国初事迹》；俞本：《纪事录》。

心重，友谅野心大，欲望高；一个保守，一个进取。以此，在东西两面的攻势又分先后缓急。对士诚是以守为攻，扼住江阴常州长兴几个据点，使士诚不能向西进一步。对友谅则以攻为守，使友谅分兵守卫假定被攻击的要塞，军力分散，不能集中运用。

第二年正月初一，元璋亲自写一副春联："六龙时遇千官觐，五虎功成上将封。"贴在中书行省大门。论官是大宋的丞相，可以代表皇帝任官发令，论军职是上将，可以便宜征讨杀罚，好不得意。①

浙东虽已大部平定，地方上有名望的几家豪族，尤其是刘基、叶琛、章溢这几个名士，原先在元将石抹宜孙幕府里的，产业大，学问好，计谋多，能号召人，地方上什么事都得听这些人的话。元璋在这区域建立了新政权，他们嫌红军气味不对，躲在山里不肯出来。元璋派代表礼请，也用好话辞谢。处州总制孙炎再使人威逼，不出来怕不得安稳，才勉强于三月间到应天。元璋大喜，大闹排场，盖了一所礼贤馆，作为贤士的住处。② 这几个人思想上继承宋儒的传统，身份是地主，社会地位是豪绅巨室，而且都曾作过元朝的官，平时对红军没好话，不是骂"妖寇"，便是"红寇"、"红贼"③，为了元朝地方政权抵抗不了红军，自动办民兵，建堡砦，保卫身家产业和地方。元璋千方百计逼他们出来，不单是博一个礼贤下士的好名誉，也不单是怕他们和部下将官勾结玩花样，同时也为了取得他们的帮助后，地方上人民没了头脑，自然安定无事，是个擒贼擒王的意思。这些儒生都是遵守礼法惯了的，头脑也是保守惯了的，和红军那一套杀官长，打地主，捧明王，念弥勒佛号的宗教情绪，完全不合调。既然旧主子垮了，扶不起来，无法施展才能，新主子又并不嫌弃，不算旧账，也就改变主张，利用朱元璋的雄厚军力，帮助建立新朝代，在新政权下继续维持几千年来的传统秩序和习惯、文化，以贵人役使贱人，富人剥削穷人，有知识的和有武力的结合

---

① 俞本：《纪事录》。

② 《明太祖实录》卷八；《国初礼贤录》；《明史》卷一二七，《刘基传》、《宋濂传》、《叶琛传》、《章溢传》。

③ 徐勉：《保越录》；陈基：《夷白斋稿·精忠庙碑》；王逢：《梧溪集》。

起来统治不识字的和种田地的人，来保持豪绅巨室们的既得利益。结果，自然而然，和出自明教诸将，成为地主与贫民、儒生和武将的对立局面。元璋也存心利用豪绅巨室的合作，孔孟儒术的理论粉饰，来建立自己的基业。他在红军实力还在，对元朝的强大军力进攻还得靠红军掩护牵制的时候，是小明王的臣下，发命令办事都用“皇帝圣旨”，开口大宋，闭口圣宋，像煞是宋家的忠臣良将；一到小明王军力完全被元军消灭以后，就公开倾向儒生这一边，开口“妖寇”，闭口“妖贼”，好像从来没有当过“妖寇”、“妖贼”似的。谈孔说孟，引经据典，自命为恢复旧秩序，保存旧文化的卫道者了。从此以后，他受了这批儒生的影响，思想作风和“大宋”日益疏远，和儒家日益接近。①

一个红军小头目的亲兵，十年前还是红布包头，穿着战裙战袄，手执大刀，听战鼓一擂，就得冲锋砍杀的，如今居然长袍大袖，八字步走路，斯斯文文，满嘴三皇五帝，四书五经，谈今说古，写对联，发手令，成为继承尧舜禹汤文武周公孔子道统的说教人了。这变化有多大！

---

① 吴晗：《明教与大明帝国》，载《清华学报》十三卷一期。

第三章　从吴国公到吴王

一、鄱阳湖决战

弥勒教徒彭莹玉从元至正四年（1338年）袁州起义失败以后，秘密在淮西一带传布教义，组织民众。这人信仰坚定，有魄力，胆子大，又会说老百姓自己的话，给苦难的人以希望和信心，深深得到农民的敬爱。辛辛苦苦工作了十四年，成千成万人的指望到底开花结果了。至正十一年（1351年），和铁工麻城邹普胜，渔人黄陂倪文俊发动号召，组织西系红军，举起革命的旗帜。

彭莹玉可以说是典型的职业革命家，革命是一生志业，勤勤恳恳播种、施肥、浇水、拔草。失败了，研究失败的教训，从头做起；决不居功；决不肯占有所播种的果实。第一次起义称王的是周子旺，第二次作皇帝的是徐寿辉，虽然谁都知道西系红军是彭和尚搞的，彭祖师的名字会吓破元朝官吏的胆，但是，起义成功以后，就烟一样的消失了，回到人民中间去了，任何场所以至记载上，再找不到这个人的名字了。① 十五年后，罗田还有人假借他的名义，铸印章，设官吏，结众起事，可见影响入人之深。

徐寿辉是罗田的布贩子，又名真逸、真一。生得魁梧奇伟，一脸福相。彭莹玉推为首领。这年九月间起兵，占领蕲水和黄州路。建蕲水作都城，取意于西方静土莲台，号为莲台省。② 立寿辉为皇帝，国号天完，年号治平。不久，疆域就扩充到湖南江西，东边一

① 权衡：《庚申外史》；叶子奇：《草木子》；俞本：《纪事录》；《明太祖实录》卷七五。

② 《草木子·克谨篇》。

直到杭州。天完军队纪律极好，不杀百姓，不奸淫掳掠，口念弥勒佛号。归附的人民登记姓名，单运走政府官库里的金帛，极得人民拥护。相反的，元军军纪坏到极点，打胜仗抢一阵，打败仗更抢，克复城子，大杀大抢大烧，尤其厉害的是从湖广调来的苗军，无恶不作，抢得干净，杀得尽兴，见女人不管老少贵贱有夫无夫都不放手，驻防过的地方比经过战争还惨。① 民间有民谣形容道："死不怨泰州张（士诚），生不谢宝庆杨（完者，苗军统帅）。"② 军队如此腐败，政治呢？蒙古政府恨汉人、南人，尤其是南人不肯服从，时常反抗，有意压迫。民间地主为了保身家产业，组织义军。保卫地方，反抗革命势力的，即使立了功，即使守住了地方，甚至全家战死，因为是南人，不提赏功作官的事，连安慰激励的话也没有一句。也有地主带了盘缠到大都去钻一官半职的，不但落个没趣回来，还被挖苦奚落，给起外号叫"腊鸡"，腊鸡是南边土产，带到北边作人事的。一心一意帮元朝的，冷落得寒透了心。③ 真真作反叛乱的像方国珍、张士诚，政府军打不过，招降安抚，许作大官，照样带兵，反一次，官爵便高一次，不用几年便到极品了。一面是种族的歧视，一面又欺软怕硬。穷苦人早已参加反抗，这样的措施，又使一些只知有身家财产，甘心作屠杀人民的刽子手的地主们，也学方平章、张丞相的榜样了。东一丛，西一股，像火烧荒山一样，到处都是。

徐寿辉忠厚老实，无见识，也没有整个的计划。所占的地方虽大，却守不住，打过来，打过去，拉锯战只苦了老百姓。蕲水位置不够好，迁都到汉阳，丞相倪蛮子（文俊）兵权在手，寿辉给制住了，动弹不得。治平七年（元至正十七年，1357年）九月，文俊谋杀寿辉不成功，出奔黄州。部将沔阳人陈友谅，家世打鱼营生，在县里当贴书，不甘心埋没，投奔红军，立了战功，作领兵元帅，怀着一肚子野心，没处施展。文俊逃到黄州，正是他的防区，用计杀了文俊，夺过军队，自称平章，向东侵占安庆、池州、南昌诸地，

① 陶宗仪：《辍耕录》卷二十八。

② 姚桐寿：《乐郊私语》。

③ 《草木子·克谨篇》。

和朱元璋接境。两军常起战事，互有胜负。龙凤六年（元至正二十年）五月攻下太平，大军进驻采石，以为克日可以占领应天，使部将杀了寿辉。急性子人，也等不及择日子，拣地方，就以采石五通庙作行殿，暴风雨里，即皇帝位。国号汉，改年号为大义，尽有江西湖广之地。①

群雄中陈友谅的军队最精锐，疆土最广，野心最大。朱元璋在应天，友谅看来是碗里的肉，伸手就拿到。使人和张士诚相约，东西夹攻，亲自带领水陆大军从江州（今江西九江）顺流东下。水军大舰名为混江龙、塞断江、撞倒山、江海鳌等，共一百多艘，战舸几百条，真是“投戈断流，舳舻千里”。消息一传到应天，大伙都吓慌了，有人主张投降为上策，有人说不如放弃应天，躲过风头再看，主战的提出主动出击太平，牵制友谅兵力，七嘴八舌，乱成一团。胆子小的竟背地收拾细软，盘算城破后的去处了。②

元璋沉住气，单独和刘基在卧室内决策。投降不是办法，逃走更不是办法，目前的出路只有抵抗。抵抗有两种战略，一种是两线同时作战，东西兼顾，兵力一分，必败无疑。一种是迅速集中全力看准敌人弱点，作致命的一击，然后再回师来对付另一线，——这还是两线作战，不过有个先后缓急。问题焦点在于争取主动。第一种打法很现成，等着就是了，不过很吃亏。第二种打法当然好，可是第一，先打谁？第二，如何抓住有利机会来打？第三才是如何打。一句话，是要争取主动。研究两线形势，主敌是陈友谅，张士诚是配角。兵力陈强张弱，士气陈骄张馁，水军陈多张少，那么，就看得出来，只要有办法先打击陈军，造成一次大胜利，张军势孤，连进攻都不可能了。③

如何使陈友谅先来进攻呢？元璋部将康茂才和陈友谅相熟，茂才的老门房也侍候过陈友谅。茂才受命使老门房偷跑到友谅军中，带了茂才的亲笔降书，告诉许多军事情报，自愿里应外合，劝友谅

---

① 钱谦益：《国初群雄事略》卷三，天完徐寿辉；《明史》卷一二三，《陈友谅传》。
② 《明太祖实录》卷八。
③ 宋濂：《平汉录》；《国初礼贤录》。

分兵三路取应天。友谅喜极，问康将军现在何处，说现守江东桥，问是石桥还是木桥，答是木桥。约好友谅亲自进军江东桥，以喊“老康”作信号。①

陈友谅的进军路线明白了，军力分配也清楚了。元璋一面调胡大海进取广信（今江西上饶），捣友谅的后路，一面按友谅进军路线，设下埋伏。连夜把江东木桥改成石桥，一切准备停当，只等友谅自投罗网。

元璋亲自在山顶指挥，规定信号，发见敌人举红旗，伏兵出击举黄旗。友谅兴匆匆赶到江东桥，一看是大石桥，就觉得不对头，再使劲连喊“老康”，嗓子都哑了无人答应。山上黄旗招展，四周伏兵齐声呐喊，团团围住，在山上打，在水里打，这一仗把友谅的主力全部歼灭，杀死淹死不计其数，单俘虏就是两万多。元璋军乘胜收复太平下安庆，取信州（上饶）、袁州（宜春）。②

龙凤七年（元至正二十一年，1361 年）正月，小明王封元璋为吴国公。③

友谅吃了败仗，不服输，七月间又遣将攻下安庆。元璋气极，开了一个军事会议，决定溯江西伐。龙骧巨舰上建立大旗，写着“吊民伐罪，纳顺招降”八个大字。

友谅为人忌能护短，从杀徐寿辉后，寿辉的将帅不服，纷纷投降元璋。部下骁将双刀赵（普胜）又被元璋使反间计，友谅一怒把他杀了，其他将官兔死狐悲，不肯出死力作战。元璋研究敌情，断定趁友谅将帅不安，军心离散，大举进攻，要比等着被攻有利。于是亲自统军顺风溯流，一鼓攻下安庆江州，守将丁普郎、傅友德全军归附。友谅逃奔武昌，江西州县和湖北东南角，都归元璋版图。一个扩大，一个缩小，几年来的局面，完全倒转过来，元璋的兵力已经可以和友谅一决雌雄了。④

---

① 宋濂：《平汉录》；《明太祖实录》卷八。
② 宋濂：《平汉录》；《国初礼贤录》。
③ 俞本：《纪事录》。
④ 《明太祖实录》卷九。

当江南朱陈两军血战正酣的时候，江北的军事局面也起了极大的变化，红军接连失败，形势很危急。元朝大将察罕帖木儿收复关陇，平定山东，招降红军丞相花马王田丰，军威极盛——几年来山东在宋朝大帅毛贵管下，礼贤下士，开辟田土，治绩斐然。原来在濠州的赵均用和彭早住，驻军淮泗一带，早住病死，均用北上和毛贵合伙。二人作风不同，大闹意见，均用杀了毛贵，毛贵部将又杀了均用。杀来杀去，军力衰减，造成察罕的胜利机会。——山东失去后，不惟小明王的都城安丰保不住，连元璋的根本重地应天也岌岌可危。元璋几年来的安定和发展，全靠小明王大军在北边掩护，隔离元朝主力，如今局面突变，要直接和元朝大军接触，估计军力对比，相差太远，实在抵挡不住。两次派代表去见察罕，送上重礼和亲笔信，要求通好，预伏一笔，以为将来地步。这时察罕正在围攻益都（今山东益都），红军奋死抵抗，元璋料益都一时不致失陷，察罕在肃清山东之前还没有余力来进攻安丰，才敢趁这间隙，西攻陈友谅。察罕的代表户部尚书张昶带了御酒，八宝顶帽，和任命元璋为荣禄大夫江西等处行中书省平章政事的宣命诏书，于龙凤八年（元至正二十二年，1362年）十二月由江西到应天。其时察罕已被田丰刺杀，子扩廓帖木儿继为统帅。不久又得到情报，扩廓和另一大将孛罗帖木儿在抢地盘，打得正热闹，眼见得元军不会南伐了，越发定下心，断了投降的念头，仍然作宋朝的吴国公。①

当察罕的代表带着元朝官诰到应天的时候，宁海人叶兑写信给元璋，劝不要受元朝官爵，自创局面，立基业，并且指出军略步骤说：

> 愚闻取天下者必有一定之规模，韩信初见高祖，画楚、汉成败，孔明卧草庐，与先主论三分形势是也。今之规模，宜北绝李察罕，南并张九四，抚温台，取闽越，定都建康，拓地江汉，进则越两淮以北征，退则画长江而自守。夫金陵古称龙蟠

① 刘辰：《国初事迹》；《纪事录》；《明太祖实录》卷九；《国初群雄事略》卷一，宋小明王。

虎踞，帝王之都，借其兵力资财，以攻则克，以守则固，百察罕能如吾何哉！江之所备，莫急上流，今义师已克江州，足蔽全吴，况自滁、和至广陵（今江苏江都），皆吾所有，匪直守江，兼可守淮也。张氏倾覆，可坐而待，淮东诸郡，亦将来归。北略中原，李氏可并也。今闻察罕妄自尊大，致书明公，如曹操之招孙权，窃以元运将终，人心不属，而察罕欲效操所为，事势不侔。宜如鲁肃计，定鼎江东，以观天下之衅。此其大纲也。

至其目有三：张九四（士诚）之地，南包杭绍，北跨通泰，而以平江（今江苏吴县）为巢穴。今欲攻之，莫若声言掩取杭绍湖秀，而大兵直捣平江。城固难以骤拔，则以销城法困之：于城外矢石不到之地，别筑长围，分命将卒，四面立营，屯田固守，断其出入之路；分兵略定属邑，收其税粮以赡军中。彼坐守空城，安得不困？平江既下，巢穴已倾，杭越必归，余郡解体，此上计也。张氏重镇在绍兴，绍兴悬隔江海，所以数攻而不克者，以彼粮道在三斗江门也。若一军攻平江，断其粮道，一军攻杭州，断其援兵，绍兴必拔。所攻在苏杭，所取在绍兴，所谓多方以误之者也。绍兴既拔，杭城势孤，湖秀风靡，然后进攻平江，犁其心腹，江北余孽随而瓦解，此次计也。

方国珍狼子野心，不可驯狎。往年大兵取婺州，彼即奉书纳款。后遣夏煜、陈显道招谕，彼复狐疑不从。顾遣使从海道报元，谓江东委之纳款，诱令张昶赍诏而来，且遣韩叔义为说客，欲说明公奉诏。彼既降我而反欲招我降元，其反复狡狯如是，宜兴师问罪。然彼以水为命，一闻兵至，挈家航海，中原步骑，无如之何。夫上兵攻心，——彼言宁越（即婺州）既平，即当纳土，不过欲款我师耳。——攻之之术，宜限以日期，责之归顺。彼自方国璋之没，自知兵不可用。又叔义还称义师之盛，气已先挫。今因陈显道以自通，正可胁之而从也。事宜速，不宜缓。宣谕之后，更置官吏，拘其舟舰，潜收其兵权，以消未然之变，三郡可不劳而定。

福建本浙江一道，兵脆城陋，两浙既平，必图归附，下之

> 一辩士力耳。如复稽迟，则大兵自温、处入，奇兵自海道入，福州必克。福州下，旁郡迎刃解矣。声威既震，然后进取两广，犹反掌也。①

叶兑指出张昶赍诏，是方国珍假托元璋名义请来，斥为“反复狡狯”，其实是冤枉的。千真万确，请张昶来的是元璋自己，“反复狡狯”的不是别人，恰恰是叶兑叫作明公的朱元璋。不过他所计划的攻取计略，倒是面面都到，确有见识，元璋心服，要请作官，推却不肯，辞回家乡。后来几年平定东南和两广的规模次第，果然和他所说的差不多。

小明王从称帝以后，凡事由刘太保作主张。领兵在外的大将，原来都是福通的同伴平辈，不大听调度，军队数量虽多，军令不一。占的地方虽大，不久又被元军收复。有的大将打了败仗，不愿受处分，索性投降敌人，翻脸打红军；有的前进太远太突出了，完全被敌人消灭；其余又被察罕帖木儿和孛罗帖木儿两支地主军打垮了。只剩下山东一部军力，作安丰的掩护。到益都被扩廓包围以后，刘福通亲自率军救援，大败逃回。益都陷落后，安丰孤立。龙凤九年二月，张士诚的大将吕珍乘机攻围安丰，城里粮食吃完，粮道断绝，不但人吃人，甚至吃腐烂的尸首，和人油炸泥丸子。刘太保情势危急，派人到元璋处征兵解围。

在元璋出兵之前，刘基极力阻止，以为大兵不宜轻出，如果救驾出来，作何安置？不如让吕珍解决了，借刀杀人，落得省事。而且陈友谅在背后，万一乘虚来攻，便进退无路。元璋则以安丰失守，应天失去屏蔽，从军事观点说，不能不救，遂亲自统兵出发。刘太保趁黑夜大雨突围逃出，元璋摆设銮驾伞扇，迎小明王暂住滁州，临时创造宫殿，把皇宫里的左右宦侍都换上自己人，供餐极厚，防护极严。小明王名为皇帝，其实是俘虏，受元璋的保护。②

---

① 《明史》卷一三五，《叶兑传》。

② 《国初事迹》；《纪事录》。

三月十四日，小明王内降制书，封赠元璋三代：曾祖九四资德大夫江西等处行中书省右丞上护军司空吴国公，曾祖母侯氏吴国夫人；祖初一光禄大夫江南等处行中书省平章政事上柱国司徒吴国公，祖母王氏吴国夫人；考五四开府仪同三司上柱国军国重事中书右丞相太尉吴国公，妣陈氏吴国夫人。①

当元璋出兵安丰的时候，陈友谅果然乘机进攻，以大兵包围洪都（今江西南昌），占领吉安、临江、无为州。这回倒真正是两线夹攻，虽然张士诚还不明白。汉军规模比上次更大：友谅看着疆土日渐减小，气忿不过，特造大舰，高几丈，簇新的丹漆，上下三层，每层有走马棚，上下层说话都听不见，载着家小百官，空国而来，号称六十万。洪都守将朱文正死守，友谅用尽攻城的方法，文正也用尽防御的方法。八十五天的激战，城墙攻破了几次，敌兵涌进，都被火铳击退，连夜赶修工事，攻城守城的人都踩着尸首作战。一直到七月，元璋亲统二十万大军来救，友谅才解围，掉过头来，到鄱阳湖迎战。

这一次水战，也许是中国有史以来规模最大的一次。两军主力苦战到三十六天之久。这一战的结局，决定了两雄的命运。

在会战开始前四天，元璋留下伏兵，把鄱阳湖到长江的出口封锁，堵住敌人的归路，关起门来打。两军的形势，一边号称六十万，一边是二十万。水军船舰，友谅的又高又大，联舟布阵，一连串十几里。元璋的都是小船，要仰着头才能望见敌人，两下一比较，就显得渺小可怜。论实力和配备，都是元璋方面居劣势。但是，他也有便宜处。就士气说，友谅大军在南昌顿挫了三个月，寸步进不得，动摇了必胜的信心；元璋方面则千里救危城，生死关头决于一战，情绪大不相同。就船舰说，数十条大舰连在一起，转动不便；小船进退自如，运用灵活，在体积方面是劣势，运动方面却占优势。就指挥而论，元璋有经验丰富的幕僚，作战勇敢的将帅，上下一心；友谅性情暴躁多疑，将士不敢贡献意见，发生内部裂痕。更重要的是补给，元璋军队数量少，有洪都和后方源源接济；友谅军的后路

① 《国初群雄事略》卷一，引龙凤事迹。郎瑛：《七修类稿》卷七引《朱氏世德碑》，作“淮南等处中书省左丞相”，“江西等处中书省右丞相”，“录军国重事平章右丞相”。余同。

被切断了，粮尽士疲，失去斗志。

元璋军的主要战术是火攻，用火炮焚烧敌方的大舰，用火药和芦苇装满几条船，敢死队驶着，冲入敌阵，点起火来，和敌方几百条战舰同归于尽。接战时分水军为十二队，火铳长弓大弩分作几层，先发火铳，再射弓弩，最后是白刃战。短兵相接，喊杀震天，从这船跳到那船，头顶上火箭炮石交飞，眼睛里一片火光，一团刀影，湖面上是漂流着的尸首，在挣扎着的伤兵，耳朵里是轰隆的石炮声，噼啪的火铳声。友谅船红色，元璋船白色，一会儿几十条白船围着红船，一会儿又是红船围着白船，一会儿红船白船间杂追赶。有几天白船像是占了上风，有几天红船又得优势。元璋激励将士苦战，多少次身边的卫士都战死了，坐舰被炮石打碎，换了船搁浅动不得，险些被俘。一直打到最后几天，友谅军已经绝粮，右金吾将军建议烧掉船，全军登陆，直走湖南，左金吾将军主张再战，友谅同意走陆路的办法。左金吾将军怕得罪，领军来降，右金吾将军看情形撑不住了，也跟着投降。友谅军力益加减削，决定退兵，打算冲出湖口，不料迎面又是白船，前后受敌。友谅正要亲自看明情势，决一死战，头才伸出船窗外，被飞箭射死，全军溃败。部将保着友谅尸首和太子陈理，连夜逃回武昌。①

战事的胜利，取决于最后一分钟，造成陈军溃败的是友谅的战死。元璋虽然胜利，可是也险极了，始终弄不清是谁射死友谅的。第二天，元璋焚香拜天，慰劳将士，答应将来天下一家，和巴都儿②们共享富贵，作大官。③ 后来又对刘基说："我真不该到安丰去，假如友谅趁我远出，应天空虚，顺流而下，我进无所据，退无所依，大势去矣。幸而他不直攻应天，反而去围南昌，南昌守了三个月，给我充分时间和机会。这一仗虽然打胜，可是真够侥幸的了。"④

---

① 《明太祖实录》卷十二；宋濂：《平汉录》；《国初群雄事略》卷四，汉陈友谅；《明史》卷一二三，《陈友谅传》。

② 即拔都，巴图鲁，蒙古话勇士的童思。

③ 俞本：《纪事录》。

④ 《国初事迹》。

运气特别照顾朱元璋，他怕察罕帖木儿的兵威，正接洽投降，察罕被刺杀了。扩廓准备南征，又和孛罗帖木儿抢地盘，打得难解难分。陈友谅第一次约张士诚夹攻，张士诚迟疑误了事。第二次张士诚围安丰，陈友谅不取应天而围南昌，又被流矢射死。上天真是太眷顾了！他这样想着，越想越有理，再发展下去，就想成“天命有归了”，从此一心一意秉承上天的付托，作长远的广大的计划。①计划的第一步是称王，称王是不成问题的，小明王在保护之下，写一道圣旨派人送去盖印就成。问题是在称什么王呢，张士诚在九月间已经自立为吴王了，应天正是孙权吴国的都城，而且几年前民间就有一个童谣说：“富汉莫起楼，贫汉莫起屋，但看羊儿年，便是吴家国。”② 为着这句话，非称吴王不可。龙凤十年（元至正二十四年，1364 年）正月，元璋自立为吴王，设置百官，以李善长为右相国，徐达为左相国，常遇春、俞通海为平章政事，立长子标为世子。③ 发布号令，用“皇帝圣旨，吴王令旨”的名义。④ 同时有两个吴王，民间叫士诚作东吴，元璋作西吴。⑤ 军队服装原先只是用红布作记号，穿的五颜六色，也给划一了。规定将士战袄战裙和战旗都用红色，头戴阔檐红皮壮帽，插猛烈二字小旗。攻城系拖地棉裙，取其虚胖，箭射不进去。箭镞开头是铜作的，现在疆土广了，有了铁矿，改用铁的。并且大批制造铁甲、火药、火铳、石炮，武器越发犀利耐用。⑥

二月，元璋亲率水陆大军征武昌，陈理请降，立湖广行中书省。到年底，友谅疆土，汉水以南，赣州（今江西赣县）以西，韶州（今广东曲江）以北，辰州（今湖南沅陵）以东，都为元璋所有，够得上说是“广土众民”了。⑦

---

① 《国初事迹》。

② 《庚申外史》上；《元史》卷五十一，《五行志》二；钱谦益：《太祖实录辨证》卷一。

③ 《明太祖实录》卷十四。

④ 陶安：《陶学士文集》；祝允明：《九朝野记》。

⑤ 《国初群雄事略》卷七，引《月山丛谈》。

⑥ 《国初事迹》。

⑦ 《明太祖实录》卷十四。

二、取东吴

陈友谅兵强地广，雄踞长江上流，用狮子搏兔全力要吞并朱元璋，结果反被消灭。西线无战事了，元璋的第二个目标，便是东吴张士诚。

元末群雄，分作两个系统：一是红军系，一是非红军系。红军系分东西两支，东支以淮水流域作中心，小明王是东支的共主，郭子兴是濠、泗、滁、和一带的头目，子兴死，朱元璋代起，日渐强大。西支以汉水流域作中心，从徐寿辉到陈友谅，以及寿辉部将割据川陕的明玉珍。非红军系如东吴张士诚，浙东方国珍。红军系有政治目标，有民族思想，和蒙古政府无法妥协，势不两立。（当然，这只是指领导的集团而说，朱元璋的动摇、投机，乃由于他不但不是领导集团的人，而且根本对革命没有明确的认识。）非红军系便不同了，起事的动机是个人的，无原则，也无终极的目标，蒙古政府招抚的条件合适就投降，不满意再背叛，每反复一次，地位就更高，地盘更扩大，向蒙古政府讨价钱的资本也愈大。

张士诚反反复复，元至正十三年（1353年）请降，元淮南江北行省授以民职，不久，又反。十四年自称诚王，国号大周。十七年八月又降元朝，授官太尉。元朝招降士诚，是为了粮运，大都缺食，支持不下去。几年来元江浙右丞相达识帖木儿，千方百计派人劝士诚归附，一直到士诚西线连失长兴、常州、江阴、常熟等重要军略据点，弟士德为元璋所擒（士德有勇有谋，礼贤下士，帮助士诚创基立业，被俘后，秘密带话，劝士诚降元，被杀），东边苗军杨完者在嘉兴，也不好惹，士诚两面受敌，才不得已受元朝官爵。① 达识帖木儿作主，士诚出粮，方国珍出船，接济大都。两人心里都怀着鬼胎，一个怕方国珍吞没粮食，一个怕船出海去了，张士诚乘虚进

① 陶宗仪：《辍耕录》卷二九；《元史》，《达识帖木儿传》、《忠义传》。

攻，互相猜疑。达识两面解释，费了多少事，从二十年到二十三年算是每年运了十几万石。杨完者军队纪律极坏，仗着有兵，不听达识约束，达识和士诚暗地定计，攻杀完者，苗军将士大部投降元璋。完者一死，达识没有军队支持，政权也跟着失去了，事事受士诚挟制。士诚名虽为元，一意扩充地盘，接收苗军防区，逐出称雄淮西的赵均用，六七年工夫，疆域南到杭州绍兴，北到济宁（今山东济宁），西达汝、颍、濠、泗，东边到海，有地二千余里。二十三年九月又自立为吴王，毒杀达识，元朝征粮，再也不肯答应了。①

士诚所占地方是粮食产地，又有鱼盐之利，人口众多，最为富庶。他生性迟重，不多说话，待人诚恳宽大，没有一定主见，大将大臣们都是当年兄弟，有福同享，作错事打败仗，不忍心十分责备。大家都盖大房子，修园池，养女优，搜古董，成天宴会歌舞，懒得管事。甚至出兵时，也带着妓女清客解闷，损兵失地，反正落不到什么罪过。从龙凤二年（1356年，元至正十六年）起和元璋接境，便互相攻伐，士诚要抢回失地，元璋进攻杭州绍兴，都占不到便宜，边境上没有一时安闲。直到朱元璋从武昌凯旋以后，集中军力，进攻东吴，局面才发生变化。②

元璋对士诚的攻势，分作三个步骤：第一步攻势起于龙凤十一年十月，攻击目标是东吴北境淮水流域。到十二年四月间，半年工夫完成预定任务，使东吴的军力蹋躅于长江之南。

第二步攻势起于十二年八月，分兵两路进攻湖州杭州，切断东吴的两支臂膀。到十一月间湖杭守军投降，造成北西南三面包围平江的局势。

第三步攻势是平江的攻围战。从十二年十二月到吴元年九月，前后一共十个月，才攻下平江，俘执士诚，结束了十年来的拉锯战。

除掉战场上刀枪的厮杀，还有笔墨的战争。元璋于尽占淮水各城之后，龙凤十二年五月，以檄文列举士诚罪状，骂敌人如何如何不好。照古例总是二十四或十大罪状，这里勉勉强强凑成八条，而且有七条

① 《辍耕录》卷八；《明太祖实录》卷二十；吴宽：《平吴录》。

② 《明太祖实录》卷二十；《平吴录》；逸名：《农田余话》。

是骂不忠于元、诈降、不贡钱粮、害达识丞相和杨完者，只有第八条才是正文，“诱我叛将，掠我边民。”其实西吴对东吴，岂止诱叛将，掠边民而已，还派遣过大批间谍诈降，图谋里应外合呢。① 元璋数说的罪状，不看上下文，读者一定会误解为元朝政府的讨伐令。更有意思的是：替敌人骂敌人的敌人倒也罢了，檄文中还详细说明元末形势，和自己起兵经过，这里不但攻击元朝政府，连他自己的红军也破口大骂，指斥为妖术、妖言，否定弥勒佛，打击烧香党了。檄文说②：

皇帝圣旨：吴王令旨③：总兵官准中书省咨：敬奉令旨：盖闻④伐罪救民，王者之师，考之往古，世代昭然。轩辕氏诛蚩尤，殷汤⑤征葛伯，文王伐崇，三圣人之起兵也，非富天下，本为救民。近睹有元之末，主居深宫，臣操威福，官以贿成⑥，罪以情免，宪台⑦举亲而劾雠，有司差贫而优富。庙堂不以为虑⑧方添冗官，又改钞法，役数十万民⑨，湮塞黄河，死者枕藉于道，哀苦声闻于天。致使愚民⑩误中妖术，不解偈言⑪之妄诞，酷信弥勒之真有，冀其治也，以苏困苦⑫，聚为⑬烧香之

---

① 俞本《纪事录》：“龙凤五年，上选卫士三十侍左右，选得十三人，佯称得罪于上，私降张氏，士诚配以妻，抚之甚厚。不逾月同行周海首之，俱斩于虎丘山下。吴元年克苏州，擒海归，凌迟以祭方德成等十三人。”

② 檄文全文见吴宽《平吴录》，祝允明《前闻记》，《野记》卷一，陆深《续停骖录》四书。《明太祖实录》和《明史·太祖本纪》都不载。《前闻记》和《平吴录》的文字不同处很多，有事后改窜的，如元璋在发此檄文时为吴王，皇帝指小明王，《前闻记》元璋自称朕，《平吴录》称予称我，显然《平吴录》是比较可靠的。也有些地方如红军，《前闻记》作香军，《平吴录》作乡军，今据《前闻记》。各本异文，并校注于后，以便参考。

③ 《平吴录》、《续停骖录》无此二句。

④ 《续停骖录》、《野记》作“予闻”，《平吴录》无此二字。

⑤ 《续停骖录》作“成汤”。

⑥ 《野记》作“贿求”。

⑦ 《野记》、《续停骖录》、《平吴录》作“台宪”。

⑧ 《续停骖录》作“忧”。

⑨ 《平吴录》作“役四十万人”，《野记》作“役数十万人”。

⑩ 《野记》、《前闻记》作“不幸小民”。

⑪ 《野记》、《前闻记》作“其言”。

⑫ 《续停骖录》作“以苏其苦”，《平民录》作“以甦其苦”。

⑬ 《野记》作“聚其”。

党，根据汝颍，蔓延河洛。妖言既行，凶谋遂逞，焚荡城郭，杀戮士夫，荼毒生灵，千端①万状。元以天下兵马钱粮大势而讨之②，略无功效，愈见猖獗，然而终不能济世安民。③是以有志之士，旁观熟虑，乘势而起④，或假元氏为名，或托香军⑤为号，或以孤兵自立⑥，皆欲自为。由是天下土崩瓦解。

予⑦本濠梁之民，初列行伍，渐至提兵。灼见妖言，不能成事⑧，又度胡运，难与立功⑨，遂引兵⑩渡江。赖天地祖宗之灵，及将帅⑪之力，一鼓而有江左，再战而定浙东。陈氏称号⑫，据我上游⑬，爰⑭兴问罪之师。彭蠡交兵，元恶授首。父子兄弟⑮，面缚舆榇，既待以⑯不死，又封以列爵。⑰将相皆置于朝班，民庶各安于田里。荆襄湖广，尽入版图。虽德化未及，而政令颇修。

惟兹姑苏张士诚，为民则私贩盐货，行劫于江湖，兵兴⑱则首聚凶徒，负固于海岛，其罪一也。又恐海隅一区，难抗天下全势，诈降于元，坑其参政赵琏，囚其待制孙抝，其罪二也。厥后掩袭浙西，兵不满万数，地不足千里，僭号改元，其罪三也。初寇我边，一战生擒其亲弟，再犯浙省，扬矛⑲直捣

---

① 《续停骖录》、《野记》、《平吴录》作“无端”。
② 《续停骖录》作“钱粮兵马”，《平吴录》作“元以天下钱粮兵马而讨之”。
③ 《续停骖录》无“然而”二字，《野记》、《前闻记》作“然事终不能济世安民”。
④ 《平吴录》无此四字。
⑤ 《野记》、《平吴录》作“乡军”。
⑥ 《续停骖录》作“孤军独立”，《平吴录》作“孤兵独立”。
⑦ 《前闻记》作“朕”，《续停骖录》作“余”。
⑧ 《平吴录》作“终不能成事”。
⑨ 《平吴录》作“成功”。
⑩ 《平吴录》作“令兵”。
⑪ 《平吴录》作“将帅”，其他三本作“将相”。
⑫ 《前闻记》作“陈氏”。
⑬ 《野记》作“爰据上游”。
⑭ 《续停骖录》无“爰”字。
⑮ 《续停骖录》、《平吴录》作“其父子兄弟”。
⑯ 《前闻记》作“待之”。
⑰ 《平吴录》作“官爵”。
⑱ 《续停骖录》作“兴兵”。
⑲ 《续停骖录》、《野记》作“杨苗”。

其近郊，首尾畏缩，乃又诈降于元，其罪四也。阳受元朝之名，阴行假王之令，挟制达丞相，谋害杨左丞，其罪五也。① 占据江浙②钱粮，十年不贡，其罪六也。知元纲已坠，公然害其丞相③达识帖木儿、南台大夫普化帖木儿，其罪七也。恃其地险食足④，诱我叛将，掠我边民，其罪八也。凡此八罪，有甚于⑤蚩尤葛伯崇侯，虽黄帝汤文与之同世，亦所不容，理宜征讨，以靖天下，以济斯民。⑥ 爰命中书左丞相徐达率领马步官军舟师，水陆并进⑦，攻取浙西诸处城池。已行戒饬军将⑧，征讨所到，歼厥渠魁，胁从妄治，备有条章。⑨ 凡我⑩逋逃居民，被陷军士，悔悟来归⑪，咸宥其罪。其尔张氏臣寮，果能明识天时⑫，或全城附顺，或弃刃投降，名爵赏赐，予所不吝。⑬ 凡尔百姓，果能安业不动，即我良民，旧有田产房舍，仍前为主⑭，依额纳粮⑮，余无科取，使汝等永保乡里，以全室家。此兴师之故也。敢有千百相聚，抗拒王师者，即当移兵剿灭，迁徙宗族于五溪两广，永离乡土，以御边戎。⑯ 凡予之言，信如皎日，咨尔臣庶，毋或自疑。敬此⑰，除敬遵外，咨请施行。准此，合行备出文榜

---

① 《平吴录》此款作第六罪，下条作第五罪。

② 《续停骖录》、《平吴录》作“浙江”。

③ 《平吴录》作“江浙丞相”。

④ 《平吴录》无此句。

⑤ 《续停骖录》作“尤甚于”，《野记》作“又甚于”。

⑥ 《续停骖录》作“以安斯民”，《平吴录》作“以拯天下”，《野记》作“以济生民”。

⑦ 《前节记》、《野记》作“左相国”，《续停骖录》、《前闻记》作“总率马步舟师，分道并进”。

⑧ 《平吴录》作“尝戒军士”。

⑨ 《平吴录》无此四字。

⑩ 《前闻记》、《野记》作“凡有”。

⑪ 《平吴录》无此四字。

⑫ 《续停骖录》作“明哲识时”。

⑬ 自“其尔”至“不吝”一段，《平吴录》无，但在下文“以御边戎”后，作“果有贤哲，或全城归附，或弃职来降，予赍赏赐，非所敢吝。”

⑭ 《续停骖录》作“为生”。

⑮ 《平吴录》作“其尔人民，果能复业，即我良民，旧有房舍田土依额纳粮”。

⑯ 《平吴录》作“边疆”。

⑰ 《野记》作“钦此”，是后来人删改的。《平吴录》作“故榜”。

晓谕，故依令旨事意施行。所有文牓，须议出给者。①

龙凤十二年五月二十二日本州判官许士杰赍到。②

和这篇著名的檄文同时，还有性质相同的一道宣谕徐州吏民的告文说：

近自胡元失政，兵起汝、颍，天下之人以为豪杰奋兴，太平可致。而彼惟以妖言惑众，不能上顺天意，下悦民心，是用自底灭亡。及元兵云集，其老将旧臣，虽有握兵之权，皆无戡乱之略，师行之地，甚于群盗，致使中原版荡，城郭丘墟，十有余年，祸乱极矣。③

综合说来，一笔抹杀红军的革命意义，骂他们“凶谋”，“放火”，“杀人”，尤其是杀戮士大夫，千条万条罪状，简直是罪大恶极。正式声明对红军的看法，郑重否定自己今天以前的全部事业，更引经据典，拿轩辕成汤文王来比附，解释起兵是为了救民，戴上为人民的帽子。——就这而论，朱元璋真正不愧是明教的叛徒。从对元朝的态度说，惋惜元军戡乱之略无功效；倒过来，元朝以天下兵马钱粮大势，再加上有戡乱之略的老将旧臣，上顺天意，下悦民心，他是会替胡元“立功”，共同戡乱的。——就这点而论，文字上的轻重抑扬，留下一个地步，万一情况不利，胡运复兴，借这由头倒到蒙古大汗脚下，还可不失富贵，表现了他是不折不扣的骑墙主义者。两篇文字，充满了儒家的色彩，可以明白看出这是刘基、宋濂等人的策略，甚至可能出于他们的手笔。这一地主儒生群几年来的作用，到这时才具体化，红军的将领都已死亡，军队没有了，小明王成为应天的傀儡，甚至被拘囚了，自然应该一脚踢开红军招牌，自己建立新系统，来争取地主巨绅的支持，士大夫的同情拥护。这两篇文字把元璋的一生切作两截，前半截是贫农和穷人的头目，此后则摇身一变，成为地主巨绅的保护人，儒家的护法；过去要破坏

① 这一段，《续停骖录》作“除敬遵外，合备榜晓谕通知，须至榜者”。

② 《平吴录》、《续停骖录》无此。

③ 《明太祖实录》十六。

现存秩序，此后则一转而为最保守最顽强的现状维持派了。

这年年底，元璋派大将廖永忠到滁州迎接小明王刘太保，到瓜洲渡江，在江心把船凿沉，永忠径回应天覆命，小明王、刘福通死，宋亡。① 从此以后，元璋不再提龙凤的话，连当年镇江西城的打败东吴纪功碑，因为有龙凤年号，也捶毁了。② 文书上的龙凤史料，更是销毁得一干二净。元璋死后所编的《明太祖实录》，不提元璋和龙凤臣属关系一字。这一段历史被湮灭，被曲改了几百年，成为最有启发性的历史公案。

元璋对东吴的第二步攻势，动员了二十万大军。统帅是大将军徐达，副将军常遇春。在出师前商讨战略，常遇春坚决主张直取平江，以为巢穴既破，其余诸郡可以不费力气占领。元璋却决定采用叶兑的决策，指出："士诚出身盐枭，和湖杭诸郡守将都是愍不畏死之徒，同甘共苦。如先攻平江，湖杭守军必然齐心并力，来救老家，军力集中，不易取胜。不如想法分散他的兵力，先取湖杭，士诚无法援救，个别击破，枝叶一去，根本动摇，使士诚来回兜圈，疲于奔命，必然可以成功。"遂分兵攻围湖州杭州，元璋亲自誓师，叮咛嘱咐，攻进城时不要烧房子，不要杀掠，不要挖坟，尤其是张士诚母亲的坟，千万不可侵毁，免得刺激东吴人民，增加抵抗心理。③

第三步攻势，应用叶兑的销城法，筑长围把平江围困住，用火铳、襄阳炮日夜轰击。士诚外无救兵，内无粮草，突围又失败了，元璋送信招降，再使说客劝告，一概不理。城破时亲自率兵巷战，看到实在无办法了，一把火烧死妻子眷属，饮鸩自杀，被侍者劝阻。西吴兵已到府中，俘送应天。在船上闭眼不说话，不肯进饮食。元璋问话不理，李善长问话，挨了骂。元璋气极，一顿乱棍打死，连尸首都烧成灰。④

李伯昇是士诚十八兄弟之一，同时起事，官为司徒，平江危急，

---

① 权衡：《庚申外史》；朱权：《通鉴博论》；高岱：《鸿猷录·宋事始末》；潘柽章：《国史考异》卷十六。

② 刘辰：《国初事迹》。

③ 《明太祖实录》卷一六。

④ 俞本：《纪事录》；《明太祖实录》卷二十；吴宽：《平吴录》。

使说客说降的是他，首先投降的是他，把士诚交给常遇春的也是他。平江人记住这个故事，凡是出卖朋友的就叫作“李司徒”①。

士诚晚年不大管事，国事全由其弟丞相士信主持。士信荒淫无见识，信用姓黄、姓蔡、姓叶的三个参谋，弄权舞弊，政治军事弄得一团糟。元璋听得这情形，对人说：“我一向无一事不经心，尚被人欺。张九四一年到头不出门理事，岂有不败的道理！”东吴的百姓有一个民谣道：“丞相做事业，专靠黄蔡叶，一朝西风起，干瘪！”②

平江合围后，元璋又遣将攻讨方国珍。

方国珍在群雄中最先起事，最后被解决，在浙东称雄了二十年。

台州黄岩（今浙江黄岩），靠近海边，人多地少，田主极神气，佃户碰见田主，连作揖都不敢，让路站在旁边，等田主走过才敢行动。贵贱等分一点也不能错过。方国珍四兄弟，父亲是佃户，看父亲对田主毕恭毕谨的样子，非常气忿。到长大了，就问父亲：“田主也是人呀！为什么要怕他，恭谨到这步田地！”父亲告诉他们：“靠了田主的田，才能养活你们。怎么敢失礼？”国珍很不服气。父亲死后，靠着人力兴旺，成天劳作，漂海贩盐，家道日渐宽裕。酿好酒等田主来讨租米，一天，果然田主带着一群管事的来了，国珍殷勤管待，大碗酒，大块肉，把客人灌醉了，乱刀切成肉酱，胡乱丢在酒缸里。日子久了，露出风声，官府派人来拘捕，把来人扫数杀光。地方官急了，亲自领人来拿，索性把地方官也杀了。闯下大祸，一家子逃入大海，结集了几千人，四处抢劫。③打败官军，连将官都俘虏了。受招安作定海尉，不久又反，俘获元朝大将，又投降作大官。如此时降时反，到至正十七年（1357年），一直做到浙东行省参知政事海道运粮万户，以庆元（今浙江宁波）为根据地，兼领温州、台州，占有浙东沿海一带，水军千艘，靠着渔盐的丰富资源，兄弟子侄全作大官，心满意足，只想保住这份产业。④

---

① 钱谦益：《国初群雄事略》卷七，引《治城客论》。

② 《明太祖实录》卷二十；吴宽：《平吴录》；《明史》卷三十，《五行志》。《实录》文字有不同：“黄蔡叶，作齿颊，一夜西风来，干瘪。”

③ 黄溥：《闲中今古录》。

④ 《国初群雄事略》卷八，方国珍。

元璋攻取婺州后，和国珍邻境相望。国珍兵力弱小，北有张士诚，南有陈有定，都不大和洽，见元璋兵盛，不敢得罪，送金银送绸缎，受官诰，送儿子作质，愿献出三郡，只是不肯奉龙凤正朔。同时又替元朝运粮，两面讨好。到元璋得杭州后，国珍更加害怕，北通扩廓帖木儿，南联陈有定，打算结成掎角的形势，来抵抗元璋。万一敌不过，好在有多数的海船，载着金银财宝，奔入大海，也还够一辈子享用。

元璋的攻势分水陆两路，陆路军进占台州温州，直取庆元。国珍逃入海中，又为水军所败。走投无路，哀辞求降。从进攻到凯旋，前后不过三个多月。①

这一年，韩林儿已死，不能再用龙凤年号，也犯不着用元至正二十七年来纪年。照甲子说是丁未年，未年属羊，童谣不是说"但看羊儿年，便是吴家国"吗？东吴已在包围中了，为着再一次应童谣，元璋创立了一个新办法，下令以吴纪年，叫这年为吴元年。

三、南征北伐

朱元璋出军征服方国珍，同时决定了南征和北伐的大计。

吴元年（元至正二十七年，1367年）九月间，元璋保有的疆土，大体上据有现在的湖北、湖南、河南东南部和江西、安徽、江苏、浙江，包括汉水流域和长江下游，是全中国最富庶繁盛，人口密度最高的区域。

南部除元璋以外，分作几个军事单立。以四川为中心的是夏国明玉珍。玉珍本来是西系红军徐寿辉的部将，奉命入川略地，寿辉被弑，自立为陇蜀王，以兵守瞿塘，和陈友谅断绝来往。至正二十二年（1362年）即皇帝位于重庆，建国为夏，年号天统。二十六年病死，子明昇继位。②

---

① 叶子奇：《草本子·克谨篇》；《国初事迹》；《明史》卷一二三，《方国珍传》。

② 黄标：《平复录》；杨学可：《明氏实录》；《明太祖实录》卷十六；《明史·明玉珍传》。

云南有元宗室梁王镇守。两广也是元朝的势力。福建陈有定虽然跋扈，仍然向元朝效忠。

元璋见夏国主幼兵弱，云南太远，暂时可以放开。最近的目标是福建和两广。

北部在表面上属于元朝，情形更复杂。粗枝大叶地分析，山东是王宣的防地，河南属扩廓帖木儿，关内陇右则有李思齐张良弼诸军。扩廓和李张二将不和，元璋用兵江浙，元朝几个大将正在起劲内讧，拼个你死我活。道理说不上，无非是争军权，抢地盘。打得发昏，谁也管不到大局，再加上宫廷阴谋政变，越发纠缠不清。双方都在打算先安内而后攘外，势均力敌，谁也得不到便宜。得便宜的是他们的公敌朱元璋，正应了古人“鹬蚌相争，渔翁得利”的话。元璋趁元朝内部打得火热，他便东征西讨，扩大地盘，充实军力。等到元璋北伐大军兵临城下，这几个英雄才肯放手，停止互相残杀，却又不肯也不甘心合作，眼看着友军一个个被个别击破，终之是同归于尽，大家完事。

元军内讧的故事可以追溯到几年以前。

红军起事后，元朝正规军队完全无用。真正肯打仗的是义军，是由地主巨绅所组织的保卫私家财产生命的地方民兵。义军中最强大的有两支，一支是起自沈丘（今河南沈丘）的察罕帖木儿和李思齐，几年来连败红军，重占河北关陕，克汴梁，定河南，号令达江浙，屯重兵太行山，正预备大举攻取山东时，和另一支义军发生了冲突。①

另一支是以义丁和刘福通作战有功，重占襄阳、亳州的答失八都鲁。答失八都鲁死，子孛罗帖木儿代其掌兵，移镇大同。山西晋冀之地都由察罕帖木儿平定，察罕东征，孛罗帖木儿强占晋冀，两军交战几年，元政府着急，屡次派人调停讲和，到至正二十一年（1361 年）双方才答应停战。察罕被刺，子扩廓帖木儿领兵平山东，孛罗又领兵来争晋冀，内讧又起。②

---

① 《庚申外史》；《元史·察罕帖木儿传》。

② 《庚申外史》。

同时还夹着元政府和宫廷的阴谋政变。

脱脱丞相贬死后，哈麻代为宰相。地位高了，想想从前进西天僧，劝皇帝行秘密法，都是丑事，见不得人，说不出口。阴谋废顺帝立皇太子，事泄被杀。太子生母高丽奇皇后和太子都不喜欢顺帝，仍旧阴谋废立，使宦官朴不花和丞相太平接头，太平不肯，太子怀恨，把太平也害死了。宫廷里自然而然分为两派，丞相搠思监和朴不花帮太子，贵臣老的沙帮皇帝。太子派靠扩廓作外援，皇帝派只好拉拢孛罗。

老的沙怕皇太子暗害，逃奔孛罗军中。皇太子怨孛罗收容仇人，搠思监、朴不花就诬害孛罗和老的沙图谋不轨，至正二十四年（1354年）四月诏命扩廓出兵讨伐。孛罗知道圣旨是假的，先下手为强，竟带大军进向大都，顺帝杀搠思监、朴不花谢罪，孛罗才回师大同。太子失败了，不甘心，逃出大都，再征扩廓兵打孛罗，攻大同。孛罗还是老文章，又举兵进攻大都，太子战败，逃到太原。孛罗入都，作中书右丞相。二十五年太子又调扩廓和诸路兵进攻，孛罗战败，被刺死于宫中，战事结束，扩廓入都代为丞相。

太子奔太原时，要仿效唐肃宗灵武故事，自立为皇帝，扩廓不依。到扩廓入大都，奇皇后又使人来说，要扩廓带重兵拥太子进宫，逼顺帝让位，扩廓又不肯。这样，太子母子都恨死扩廓，结下深仇。扩廓在军中久了，作不惯丞相，朝中大臣嫌他不是根脚官人，有点另眼相看，扩廓没趣，自愿出外带兵，顺帝封为河南王，代皇太子亲征。①

至正二十六年，扩廓回到河南，调度各处军马，用檄文调关中四将军会师。李思齐得调兵札，大怒，骂说："乳臭小儿，黄发还没退，敢来调我！我跟你父亲同乡里，同起义兵，你父亲进酒，还三拜才喝，你在我面前连站脚处都没有，居然称总兵，敢命令我！"下令各部，一戈一甲不许出武关，王保保（扩廓原名）来见，则整兵杀之。张良弼、孔兴、脱列伯三军也不受节制。扩廓军令不行，勃

---

① 《元史·顺帝纪》；《明史·扩廓帖木儿传》；《庚申外史》。

然大怒，把南征一事暂且放下，进军关中攻李思齐。思齐等四人也会兵，盟于含元殿，合力抵抗。两军相持连年，数百战，不分胜负。顺帝再三令扩廓停战，一意南征，扩廓不听。扩廓部将貊高带的是李罗旧部，半路上计议："朝廷调我们打妖贼，如今却去打李思齐，李思齐是官军，官军杀官军，可不糊涂透顶？"逼貊高倒戈声讨扩廓，顺帝也心忌扩廓兵权太重，不听调度，太子从中挑拨，大臣们全说他坏话。顺帝决策，下诏书解除扩廓兵权，部分兵归诸将统率。特设抚军院，以太子统帅全国军马，专防扩廓。①

元璋特别看重间谍机构，训练了大批人员，又舍得花钱，侦探得上面说的详细情形，决定利用时机，南征北伐同时并进。十月，以徐达为征虏大将军，常遇春为副将军，帅师二十五万，由淮入河，北伐中原，胡廷瑞为征南将军，何文辉为副将军，取福建。湖广行省平章杨璟、左丞周德兴，取广西。

取福建兵分三路，胡廷瑞、何文辉率步骑从江西度杉关为正兵，汤和、廖永忠由明州（宁波）以舟师取福州为奇兵，李文忠由浦城攻建宁为疑兵。有定的根据地延平（南平）和福州掎角，建宁（建瓯）则为延平外线据点，驻有重兵。三路大军分别出动，正兵使敌人以主力应战，奇兵使敌人不测所以，疑兵分敌人兵力。

陈有定，福清人，农人出身，为人沉着勇敢，讲义气，打不平，在地方上很有点声望。西系红军进福建，有定站在地主方面，投效作民兵，立下战功，升为小兵官，占领很多城池，积官到福建行省平章，镇守闽中八郡，虽然威福自擅，刑赏在手，对元朝极为恭顺，年年运粮到大都。朱元璋占婺州后，和有定接境。至正二十五年二月，有定进攻处州，为西吴大将胡深所败。深乘胜追击，元璋调发江西驻军南下。准备两路会师，一举攻下延平。吃亏的是胡深孤军深入，太突出了，中伏被俘，为有定所杀，平闽计划受了挫折，暂时搁起。

方国珍投降，西吴水师乘胜南下。有定和元朝本部隔绝，孤立

① 《庚申外史》；《明史·扩廓帖木儿传》；《国初群雄事略》卷九，扩廓帖木儿。

无援。福州建宁先后失守，延平被围。城破，有定和僚属诀别，服毒自杀不死，被俘到应天。元璋责备他攻处州，杀胡深的罪过，有定不屈，厉声回答："国破家亡，死就算了，何必多说！"元璋发明一种刑罚叫铜马，就是古代炮烙之刑，拿有定来试验，伏上一会儿全身都化成灰。有定的儿子也同时被杀。①

西吴从出兵到克服延平，费时四月，从克服延平到平定全闽，又费了八个月工夫。

平定两广的战略，也是分兵三路，第一路杨璟、周德兴由湖南取广西。第二路陆仲享由韶州（今广东曲江）捣德庆，第三路是平闽的水师，由海道取广州。第一路军于吴元年十月出发，第二三路军于洪武元年（1368年）二月出发。所遇抵抗以第一路军为最大。从衡州到广西的进军路线，第一个名城永州（湖南零陵），第二是全州（广西全县）；都经过激烈血战，才能占领，进围靖江（广西桂林）。第二路军于三个月内平定北江和西江三角地带，隔断广州和靖江的交通。第三路军几乎是没有作战，廖永忠的使者向元江西分省左丞何真劝降，大军到潮州，何真就送上印章图籍户口，奉表归附，广州附近州县不战而下。廖沿西江入广西，北上会合第一军攻围靖江。两个月后，洪武元年六月，靖江城破。七月广西平定。两广全归元璋版图。②

福建两广平定后，南部除掉四川云南以外，都联成一气了。大后方的人力和财力，供给北伐军以无限的助力。

北伐军的出发，事前经过元璋和刘基仔细商定了作战计划，再和诸将在军事会议上研究决定。常遇春提出的作战方案，是攻坚战术，以为南方都平安了，兵力有余，直取元都，以我百战的精兵，来消灭元朝疲惫的兵力，非胜不可，到都城攻下后，分兵扫荡，其他城池也可以不战而下。元璋的看法正好相反，指出直攻大都的危险性，以为元朝建了上百年的都城，防御工事一定很坚强，假定大

---

① 郭造卿撰：《陈有定传》；《明史·陈有定传》；《国初群雄事略》卷十二，陈有定；《明太祖实录》卷二五。

② 《明太祖实录》卷二八；《明史》，《太祖本纪》、《何真传》。

军孤军深入，前有坚城，后边补给线被切断，元朝的援兵四面八方赶到，进不了，退不得，岂不坏事？不如用斫树的法子，先去枝叶，再挖老根，先取山东，撤掉大都的屏风，回师下河南，断掉它的羽翼，进据潼关，占领了它的门户，军事要点都拿到手了，再进围大都，那时势孤援绝，自然不战可取了。常遇春还是上次坚持直取平江的见解，以为巢穴根本一下，支干自然不成问题，但没有计较到孤军深入，后方的交通线如何保持，万一被切断了，兵员和粮食的补充便陷于绝境，固然可以侥幸成功，但是太冒险了，非万全之计。元璋的战术是稳扎稳打，步步扩大，占领地和后方联在一起，补给线在自己兵力控制之下，立于不败之地，确是胜算。诸将都同声说好。①

北伐军的统帅部，也经过严密慎重的组织。在平陈友谅以前，诸将直接由元璋亲自指挥，不相统率。有一次打了大胜仗，常遇春把汉的降兵全部杀死，徐达阻止不住，才派定徐达作大将军，节制诸将。这次北伐大军，关系更重大，徐达用兵持重，有纪律，尤其要紧的，是生性小心谨慎，听话服从，靠得住，放得下心，任为征虏大将军，统帅全军。常遇春摧锋陷阵，所向无敌，当着百万大军，决不气馁，勇敢先登，任为副将军。元璋担心他健斗轻敌，特别约束告诫，如大敌当前，以遇春作前锋，和参将冯胜分左右翼，将精锐进击。右丞薛显、参政傅友德勇冠诸军，使独当一面。大将军专主中军，责任是决定战略，策励诸将，不可轻动。②

元璋再三申明纪律，告谕将士以北伐意义，战争目的不止是略地攻城，重要的是推翻这个坏政府，解除人民痛苦。所经地方和打下的城子，不可乱杀人，不可抢财物，不要毁坏房屋，破损农具，勿杀耕牛，勿掠人子女，如今是堂堂正正的大军了，以前的作风都得改掉。如有收留下的遗弃儿女，父母亲戚来讨，得立刻付还，不可措勒，坏了名气。③

---

① 《明太祖实录》卷二一；《明史》，《徐达传》、《常遇春传》；陆深：《平胡录》。

② 《明太祖实录》卷二一；高岱：《鸿猷录》卷五，《北伐中原》。

③ 《明太祖实录》卷二一。

元璋是懂得宣传的好处的，文字上口头上的好话有时比刀枪还有力量。要使北方人民明白大军北伐的意义，要解除北方官僚地主对红军的恐惧心理，和瓦解元军的军心士气，火铳石炮没有作用，有用的是宋濂的文章。宋濂奉命写的告北方官吏人民的檄文说：

> 自古帝王临御天下，皆中国居内以制夷狄，夷狄居外以奉中国，未闻以夷狄居中国治天下者也。自宋祚倾移，元以北狄入主中国，四海内外，罔不臣服，此岂人力，实乃天授。彼时君明臣良，足以纲维天下，然达人志士，尚有冠履倒置之叹。自是以后，元之臣子，不遵祖训，废坏纲常，有如大德废长立幼，泰定以臣弑君，天历以弟鸩兄，至于弟收兄妻，子烝父妾，上下相习，恬不为怪，其于父子君臣夫妇长幼之伦，渎乱甚矣。夫人君者斯民之宗主，朝廷者天下之根本，礼义者御世之大防，其所为如彼，岂可为训于天下后世哉！
>
> 及其后嗣沉荒，失君臣之道，又加以宰相专权，宪台报怨，有司毒虐，于是人心离叛，天下兵起，使我中国之民，死者肝脑涂地，生者骨肉不相保，虽因人事所致，实天厌其德而弃之之时也。古云“胡虏无百年之运”，验之今日，信乎不谬。
>
> 当此之时，天运循环，中原气盛，亿兆之中，当降生圣人，驱逐胡虏，恢复中华，立纲陈纪。救济斯民。今一纪于兹，未闻有治世安民者，徒使尔等战战兢兢，处于朝秦暮楚之地，诚可矜悯。
>
> 方今河洛关陕，虽有数雄，乃忘中国祖宗之姓，反就胡虏禽兽之名，以为美称。假元号以济私，恃有众以要君，凭陵跋扈，遥制朝权，此河洛之徒也。或众少力微，阻兵据险，贿诱名爵，志在养力，以俟衅隙，此关陕之人也。二者其始皆以捕妖人为名，乃得兵权。及妖人已灭，兵权已得，志骄气盈，无复尊主①庇民之意，互相吞噬，反为生民之巨害，皆非华夏之主也。

---

① “尊主”，一本作“尊元”。

予本淮右布衣，因天下大乱，为众所推，率师渡江，居金陵形势之地，等长江天堑之险，今十有三年。西抵巴蜀，东连沧海，南控闽越，湖湘汉沔，两淮徐邳，皆入版图，奄及南方，尽为我有。民稍安，食稍足，兵稍精，控弦执矢，目视我中原之民，久无所主，深用疚心。予恭承天命①，罔敢自安，方欲遣兵北逐群虏，拯生民于涂炭，复汉官之威仪，虑民人未知，反为我仇，挈家北走，陷溺尤深，故先谕告：兵至，民人勿避。予号令严肃，无秋毫之犯，归我者永安于中华，背我者自窜于塞外。盖我中国之民，天必命我中国之人以安之，夷狄何得而治哉！予恐中土久污膻腥，生民扰扰，故率群雄奋力廓清，志在逐胡虏，除暴乱，使民皆得其所，雪中国之耻，尔民其体之。

如蒙古色目，虽非华夏族类，然同生天地之间，有能知礼义，愿为臣民者，与中夏之人抚养无异。故兹告谕，想宜知悉。②

这是元璋幕僚中儒生系统的杰作，代表几千年来儒家的正统思想。这篇文字的中心思想有两点：第一是民族革命，特别强调夷夏的分别，特别强调中国应由中国人自己来治理。过去不幸被外族侵入，冠履倒置，现在要“驱逐胡虏，恢复中华”了，这两句响亮动听的口号，比之红军初起时所提出的恢复赵宋政权，已从狭隘的复恢一个已被遗忘的皇家，进而为广泛的恢复民族独立，进步何止千里！以此为号召，自然更能普遍地获得全民的拥护和支持，尤其是打动了儒生士大夫的注意。第二是复兴道统，亦即旧有的文化的思想的系统之恢复。文中指出“礼义者御世之大防”，也就是说“父子君臣夫妻长幼之伦”、“朝廷者天下之根本”是纲是纪，这一套正是儒家的中心思想，也就是多少年来维持统治的金科玉律。大之治国，小之修身，从政治到生活，都套在这一个模子中。蒙古人入主中国，开头君明臣良，还能够纲维天下，中期以后，这模子被破坏了，弄

① 《明太祖实录》作“恭天成命”。

② 宋濂：《宋学士文集》；《明太祖实录》卷二一；高岱：《鸿猷录·北伐中原》。

得乱七八糟。如今北伐，目的在“立纲陈纪，救济斯民”，重建旧模子，恢复这个世世相传的传统文化和生活习惯。这比之红军初起时所宣传的弥勒佛和明王出世的空幻的理想世界，已进而为更切实的具体的文化的生活习惯的正常化，自然高明得多，能广泛地获得那苦于社会动荡的小民的拥护和支持，更能吸引儒生士大夫的深切同情。

骂元朝，说他破坏传统文化，说他政治贪污腐化，营私毒虐，是个坏政府，上天已经厌弃他了。

骂元朝将军，河洛指扩廓帖木儿，扩廓原来是汉人，名王保保，为母舅色目人察罕帖木儿养子，元帝赐以蒙古名，是抬举他算蒙古人的意思。关陕指李思齐等四将军。骂扩廓用外族名字，以夷变夏，跋扈要君。骂李思齐说他制造内乱，不忠于国。这两批有实力的人都要不得，不能作华夏之主。那么，谁应该来治理中国呢？下一段指出当然是出身“淮右布衣”的朱元璋。淮右布衣这一身份，以后极为元璋所喜爱，有时也稍变花样，说成“江左布衣”，“淮西布衣”，等等①，无论对内对外的诏令文告，有理无理都要插进这一句，成为卖弄成就的口头禅了。

妖人当然是指韩林儿。此地插进这一称呼，等于秃子骂和尚，用意是撇清，告诉北方人民，我在骂妖人，可见我决非妖人，我说“妖人已灭”，更可见我决非妖人。你们也许有怕红军的，我并非妖人，你们不必害怕。这说法表白他正面是讲礼义的，不同于元朝，也不同于红军，反面替自己洗刷，勾销了过去十七年来他是红军头目这一事实。

临了，说明要“拯生民于涂炭，复汉官之威仪”，揭出逐虏雪耻的使命。

最后，为了缓和蒙古、色目人的反抗心理，声明只要他们知礼义，加入中国文化系统，也就承认是中国公民，和中国人民一样看待。

前一年讨张士诚的檄文，只是消极地踢开红军，空洞地骂元政

---

① 读朱元璋的诏令，很难发现有几篇文字没有卖弄他出身“布衣”的。

府。到这时候，才鲜明地具体地积极地提出民族革命的口号，和保持传统文化的政纲。这是元璋幕府里儒生群的再一次胜利，也是朱元璋的再一次转变。

这一宣传文告的作用，使北方儒生士大夫放心了，因为已经不再是被毁灭的对象了。北方的农民也明白了，吴军之来，是为了恢复秩序，安定生活。官吏们不害怕了，只要投降就可保全。蒙古色目人也不像以前那样死命作战了，因为檄文说只要愿为臣民，就可得到保护。除了蒙古皇帝和贵族，全被宣传撼动了。投降的，放下武器的，以致倒过枪尖来杀鞑子的，一天天加多，北伐军因之得以顺利进军，在很短的时间内，收复已经沦陷了四百三十年的土地，平定西北，统一全国。

北伐军徐达一军由淮入河是主力，征戍将军邓愈由襄阳北略南阳以北州郡是偏师，目的在分散元军兵力。

从军事进展情形看，徐达是按照预定的全盘计划，完美执行，一点没有差失的。这个计划如上文所说，要点是步步推进。第一步，从出师这天算起，到洪武元年（1368年）正月，前后三个多月，平定山东。

第二步由山东取河南。一路由南面取归德（今河南商丘）、许州（今河南许昌），和邓愈军会师，抄汴梁（今河南开封）的后路。一路北下，由郓城渡黄河直达陈桥，两个钳子夹住，汴梁不战而降。进败元军于洛水，河南（洛阳）降，河南全境平定。别将冯胜克潼关，李思齐、张良弼遁走。这是洪武元年三四两个月间的事。

鲁豫既定，潼关一军堵住元关中军的出路，三面包围大都的局势已定。五月，元璋亲自到汴梁，大会诸将，重新检讨战局和决定战略。

当北伐军以雷霆万钧之势，席卷中原，各地告急的羽书，雪片似飞向大都的时候，元军正忙于内讧，杀声震动大地，政局反复和军权转移，交会错综，缠夹不清。扩廓被解除兵权后，退兵据泽州（今山西晋城），威风一倒，部将关保投向政府。顺帝以为扩廓势孤，诏李思齐等军东出关，和貊高合军围攻扩廓，令关保以所部戍守太原。扩廓愤极，引军据太原，尽杀朝廷所置官吏。顺帝也急了，下诏书削扩廓在身官爵，令诸军四面讨伐。元璋大军就趁这时机，下山东，取汴梁，元将望风降附，无一人抵抗，无一军堵截，小城降，大城也降，汉官汉将弃城逃走，蒙古、色目也弃城逃走。真正是“土崩瓦解”，“势如破竹”。

到了潼关失守，貊高关保又为扩廓所擒杀，顺帝才害怕发急，不好转圜，末了还是把一切过错都算是太子作的，取消抚军院，尽复扩廓官爵，令和李思齐分道南征。两人才也着慌，正准备调遣军队，整装出发，可是太晚了，北伐军已经向大都推进，挽救不及了。

第三步攻势的目标才是大都。闰七月徐达大会诸将于临清，马步舟师沿运河直上，连下德州、通州，元军连吃败仗，毫无斗志，顺帝怕被俘虏，蹈徽、钦二帝和瀛国公的覆辙，二十八日夜三鼓，率后妃太子逃奔上都（开平，今察哈尔多伦县地）。① 八月初二日北伐军进入大都，沦陷了四百三十年的名都，到这一天才算光复旧物。从宋太祖到宋神宗以来，没有能够实践的民族愿望，算是达到目的了，历史的错误、污点，算是湔雪了。自古以来对北方蛮族的国防线——长城，从这一天起，再度成为中华人民的自卫堡垒了。蒙古政府，成吉思汗后人君临中国的政权，从灭金算起，有一百三十四年，从灭宋算起，有九十年，到这一天，结束了！

元大都虽下，顺帝在上都依然可以发号施令，元军实力依然强大完整。徐达、常遇春移师进取山西、陕西，从洪武元年八月到第二年八月，整整一年，才完成第四步的战果。在这一年内，元军不但坚持抵抗，而且还有力量作几次大规模反攻。在整个北伐战役中，可说是最艰苦的一段。

西征军从河北进入山西南部，扩廓遣将以兵来争泽州，大败西征军，又乘北平（元璋改大都为北平府）空虚，亲出雁门关偷袭。徐达得到情报，也不回救，径率大军直捣扩廓的根本太原。扩廓进

---

① 《庚申外史》；《明史·太祖本纪》；《明太祖实录》卷三十。

军才到半路，回军援救，半夜被袭击，不知所措，以十八骑北走，山西平。

洪武二年三月西征军入奉元路（西安），李思齐逃奔凤翔，又奔临洮，大军进逼，势穷力竭，只好投降。元军又乘虚攻通州，北平无重兵，常遇春、李文忠率步骑九万还救，直捣元上都（开平），元顺帝北逃沙漠，北平也转危为安。遇春暴卒，李文忠领兵会合大军并力西征，大败围攻大同的元军，生擒脱列伯，杀孔兴。顺帝见几次计划，都已失败，知道不行了，叹一口气，从此打消了南下反攻的想头，定下心，重新回到他祖宗时幕天席地，跟水草转徙的生活，中国皇帝虽然作不成了，也还是称雄漠北的蒙古可汗。徐达军继续西进，张良弼逃奔宁夏，为扩廓所执。其弟良臣以庆阳降，不久又反，城破被杀，陕西平定。

李思齐、孔兴、脱列伯、张良弼兄弟，降的降，死的死，元朝大将只剩扩廓帖木儿还拥大兵驻屯宁夏，不时出兵攻掠，边境守军不得安逸。刘基警告元璋说："不可轻看扩廓，此人真是将材。"洪武三年又命大将军徐达总大兵征沙漠，扩廓方围兰州，解围回救，大败奔和林（今蒙古人民共和国库伦西南）。五年，又动员大军分道进攻，到岭北为扩廓所大败。廿五年后元璋想起这次失败，还非常伤心，写信告诫他儿子朱棡、朱棣说："吾用兵一世，指挥诸将，未尝败北，致伤军士。正欲养锐，以观胡变。夫何诸将日请深入沙漠，不免疲兵于和林，此盖轻信无谋，以致伤生数万。"据同时人记载，连同过去几次的损失，合计死亡有四十多万人，元璋竟把责任推给诸将了。其实元璋对扩廓最不放心，尝说："如今天下一家了，尚有三事未了，挂在心头：一件少传国玺，一件王保保未擒，一件元太子无音问。"到洪武八年，扩廓死，西北的守军才得休息，元璋和他的将军们背地里都叹了一口气。①

察罕死后，扩廓继掌兵权，元璋曾打发人去通好，七次去信，好说歹说，求通商，求助讨孛罗，求两下互不侵犯，各守封疆，送

① 《草木子·余录》；《庚申外史》；《明史·扩廓帖木儿传》；《国初群雄事略》卷九。

锦绮纱罗，送马匹，吊丧，问候，全做到了，使者都被扣留，也不回信。扩廓孤军出塞以后，家属被俘，又使人送信去劝降，娶他妹子作第二子秦王妃，还是不理。最后派李思齐去，见面时扩廓以礼款待，辞回时还派骑士送到交界地方，正要分别，骑士说："奉总兵令，请留一点东西作纪念。"思齐答："我为公差而来，无以留赠。"骑兵直说："我要你的一只手臂。"李思齐知不可免，只好砍掉一只手臂，回来后不几天就死了。① 元璋以此益发心敬扩廓，一天大会诸将，问道："我朝谁为奇男子？"都说："常遇春将不过万人，横行无敌，真奇男子。"元璋笑说："遇春虽然是人杰，我还可以臣服他。可是王保保就决不肯，这人才是奇男子！"②

北方平定，洪武四年正月出兵伐夏。汤和为征西将军，周德兴、廖永忠为副将军，率舟师由瞿塘攻重庆；傅友德为征虏前将军，顾时为副将军，率步骑由秦陇取成都。

明玉珍，随州（今湖北随县）人。农人出身，身长八尺，目重瞳，性刚直，为乡里所服。徐寿辉起兵，玉珍招集乡人，结塞栅以保乡里，被推作屯长。寿辉使人招降，不得已加入红军，作统兵征虏大元帅。据蜀称帝后，保境安民，礼聘名士，专务节俭，开进士科，求雅乐，赋税十分取一，下令去释道二教，止奉弥勒，普遍建立弥勒佛堂。天下大乱，四川独能休兵息民，百姓安居乐业。在位五年，死时才三十六岁。子明昇以十岁孩子继位，诸将争权，互相残杀，大权旁落，国势日渐衰弱。③

夏国见大军压境，倚仗瞿塘天险，以铁索横断关口，凿两岸石壁，引绳作飞桥，以木板置炮石、木杆、铁铳，两岸置炮，层层布防，以为舟师决不能过。汤和水军果然被阻，三个月不能前进一步。

夏人把重兵都配置在东线，北边防务空虚，傅友德趁机南下，连据名城，以克复城池日子写木牌，投在汉江，廖永忠得到消息，从间道绕过敌后，两面夹攻，断飞桥，烧铁索，水陆并进，夏兵抵

---

① 俞本：《纪事录》；《明史》卷一二四，《扩廓帖木儿传》。

② 姚福：《清溪暇笔》；《明史·扩廓帖木儿传》。

③ 《明太祖实录》卷十六。

挡不住，明昇乞降。傅友德进攻成都，成都知重庆已失，也降。十月汤和等全定川蜀郡县，夏亡。①

陈友谅的儿子陈理和明昇，后来一起被送到高丽去住，两家子孙到明朝中期还有人看到过。②

① 《明史·明玉珍传》；《国初群雄事略》卷五。

② 《朝鲜李朝实录》。

第四章　大皇帝的统治术

一、大明帝国和明教

吴元年（1367年，元至正二十七年）十二月，朱元璋的北伐大军已平定山东；南征军已降方国珍，移军福建，水陆两路都势如破竹。一片捷报声使应天的文武臣僚欢天喜地，估量军力、人事，和元政府的无能腐败，加上元朝将军疯狂的内讧，荡平全国已经是算得出日子的事情了。苦战了十几年，为的是什么？无非是为作大官，拜大爵位，封妻荫子，大庄园，好奴仆，数不尽的金银钱钞，用不完的锦绮绸罗，风风光光，体体面面，舒舒服服过日子，如今，这个日子来了。吴王要是升一级作皇帝，王府臣僚自然也进一等作帝国将相了。朱元璋听了朱升的话，“缓称王”，好容易熬了这多年才称王，称呼从主公改成殿下，如今眼见得一统在望，再也熬不住了，立刻要过皇帝瘾。真是同心一意，在前方斫杀声中，应天的君臣在商量化家为国的大典。

自然，主意虽然打定，自古以来作皇帝的一套形式，还是得照样搬演一下。照规矩，是臣下劝进三次，主公推让三次，文章都是刻板的滥调，于是，文班首长中书省左丞相宣国公李善长率文武百官奉表劝进：“开基创业，既宏盛世之舆图，应天顺人，宜正大君之宝位……既膺在躬之历数，必当临御于宸居，伏冀俯从众请，早定尊称。”不用三推三让，只一劝便答应了。十天后，朱元璋搬进新盖的宫殿，把要作皇帝的意思，祭告于上帝皇祇说：“惟我中国人民之君，自宋运告终，帝命真人于沙漠，入中国为天下主，其君臣父子及孙百有余年，今运亦终。其天下土地人民，豪杰分争。惟臣帝赐英贤，为臣之辅，遂戡定诸雄，息民于田野。今地周回二万里广，诸臣下皆曰生民无主，必欲推尊帝号，臣不敢辞，亦不敢不告上帝皇祇。是用明年正月四日于钟山之阳，设坛备仪，昭告帝祇，惟简在帝心。如臣可为生民主，告祭之日，帝祇来临，天朗气清。如臣不可，至日当烈风异景，使臣知之。”①

即位礼仪也决定了，这一天先告祀天地，再即皇帝位于南郊，丞相率百官以下和都民耆老拜贺舞蹈，连呼万岁三声。礼成，具皇帝卤簿威仪导从，到太庙追尊四代祖父母父母都为皇帝皇后，再祭告社稷。于是皇帝服衮冕，在奉天殿受百官贺。天地社稷祖先百官和都民耆老都承认了，朱元璋成为合法的皇帝。

皇帝的正殿命名为奉天殿，皇帝诏书的开头也规定为奉天承运。原来元时皇帝白话诏书的开头是长生天气力里，大福荫护助里，文言的译作上天眷命，朱元璋以为这口气不够谦卑奉顺，改作奉作承，为“奉天承运”，表示他的一切行动都是奉天而行的，他的皇朝是承方兴之运的，谁能反抗天命？谁又敢于违逆兴运？

洪武元年正月初四日，朱元璋和文武臣僚照规定的礼仪节目，逐一搬演完了，定有天下之号曰大明，建元洪武，以应天为京师。去年年底，接连下雨落雪，阴沉沉的天气，到大年初一雪停了，第二天天气更好，到行礼这一天，竟是大太阳，极好的天气，元璋才放了心。回宫时忽然想起陈友谅采石矶的故事，作皇帝这样一桩大事，连日子也不挑一个，闹得拖泥带水。衣冠污损，不成体统，实在好笑，甚怪不得他没有好下场。接着又想起这日子是刘基拣的，真不错，开头就好，将来会更好，子子孙孙都会好，越想越喜欢，不由得在玉辂里笑出声来。

奉天殿受贺后，立妃马氏为皇后，世子标为皇太子，以李善长、徐达为左右丞相，各文武功臣也都加官进爵。皇族不管死的活的，全都封王，一霎时闹闹攘攘，欣欣喜喜，新朝廷上充满了蓬勃的气象，新京师里添了几百千家新贵族，历史上也出现了一个新朝代。②

① 《明太祖实录》卷二四。

② 《明太祖实录》卷二五。

皇族和其他许多家族组织成功一个新统治集团，代表这集团执行统治的机构是朝廷，这朝廷是为朱家皇朝服务的，朱家皇朝的建立者朱元璋，给他的皇朝起的名号——大明。

大明这一朝代名号的决定，事前曾经过长期的考虑。

历史上的朝代称号，都有其特殊的意义。大体上可以分作四类：第一类用初起时的地名，如秦如汉。第二类用所封的爵邑，如隋如唐。第三类用特殊的物产，如辽（镔铁）如金。第四类用文字的含义，如大真大元。① 大明不是地名，也不是爵邑，更非物产，应该归到第四类。

大明这一国号出于明教。明教有明王出世的传说，主要的经典有大小明王出世经，经过了五百多年公开的秘密的传播，明王出世成为民间所熟知所深信的预言。这传说又和佛教的弥勒降生说混淆了，弥勒佛和明王成为二位一体的人民救主。韩山童自称明王起事，败死后，他的儿子韩林儿继称小明王，西系红军别支的明昇也称小明王。朱元璋原来是小明王的部将，害死小明王，继之而起，国号也称大明。② 据说是刘基提出的主意。③

朱元璋部下分红军和儒生两个系统，这一国号的采用，使两方面人都感觉满意。就红军方面说，大多数都起自淮西，受了彭莹玉的教化，其余的不是郭子兴的部属，就是小明王的余党，天完和汉的降将，总之，都是明教徒。国号大明，第一表示新政权还是继承小明王这一系统，所有明教徒都是一家人，应该团结在一起，共享富贵。第二告诉人"明王"在此，不必痴心妄想，再搞这一套花样了。第三使人民安心，本本分分，来享受明王治下的和平合理生活。就儒生方面说，固然和明教无渊源，和红军处于敌对地位，用尽心机。劝诱朱元璋背叛明教，遗弃红军，暗杀小明王，另建新朝代，可是，对于这一国号，却用儒家的看法去解释。"明"是光亮的意

① 赵翼：《廿二史劄记》卷二九，《元建国始用文义》条。

② 孙宜：《洞庭集·大明初略》四："国号大明，承林儿小明号也。"吴晗：《明教与大明帝国》，载《清华学报》卅周年纪念号。

③ 祝允明：《野记》一。

思，是火，分开来是日月，古礼有祀“大明”朝“日”夕“月”的说法，千多年来“大明”和日月都算是朝廷的正祀，无论是列作郊祭或特祭，都为历代皇家所看重，儒生所乐于讨论的。而且，新朝是起于南方的，和以前各朝从北方起事平定南方的恰好相反，拿阴阳五行之说来推论，南方为火，为阳，神是祝融，颜色赤，北方是水，属阴，神是玄冥，颜色黑，元朝建都北平，起自更北的蒙古大漠，那么，以火制水，以阳消阴，以明克暗，不是恰好？再则，历史上的宫殿名称有大明宫大明殿，古神话里，“朱明”一名词把国姓和国号联在一起，尤为巧合。因此，儒生这一系统也赞成用这国号。一些人是从明教教义，一些人是从儒家经说，都以为合式，对劲。①

元朝末年二十年的混战，宣传标榜的是“明王出世”，是“弥勒降生”的预言。朱元璋是深深明白这类预言，这类秘密组织的意义的。他自己从这一套得到机会和成功，成为新兴的统治者，要把这份产业永远保持下去，传之子孙，再也不愿意、不许别的人也来要这一套，危害治权。而且，“大明”已经成为国号了，也应该保持它的尊严。为了这，建国的第一年就用诏书禁止一切邪教，尤其是白莲社、大明教和弥勒教。接着把这禁令正式公布为法律，《大明律·礼律·禁止师巫邪术》条规定：“凡师巫假降邪神，书符咒水，扶鸾祷圣，自号端公太保师婆，妄称弥勒佛、白莲社、明尊教、白云宗等会，一应左道乱正之术，或隐藏图像，烧香集众，夜聚晓散，佯修善事，煽惑人民，为首者绞，为从者各杖一百，流三千里。”句解：“端公太保降神之男子，师婆降神之妇人。白莲社如昔远公修净土之教，今奉弥勒佛十八龙天持斋念佛者。明尊教谓男子修行斋戒，奉牟尼光佛教法者。白云宗等会，盖谓释氏支流派分七十二家，白云持一宗如黄梅曹溪之类也。”明尊教即明教，牟尼光佛即摩尼。《昭代王章·条例》：“左道惑众之人，或烧香集徒，夜聚晓散，为从者及称为善友，求讨布施，至十人以上，事发，属军卫者俱发边卫充军，属有司者发口外为民。”善友也正是明教教友称号的一种。招判

① 吴晗：《明教与大明帝国》。

枢机定师巫邪术罪款说："有等捏怪之徒，罔顾明时之法，乃敢立白莲社，自号端公，拭清风刀，人呼太保，尝云能用五雷，能集方神，得先天，知后世，凡所以煽惑人心者千形万状，小则人迷而忘亲忘家，大即心惑而丧心丧志，甚至聚集成党，集党成祸，不测之变，种种立见者，其害不可胜言也"① 何等可怕，不禁怎么行？温州、泉州的大明教，从南宋以来就根深蒂固流传在民间，到明初还"造饰殿堂甚侈，民之无业者咸归之"。因为名犯国号，教堂被毁，教产被没收，教徒被逐归农。② 甚至宋元以来的明州，也改名为宁波。③ 明教徒在严刑压制之下，只好再改换名称，藏形匿影，暗地里活动，成为民间的秘密组织了。

事实是，法律的条款和制裁，并不能、也不可能满足人民对政治的失望。朱元璋虽然建立了大明帝国，并没有替人民解除了痛苦，改善了生活，故二十年后，弥勒教仍在农村里传播，尤其是江西。朱元璋在洪武十九年年底诰诫人民说："元政不纲，天将更其运祚，而愚民好作乱者兴焉。初本数人，其余愚者闻此风而思为之，合共谋倡乱。是等之家，吾亲目睹……秦之陈胜、吴广，汉之黄巾，隋之杨玄感、僧向海明，唐之王仙芝，宋之王则等辈，皆系造言倡乱者，致干戈横作，物命损伤者既多。比其事成也，天不与首乱者，殃归首乱，福在殿兴。今江西有等愚民，妻不谏夫，夫不戒前人所失，夫妇愚于家，反教子孙，一概念诵南无弥勒尊佛，以为六字，又欲造祸，以殃乡里……今后良民凡有六字者即时烧毁，毋存毋奉，永保己安，良民戒之哉！"特别指出凡是造言首事的都没有好下场，"殃归首乱"，只有自己是跟从的，所以"福在殿兴"。劝人民不要首事肇祸，脱离弥勒教，翻来覆去地说，甚至不惜拿自己作例证，可以看出当时民间对现实政治的不满意，和渴望光明的情形。

政府对明教的压迫虽然十分严厉，小明王在西北的余党却仍然

---

① 以上并据《玄览堂丛书》本《昭代王章》。

② 宋濂：《芝园续集》卷四，《故岐宁卫经历熊府君墓铭》；何乔远：《闽书》卷七，《方域志》。

③ 吕毖：《明朝小史》卷二。

很活跃。从洪武初年到永乐七年（1409年）四十多年间，王金刚奴自称四天王，在沔县西黑山天池平等处，以佛法惑众，其党田九成自称后明皇帝，年号还是龙凤，高福兴自称弥勒佛，帝号和年号都直承小明王，根本不承认这个新兴的朝代。前后攻破屯寨，杀死官军。① 同时西系红军的根据地蕲州，永乐四年“妖僧守座聚男女成立白莲社，毁形断指，假神煽惑”被杀。永乐七年在湘潭，十六年在保定新城县，都曾爆发弥勒佛之乱。② 以后一直下来，白莲教明教的教徒在不同时期，不同地点的传播以至起义。可以说是史不绝书。虽然都被优势的武力所平定了，也可以看出这时代，人民对政府的看法和愤怒的程度。③

二、农民被出卖了！

朱元璋经过二十几年的实际教育，在流浪生活中，在军营里，在作战时，在后方，随处学习，随时训练自己，更事事听人劝告，征求专家的意见。他在近代史上，不但是一个以屠杀著名的军事统帅，也是一个最阴险残酷的政治家。

他的政治才能，表现在所奠定的帝国规模上。

在红军初起时，标榜复宋，韩林儿诈称是宋徽宗的子孙，暂时的固然可以发生政治的刺激作用，可是这时去宋朝灭亡已经七十年了，宋朝的遗民故老死亡已尽，七十年后的人民对历史上的皇朝，对一个被屈辱的家族，并不感觉到亲切，怀念，依恋。而且，韩家父子是著名的白莲教世家，突然变成赵家子孙，谁都知道是冒牌，真的都不见得有人理会，何况是假货？到朱元璋北伐时，严正地提出民族独立自主的号召，汉人应该由汉人自己治理，应该用自己的方式生活，保存原有的文化系统，这一崭新的主张，博得全民族的

---

① 《明成祖实录》卷九十；沈德符：《野获编》卷三十，再僭龙凤年号。

② 《明成祖实录》卷五六、九六、二百。

③ 本节参看吴晗：《明教与大明帝国》。

热烈拥护，瓦解了元朝治下汉官汉兵的敌对心理。在檄文中，更进一步地提出，蒙古、色目人只要参加这文化系统，就一体保护，认为皇朝的子民。这一举措，不但减低了敌人的抵抗挣扎行为，并且也吸引过来一部分敌人，化敌为友。到开国以后，这同化的主张仍然被尊重为国策，对于参加华族文化集团的外族，并不歧视，蒙古、色目的官吏和汉人同样登用，在朝廷有做到尚书侍郎大官的，地方作知府知县，一样临民办事。① 在军队里更多，甚至在亲军中也有蒙古军队和军官。② 由政府编置勘合（合同文书），给赐姓名，和汉人一无分别。③ 婚姻则制定法令，准许和汉人通婚，务要两相情愿，如汉人不愿，许其同类自相嫁娶。④ 这样，蒙古、色目人陶育融洽，几代以后，都同化为中华民族的成员了。内中有十几家军人世家，替明朝立下不可磨灭的功绩。对于塞外的外族，则继承元朝的抚育政策，告诉他们新朝仍和前朝一样，尽保护提携的责任，各安生理，不要害怕。

相反的，下诏书恢复人民的衣冠如唐朝的式样，蒙古人留下的习俗，辫发椎髻胡服——男袴褶窄袖及辫线腰褶，妇女衣窄袖短衣，下服裙裳——胡语胡姓一切禁止。⑤ 蒙古俗丧葬作乐娱尸，礼仪官品坐位以右手为尊贵，也逐一改正。⑥ 复汉官之威仪，参酌古代礼经和事实需要，规定了各阶层的生活服用房舍舆从种种规范和标准，使人民有所遵守。

红军之起，最主要的目的是要实现经济的政治的民族的地位平等。在民族方面说，大明帝国的建立已经使汉族成为统治民族，有压迫少数民族的特权，而无被异族压迫的痛苦了。可是，在经济政治方面，虽然推翻了异族对汉族的特权，但就中华民族本身而说，

① 《明太祖实录》卷一九九、二〇二；《明史》卷一三八《周桢传》，一四〇《道同传》。

② 《明太祖实录》卷七一、一九〇。

③ 《明太祖实录》卷五十；《明成祖实录》卷三三。

④ 《明律》卷六，《户律》。

⑤ 《明太祖实录》卷三十。

⑥ 《明史·太祖本纪》。

地主对农民的剥削压迫特权，并没有因为胡人的逐走而有所改变。

元末的农民，大部分参加红军，破坏旧的统治机构。地主的利益恰好相反，他们要保全自己的生命财产，就不能不维持旧秩序，就不能不拥护旧政权。在战争爆发之后，地主们用全力来组织私军，称为民军或义军，建立堡砦，抵抗农民的袭击。这一集团的组成分子，包括现任和退休的官吏、乡绅、儒生和军人，总之，都是丰衣足食，面团团的地主阶层人物。这些人受过教育，有智识，有组织能力，在地方有号召的威望。虽然各地方的地主各自作战，没有统一的指挥和作战计划，战斗力量也有大小强弱之不同，却不可否认是一个比元朝军队更为壮大，更为顽强的力量。他们决不能和红军妥协，也不和打家劫舍的草寇或割据一隅的群雄合作。可是，等到有一个新政权建立，而这一个新政权是有足够的力量，保护地主利益，维持地方秩序的时侯，也就毫不犹豫，拥戴这一属于他们自己的新政权了①，同时，新朝廷的一批新兴贵族、官僚，也因劳绩获得大量土地，成为新的地主。(洪武四年十月的公侯佃户统计，六国公二十八侯，凡佃户三万八千一百九十四户。)② 新政府对这两种地主的利益，是不敢，也不能不特别尊重的。这样，农民的生活问题，农民的困苦，就被搁在一边，无人理睬了。

朱元璋和大部分臣僚都是农民出身的。过去曾亲身受过地主的剥削和压迫。但在革命的过程中，本身的武装力量不够强大，眼看着小明王是被察罕帖木儿李思齐和孛罗帖木儿两支地主军打垮了的，为了要成事业，不能不低头赔小心，争取地主们的人力财力的合作。又恨又怕，在朱元璋的心坎里，造成了微妙的矛盾的敌对的心理，产生了对旧地主的两面政策。正面是利用有学识有社会声望的地主，任命为各级官吏和民间征收租粮的政府代理人，建立他的官僚机构。原来经过元末多年的战争，学校停顿，人才缺乏，将军们会打仗，不会作办文墨的事务官。有些读书人，怕朱元璋的残暴、侮辱，百般逃避，抵死不肯作官，饶是立了“士人不为君用”，就要杀头的条

① 吴晗：《元帝国之崩溃与明之建国》，载《清华学报》十一卷二期。

② 《明太祖实录》卷六八。

款，还是逼不出够用的人才。没奈何只好拣一批合用的地主，叫作税户人才，任为地方县令长、知州、知府、布政使，以至朝廷的九卿。另外，以为地主熟悉地方情形，收粮和运粮都比地方官经手方便省事，而且可以省去一层中饱，乃规定每一收粮万石的地方，派纳粮最多的大地主四人作粮长，管理本区的租粮收运。这样，旧地主作官，作粮长，加上新贵族新官僚的新地主，构成了新的统治集团。① 反面则用残酷的手段，消除不肯合作的旧地主，一种惯用的方法是强迫迁徙，使地主离开原有土地，集中到濠州、京师（南京）、山东、山西等处，釜底抽薪，根本削除了他们在地方的势力。其次是用苛刑诛灭，假借种种政治案件，株连牵及，一网打尽，灭门抄家，洪武朝的几桩大案如胡惟庸案、蓝玉案、空印案，屠杀了几万家，不用说了，甚至地方上一个皂隶的逃亡，就屠杀抄没了几百家。洪武十九年，朱元璋公布这案子说："民之顽者，莫甚于溧阳、广德、建平、宜兴、安吉、长兴、归安、德清、崇德蒋士鲁等三百七户，且如潘富系溧阳县皂隶，教唆官长贪赃枉法，自己挟势持权，科民荆杖。朕遣人按治，潘富在逃，自溧阳节次递送至崇德豪民赵真胜奴家。追者回奏，将豪民赵真胜奴并二百余家尽行抄没，持杖者尽皆诛戮。沿途节次遥送者一百七十户，尽行枭令，抄没其家。"② 豪民尽皆诛戮，抄没的田产当然归官，再由皇帝赏赐给新贵族新官僚，用屠杀的手段加速改变土地的持有人。据可信的史料，三十多年中，浙东浙西的故家巨室几乎到了被肃清的地步。③

为了增加政府的收入，财力和人力的充分运用，朱元璋用二十年的功夫，大规模举行土地丈量和人口普查，六百年来若干朝代若干政治家所不能做到的事情，算是划时代地完成了。丈量土地的目的，是因为过去六百年没有实地普遍调查，土地簿籍和实际情形完全不符合，而且连不符合的簿籍大部分都已丧失，半数以上的土地不在簿籍上，逃避政府租税，半数的土地面积和负担轻重不一样，

① 吴晗：《明代之粮长及其他》，载《云南大学学报》第一期，1938年。
② 《大诰三编》，递送潘富第十八。
③ 吴晗：《明代之粮长及其他》。

极不公平。地主的负担转嫁给贫农，土地越多的交租越少，土地越少的交租越多，由之，富的愈富，穷的更穷。经过实际丈量以后，使所有过去逃税的土地登记完粮。全国土地，记载田亩面积方圆，编列字号，和田主姓名，制成文册，名为鱼鳞图册，政府据以定赋税标准。洪武廿六年（1393年）全国水田总数八百五十万七千六百二十三顷①，夏秋二税收麦四百七十余万石，米二千四百七十余万石。和元代全国岁入粮数一千二百十一万四千七百余石比较，增加了一倍半。②

人口普查的结果，编定了赋役黄册，把户口编成里甲，以一百一十户为一里，推丁粮多的地主十户作里长，余百户为十甲，每甲十户，设一甲首。每年以里长一人甲首一人，管一里一甲之事，先后次序根据丁粮多少，每甲轮值一年。十甲在十年内先后轮流为政府服义务劳役，一甲服役一年，有九年的休息。每隔十年，地方官以丁粮增减重新编定黄册，使之合于实际。洪武二十六年统计，全国有户一千六百五万二千六百八十，口六千五十四万五千八百十二③，比之元朝极盛时期，世祖时代的户口，户一千一百六十三万三千二百八十一，口五千三百六十五万四千三百三十七④，户增加了三百四十万，口增加了七百万。

表面上派大批官吏，核实全国田土，定其赋税，详细记载原坂、坟衍、下隰、沃瘠、沙卤的区别，凡置卖田土，必须到官府登记税粮科则，免去贫民产去税存的弊端；十年一次的劳役，轮流的休息，又似乎是替一般穷人着想的。其实，穷人是得不到好处的，因为执行丈量的是地主，征收租粮的还是地主，里长甲首依然是地主，地主是决不会照顾小自耕农和佃农的利益的。其次，愈是大地主，愈

---

① 《明史》，《食货志》一，《田制》。

② 《明史》，《食货志》二，《赋役》。《明太祖实录》卷二三〇作“粮储三千二百七十八万九千八百余石”。《元史》卷九三，《食货志》，《税粮》。

③ 《明史》，《食货志》，《户口》。《明太祖实录》卷二一四：“洪武二十四年十二月，天下郡县更造赋役黄册成，计人户一千六十八万四千四百三十五，口五千六百七十七万四千五百六十一。”

④ 《元史》卷九三，《食货志》，《农桑》。

有机会让子弟受到教育，通过科举成为官僚绅士，官僚绅士享有非法的逃避租税，合法的免役之权。前一例子，朱元璋说得很明白："民间洒派包荒、诡寄、移丘、换段，这等俱是奸顽豪富之家，将次没福受用财富田产，以自己科差洒派细民。境内本无积年荒田，此等豪猾，买嘱贪官污吏，及造册书算人等，当科粮之际，作包荒名色，征纳小户。书算手受财，将田洒派，移丘换段，作诡寄名色，以此靠损小民。"① 后一例子，洪武十年（1377年），朱元璋告诉中书省官员："食禄之家，与庶民贵贱有等，趋事执役以奉上者，庶民之事也。若贤人君子，既贵其身，而复役其家，则君人野人无所分别，非劝士待贤之道。自今百司见任官员之家，有田土者，输租税外，悉免其徭役，著为令。"② 不但见任官，乡绅也享受这特权，洪武十二年又著令："自今内外官致仕还乡者，复其家终身无所与。"③ 连在学的学生、生员之家，除本身外，户内也优免二丁差役。④ 这样，现任官、乡绅、生员都逃避租税，豁免差役，完粮当差的义务，便完全落在自耕农和贫农的身上了。他们不但出自己的一份，连官僚绅士地主的一份，也得一并承当下来。统治集团所享受的特权，造成了更激烈的加速度的兼并，土地愈集中，人民的负担愈重，生活愈困苦。这负担据朱元璋说是"分"，即应尽的义务，洪武十五年他叫户部出榜晓谕两浙江西之民说："为吾民者当知其分，田赋力役出以供上者，乃其分也。能安其分，则保父母妻子，家昌身裕，为忠孝仁义之民。"不然呢？"则不但国法不容，天道亦不容矣！"应该像"中原之民，惟知应役输税，无负官府"。只有如此，才能"上下相安，风俗淳美，共享太平之福！"⑤

里甲的组织，除了精密动员人力以外，最主要的任务是布置全国性的特务网，严密监视并逮捕危害统治的人物。

朱元璋发展了古代的传、过所、公凭这一套制度，制定了路引

① 《大诰续诰》卷四五。

② 《明太祖实录》卷一一一。

③ 《明太祖实录》卷一二六。

④ 张居正：《太岳集》卷三九，《请申旧章饬学政以振兴人才疏》。

⑤ 《明太祖实录》卷一五〇。

(通行证或身份证)。法律规定："凡军民人等来往，但出百里即验文引，如无文引，必须擒拿送官。仍许诸人首告，得实者赏，纵容者同罪。天下要冲去处，设立巡检司，专一盘诘往来奸细及贩卖私盐犯人、逃囚、无引面生可疑之人。"① 处刑的办法："凡无文引，私度关津者杖八十。若关不由门，津不由渡而越度者杖九十。若越度缘边关塞者，杖一百，徒三年；因而出外境者绞。"军民的分别："若军民出百里之外不给引者，军以逃军论，民以私度关津论。"② 这制度把人民的行动范围，用无形的铜墙铁壁严密圈禁。路引是要向地方官请领的，请不到的，便被禁锢在生长的土地上，行动不能出百里之外。

要钳制监视全国人民，光靠巡检司是不够的，里甲于是被赋予了辅助巡检司的任务。朱元璋在洪武十九年手令"要人民互相知丁"，知丁是监视的意思。"诰出，凡民邻里互相知丁。互知务业，俱在里甲，县府州务必周知。市村绝不许有逸夫。若或异四业而从释道者，户下除名。凡有夫丁，除公占外，余皆四业，必然有效。一、知丁之法：某民丁几，受农业者几，受士业者几，受工业者几，受商业者几。且欲士者志于士，进学之时，师方某氏，习有所在，非社学则入县学，非县必州府之学，此其所以知士丁之所在。已成之士为未成士之师，邻里必知生徒之所在。庶几出入可验，无异为也。一、农业者不出一里之间，朝出暮入，作息之道互知焉。一、专工之业，远行则引明所在，用工州里，往必知方。巨细作为，邻里采知。巨者归迟，细者归疾，出入不难见也。一、商本有巨微，货有重轻，所趋远近水陆，明于引间。归期艰，限其业，邻里务必周知。若或经年无信，二载不归，邻里当觉（报告）之询故。本户若或托商在外非为，邻里勿干。"逸夫指的是无业的危险分子。如不执行这命令："一里之间，百户之内，仍有逸夫，里甲坐视，邻里亲戚不拿，其逸夫或于公门中，或在市闾里，有犯非为，捕获到官，逸夫处死，里甲四邻化外之迁，的不虚示。"③ 又说："此诰一出，自

---

① 《弘治大明会典》卷一一三。

② 《明律》卷十五，《兵律》。

③ 《大诰续诰》，互知丁业第三。

京为始，遍布天下。一切臣民，朝出暮入，务必从容验丁。市井人民，舍客之际，辨人生理，验人引目。生理是其本业，引目相符而无异，犹恐托业为名，暗有他为。虽然业与引合，又识重轻巨微贵贱，倘有轻重不伦，所赍微细，必假此而他故也，良民察焉。① 异为，非为，他为，他故，都是法律术语，即不轨、不法的意思。前一手令是里甲邻里的连坐法，后一手令是旅馆检查规程，再三叮咛训示，把里甲和路引制度关联成为一体，不但圈禁人民在百里内，而且用法律用手令强迫每一个人都成为政府的代表，执行调查、监视、告密、访问、逮捕的使命。②

三、新官僚养成所

专制独裁的君主，用以维持和巩固皇权的两套法宝，一是军队，二是官僚机构。用武力镇压，用公文统治，皇权假如是车子，军队和官僚便是两个车轮，缺一不可。

朱元璋从亲兵爬到宋朝的丞相国公，作吴王，一直作到皇帝，本来是靠武力起的家，有的是军队再加上刘基的组织方案——军卫法，一个轮子有了。

另一个轮子可有点麻烦，从朝廷到地方，从部院省寺府监到州县，各级官僚要十几万人，白手成家的朱元璋，从哪儿去找这么些听话的忠心的能干的文人？

用元朝的旧官僚吧？经过二十年战争的淘汰，生存的为数已不甚多，会办事有才力的一批，早已来投效了。不肯来的，放下脸色一吓唬，说是："您不来，敢情在打别的主意？"③ 也不敢不来。剩下的不是贪官污吏，便是老朽昏庸，不是眷怀旧国的恩宠，北迁沙漠④，便是厌恶新朝的暴发户派头，恐惧新朝的屠杀侮辱，遁迹江

---

① 《大诰续诰》，辨验丁引第四。

② 吴晗：《传·过所·路引的历史》，载《中国建设》月刊第五卷第四期，1948年1月。

③ 《明史》卷二八五，《张以宁传》附《秦裕伯传》。

④ 《明史》卷一二四，《扩廓帖木儿传》附《蔡子英传》；《明太祖实录》卷一一〇《蔡子英传》。

湖，埋名市井。[1] 尽管新朝用尽了心机，软说硬拉，要凑齐这个大班子，人数还差得太远。

第二想到的是元朝的吏，元朝是以吏治国的。从元世祖以后，甚至执政大臣也用吏来充当，造成风气。[2] 朱元璋深知法令愈繁冗，条格愈详备，一般人不会办，甚至不能懂，吏就愈方便舞文弄弊，闹成吏治代替了官治，代替了君治，这是万万要不得的。[3]

第三只好起用没有作过官的读书人了。读书人当然想作官，可是也有顾忌。顾忌的是失身份："海岱初云扰，荆蛮遂土崩，王公甘久辱，奴仆尽同升。"[4] 和奴仆同升也许还不大要紧，要紧的是这个政权还不大巩固，对内未统一，对外，北边蒙古还保有强大力量。顾忌的是这个政权是淮帮，大官位都给淮人占完了，"两河兵合尽红巾，岂有桃源可避秦？马上短衣多楚客，城中高髻半淮人"[5]。更顾忌的是恐怖的屠杀凌辱，作官一有差跌，不是枭示种诛，便是戴斩罪镣足办事，"以鞭箠笞楚为寻常之辱，以屯田工役为必获之罪"[6]。不是不得已，又谁敢作官？

第四是任用地主作官，称为荐举。有富户、耆民、孝弟力田、税户人才（纳粮最多的大地主）等名目。有一出来便作朝廷和地方的大官的，最多的一次到过三千七百多人。[7] 可是，还不够用，而且，这些地主官僚的作风，也不完全适合新朝统治的需要。

旧的人才不够用，只好想法培养新的了。朱元璋决心用自己的方法，新造一个轮子——国子监，来训练大量的新官僚。[8]

国子监的教职员，从祭酒（校长）司业博士助教学正到监丞，都是朝廷命官，任免都出于吏部，国子监官到监是上任作官，学校

---

① 《明史》卷二八五，《杨维桢传》、《丁鹤年传》。
② 余阙：《青阳文集》卷四，《杨君显民诗集序》。
③ 《明太祖实录》卷二六、一二六。
④ 贝琼：《清江诗集》卷八，《述怀二十二韵寄钱思复》。
⑤ 贝琼：《清江诗集》卷五，《秋思》。
⑥ 《明史》卷一三九，《叶伯巨传》。
⑦ 《明史》卷七一，《选举志》。
⑧ 黄佐：《南廱志》卷九，《学规本末》。

是学校官的衙门。政治和教育一体，官僚和师儒一体。祭酒虽然是衙门首长，“严立规矩，表率属官”，但是，并无聘任教员之权，因为一切教职员都是部派的。监丞品位虽低，却参领监事，凡教官怠于师训，生员有戾规矩，课业不精，并从纠举。不但管学生规矩课业，还兼管教员教课成绩。办公处叫绳愆厅，特备有行扑红凳二条，拨有直厅皂隶二名，“扑作教刑”，刑具是竹篦，皂隶是行刑人，红凳是让学生伏着挨打的。照规定，监丞立集愆册一本，各堂生员敢有不遵学规，即便究治。初犯记录（记过），再犯决竹篦五下，三犯决竹篦十下，四犯发遣安置（开除，充军，罚充吏役）。监丞对学生，不但有处罚权，而且有执行刑讯之权，学校、法庭、刑场，合而为一。当然，判决和执行都是片面的，学生绝对没有辩解申说和要求上诉的权利。膳夫由朝廷拨死囚服役，如三遍不听使令，即行斩刑，学校又变作死囚的苦工场了。①

学校的教职员全是官，学生呢？来源有两类，一类是官生，一类是民生。官生又分两等，一等是品官子弟，一等是外夷子弟（包括日本、琉球、暹罗和西南土司子弟）。官生是由皇帝指派分发的，民生是由各地地方官保送府州县学的生员。② 原来立学的目的，是为了训练官生如何去执行统治，名额是一百五十名，民生只占五十名。③ 后来官生入学的日少，民生依法保送的日多，以洪武二十六年（1393年）的在学人数为例，总数八千一百二十四名，里面官生只有四名。国子监已经失去原来的用意，成为广泛训练民生作官的机构了。

功课内容分御制《大诰》、《大明律令》、四书五经、刘向《说苑》等书。④ 最重要的是《大诰》。《大诰》是朱元璋自己写的，有《续编》、《三编》、《大诰武臣》，一共四册。主要的内容是列举所杀官民罪状，使官民知所警戒，和教人民守本分，纳田租，出夫役，

---

① 黄佐：《南雍志》卷十，《谟训考》。

② 《南雍志》卷十五。

③ 《大明律令》。

④ 《南雍志》卷一；《皇明太学志》卷七。

老老实实替朝廷当差的训话。洪武十九年以《大诰》颁赐监生，二十四年令："今后科举岁贡生员，俱以《大诰》出题试之。"礼部行文国子监正官，严督诸生熟读讲解，以资录用，有不遵者，以违制论。[①] 违制是违抗圣旨的法律术语，这罪名是非同小可的。至于《大明律令》，因为学生的出路是作官，当然是必读书。四书五经是儒家的经典，治国平天下的大道理都在里面。孔子的思想是没有问题的，尊王正名，君君、臣臣、父父、子子，这一大套，最合帝王的脾胃，所以朱元璋面谕国子博士："一以孔子所定经书诲诸生。"[②] 至于《孟子》就不同了，洪武三年，他开始读这本书，读到好些对君上不客气的地方，大发脾气，对人说："这老头要是活到今天，非严办不可！"下令国子监撤去孔庙中的孟子牌位，把孟子逐出孔庙。后来虽然迫于舆论，恢复孟子配享，对于这部书还是认为有反动毒素，得经过严密检查。洪武二十七年（1394年）特别敕命组织《孟子》审查委员会，执行检删职务的是当时的老儒刘三吾。把《尽心》篇的"民为贵，社稷次之，君为轻"，《梁惠王》篇"国人皆曰贤，国人皆曰可杀"一章，"时日曷丧，予及汝偕亡！"和《离娄》篇"桀纣之失天下也，失其民也。失其民者，失其心也"一章，《万章》篇"天与贤则与贤"一章，"天视自我民视，天听自我民听"，"君有大过则谏，反复之而不听，则易位"以及类似的"闻诛一夫纣矣，未闻弑君也"，"君之视臣如草芥，则臣视君如寇仇"，一共八十五条，以为这些话，不合"名教"，太刺激了，全给删节掉了。只剩下一百七十几条，刻板颁行全国学校。这部经过凌迟碎割的书，叫做《孟子节文》。所删掉的一部分，"课士不以命题，科举不以取士"[③]。至于《说苑》，是因为"多载前言往行，善善恶恶，昭然于分册之间，深有劝戒"。是作为修身或公民课本被指定的。此外，也消极地指定一些不许诵读的书，例如"苏秦张仪，繇战国尚诈，故得行其

①② 《南廱志》卷一。

③ 《明史》卷一三九《钱唐传》，卷五四《礼志》四；李之藻：《泮宫礼乐疏)》卷二；全祖望：《鲒埼亭集》卷三五《辨钱尚书争〈孟子〉事》；北京图书馆藏洪武二十七年刊本《孟子节文》，刘三吾：《孟子节文题辞》；容肇祖：《明太祖的〈孟子节文〉》，载《读书与出版》二卷四期。

术，宜戒勿读”①。由此可见学校功课的项目，内容的去取，必读书和禁读书，学校教官是无权说话的，一切都由皇帝御定。有时高兴，他还出题目，所谓“圣制策问”，来考问学生呢！

学生日课，规定每日写字一幅，每三日背《大诰》一百字，本经一百字，四书一百字，每月作文六篇，违者都是痛决（打）。低年级生只通四书的，入正义、崇志、广业三堂，中等文理条畅的升入修道、诚心二堂，在学满七百天，经史兼通的入率性堂。率性堂生一年内考试满八分的与出身（作官）。②

监生的制服叫襕衫，也是御定的。膳食全公费，阁校会馔。有家眷的特许带家眷入学，每月支食粮六斗。监生和教员请假或回家，都要经皇帝特许。③

管制学校的监规，是钦定的，极为严厉。前后增订一共有五十六款。学生对课业有疑问，必需跪听。绝对禁止对人对事的批评，禁止团结组织，甚至班与班之间也禁止来往，又不许议论饮食美恶，不许穿常人衣服。有事先于本堂教官处通知，毋得径行烦紊。凡遇出入，务要有出恭入敬牌。还有无病称病，出入游荡，会食喧哗，点闸（名）不到，号房（宿舍）私借他人住坐，酣歌夜饮等等二十七款，下文都是违者痛决。最最严重的一款是：“敢有毁辱师长，及生事告讦者，即系干名犯义，有伤风化，定将犯人杖一百，发云南地面充军。”④ 朱元璋寄托培养官僚的全部责任于国子监，这一条的法意就是授权监官，用刑法清除所有不服从和敢于抗议的监生，毁辱师长的含义是非常广泛的，无论是语言、文字、行动、思想上的不同意，以至批评，都可任意解释。至于生事告讦，更可随便应用，凡是不遵从监规的，不满意现状的，要求对教学及生活有所改进的，都可以援用这条款片面判决之，执行之。国子监第一任祭酒宋讷是这条监规的起草人，极意严酷，在他的任内，监生走投无路，经常

① 《南雍志》卷一。
② 《南雍志》卷九。
③ 《南雍志》卷一。
④ 《南雍志》卷九，《学规本末》。

有人被强制饿死，被迫缢死。祭酒连尸首也不肯放过，一定要当面验明，才许收殓。① 后来他的儿子宋复祖当司业，也学父亲的办法，“诫诸生守讷学规，违者罪至死”②。学录金文征反对宋讷的过分残暴，想法子救学生，向皇帝控诉说：“祭酒办学太严，监生饿死了不少人。”朱元璋不理会，说是祭酒只管大纲，监生饿死，罪坐亲教之师。文征又设法和同乡吏部尚书余炌商量，由吏部出文书令宋讷以年老退休。这年宋讷七十五岁，照规定是该告老的，不料宋讷在辞别皇帝时，说出并非真心要辞官，朱元璋大怒，追问缘由，立刻把余炌、金文征和一些关联的教官都杀了，还把罪状榜示在监前，也写在《大诰》里头。这次反迫害的学潮，在一场屠杀后被压平。③

洪武二十七年第二次学潮又起，监生赵麟受不了虐待，出壁报提出抗议。照监规是杖一百充军，为了杀一儆百，朱元璋法外用刑，把赵麟杀了，并且在监前立一长竿，枭首示众。二十八年又颁行赵麟诽谤册和警愚辅教二录于国子监。到三十年七月二十三日，又召集祭酒和本监教官监生一千八百二十六员名，在奉天门当面训话整顿学风，他说：

> 恁学生每听着：先前那宋讷做祭酒呵，学规好生严肃，秀才每循规蹈矩，都肯向学，所以教出来的个个中用，朝廷好生得人。后来他善终了，以礼送他回乡安葬，沿路上着有司官祭他。
>
> 近年着那老秀才每做祭酒呵，他每都怀着异心，不肯教诲，把宋讷的学规又改坏了，所以生徒全不务学，用着他呵，好生坏事。
>
> 如今着那年纪小的秀才官人每来署学事，他定的学规，恁每当依着行。敢有抗拒不服，撒泼皮，违犯学规的，若祭酒来

---

① 赵翼：《廿二史劄记》卷三一，明史立传多存大体条，引叶子奇：《草木子》。按通行本《草木子》无此条。

② 《明史》卷一三七，《宋讷传》。

③ 《南雝志》卷一、卷十；《明史·宋讷传》。

奏着恁呵，都不饶，全家发向武烟瘴地面去，或充军，或充吏，或做首领官。

今后学规严紧，若无籍之徒，敢有似前贴没头帖子，诽谤师长的，许诸人出首，或绑缚将来，赏大银两个。若先前贴了票子，有知道的，或出首，或绑缚将来呵，也一般赏他大银两个。将那犯人凌迟了，枭令在监前，全家抄没，人口迁发烟瘴地面。钦此！①

和统治监生一样，国子监的教官也是在严刑重罚的约束之下的。以祭酒为例，三十多年来的历任祭酒，只有以残酷著名的宋讷是善终在任上，死后的恩礼也特别隆重，可以说是例外，其他的不是得罪放逐，便是被杀。②

痛决、充军、罚充吏役、枷镣终身、饿死、自缢死、枭首示众、凌迟，一大串刑罚名词，明初的国子监与其说是学校，不如更合适地说是集中营，是刑场。不止是学生，也包括教官在内，在受死亡所威胁的训练，造成绝对服从的、无思想的、奴性的官僚。

从洪武二年到三十一年这一时期监生任官的情形来看，第一，监生并没有一定的任官资序，最高的有作到地方大吏从二品的布政使，最低的作正九品的县主簿，以至无品级的教谕。第二，监生也没有固定的任官性质，朝廷的部院官、监察官，地方最高民政财政官、司法官，以至无所不管亲民的府州县官，和学校官。监生万能，几乎无官不可作。第三，除作官以外，在学的监生，有奉命出使的，有奉命巡行列郡的，有稽核百司案牍的，有到地方督修水利的，有执行丈量、记录土地面积、定粮的任务的，有清查黄册的（每年一千二百人），有写本的，有在各衙门办事的，有在各衙门历事的（实习），几乎无事不能作。第四，三十年来监生的任官，以洪武二年和二十六年为最高（洪武二年擢监生为行省左右参政，各道按察司佥事及知府等官。二十六年以监生六十四人为行省布政按察两使及参

① 《南雝志》卷十，《谟训考》。

② 《南雝志》卷一。

政参议副使佥事等官），十九年为最多（命祭酒司业择监生千余人送吏部，除授知州知县等职），“故其时布列中外者，太学生最盛”①。大体说来，从十五年以后，监生的出路，已渐渐不如初年，从作官转到作事，朝廷利用大批监生作履亩定粮、督修水利，清查黄册等基层技术工作。至于为什么洪武二年和二十六年，大量利用监生作高官呢？理由是：第一，刚开国人才不够，如上文所说过的，没有别的人可用，只能以受过训练的监生出任高官。第二，洪武二十六年二月蓝玉被杀，牵连致死的文武官僚、地方大吏为数极多，许多衙门都缺正官，监生因之大走官运。至于为什么洪武十九年监生任官的竟有千余人之多呢？那是因为上年闹郭桓贪污案，供词牵连到直省官吏，因而系死者有几万人，下级官吏缺得太多的缘故。至于为什么从洪武十五年以后，监生作官的出路一天不如一天呢？那是因为从十五年以后，会试定期举行，每三年一次，进士在发榜后即刻任官，要作官的都从进士科出身，甚至监生也多从进士科得官，官僚从科举制度里出来，国子监失去了培养官僚的独占地位。进士释褐授官，这些官原来都是监生的饭碗，进士日重，监生日轻，只好去作基层技术工作和到诸司去历事了。

地方的府州县学和国子监一样，生员都是供给禀膳（公费）的，从监生到生员都享有免役权，法律规定“免其家差徭二丁”。

洪武十二年颁发禁例十二条于全国学校，镌立卧碑，置于明伦堂之左，不遵者以违制论。禁例中最重要的是：“生员家若非大事，毋轻至于公门。”“生员父母欲行非为，则当再三恳告。”前一条不许生员交结地方官，后一条要使生员为皇家服务，替朝廷消弭“非为”。另一条“军民一切利病，并不许生员建言。果有一切军民利病之事，许当该有司，在野贤才，有志壮士，质朴农夫，商贾技艺，皆可言之，诸人毋得阻当，惟生员不许！”② 重复地说：“不许生员建言”，“惟生员不许”，为什么单单剥夺了生员讨论政治的权利呢？因为他害怕群众，害怕组织，尤其害怕有群众基础有组织能力的知

① 《南雝志》卷一；《明史》卷六九，《选举志》。

② 《大明会典》卷七八，《学校》。

识分子。

地方学校之外，洪武八年又诏地方立社学——乡村小学。

府州县学和社学都以《御制大诰》和《律令》作主要必修科。

在官僚政治之下，地方学校只存形式，学生不在学，师儒不讲论。社学且成为官吏迫害剥削人民的手段，“有愿读书无钱者不许入学；有三丁四丁不愿读书者，受财卖放，纵其愚顽，不令读书。有父子二人，或农或商，本无读书之暇，却乃逼令入学。有钱者又纵之，无钱者虽不暇读书，又不肯放，将此凑生员之数，欺诳朝廷”①。朱元璋虽然要导民为善，却对官僚政治无办法，叹一口气，只好把社学停办，省得“逼坏良民不暇读书之家”②。

除国子监以外，政府官吏的来源是科举制度。国子监生可以不由科举，直接任官，而从科举出身的人则必须是学校的生员。府州县学的生员（俗称秀才）每三年在省城会考一次，称为乡试，及格的为举人。各布政司举人的名额是一定的，除直隶（今江苏安徽）百人最多，广东广西二十五人最少，其他九布政司都是四十人。第二年全国举人会考于京师，称为会试。会试及格的再经一次复试，地点在殿廷，叫作廷试，亦称殿试，这复试是形式上的，主要意义是让皇帝自己来主持这抡才大典，选拔之权，出于一人，及格的是天子门生，自然应该死心塌地替皇家服务。发榜分一二三甲（等），一甲只有三人，状元、榜眼、探花，赐进士及第。二甲若干人，赐进士出身。三甲若干人，赐同进士出身。状元、榜眼、探花的名号是御定的，民间又称乡试第一名为解元，会试第一名为会元，二三甲第一名为传胪。乡试由布政使司，会试由礼部主持。状元授翰林院修撰，榜眼、探花授编修，二三甲考选庶吉士的为翰林官，其他或授给事御史，主事中书，行人评事，太常国子博士，或授府推官知州、知县等官。举人贡生会试不及格，改入国子监，也可选作小京官，或作府佐和州县正官以及学校教官。

科举各级考试，专用四书五经来出题目。文体略仿宋经义，要

---

① 《御制大诰》，社学第四十四。

② 本节参看吴晗：《明初的学校》，载《清华学报》十四卷二期。

用古人口气说话，只能根据几家指定的注疏发挥，绝对不许有自己的见解。体裁排偶，叫作八股，也称制义。这制度是朱元璋和刘基商量决定的。十五年以后，定制子、午、卯、酉年乡试，辰、戌、丑、未年会试，乡试在八月，会试在二月。每试分三场，初场四书义三道，经义四道；二场试论一道，判一道，诏诰表内科（选）一道；三场试经史时务策五道。①

学校和科举并行，学校是科举的阶梯，科举是学生的出路。学生通过科举便作官，不但忘了学校，也忘了书本，于是科举日重，学校日轻。学校和科举都是制造和选拔官僚的制度，所学习和考试的范围完全一样，都是四书五经，不但远离现实，也绝对不许接触到现实。诚如当时人宋濂所说："自贡举法行，学者知以摘经拟题为志，其所最切者，惟四子一经之笺，是钻是窥，余则漫不加省。与之交谈，两目瞪然视，舌木强不能对。"② 学校呢？"稍励廉隅者不愿入学，而学行章句有闻者，未必尽出于弟子员。"③ 到后来甚至弄到"生徒无复在学肄业，入其庭不见某人，如废寺然"④。科举人才不读书，不知时事，学校没有学生，加上残酷的统制管理，严格的检查防范，学校生员除了尊君和盲从古人之外，不许有新的思想、言论，于是整个学术文化界、思想界、政治界，从童生到当国执政，都向往三王，服膺儒术，都以为"天王圣明，臣罪当诛。"挨了打是"恩谴"，被斫头是"赐死"，挨了骂不消说有资格才能挨得着，天下无不是的父母，更不会有不是的皇帝，君权由此巩固，朱家万世一系的统治也安如泰山了。

四、皇权的轮子——军队

皇权的另一个轮子是军队。

---

① 《明史》卷七十，《选举志》。

② 宋濂：《銮坡集》卷七，《礼部侍郎曾公神道碑铭》。

③ 宋濂：《翰苑别集》卷一，《送翁好古教授广州序》。

④ 陆容：《菽园杂记》。

朱元璋在攻克集庆以后，厉行屯田政策，广积粮食，供给军需。和刘基研究古代的兵制：征兵制的好处是全国皆兵，有事召集，事定归农，兵员素质好，来路清楚，政府在平时无养兵之费。坏处是兵员都出自农村，如有长期战争，便影响到农村的生产。而且兵源有限制，不适合于大规模的作战。募兵制呢？好处是应募的多为无业游民，当兵是职业，数量和服役的时间，可以不受农业生产的限制。坏处是政府经常要维持大量数目的常备军，军费负担太重，而且募的兵来路不明，没有宗族乡党的挂累，容易逃亡，也容易叛变。理想的办法是折中于两者之间，有两者的好处，而避免各自的坏处，主要的原则，是要使战斗力量和生产力量一致。

刘基创立的办法是卫所制度。①

卫所的兵源有四种：一种是从征，即起事时所统的部队，也就是郭子兴的基本队伍。一种是归附，包括削平群雄所得的部队和元朝的投降军。一种是谪发，指因犯罪被谪发当军的，也叫做恩军。一种叫垛集，即征兵，照人口比例，一家有五丁或三丁出一丁为军。前两种是定制时原有的武力，后两者则是补充的武力。这四种来源的军人都是世袭的，为了保障固定员额的维持，规定军人必须娶妻，世代继承下去，如无子孙继承，则由其原籍家属壮丁顶补。种族绵延的原则，被应用到武装部队里来，兵营成为武装的家庭群了。②

军有特殊的社会身份，单独有“军籍”。在明代户口中，军籍和民籍、匠籍平行，军籍属于都督府，民籍属于户部，匠籍属于工部。军不受普通行政官吏的管辖，在身份上、法律上和经济上的地位，都和民不同，军和民是截然地分开的。民户有一丁被垛为军，政府优免原籍老家一丁差徭，作为优恤。军士到戍所时，由宗族治装。在卫的军士除本身为正军外，其子弟称为余丁或军余，将校的子弟则称为舍人。日常生活概由政府就屯粮支给，按月发米，称为月粮，马军月支米二石，步军总旗一石五斗，小旗一石二斗，步军一石。（守城的照数支给，屯田的支半。）恩军家四口以上一石，三口以下

① 《明史》卷一二八，《刘基传》。

② 《明史》卷九一，《兵志》。

六斗，无家口的四斗。衣服岁给冬衣棉布棉花，夏衣夏布，出征时则例给胖袄鞋裤。①

军队组织分作卫所两级：大体上以五千六百人为卫，卫有指挥使。卫分五千户所，所一千二百二十人，有千户。千户所分十百户所，所百十二人，有百户。百户下有总旗二，小旗十；总旗领小旗五，小旗领军十人。大小联比以成军。卫所的分布，根据地理险要：小据点设所，关联几个据点的设卫。集合一个军区的若干卫所，又设都指挥使司，作为军区的最高军事机构，长官是都指挥使。洪武二十五年（1392 年）全国共有十七个都指挥使司，内外卫三百二十九，守御千户所六十五。

首都和地方的兵力分配如下：

在京武官	二七四七员
军士	二〇六二八〇人
马	四七五一匹
在外武官	一二七四二员
军士	九九二一五四人
马	四〇三二九匹②

这十七个都指挥使司又分别隶属于五军都督府。

军食出于屯田。大略是学汉朝赵充国的办法，在边塞开屯，一部分军士守御，一部分军士受田耕种。目的在省去运输费用，和充裕军食，减轻国库的负担，战斗力和生产力的一致。跟着内地卫所也先后开屯耕种，以每军受田五十亩作一分，官给耕牛农具。开头几年是免纳田租的，到成为熟地后，每亩收税一斗。规定边地守军十分之三守城，七分屯种，内地是二分守城，八分屯种，希望能达到自足自给的地步。③

军队里也和官僚机构一样，清廉的武官是极少见的，军士经常被苛敛剥削。朱元璋曾经愤恨地指出：

---

① 吴晗：《明代的军兵》，见《中国社会经济史集刊》五卷二期。

② 《明太祖实录》卷二二三。

③ 宋讷：《西隐文稿》卷十，《守边策略》；《明史》卷七七，《食货志》。

> 那小军每一个月只关得一担儿仓米。若是丈夫每不在家里，他妇人家自去关呵，除了几升做脚钱，那害人的仓官又斛面上打减了几升。待到家里岬（音伐）过来呵，止有七八斗儿米，他全家儿大大小小要饭吃，要衣裳穿，他那里再得闲钱与人？①

正军本人的衣着虽由官家支给，家属的却得自己制备，一石米在人口多的家庭，连吃饭也还不够，如何还能孝敬上官？如何还能添制衣服？军士活不了，只好逃亡，只好兼营副业，作苦力作买卖全来，军营就空了，军队的士气战斗力也就差了。

除军屯外，还有商屯。边军粮食发生困难时，政府用开中法来接济。开中法是把运输费用转嫁给商人。政府有粮食有盐，困难的是运输费用过大，商人有资本也有人力，却无法得到为政府所专利的盐，开中法让商人运一定数量的粮食到边境，拿到收据，可以向政府领到等价的盐，自由贩卖，从而获取重利。商人会打算盘，索性雇人在边上开屯，就地缴粮，省去几倍的运费。② 在这一交换过程中，不但边防充实了，政府省运费、省事，商人也发了财，皆大欢喜。而且，边界荒地开垦了，不但增加了政府的财富，也造成了地方的繁荣。

军权分作两部分：统军权归五军都督府，军令权则属于兵部。武人带兵作战，文人发令决策。在平时卫所军务在屯地操练屯田，战时动员令一下，各地卫军集合成军，临时指派都督府官充任将军总兵官，统带出征。战事结束，立刻复员，卫军各回原卫，将军交回将印，也回原任。将不专军，军无私将，上下阶级分明，纪律划一。唐宋以来的悍将跋扈、骄兵叛变的弊端，在这制度下完全根绝了。

朱元璋对军官军士是用十二分的注意来防闲的。除开在各个部队里派义子监军，派特务人员侦伺以外，洪武五年还特地降军律于各卫，禁止军官军人，不得于私下或明白接受公侯所与信宝金银段

① 《大诰武臣》，科敛害军第九。

② 《明太祖实录》卷五三、五六；《明史》卷一五〇，《郁新传》。

匹衣服粮米钱物，及非出征时，不得于公侯之家门首侍立。其公侯非奉特旨，不得私自呼唤军人役使，违者公侯三犯准免死一次，军官军人三犯发海南充军。① 后来更进一步，名义上以公侯伯功臣有大功，赐卒一百十二人作卫队，设百户一人统率，颁有铁册，说明“俟其寿考，子孙得袭，则兵皆入卫”，称为奴军，亦称铁册军；事实上是防功臣有二心，特设铁册军来监视的。功臣行动，随时随地都有报告，证人是现成的，跟着是一连串的告密案，和大规模的功臣屠杀。②

在作战时，虽然派有大将军统帅大军，指导战争进行的，还是朱元璋自己，用情报用军事经验来决定前方的攻战，甚至指挥到极琐细的军务。即最亲信的将领像徐达、李文忠，也是如此。例如吴元年（1367年）四月十八日给徐达的手令，在处分军事正文之后，又说：“我的见识只是如此，你每见得高处强处便当处，随着你每意见行着，休执着我的言语，恐怕见不到处，教你每难行事。”洪武三年四月：“说与大将军知道……这是我家中坐着说的，未知军中便也不便，恁只拣军中便当处便行。”给李文忠的手令：“说与保儿老儿……我虽这般说，计量中不如在军中多知备细，随机应变的勾当。你也斯活落些儿也，那里直到我都料定！”大体上指导的原则是不能更动的，统帅所有的只是极细微的修正权。

对待俘虏的方针是屠杀，如龙凤十一年十一月初五日的令旨：“吴王亲笔，差内使朱明前往军中，说与大将军左相国徐达副将军平章常遇春知会：十一月初四日捷音至京城，知军中获寇军及首目人等六万余众，然而俘获甚众，难为囚禁，令差人前去，教你每军中，将张（士诚）军精锐勇猛的留一二万，若系不堪任用之徒，就军中暗地去除了当，不必解来。但是大头目，一名名解来。”十二年三月且严厉责备徐达不多杀人：“吴王令旨，说与总兵官徐达，攻破高邮之时，城中杀死小军数多，头目不曾杀一名。今军到淮安，若系便降，系是泗州头目青旛黄旗招诱之力，不是你的功劳。如是三月已

---

① 宋濂：《洪武圣政记》，肃军政第四。

② 沈德符：《野获编》卷十七，《铁册军》。

里，淮安未下，你不杀人的缘故，自说将来！依奉施行者。”吴元年十月二十四日因为俘虏越狱逃跑，又下令军前：“今后就近获到寇军及首目人等，不须解来，就于军中典刑。”洪武三年四月：“说与大将军知道：止是就阵得的人，及阵败来降的王保保头目，都休留他一个，也杀了。止留小军儿，就将去打西蜀了后，就留些守西蜀便了。”则不但俘虏，连投降的头目也一概残杀了。

有一道令旨是关于整饬军纪的，说明了这一举措的军事理由。时间是龙凤十二年三月：“（张军）男子之妻多在高邮被掳，总兵官为甚不肯给亲完聚发来？这个比杀人那个重？当城破之日，将头目军人一概杀了，倒无可论。掳了妻子，发将精汉来，我这里赔了衣粮，又费关防，养不住。杀了男儿，掳了妻小，敌人知道，岂不抗拒？星夜教冯副使（胜）去军前，但有指挥千户百户及总兵官的伴当，掳了妇女的，割将首级来。总兵官的罪过，回来时与他说话。依奉施行者。”① 男子指的是张士诚的部队，被掳是指的被朱元璋自己的部队所掳。把俘虏的妻女抢了，送俘虏来，养不住，白赔粮食，白费事看守。掳了妇女，杀了俘虏，敌人知道了，当然会顽强抵抗。为了这个道理，朱元璋只好派特使去整顿军风纪了。

五、皇权的轮子——新官僚机构

由于历史包袱的继承，皇权的逐步提高，隋唐以来的官僚机构，以巩固皇权为目的的三省制度——中书省出命令，门下省掌封驳，尚书省主施行——中书官和皇帝最亲近，接触机会最多，权也最重。宋代后期，门下省不能执行审核诏令的任务，尚书省官只能平决庶务，不能与闻国政，三省事实上只是一省当权。到元代索性取消门下省，把尚书省的官属六部也归并到中书，成为一省执政的局面。地方则分设行中书省，总揽军民大政。其下有路、府、州、县，管理军民。

① 王世贞：《弇山堂别集》卷八六，《诏令考》二。

三省制的形成有它的历史背景和原因，就这制度本身而论，把政权分作三份，一个专管决策，一个负责执行，而又另有一个纠核的机构，驳正违误，防止皇权的滥用和官僚的缺失，对巩固皇权，维持现状的意义上说，是很有用的。可是，在事实上，官僚政治本身破坏了瘫痪了这个官僚机构，皇权和相权的冲突，更有目的地摧毁了这个官僚机构。

官僚政治特征之一是作官不作事，重床叠屋，衙门愈多，事情愈办不好，拿薪水的官僚愈多，负责作事的人愈少。例如从唐以来，往往因事设官：尚书省原有户部，专管户口财政，在国计困难时，政府要张罗财帛，供应军需，大张旗鼓，特设盐铁使、户部使、租庸使、国计使等官，由宰相或大臣兼任，意思是要提高搜括的效率，可是这样一来，户部位低权轻，职守都为诸使所夺，便变成闲曹了。兵部专管军政，从五代设了枢密使以后，兵部又无事可做了。礼部专掌礼仪，宋代却又另有礼院。几套性质相同的衙门，新创的抢了旧衙门的职司，本衙门的官照例作和本衙门不相干的事，或者索性不作事。千头万绪，名实不符，十个官僚有九个不知道自己的职司。冗官日多，要官更多，行政效率也就日益低落。① 到元代又添上蒙古的部族政治机构，衙门越发多，越发庞大，混乱复杂，臃肿不灵，瘫痪的病象在在显露了。

而且就官僚的服务名义说，也有官、职、差遣之分。官是表明等级、分别薪俸的标识，职以待文学侍从之臣，只有差遣是“治内外之事”的。皇家的赏功酬庸，又有阶、勋、爵、食邑、功臣号等名目。以差遣而论，又有行、守、试、判、知、权知、权发遣的不同。其实除差遣以外，其他都是不大相干的。②

皇权和相权的矛盾：例如宋太宗讨厌中书的政权太重，分中书吏房置审官院，刑房置审刑院。③ 为了分权而添置衙门，其实是夺

---

① 《宋史》，《职官志》一。

② 司马光：《司马文正公传家集》卷二一，《乞分十二等以进退群臣上殿札子》；钱大昕：《潜研堂文集》卷三四，《答袁简斋书》。

③ 司马光：《涑水纪闻》卷三；李攸：《宋朝事实》卷九；李焘：《续资治通鉴长编》卷一二五。

相权归之于皇帝。皇帝的诏令照规矩是必须经过中书门下，才算合法，所谓“不经凤阁鸾台，何谓之敕？”① 用意是防止皇权的滥用。但是，这规矩只是官僚集团的规矩，官僚的任免生杀之权在皇帝，升沉荣辱甚至诛废的利害超过了制度的坚持，私人的利害超过了集团的利害。唐武后以来的墨敕斜封（手令），也就破坏了这个官僚制度，摧杀了相权，走上了独裁的道路。

朱元璋继承历代皇权走向独裁的趋势，对官僚机构大加改革，使之更得心应手，为皇家服务。

元代的行中书省是从中书省分出去的，职权太重，到后期鞭长莫及，几乎没法子控制了。朱元璋要造成绝对的中央集权，洪武九年（1376年）改行中书省为承宣布政使司，设左右布政使各一人，掌一区的政令。布政使是朝廷派驻地方的代表、使臣，禀承朝廷，宣扬政令。全国分浙江、江西、福建、北平、广西、四川、山东、广东、河南、陕西、湖广、山西十二布政使司，十五年增置云南布政使司。② 布政使司的分区，大体上继承元朝的行省，布政使的职权却只掌民政财政，和元朝行中书省的无所不统，轻重大不相同了。而且就地位论，行省是以都省的机构分设于地方，布政使则是朝廷派驻的使臣，前者是中央分权于地方，后者是地方集权于中央，意义也完全不同。此外，地方掌管司法行政的另有提刑按察使司，长官为按察使，主管一区刑名按察之事。布按二司和掌军政的都指挥使司合称三司，是朝廷派遣到地方的三个特派员衙门。民政、司法、军政三种治权分别独立，直接由朝廷指挥，为的是便于控制，便于统治。布政司之下，真正的地方政府分两级，第一级是府，长官为知府；有直隶州，即直隶于布政使司的州，长官是知州。第二级是县，长官是知县；有州，长官是知州。州县是直接临民的政治单位。③

中央统治机构的改革，稍晚于地方。洪武十三年（1380年）胡

---

① 《旧唐书》卷一一七，《刘祎之传》。

② 明成祖永乐元年（1403年）以北平布政使司为北京，五年置交阯布政使司，十一年置贵州布政使司。宣德三年（1428年）罢交阯布政使司，除两京外定为十三布政使司。

③ 《明史·职官志》。

惟庸案[1]发后，废中书省，仿周官六卿之制，提高六部地位；吏户礼兵刑工每部设尚书一人，侍郎（分左右）二人。吏部掌全国官吏选授封动考课，甄别人才。户部掌户口田赋商税。礼部掌礼仪、祭祀、僧道、宴飨、教育及贡举（考试）和外交。兵部掌卫所官军远授简练和军令。刑部掌刑名。工部掌工程造作（武器、货币等），水利，交通。都直接对皇帝负责，奉行政令。

统军机关则改枢密院为大都督府，节制中外诸军。洪武十三年分大都督府为中左右前后五军都督府，每府以左右都督为长官，各领所属都司卫所，和兵部互相表里。都督府长官虽管军籍军政，却不直接统带军队，在有战事时，才奉令出为将军总兵官，指挥作战。战争结束，便得交还将印，回原职办事。[2]

监察机关原来是御史台，洪武十五年改为都察院，长官是左右都御史，下有监察御史一百十人，分掌十二道（按照布政使司政区分道）。职权是纠劾百司，辨明冤枉，凡大臣奸邪，小人构党作威福乱政，百官猥茸贪污舞弊，学术不正，和变乱祖宗制度的，都可随时举发弹劾。这衙门的官被皇帝看作是耳目，替皇帝听，替皇帝看，有对皇权不利的随时报告。也被皇帝看作是鹰犬，替皇帝追踪、搏击一切不忠于皇帝的官民，是替皇帝监视官僚的衙门，是替皇帝检举反动思想，保持传统纲纪的衙门。监察御史在朝监视各个不同的官僚机构，派到地方的，有巡按、清军、提督学校、巡监、茶马、监军等职务，就中巡按御史算是代皇帝巡狩，按临所部，大事奏裁，小事立断，是最威武的一个差使。

行政军事监察三种治权分别独立，由皇帝亲身总其成。官吏内外互用，其地位以品级规定。从九品到正一品，九品十八级，官和品一致，升迁调用都有一定的法度。百官分治，个别对皇帝负责。系统分明，职权清楚，法令详密，组织严紧。而在整套统治机构中，互相钳制，以监察官来监视一切臣僚，以特务组织来镇压威制一切官民。都督府管军不管民，六部管民不管军。大将在平时不指挥军队，动员复员之权属于兵部，供给粮秣的是户部，供给武器的是工

---

① 《明史·胡惟庸传》；吴晗：《胡惟庸党案考》，载《燕京学报》十五期，1934年6月。

② 宋濂：《洪武圣政记》，肃军政第四。

部，决定战略的是皇帝。六部分别负责，决定政策的是皇帝。在过去，政事由三省分别处理，取决于皇帝，皇帝是帝国的首领。在这新统治机构下，六部府院直接隶属于皇帝，皇帝不但是帝国的首领，而且是这统治机构的负责人和执行人；历史上的君权和相权到此合一了，皇帝兼理宰相的职务，皇权由之达于极峰。①

※　　　※　　　※

历史的教训使朱元璋深切地明白宦官和外戚对于政治的祸害。他以为汉朝唐朝的祸乱都是宦官作的孽。这种人在宫廷里是少不了的，只能作奴隶使唤，洒扫奔走，人数不可过多，也不可用作耳目心腹；作耳目，耳目坏，作心腹，心腹病。对付的办法，要使之守法，守法自然不会作坏事；不要让他们有功劳，一有功劳就难于管束了。立下规矩，凡是内臣都不许读书识字。又铸铁牌立在宫门，上面刻着："内臣不得干预政事，犯者斩。"又规定内臣不许兼外朝的文武官衔，不许穿外朝官员的服装；作内廷官不能过四品，每月领一石米，穿衣吃饭官家管。并且，外朝各衙门不许和内官监有公文往来。这几条规定着着针对着历史上所曾发生的弊端，使内侍名符其实地作宫廷的仆役。② 对外戚干政的对策，是不许后妃干政，洪武元年三月即命儒臣修女诫，纂集古代贤德妇女和后妃的故事，刊刻成书，来教育宫人，要她们学样。又立下规程，皇后只能管宫中嫔妇的事，宫门之外不得干预。宫人不许和外间通信，犯者处死，以断绝外朝和内廷的来往以至通信，使之和政治隔离。外朝臣僚命妇按例于每月初一十五朝见皇后，其他时间，没有特殊缘由，不许进宫。皇帝不接见外朝命妇，皇族婚姻选配良家子女，有私进女口的不许接受。元璋的母族和妻族都绝后，没有外家，后代帝王也都遵守祖训，后妃必选自民家。外戚只是高爵厚禄，作大地主，住大房子，绝对不许预闻政事。③ 在洪武一朝三十多年中，内臣小心守

---

① 参看《明史·职官志》。

② 宋濂：《洪武圣政记》；《明史》卷七四，《职官志》。

③ 《明史》，卷一百〇八《外戚恩泽侯表序》，卷一一三《后妃列传序》，卷三百《外戚传序》。

法，宫廷和外朝隔绝，和前代相比，算是家法最严的了。

其次，元代以吏治国，法令极繁冗，档案堆成山，吏就从中舞弊，无法根究。而且，正因为公文条例过于琐细，不费一两年工夫，无从通晓，办公文办公事成为专门技术，掌印正官弄不清楚，只好由吏作主张，结果治国治民的都是吏，不是官。小吏们唯利是图，毫不顾到全盘局面，政治（其实是吏治）自然愈闹愈坏。远在吴元年，朱元璋已注意到法令和吏治的关系，指令台省官立法要简要严，选用深通法律的学者编定律令。经过缜密的商订，去烦减重，花了三十年工夫，更改删定了四五次，编成《大明律》，条例简于唐律，精神严于宋律，是中国法律史上极重要的一部法典。又为简化公文起见，于洪武十二年立案牍灭烦式颁示各衙门，使公文明白好懂，文吏无法舞弊弄权。从此吏员在政治上被斥为杂流，不能作官。官和吏完全分开，官主行政，吏主事务，和元代的情形完全不同了。①

和上述相关的是文章的格式。唐宋以来的政府文字，从上而下的制诰，从下达上的表奏，照习惯是骈骊四六文。尽管有多少人主张复古，提倡改革，所谓古文运动，在民间是成功了，政府却仍然用老套头。同一时代用的是两种文字，庙堂是骈偶文，民间是古文。朱元璋很不以为然，以为古人作文章，讲道理，说世务，经典上的话，都明白好懂，像诸葛亮的《出师表》，又何尝雕琢、立意写文章？可是有感情，有血有肉，到如今读了还使人感动，怀想他的忠义。近来的文士，文字虽然艰深，用意却很浅近，即使写得和司马相如、杨雄一样好，别人不懂，又中什么用？以此他要秘书——翰林——作文字，只要说明白道理，讲得通世务就行，不许用浮辞藻饰。② 到洪武六年，又下令禁止对偶四六文辞，选唐代柳宗元《柳公绰谢表》和韩愈《贺雨表》作为笺表法式。③ 这一改革不但使政府文字简单、明白，把庙堂和民间打通，现代人写现代文，就文学的影响说，也可以说很大，韩愈、柳宗元以后，他是提倡古文

① 《明太祖实录》卷二六、卷一二六；《明史》卷七一，《选举志》。

② 《明太祖实录》卷三九。

③ 《明太祖实录》卷八五。

最有成绩的一个人。他自己所作的文章，写得不好，有时不通顺，倒容易懂。信札多用口语，比文章好得多，想来是受蒙古白话圣旨的影响，也许是没有念过什么书，中旧式文体的毒比较轻的缘故吧。

唐宋两代还有一样坏风气，朝廷任官令发表以后，被任用的官照例要辞官，上辞官表，一辞再辞甚至辞让到六七次，皇帝也照例拒绝，下诏敦劝，一劝再劝再六次七次劝，到这人上任上谢表才算罢休。辞的不是真辞，劝的也不是真劝，大家肚子里明白，是在玩文字的把戏，误时误事，白费纸墨。朱元璋认为这种做作太无聊，也把它废止了。

六、建都和国防

自称为淮右布衣，出身于平民而作皇帝的朱元璋，在拥兵扩土，称帝建国之后，最惹操心的问题，第一是怎么建立一个有力量的政治中心，即建都，建在何处？第二是用什么方法来维持皇家万世一系的独占统治？

远在初渡江克太平时（1355年），陶安便建议先取金陵，据形势以临四方。[①] 冯国用劝定都金陵，以为根本。[②] 叶兑上书请定都金陵，然后拓地江广，进则越两淮以北征，退则画长江以自守。[③] 谋臣策士一致主张定都应天，经过长期研究以后，龙凤十二年（元至正二十六年，1366年）六月，扩大应天旧城，建筑新宫于钟山之南，到次年九月完工，这是吴王时代的都城。

洪武元年称帝，北伐南征，着着胜利，到洪武二十年辽东归附，全国统一。在这二十年中，个人的地位由王而帝，所统辖的疆域由东南一角落，扩大为大明帝国，局面大不相同。吴王时代的都城是

① 《明史》卷一三六，《陶安传》。
② 《明史》卷一二九，《冯胜传》；孙承泽：《春明梦余录》卷一。
③ 《明史》卷一三五，《叶兑传》。

否可以适应这扩大以后的局面，便大成问题。而且，元帝虽然北走沙漠，仍然是蒙古大汗，保有强大的军力，时刻有南下恢复的企图。同时沿海倭寇的侵扰，也是国防上重大的问题。以此国都的重建和国防计划的确立，是当时朝野所最关心的两件大事。

基于自然环境的限制，从辽东到广东，沿海几千里海岸线的暴露，时时处处都有被倭寇侵掠的危险。东北和西北方面呢？长城以外便是蒙古人的势力，如不在险要处屯驻重兵，则铁骑奔驰，黄河以北便不可守。可是防边要用重兵，如把边境军权付托诸将，又怕尾大不掉，有造成藩镇跋扈的危险。如以重兵直隶中央，则国都必须扼驻国防前线，才能收统辖指挥的功效。东南是全国的经济中心，北方为了国防的安全，又必须成为全国的军事中心。国都如建设在东南，依附经济中心，则北边空虚，无法堵住蒙古人的南侵。如建立在北边，和军事中心合一，则粮食仍须靠东南供给，运输费用太大，极不经济。

帝国都城问题以外，还有帝国制度问题。是郡县制呢？还是封建制呢？就历史经验论，秦汉唐宋之亡，没有强大的藩国支持藩卫，是衰亡原因之一。可是周代封建藩国，又闹得枝强干弱，威令不行。这两个制度的折衷办法是西汉初期的郡国制，一面立郡县，设官分治，集大权于朝廷，一面又置藩国，封建子弟，使为皇家捍御。把帝国建都和制度问题一起解决，设国都于东南财富之区，封子弟于北边国防据点，在经济上，在军事上，在皇家统治权的永久维持上，都圆满解决了。

明初定都应天的重要理由是经济的。第一因为江浙富庶，不但有长江三角洲的大谷仓，而且是丝织工业、盐业的中心，应天是这些物资的集散地，所谓“财赋出于东南，而金陵为其会”①。第二是吴王时代所奠定的宫阙，不愿轻易放弃，且如另建都城，则又得重加一番劳费。第三从龙将相都是江淮子弟，道地南方人，不大愿意离开乡土。可是在照应北方军事的观点看，这个都城的地理地位是

① 丘濬：《大学衍义补·都邑之建》。

不大合适的。洪武元年取下汴梁后，朱元璋曾亲去视察，觉得虽然地位适中，但是无险可守，四面受敌，论形势还不如应天。① 为了西北未定，要运饷和补充军力，不能不有一个军事上的补给基地，于是模仿古代两京之制，八月以应天为南京，开封（汴梁）为北京。次年八月陕西平定，北方全入版图，形势改变，帝都重建问题又再度提出。廷臣中有主张关中险固，金城天府之国；有人主张洛阳为全国中心，四方朝贡距离一样；也有提议开封是宋朝旧都，漕运方便；又有人指出北平（元大都）宫室完备，建都可省营造费用。七嘴八舌，引经据典。朱元璋批判这些建议都有片面的理由，只是都不适应现状。长安、洛阳、开封过去周秦汉魏唐宋都曾建都，但就现状说，打了几十年仗，人民还未休息过来，如重新建都，供给力役都出于江南，未免过于和百姓下不去。即使是北平吧，旧宫室总得有更动，还是费事。还不如仍旧在南京，据形势之地，长江天堑，龙蟠虎踞，可以立国。次之，临濠（濠州）前长江后淮水，地势险要，运输方便，也是一个可以建都的地方。② 决定以临濠为中都，动工修造城池宫殿，从洪武二年九月起手，到八年四月，经刘基坚决反对，以为凤阳虽是帝乡，但就种种条件说，都不合适于建都，方才停工，放弃了建都的想头。③ 洪武十一年（1378年）才改南京为京师，踌躇了十年的建都问题，到这时才决心正名定都。④

京师虽已奠定，但是为了防御蒙古，控制北边，朱元璋还是有迁都西北的雄心，选定的地点仍是长安和洛阳。洪武二十四年八月，特派皇太子巡视西北，比较两地的形势。太子回朝后，献陕西地图，提出意见。不料第二年四月太子薨逝，迁都大事只好暂时搁下。⑤

京师新宫原来是燕尾湖，填湖建宫，地势南面高，北边低，就堪舆家的说法是不合建造法则的。皇太子死后，老皇帝很伤心，百

---

① 刘辰：《国初事迹》。

② 黄光升：《昭代典则》。

③ 《明史》，卷一二八《刘基传》，《太祖纪》二。

④ 《明史》，《地理志》一。

⑤ 《明史》卷一一五《兴宗孝康皇帝传》，卷一四七《胡广传》；姜清：《姜氏秘史》卷一；郑晓：《今言》卷二七四。

无聊赖中把太子之死归咎于新宫的风水不好，这年年底亲撰祭光禄寺灶神文说：

> 朕经营天下数十年，事事按古有绪。维宫城前昂后洼，形势不称，本欲迁都，今朕年老，精力已倦。又天下新定，不欲劳民。且废兴有数，只得听天。惟愿鉴朕此心，福其子孙。①

六十五岁的白发衰翁，失去勇气，只求上天保佑，从此不再谈迁都的话了。

分封诸王的制度，决定于洪武二年（1369 年）四月初编《皇明祖训》的时候。三年四月封皇第二子到第十子为亲王。可是诸王的就藩，却在洪武十一年定鼎京师之后。② 从封王到就藩前后相隔九年，原因是诸子未成年和都城未定，牵连到立国的制度也不能决定。到京师奠定后，第二子秦王建国西安，三子晋王建国太原；十三年，四子燕王建国北平；分王在沿长城的国防前线。十四年五子周王建国开封，六子楚王出藩武昌，十五年七子齐王建国青州，十八年潭王到长沙，鲁王在兖州。以后其他幼王逐一成年，先后就国，星罗棋布，分驻在全国各军略要地。

就军事形势而论，诸王国的建立分作第一线和第二线，或者说是前方和后方，第一线诸王的任务在防止蒙古入侵，凭借天然险要，建立军事据点，有塞王之称。诸塞王沿长城线立国，又可分作外内二线；外线东渡榆关，跨辽东，南制朝鲜，北联开原（今辽宁开原），控扼东北诸夷，以广宁（今辽宁北镇）为中心，建辽国；经渔阳（今河北蓟县）、卢龙（今河北卢龙），出喜峰口，切断蒙古南侵道路，以大宁（今热河平泉）为中心，包括今朝阳赤峰一带，建宁国；北平天险，是元朝故都，建燕国；出居庸，蔽雁门，以谷王驻宣府（察哈尔宣化），代王驻大同；逾河而西，北保宁夏，倚贺兰山，以庆王守宁夏；又西控河西走廊，扃嘉谷，护西域诸国，建肃国。从开原到瓜州，联成一气。内线是太原的晋国和西安的秦国。

① 顾炎武：《天下郡国利病书》卷十三，《江南》一。

② 《明史》，《太祖本纪》二。

后方诸名城则开封有周王，武昌有楚王，青州有齐王，长沙有潭王，兖州有鲁王，成都有蜀王，荆州有湘王等国。①

诸王在其封地建立王府，设置官属。亲王的冕服车旗仅下皇帝一等，公侯大臣见王要俯首拜谒，不许钧礼。地位虽然极高极贵，却没有土地，更没有人民，不能干预民政，王府以外，便归朝廷所任命的各级官吏统治。每年有一万石的俸米和其他赏赐。唯一的特权是军权。每王府设亲王护卫指挥使司，有三护卫，护卫甲士少者三千人，多的到万九千人。② 塞王的兵力尤其雄厚，如宁王所部至有带甲八万，革车六千，所属朵颜三卫骑兵，骁勇善战。③ 秦、晋、燕三王的护卫特别经朝廷补充，兵力也最强。④《皇明祖训》规定："凡王国有守镇兵，有护卫兵。其守镇兵有常选指挥掌之，其护卫兵从王调遣。如本国是险要之地，遇有警急，其守镇兵护卫兵并从王调遣。"而且守镇兵的调发，除御宝文书外，并须得王令旨方得发兵："凡朝廷调兵，须有御宝文书与王，并有御宝文书与守镇官。守镇官既得御宝文书，又得王令旨，方许发兵。无王令旨，不得发兵。"⑤ 这规定使亲王成为地方守军的监视人，是皇帝在地方的军权代表。平时以护卫军监督地方守军，单独可以应变；战时指挥两军，军权付托给亲生儿子，可以放心高枕了。诸塞王每年秋天勒兵巡边，远到塞外，把蒙古部族赶得远远的，叫作肃清沙漠。⑥ 凡塞王都参预军务，内中晋、燕二王屡次受命将兵出塞，和筑城屯田，大将如宋国公冯胜、颖国公傅友德都受其节制，军中小事专决，大事才请示朝廷，军权独重，立功最多。⑦

以亲王守边，专决军务，内地各大都会，也以皇子出镇，星罗

---

① 何乔远：《名山藏》，《分藩记》卷一。

② 《明史》，《兵志》二，《卫所》；《诸王传序》。

③ 《明史·宁王传》。

④ 《明史》，《太祖本纪》洪武十年。

⑤ 《皇明祖训·兵卫章》。

⑥ 《明史》，《兵制》三，《边防》；祝允明：《九朝野记》一。

⑦ 《明史·晋王棡传》。《太祖本纪》三，二十六年三月："诏二王军务大者始以闻。"本节参看吴晗：《明代靖难之役与国都北迁》，载天津《益世报·史学》第4期，1935年10月。

棋布，尽屏藩皇室，翼卫朝廷的任务。国都虽然远在东南，也安如磐石，内安外攘，不会发生什么问题了。

七、大统一和分化政策

朱元璋以洪武元年称帝建立新皇朝，但是大一统事业的完成，却还须等待二十年。

元顺帝北走以后，元朝残留在内地的军力还有两大支：一支是云南的梁王，一支是东北的纳哈出。都用元朝年号，雄踞一方。云南和蒙古本部隔绝，势力孤单，朱元璋的注意力先集中在西南，从洪武四年（1371年）消灭了割据四川的夏国以后，便着手经营，打算用和平的方式使云南自动归附，先后派遣使臣王祎、吴云招降，都被梁王所杀。到洪武十四年，决意用武力占领，派出傅友德、沐英、蓝玉三将军分两路进攻。

这时云南在政治上和地理上分作三个系统：第一是直属蒙古大汗，以昆明为中心的梁王。第二是在政治上隶属于蒙古政府，享有自治权利，以大理为中心的土酋段氏。以上所属的地域都被区分为路府州县。第三是不在上述两系统下和南部（今思普一带）的非汉族诸部族，就是明代叫作土司的地域。汉化程度以第一为最深，第二次之，第三最浅，或竟未汉化。现在贵州的西部，在元代属于云南行省，其东部则另设八番顺元诸军民宣慰使司，管理罗罗族及苗族各土司。元至正二十四年（1364年），朱元璋平定湖南湖北，和湖南接界的贵州土人头目思南（今思南县）宣慰，和思州（今思县）宣抚先后降附。到平定夏国后，四川全境都入版图，和四川接境的贵州其他土司大起恐慌，贵州宣慰和普定府总管即于第二年自动归附。贵州的土司大部分归顺明朝，云南在东北两面便失去屏蔽了。

明兵从云南的东北两面进攻，一路由四川南下取乌撒（今云南镇雄、贵州威宁等地）。这区域是四川云南贵州三省接壤处，犬牙突出，在军略上可以和在昆明的梁王主力军呼应，并且是罗罗族的主要根据地。一路由湖南西取普定（今贵州安顺），进攻昆明。从明军动员那天算起，不过一百多天工夫，明东路军便已直抵昆明，梁王兵败自杀。明兵再回师和北路军会攻乌撒，把蒙古军消灭了。附近东川（今云南会泽）、乌蒙（今云南昭通）、芒部（今云南镇雄）诸罗罗族完全降伏，昆明附近诸路也都以次归顺。洪武十五年二月置贵州都指挥使司和云南都指挥使司，树立了军事统治的中心，闰二月又置云南布政使司，树立政治中心。① 分别派官开筑道路，宽十丈，以六十里为一驿，把川滇黔三省的交通联系起来，建立军卫，“令那处蛮人供给军食”②，控扼粮运。布置好了，再以大军向西攻下大理，经略西北和西南部诸地，招降麽些、罗罗、撣、僰诸族，分兵勘定各土司。分云南为五十二府，五十四县。云南边外的缅国和八百媳妇（暹罗地）着了慌，派使臣内附，又置缅中缅甸和老挝（今寮国）八百诸宣慰司。为了云南太远，不放心，又特派义子西平侯沐英统兵镇守。沐家世代出人才，在云南三百年，竟和明朝的国运相始终。

纳哈出是元朝世将，太平失守被俘获，放遣北还。元亡后拥兵虎踞金山（在开原西北，辽河北岸），养精蓄锐，等候机会南下，和蒙古大汗的中路军，扩廓帖木儿的西路军，互相呼应，形成三路钳制明军的局面。在东北，除金山纳哈出军以外，辽阳、沈阳、开原一带都有蒙古军屯聚。洪武四年（1371年）元辽阳守将刘益来降，建辽东指挥使司，接着又立辽东都指挥使司，总辖辽东军马，以次征服辽、沈、开原等地。同时又从河北、陕西、山西各地出兵大举深入蒙古，击破扩廓的主力军（元顺帝已于前一年死去，子爱猷识里达腊继立，年号宣光，庙号昭宗），并进攻应昌（今热河经棚县以西察哈尔北部之地），元主远遁漠北。到洪武八年扩廓死后，蒙古西路和中路的军队日渐衰困，不敢再深入到内地侵掠。朱元璋乘机经

---

① 《明史》卷一二四《把匝剌瓦尔密传》，卷一二九《傅友德传》，卷一二六《沐英传》，卷一三二《蓝玉传》。

② 张纮：《云南机务钞黄》，洪武十五年闰二月廿五日敕。

营甘肃、宁夏一带，招抚西部各羌族和回族部落，给以土司名义或王号，使其分化，个别内向，不能合力入寇，并利用诸部的军力，抵抗蒙军的入侵。在长城以北今内蒙地方，则就各要害地方建立军事据点，逐步推进，用军力压迫蒙古人退到漠北，不使靠近边塞。西北问题完全解决了，再转回头来收拾东北。

洪武二十年冯胜、傅友德、蓝玉诸大将奉命北征纳哈出。大军出长城松亭关，筑大宁（今热河黑城）、宽河（今热河宽河）、会州（今热河平泉）、富峪（今热河平泉之北）四城，储粮供应前方，留兵屯守，切断纳哈出和蒙古中路军的呼应。再东向以主力军由北面包围，纳哈出势穷力蹙，孤军无援，只好投降，辽东全部平定。①于是立北平行都司于大宁，东和辽阳、西和大同应援，作为国防前线的三大要塞。又西面和开平卫（元上都，今察哈尔多伦县地）、兴和千户所（今察哈尔张北县地）、东胜城（今绥远托克托县及蒙古茂明安旗之地）诸据点，联成长城以外的第一道国防线，从辽河以西几千里的地方，设卫置所，建立了军事上的保卫长城的长城。② 两年后，蒙古大汗脱古思帖木儿被弑，部属分散，以后经过不断的政变、篡立、叛乱，实力逐渐衰弱，帝国北边的边防，也因之而获得几十年的安宁。

东北的蒙古军虽然降伏，还有女真族的问题亟待解决。女真这一部族原是金人的后裔，依地理分布，大别为建州、海西、野人三种。过去两属于蒙古和高丽，部落分散，不时纠合向内地侵掠，夺取物资，边境军队防不胜防，非常头痛。朱元璋所采取的对策，军事上对韩王于开原，宁王于大宁，控扼辽河两头，封辽王于广宁（今辽宁北镇），作为阻止蒙古和女真内犯的重镇。政治上采分化政策，把辽河以东诸女真部族，个别用金帛招抚（收买），分立为若干羁縻式的卫所，使其个别的自成单位，给予各酋长以卫所军官职衔，

① 钱谦益：《国初群雄事略》卷十一；《明史》卷一二九《冯胜传》，卷一二五《常遇春传》，卷一三二《蓝玉传》。

② 《明史》，《兵志》三；严从简：《殊域周咨录》卷十七，《鞑靼》；方孔炤：《全边略记》卷三；黄道周：《博物典汇》卷十九。

并指定住处，许其禀承朝命世袭，各给玺书作为进贡和互市的凭证，满足他们物资交换的经济要求，破坏部族间的团结，无力单独进攻。① 到明成祖时代，越发积极推行这政策，大量地全面地收买，拓地到现在的黑龙江口，增置的卫所连旧设的共有一百八十四卫，立奴儿干都司以统之。现在俄领的库页岛和东海滨省都是当年奴儿干都司的辖地。②

辽东平定后，大一统的事业完全成功了。和前代一样，这大一统的帝国领有属国和许多藩国。从东面算起，洪武廿五年高丽发生政变，大将李成桂推翻亲元的王朝，自立为王，改国号为朝鲜，成为大明帝国最忠顺的属国。藩国东南有琉球国，西南有安南、真腊、占城、暹罗，和南洋群岛诸岛国。内地和边疆则有许多羁縻的部族和土司。

藩属和帝国的关系缔结，照历代传统办法，在帝国方面，派遣使臣宣告新朝建立，藩国必需缴还前朝颁赐的印绶册诰，解除旧的臣属关系。相对的重新颁赐新朝的印绶册诰，藩王受新朝册封，成为新朝的藩国。再逐年颁赐大统历，使之遵奉新朝的正朔，永作藩臣。在藩国方面则必须遣使称臣入贡，新王即位，必须请求帝国承认册封。所享受的权利，是通商和皇帝的优渥赏赐；和其他国家发生纠纷，或被攻击时，得请求帝国调解和援助。至于藩国的内政，则可完全自主，帝国从来不加干涉。帝国在沿海特别开放三个通商口岸，主持通商和招待藩舶的衙门是市舶司：宁波市舶司指定为日本的通商口岸，泉州市舶司通琉球，广州市舶司通占城、暹罗、南洋诸国。

朱元璋接受了元代用兵海外失败的经验，打定主意，不向海洋发展，要子孙遵循大陆政策，特别在《皇明祖训》中郑重告诫说：

> 四方诸夷皆限山隔海，僻在一隅，得其地不足以供给，得其民不足以使令。若其不自揣量，来挠我边，则彼为不祥。彼既不为中国患，而我兴兵轻犯，亦不祥也。吾恐后世子孙倚中

---

① 孟森：《明元清系通纪》，《清朝前纪》。

② 内藤虎次郎：《明奴儿干永宁寺碑考》，载《北平图书馆馆刊》四卷六期。

国富强，贪一时战功，无故兴兵，杀伤人命，切记不可。但胡戎与中国边境互相密迩，累世战争，必选将练兵，时谨备之。

今将不征诸国名列于后：

东北：朝鲜国

正东偏北：日本国（虽朝实诈，暗通奸臣胡惟庸谋为不轨，故绝之。）

正南偏东：大琉球国 小琉球国

西南：安南国　真腊国　暹罗国　占城国　苏门答剌国　西洋国　爪哇国　湓亨国　白花国　三弗齐国　渤泥国①

中国是农业国，工商业不发达，不需要海外市场；版图大，用不着殖民地；人口多，更不缺少劳动力。向海外诸国侵掠，“得其地不足以供给，得其民不足以使令”，从经济的观点看，是没有什么好处的；从利害的观点看，打仗要花一大笔钱，占领又得费事，不幸打败仗越发划不来，还是和平相处，保境安民，多一事不如少一事。这样一打算盘，主意就打定了。②

属国和藩国的不同处，在于属国和帝国的关系更密切。在许多场合，属国的内政也经常被过问，经济上的连系也比较的强。

内地的土司也和藩属一样，要定期进贡，酋长继承要得帝国许可。内政也可自主。所不同的是藩国使臣的接待衙门是礼部主客司，册封承袭都用诏旨，部族土司则领兵的直属兵部，土府土县属吏部，体统不同。平时有纳税、开辟并保养驿路，战时有调兵从征的义务。内部发生纠纷，或反抗朝廷被平定后，往往被收回治权，直属朝廷，即所谓“改土归流”。土司衙门有宣慰司、宣抚司、招讨司、安抚司、长官司、土府、土县等名目，长官都是世袭，有一定的辖地和土民，总称土司。土司和朝廷的关系，在土司说，是借朝廷所给予的官位权威，震慑部下百姓，肆意奴役搜括；在朝廷说，用空头的官爵，用有限的赏赐，牢笼有实力的酋长，使其倾心内向，维持地

---

① 《皇明祖训·箴戒章》。

② 参看吴晗：《十六世纪前之中国与南洋》，载《清华学报》十一卷一期，1936年1月。

方安宁，可以说是互相为用的。

大概地说来，明代西南部各小民族的分布，在湖南、四川、贵州三省交界处是苗族活动的中心，向南发展到了贵州；广西则是瑶族（在东部）、僮族（在西部）的根据地；四川、云南、贵州三省交界处则是罗罗族的大本营；四川西部和云南西北部则有麽些族；云南南部有僰族（即摆夷）；四川北部和青海、甘肃、宁夏有羌族（番人）。

在上述各区域中，除纯粹由土官治理的土司而外，还有一种参用流官的制度。流官即朝廷所任命的有一定任期而非世袭的地方官。大致是以土官为主，派遣流官为辅，事实上是执行监督的任务。和这情形相反，在设立流官的州县，境内也有不同部族的土司存在。以此，在同一布政使司治下，有流官的州县，有土官的土司，有土流合治的州县，也有土官的州县；即在同一流官治理的州县内，也有汉人和非汉人杂处的情形。民族问题复杂错综，最容易引起纷乱以至战争。汉人凭借高度的生产技术和政治的优越感，用武力，用其他方法占取土民的土地物资，土民有的被迫迁徙到山头，过极度艰苦的日子，有的被屠杀消灭，有的不甘心，组织起来以武力反抗，爆发地方性的甚至大规模的战争。朝廷的治边原则，在极边是放任的愚民政策，只要土司肯听话，便听任其作威作福，世世相承，不加干涉。在内地则取积极的同化政策，如派遣流官助理，开设道路驿站，选拔土司子弟到国子监读书，从而使其完粮纳税，应服军役，一步步加强统治，最后是改建为直接治理的州县，扩大皇朝的疆土。①

治理西北羌族的办法分两种：一种是用其酋长为卫所长官，世世承袭；一种因其土俗，建设寺院并赐番僧封号，利用宗教来统治边民。羌族的力量分化，兵力分散，西边的国防就可高枕无忧了。②现在的西藏和西康当时叫作乌斯藏和朵甘，是喇嘛教的中心地区，僧侣兼管政事，明廷因仍元制，封其长老为国师法王，令其抚安番

① 《明史·土司传》。
② 《明史·西域传》。

民，定期朝贡。又以番民肉食，对茶叶特别爱好，在边境建立茶课司，用茶叶和番民换马，入贡的赏赐也用茶和布匹代替。西边诸族国的酋长僧侣贪图入贡和通商的利益，得保持世代袭官和受封的权利，都服服帖帖，不敢反抗。明朝三百年，西边比较平静，没有发生什么大的变乱，当然，也说不上开发。从任何方面来说，这一广大地区比之几百年前，没有任何进步或改变。

第五章 恐怖政治

一、大屠杀

洪武廿八年（1395年）正式颁布《皇明祖训》。这一年，朱元璋已是六十八岁的衰翁了。

在这一年之前，桀骜不驯的元功宿将杀光了，主意多端的文臣杀绝了，不顺眼的地主巨室杀得差不多了，连光会掉书袋子搬弄文字的文人也大杀特杀，杀得无人敢说话，无人敢出一口大气了。杀，杀，杀！杀了一辈子，两手都涂满了鲜血的白头刽子手，踌躇满志，以为从此可以高枕无忧，皇基永固，子子孙孙吃碗现成饭，不必再操心了。这年五月，特别下一道手令说："朕自起兵至今四十余年，亲理天下庶务，人情善恶真伪，无不涉历。其中奸顽刁诈之徒，情犯深重，灼然无疑者，特令法外加刑，意在使人知所警惧，不敢轻易犯法。然此特权时措置，顿挫奸顽，非守成之君所用长法。以后嗣君统理天下，止守律与《大诰》，并不许用黥、刺、剕、劓、阉、割之刑。臣下敢有奏用此刑者，文武群臣即时劾奏，处以重刑。"①

其实明初的酷刑，黥、刺、剕、劓、阉、割，还算是平常的，最惨的是凌迟。凡是凌迟处死的罪人，照例要杀三千三百五十七刀，每十刀一歇一吆喝，慢慢地折磨，硬要被杀的人受长时间的痛苦。② 其次有刷洗，把犯人光身子放在铁床上，浇开水，用铁刷刷去皮肉。有枭令，

---

① 《明太祖实录》卷二三九。

② 邓之诚：《骨董续记》卷二十，磔条，引《张文宁年谱》；计六奇：《明季北略》，记郑鄤事。

用铁钩钩住脊骨，横挂在竿上。有称竿，犯人缚在竿上。另一头挂石头对称。有抽肠，也是挂在竿上，用铁钩钩入谷门把肠子钩出。有剥皮，贪官污吏的皮放在衙门公座上，让新官看了发抖。此外，还有挑膝盖，锡蛇游种种名目。① 也有同一罪犯，加以墨面、文身、挑筋、去膝盖、剁指，并具五刑的。② 据说在上朝时，老皇帝的脾气好坏很容易看出来，要是这一天他的玉带高高地帖在胸前，大概脾气好，杀人不会多。要是撳玉带到肚皮底下，便是暴风雨来了，满朝的官员都吓得脸无人色，个个发抖，准有大批人应这劫数。③ 这些朝官，照规矩每天得上朝，天不亮起身梳洗穿戴，在出门以前，和妻子诀别，吩咐后事，要是居然活着回家，便大小互相庆贺，算是又多活一天了。④

四十年中，据朱元璋自己的著作，《大诰》、《大诰续编》、《大诰三编》和《大诰武臣》的统计，所列凌迟、枭示、种诛有几千案，弃市（杀头）以下有一万多案。《三编》所定算是最宽容的了。“进士监生三百六十四人，愈见奸贪，终不从命，三犯四犯而至杀身者三人，三犯而诽谤杀身者又三人，姑容戴斩、绞、徒流罪在职者三十人，一犯戴死罪徒流罪办事者三百二十八人。”⑤ 有御史戴死罪，戴着脚镣，坐堂审案的；有挨了八十棍回衙门作官的。其中最大的案件有胡惟庸案、蓝玉案、空印案和郭桓案，前两案株连被杀的四万人，后两案合计有七八万人。⑥ 所杀的人，从开国元勋到列侯裨将、部院大臣、诸司官吏到州县胥役、进士监生、经生儒士、富人地主、僧道屠沽，以至亲侄儿、亲外甥，无人不杀，无人不可杀，一个个地杀，一家家地杀，有罪的杀，无罪的也杀，“大戮官民，不分臧否”⑦。早在

---

① 吕毖：《明朝小史》卷一，《国初重刑》。

② 《大诰》奸吏建言第卅三、刑余攒典盗粮第六九；《续诰》相验囚尸不实第四二；《三编》逃囚第十六。

③ 徐祯卿：《翦胜野闻》。

④ 赵翼：《廿二史劄记》卷三二，《明祖晚年去严刑》，引《草木子》。

⑤ 《明史》卷九四，《刑法志》；《大诰三编》，进士监生戴罪办事。

⑥ 《明史》卷九四，《刑法志》。

⑦ 《明史》卷一三九《周敬心传》：“洪武二十五年上疏极谏：洪武四年录天下官吏，十三年连坐胡党，十九年逮官吏积年为民害者，二十三年罪忘言者，大戮官民，不分臧否。”

洪武七年，便有人控诉，说是杀得太多了，“才能之士，数年来幸存者百无一二”①。到洪武九年，单是官吏犯笞以上罪，谪戍到凤阳屯田的便有一万多人。② 十八年九月在给萧安石子孙符上也自己承认：“朕自即位以来，法古命官，列布华夷，岂期擢用之时，并效忠贞，任用既久，俱系奸贪！朕乃明以宪章，而刑责有不可恕。以至内外官僚，守职维艰，善能终是者寡，身家诛戮者多。”③ 郭桓案发后，他又说：“其贪婪之徒，闻桓之奸，如水之趋下，半年间弊若蜂起，杀身亡家者，人不计其数。出五刑以治之，挑筋、剁指、刖足、髡发、文身，罪之甚者欤？”④

政权的维持建立在流血屠杀、酷刑暴行的基础上，这个时代，这种政治，确确实实是名副其实的恐怖政治。

胡惟庸案发于洪武十三年，蓝玉案发于洪武二十六年，前后相隔十四年。主犯虽然是两个，其实是一个案子。

胡惟庸是初起兵占领和州时的帅府旧僚。和李善长同乡，又结了亲。因李善长的举荐，逐渐发达，洪武三年拜中书省参知政事，六年七月拜右丞相。

中书省综掌全国大政，丞相对一切庶务有专决的权力，统率百官，只对皇帝负责。这制度对一个平庸的、唯唯否否、阿附取容的“三旨相公”型的人物，或者对手是一个只顾嬉游逸乐、不理国事的皇帝，也许不会引起严重的冲突。或者一个性情谦和容忍，一个刚决果断，柔刚互济倒也不致坏事。但是胡惟庸干练有为，有魄力，有野心，在中书省年代久了，大权在手，威福随心，兼之十年宰相，门下故旧僚友也隐隐结成一个庞大的力量，这个力量是靠胡惟庸作核心的。拿惯了权的人，怎么也不肯放下。朱元璋呢，赤手空拳建立的基业，苦战了几十年，拼上命得到的大权，平白被人分去了一大半，真是倒持太阿，授人以柄，想想又怎么能甘心！困难的是皇

---

① 《明史》卷一三九，《茹太素传》。

② 《明史》卷一三九，《韩宜可传》。

③ 《明朝小史》卷二。

④ 《大诰三编》，逃囚第十六。

帝和丞相的职权，从来不曾有过清楚的界限，理论上丞相是辅佐皇帝治理天下的，相权是皇权的代表，两者是二而一的，不应该有冲突。事实上假如一切庶政都由丞相处分，皇帝没事做，只能签字画可，高拱无为。反之，如皇帝躬亲庶务，大小事情一概过问，那么，这个宰相除了伴食画诺以外，又有什么可做？这两个人性格相同，都刚愎，都固执，都喜欢独裁，好揽权，谁都不肯相让。许多年的争执、摩擦，相权和皇权相对立，最后，冲突表面化了。朱元璋有军队，有特务，失败的当然是文官。在胡惟庸以前，第一任丞相李善长小心怕事，徐达经常统兵在外，和朱元璋的冲突还不太明显严重（刘基自己知道性子太刚，一定合作不了，坚决不干）。接着是汪广洋，碰上几次大钉子，末了还是赐死。中书官有权的如杨宪，也是被杀的。胡惟庸是任期最长，冲突最厉害的一个。被杀后，索性取消中书省，由皇帝兼行相权，皇权和相权合而为一。洪武二十八年手令："自古三公论道，六卿分职，自秦始置丞相，不旋踵而亡。汉唐宋因之，虽有贤相，然其间所用者多有小人，专权乱政。我朝罢相，设五府六部都察院通政司大理寺等衙门，分理天下庶务，彼此颉颃，不敢相压，事皆朝廷总之，所以稳当。以后嗣君并不许立丞相，臣下敢有奏请设立者，文武群臣即时劾奏，处以重刑。"① 这里所说的"事皆朝廷总之"的朝廷，指的便是他自己。胡惟庸被杀在政治制度史上的意义，是治权的变质，也就是从官僚和皇家共治的阶段，转变为官僚成奴才，皇帝独裁的阶段。

胡惟庸之死只是这件大屠杀案的一个引子，公布的罪状是擅权枉法。以后朱元璋要杀不顺眼的文武臣僚，便拿胡案作底子，随时加进新罪状，把它放大、发展。一放为私通日本，再放为私通蒙古。日本和蒙古，"南倭北虏"，是当时两大敌人，通敌当然是谋反。三放又发展为串通李善长谋逆，最后成为蓝玉谋逆案。罪状愈多，牵连的罪人也更多。由甲连到乙，乙攀到丙，转弯抹角像瓜蔓一样四处伸出去，一网打尽，名为株连。被杀的都以家族作单位，杀一人也就是杀一家。坐胡案死的著名人物有御史大夫陈宁，中丞涂节，

① 《明太祖实录》卷二三九。

太师韩国公李善长，延安侯唐胜宗，吉安侯陆仲亨，平凉侯费聚，南雄侯赵庸，荥阳侯郑遇春，宜春侯黄彬，河南侯陆聚，宜德侯金朝兴，靖宁侯叶升，申国公邓镇，济宁侯顾敬，临江侯陈镛，营阳侯杨通，淮安侯华中，高级军官毛骧、李伯昇、丁玉，和宋濂的孙子宋慎。宋濂也被牵连，贬死茂州。坐蓝党死的除大将凉国公蓝玉以外，有吏部尚书詹徽，侍郎傅友文，开国公常升，景川侯曹震，鹤庆侯张翼，舳舻侯朱寿，东莞伯何荣，普定侯陈桓，宣宁侯曹泰，会宁侯张温，怀远侯曹兴，西凉侯濮玙，东平侯韩勋，全宁侯孙恪，沈阳侯察罕，徽先伯桑敬和，都督黄辂、汤泉等。胡案有《昭示奸党录》，蓝案有《逆臣录》，把口供和判案详细记录公布，让全国人都知道这些“奸党”的“罪状”。① 被杀公侯中，东莞伯何荣是何真的儿子，何真死于洪武二十一年，被帐下旧校捏告生前党胡惟庸，勒索二千两银子，何家子弟到御前分析，朱元璋大怒说：“我的法，这厮把作买卖！”把旧校绑来处死。到二十三年，何荣弟崇祖回广东时：

> 兄把袂连声：弟弟，今居官祸福顷刻，汝归难料再会日。到家达知伯叔兄弟，勿犯违法事，保护祖宗，是所愿望！

可是，逃过了胡党，还是逃不过蓝党。何家是岭南大族，何真在元明之际保障过一方秩序，威望极高，如何放得过？据何崇祖自述：

> 洪武二十六年，族诛凉国公蓝玉，扳指公侯文武家，名蓝党，无有分别。自京及天下，赤族不知几万户。长兄四兄宏维暨老幼咸丧。三月二十日夜鸡鸣时，家人彭康寿叩门，吾床中闻知祸事，出问故云：“昨晚申时，内官数员带官军到卫，城门皆闭。是晚有公差出城，私言今夜抄提员头山何族，因此奔回。”……军来甚众，吾忙呼妻封氏各自逃生。

崇祖一房从此山居岛宿，潜形匿迹，一直到三十一年新帝登极大赦，才敢回家安居。②

---

① 参看钱谦益：《太祖实录辨证》；潘柽章：《国史考异》；吴晗：《胡惟庸党案考》，载《燕京学报》十五期。

② 何崇祖：《庐江郡何氏家记》（玄览堂丛书续集本）。

李善长死时已经七十七岁了。帅府元僚，开国首相，替主子办了三十九年事，儿子作驸马，本身封国公，富极贵极，到末了却落得全家诛戮。一年后，有人上疏喊冤说：

> 善长与陛下同心，出万死以取天下，勋臣第一，生封公，死封王，男尚公主，亲戚拜官，人臣之分极矣。借令欲自图不轨，尚未可知。而今谓其欲佐胡惟庸者，则大谬不然。人情爱其子，必甚于兄弟之子（善长弟存义子佑是胡惟庸的从女婿）；安享万全之富贵者，必不侥幸万一之富贵。善长与惟庸，犹子之亲耳，于陛下则亲子女也。使善长佐惟庸成，不过勋臣第一而已矣，太师国公封王而已矣，尚主纳妃而已矣，宁复有加于今日？且善长岂不知天下之不可幸取：当元之季，欲为此者何限，莫不身为齑粉，覆宗绝祀，能保首领者几何人哉！善长胡乃身见之，而以衰倦之年身蹈之也？凡为此者，必有深仇激变，大不得已。父子之间，或至相挟以求脱祸，今善长之子祺，备陛下骨肉亲，无纤芥嫌，何苦而忽为此？若谓天象告变，大臣当灾，杀之以应天象，则尤不可。臣恐天下闻之，谓功如善长且如此，四方因之解体也。今善长已死，言之无益，所愿陛下作戒将来耳。

说得句句有理，字字是理，朱元璋无话可驳，也就算了。①

二案以外，开国功臣被杀的，还有谋杀小明王的凶手德庆侯廖永忠，洪武八年以僭用龙凤不法等事赐死；永嘉侯朱亮祖父子于十三年被鞭死；临川侯胡美于十七年犯禁伏诛；江夏侯周德兴于二十五年以帷薄不修，暧昧的罪状被杀；二十七年，杀定远侯王弼、永平侯谢成、颍国公傅友德；二十八年，杀宋国公冯胜。周德兴是朱元璋儿时放牛的伙伴，傅友德冯胜功最高，突然被杀，根本不说有什么罪过，正合着古人说的“飞鸟尽，良弓藏；狡兔死，走狗烹”的话。②

---

① 《明史》卷一二七，《李善长传》。

② 王世贞：《史乘考误》；钱谦益：《太祖实录辨证》；潘柽章：《国史考异》。

不但列将以次诛夷，甚至坚守南昌七十五日，力拒陈友谅，造成鄱阳湖大捷，奠定王业的功臣，义子亲侄朱文正也以“亲近儒生，胸怀怨望”被鞭死。① 义子亲甥李文忠，十几岁便在军中，南征北伐，立下大功，也因为左右多儒生，礼贤下士，有政治野心被毒死。② 刘基是幕府智囊，运谋决策，不止有定天下的大功，并且是奠定帝国规模时主要人物，因为主意多，看得准，看得远，被猜忌最深，洪武元年便被休致回家③，又怕隔得太远会出事，硬拉回南京，终于被毒死。④ 徐达为开国功臣第一，小心谨慎，也逃不过。洪武十八年病了，生背疽，据说这病最忌吃蒸鹅，病重时皇帝却特赐蒸鹅，没办法，流着眼泪当着使臣的面吃，不多日就死了。⑤ 这两个元勋的特别被注意，被防闲，满朝文武全知道，给事中陈汶辉曾经上疏公开指出：“今勋旧耆德，咸思辞禄去位，如刘基徐达之见猜，李善长周德兴之被谤，视萧何韩信其危疑相去几何哉！”⑥

武臣之外，文官被杀的也着实不少。有记载可考的有宋思颜、夏煜、高见贤、凌说、孔克仁，这几人都是初起事时的幕府僚属。宋思颜在幕府里的地位仅次于李善长。夏煜是诗人，和高见贤、杨宪、凌说一伙，专替朱元璋“伺察搏击”，尽鹰犬的任务，告密栽赃，什么事全干，到末了也被人告密，先后送了命。⑦ 朝官中有礼部侍郎朱同、张衡，户部尚书赵勉，吏部尚书余�，工部尚书薛祥、秦逵，刑部尚书李质、开济，户部尚书茹太素，春官王本，祭酒许存仁，左都御史杨靖，大理寺卿李仕鲁，少卿陈汶辉，御史王朴，纪善白信蹈等。⑧

---

① 刘辰：《国初事迹》；孙宜：《洞庭集》，《大明初略》三；王世贞：《史乘考误》卷一。

② 王世贞：《史乘考误》卷一；钱谦益：《太祖实录辨证》卷五；潘柽章：《国史考异》卷二。

③ 刘辰：《国初事迹》。

④ 《明史》卷三〇八《胡惟庸传》，卷一二八《刘基传》；刘璟：《遇恩录》。

⑤ 徐祯卿：《翦胜野闻》。

⑥ 《明史》卷一三八，《李仕鲁传》附《陈汶辉传》。

⑦ 《明史》卷一三五，《宋思颜传》。

⑧ 《明史》卷一三六《朱升传》，卷一三七《刘三吾传》、《宋讷传》、《安然传》，卷一三八《陈修传》、《周祯传》、《杨靖传》、《薛祥传》，卷一三九《茹太素传》、《李仕鲁传》、《周敬心传》。

外官有苏州知府魏观，济宁知府方克勤，番禺知县道同，训导叶伯巨，晋王府左相陶凯等。① 茹太素是个刚性人，爱说老实话，几次为了话不投机被廷杖，降官，甚至镣足治事。一天，在便殿赐宴，朱元璋赐诗说："金杯同汝饮，白刃不相饶。"太素磕了头，续韵吟道："丹诚图报国，不避圣心焦！"元璋听了倒也很感动。不多时还是被杀。李仕鲁是朱熹学派的学者，劝皇帝不要太尊崇和尚道士，想学韩文公辟佛，来发扬朱学。料想着朱熹和皇帝是本家，这着棋准下得不错，不料皇帝竟不买朱夫子的账，全不理会。仕鲁急了，闹起迂脾气，当面交还朝笏，要告休回家。元璋大怒，叫武士把他掼死在阶下。陶凯是御用文人，一时诏令封册歌颂碑志多出其手，作过礼部尚书，制定军礼和科举制度，只为了起一个别号叫"耐久道人"，犯了忌讳被杀。员外郎张来硕谏止取已许配的少女作宫人，说"于理未当"，被碎肉而死。参议李饮冰被割乳而死。② 叶伯巨在洪武九年以星变上书，论用刑太苛说：

> 臣观历代开国之君，未有不以仁德结民心，以任刑失民心者，国祚长短，悉由于此……议者曰宋元中叶，专事姑息，赏罚无章，以致亡灭。主上痛惩其儆，故制不宥之刑，权神变之法，使人知惧而莫测其端也。臣又以为不然。开基之主，垂范百世，一动一静，必使子孙有所持守，况刑者国之司命，可不慎欤！夫笞、杖、徒、流、死，今之五刑也。用此五刑，既无假贷，一出乎大公至正可也。而用刑之际，多裁自圣衷，遂使治狱之吏，务趋求意志，深刻者多功，平反者得罪，欲求治狱之平，岂易得哉！近者特旨杂犯死罪，免死充军，又删定旧律诸则，减宥有差矣。然未闻有戒敕治狱者，务从平恕之条，是以法司犹循故例，虽闻宽宥之名，未见宽宥之实。所谓实者，诚在主上，不在臣下也。故必有罪疑惟轻之意，而后好生之德洽于民心，此非可以浅浅期也。何以明其然也？古之为士者以

① 《明史》卷一四〇《魏观传》，卷二八一《方克勤传》，卷一四〇《道同传》，卷一三九《叶伯巨传》，卷一三六《陶凯传》。

② 刘辰：《国初事迹》。

登仕为荣，以罢职为辱，今之为士者以溷迹无闻为福，以受玷不录为幸，以屯田工役为必获之罪，以鞭笞捶楚为寻常之辱。其始也，朝廷取天下之士，网罗捃摭，务无余逸，有司敦迫上道，如捕重囚。比到京师，而除官多以貌选，所学或非其所用，所用或非其所学。洎乎居官，一有差跌。苟免诛戮，则必在屯田工役之科，率是为常，不少顾惜。此岂陛下所乐为哉！诚欲人之惧而不敢犯也。窃见数年以来，诛杀亦可谓不少矣，而犯者相踵，良由激劝不明，善恶无别，议贤议能之法既废，人不自励而为善者怠也。有人于此，廉如夷齐，智如良平，少戾于法，上将录长弃短而用之乎？将舍其所长苛其所短而置之法乎？苟取其长而舍其短，则中庸之材争自奋于廉智；倘苛其短而弃其长，则为善之人皆曰某廉若是，某智若是，朝廷不少贷之，吾属何所容其身乎？致使朝不谋夕，弃其廉耻，或自掊克，以备屯田工役之资者，率皆是也。若是非用刑之烦者乎！汉尝徙大族于山陵矣，未闻实之以罪人也，今凤阳皇陵所在，龙兴之地，而率以罪人居之，怨嗟愁苦之声，充斥园邑，殆非所以恭承宗庙意也。

朱元璋看了气极，连声音都发抖了，连声说道这小子敢如此！快逮来！我要亲手射死他！隔了些日子，中书省官趁他高兴的时候，奏请把叶伯巨下刑部狱，不久死在狱中。①

照规定，每年各布政使司和府州县都得派上计吏到户部，核算钱粮军需等账目，数目琐碎畸零，必需府合省，省合部，一层层上去，一直到部里审核报销，才算手续完备。钱谷数字有分毫升合不符合，整个报销册便被驳回，得重新填造。布政使司离京师远的六七千里，近的也是三四千里，册子重造不打紧，要有衙门的印才算合法，为了盖这颗印，来回时间就得一年半载。为了免得部里挑剔，减除来回奔走的麻烦，上计吏照例都带有预先备好的空印文书，遇有部驳，随时填用。到洪武十五年，朱元璋忽然发觉这事，以为一

① 《明史》卷一三九，《叶伯巨传》。

定有弊病，大发雷霆，下令地方各衙门的长官主印者一律处死，佐贰官杖一百充军边地。其实上计吏所预备的空印文书是骑缝印，不能作为别用，也不一定用得着，全国各衙门都明白这道理，连户部官员也是照例默认的，算是一条不成文法律。可是案发后，朝廷上谁也不敢说明详情，有一个不怕死的老百姓，拼着命上书把这事解释明白，也不中用，还是把地方长吏一杀而空。当时最有名的好官济宁知府方克勤（建文朝大臣方孝孺的父亲）也死在这案内。上书人也被罚充军。①

郭桓是户部侍郎。洪武十八年，有人告发北平二司官吏和郭桓通同舞弊，从六部左右侍郎以下都处死刑，追赃七百万，供词牵连到各直省官吏，死的又是几万人。追赃又牵连到全国各地，中产之家差不多全被这案子搞得倾家荡产，财破人亡。这案子激动了整个社会，也大伤了中产阶级和中下级官僚的心，大家都指斥攻击告发此案的御史和审判官，议论沸腾，情势严重。朱元璋一看不对，赶紧下手诏条列郭桓等罪状，说是：

> 户部官郭桓等收受浙西秋粮，合上仓四百五十万石，其郭桓等止收六十万石上仓，钞八十万锭入库，以当时折算，可抵二百万石，余有一百九十万石未曾上仓。其桓等受要浙西等府钞五十万贯，致使府州县官黄文等通同刁顽人吏边源等作弊，各分入己。
>
> 其应天等五府州县数十万没官田地，夏秋税粮，官吏张钦等通同作弊，并无一粒上仓，与同户部官郭桓等尽行分受。
>
> 其所盗仓粮，以军卫言之，三年所积卖空。前者榜上若欲尽写，恐民不信，但略写七百万耳。若将其余仓分并十二布政司通同盗卖见在仓粮，及接受浙西等府钞五十万张卖米一百九十万不上仓，通算诸色课程鱼盐等项，及通同承运库官范朝宗偷盗金银，广惠库官张裕妄支钞六百万张，除盗库见在金银宝钞不算外，其卖在仓税粮及未上仓该收税粮及鱼盐诸色等项，

① 《明史》卷九四《刑法志》，卷一三九《郑士利传》。

共折米算，所废者二千四百余万（石）精粮。

意思是追赃七百万还是圣恩宽容，认真算起来该有二千四百万，这几万人死得绝不委屈。话虽如此说，到底觉得有些不妥，只好借审刑官的头来平众怒，把原审官杀了一批，再三申说，求人民的谅解。① 一年后，他又特别指出："自开国以来，惟两浙江西两广福建所设有司官，未尝任满一人，往往未及终考，自不免于赃贪。"② 可见杀这些贪官污吏是不错的，是千该万该的。不过，倒过来说，杀了二十年的贪官污吏，而贪官污吏还是那么多，沿海比较富饶区域的地方官，二十年来甚至没有一个能够作满任期，都在中途犯了贪赃的罪，由此可见专制独裁的统治官僚政治和贪污根本分不开，单用严刑重罚、恐怖屠杀去根绝贪污，是不可能有什么效果的。

在鞭笞，苦工，剥皮，抽筋，以至抄家灭族的威胁空气中，凡是作官的，不论大官小官，近臣远官，随时随地都会有不测之祸，人人在提心吊胆，战战兢兢过日子。这日子过得太紧张了，太可怕了，有的人实在受不了，只好辞官，回家当老百姓。不料又犯了皇帝的忌讳，说是不肯帮朝廷作事："奸贪无福小人，故行诽谤，皆说朝廷官难做。"③ 大不敬，非杀不可。没有作过官的儒士，怕极了，躲在乡间不敢出来应考作官，他又下令地方官用种种方法逼他们出来，"有司敦迫上道，如捕重囚。"还立下一条法令，说是："率土之滨，莫非王臣，寰中士大夫不为君用，是自外其教者，诛其身而没其家，不为之过。"④ 贵溪儒士夏伯启叔侄各寇去左手大指，立誓不作官，被拿赴京师面审，元璋气虎虎发问："昔世乱居何处？"回说："红寇乱时，避兵于福建江西两界间。"不料红寇这名词正刺着皇帝的痛处：

朕知伯启心怀忿怒，将以为朕取天下非其道也。特谓伯启曰：尔伯启言红寇乱时，意有他忿。今去指不为朕用，宜枭令

---

① 《明史》卷九四，《刑法志》；《大诰》二十三郭桓卖放浙西秋粮，四十九郭桓盗官粮。
② 《大诰续编》。
③ 《大诰》，奸贪诽谤第六十四。
④ 《大诰三编》，苏州人才第十三。

籍没其家，以绝狂愚夫仿效之风。

特派法司押回原籍处决。① 苏州人才姚润、王谟被征不肯作官，也都被处死，全家籍没。②

洪武朝朝臣幸免于屠杀的，只有几个例子：一个是大将信国公汤和，原是朱元璋同村子人，一块儿长大的看牛伙伴，比元璋大三岁。起兵以后，诸将地位和元璋不相上下的，都闹别扭，不听使唤，只有汤和规规矩矩，小心听话，服从命令。到晚年，徐达、李文忠死已多年，汤和宿将功高，明白老伙伴脾气，对于诸大将兵权在握心里老大不愿意，苦的是嘴里说不出。他便首先告老交回兵权，元璋大喜，立刻派官给他在凤阳盖府第，赏赐稠渥，特别优厚，算是侥幸老死在床上。③ 一个是外戚郭德成，郭宁妃的哥哥。一天他陪朱元璋在后苑喝酒，醉了爬在地上去冠磕头谢恩，露出稀稀的几根头发，元璋笑着说："醉疯汉，头发秃到这样，可不是酒喝多了。"德成仰头说："这几根还嫌多呢，剃光了才痛快。"元璋不作声。德成酒醒，才知道闯了大祸，怕得要死，索性装疯，剃光了头，穿了和尚衣，成天念佛。元璋信以为真，告诉宁妃说："原以为你哥哥说笑话，如今真个如此，真是疯汉。"不再在意，党案起后，德成居然漏网。④ 一个是御史袁凯。有一次朱元璋要杀许多人，叫袁凯把案卷送给皇太子复讯。皇太子主张从宽。袁凯回报，元璋问："我要杀人，皇太子却要宽减，你看谁对？"袁凯不好说话，只好回答："陛下要杀是守法，东宫要赦免是慈心。"元璋大怒，以为袁凯两头讨好，脚踏两头船，老滑头，要不得。袁凯大惧，假装疯癫。元璋说疯子不怕痛，叫人拿木钻来刺他的皮肤，袁凯咬紧牙齿，忍住不喊痛。回家后，自己拿铁链锁住脖子，蓬头垢面，满口疯话，元璋还是不放心，派使者去召他作官，袁凯瞪眼对使者唱月儿高曲，爬在篱笆边吃狗屎，使者回报果然疯了，才不追究。这一次朱元璋却受

① 《大诰三编》，秀才剁指第十；《明史》卷九四，《刑法志》。

② 《大诰三编》，苏州人才第十三；《明史》卷九四，《刑法志》。

③ 《明史》卷一二六，《汤和传》。

④ 《明史》卷一三一，《郭兴传》。

了骗，原来袁凯预先叫人用炒面拌砂糖，捏成段段，散在篱笆下，爬着吃了，救了一条命，朱元璋哪里会知道？①

吴人严德珉由御史升左佥都御史，因病辞官，犯了忌讳，被黥面充军南丹（今广西），遇赦放还，布衣徒步作老百姓，谁也不知道他曾作过官，到宣德时还很健朗。一天因事被御史所逮，跪在堂下，供说也曾在台勾当公事，颇晓三尺法度。御史问是何官，回说洪武中台长严德珉便是老夫。御史大惊谢罪，第二天去拜访，却早已挑着铺盖走了。有一个教授和他喝酒，见他脸上刺字，头戴破帽，问老人家犯什么罪过，德珉说了详情，并说先时国法极严，作官的多半保不住脑袋。说时还北面拱手，嘴里连说“圣恩！圣恩！”②

元璋有一天出去私访，到一破寺，里边没有一个人，墙上画一布袋和尚，有诗一首：“大千世界浩茫茫，收拾都将一袋藏，毕竟有收还有放，放宽些子又何妨。”墨迹还新鲜，是刚画刚写的，赶紧使人去搜索，已经不见了。③ 这故事不一定是真实的，不过，所代表的当时人的情绪却是真实的。

二、文 字 狱

虽然在《大明律》上并没有这一条，说是对皇帝的文字有许多禁忌，违犯了就得杀头，但是，在明初，百无是处的文人，却为了几个方块字，不知道被屠杀了多少人，被毁灭了多少家族。

所谓禁忌，含义是非常广泛的。例如朱元璋从小穷苦，当过和尚，和尚的特征是光头，没有头发，因之不但“光”、“秃”这一类字犯忌讳，就连“僧”这个字也被讨厌，推而广之，连和僧字同音的“生”字也不喜欢。又如他早年是红军的小兵，红军在元朝政府，和地主官僚士大夫的口头上、文字上，是被叫作红贼红寇的，作过

---

① 《明史》卷二八三，《袁凯传》；徐祯卿：《翦胜野闻》；陆深：《金台纪闻》。

② 《明史》卷一三八，《周祯传》。

③ 徐祯卿：《翦胜野闻》。

贼的最恨人提起贼字，不管说的是谁，总以为骂的是他，推而广之，连和贼字形相象的“则”字也看着心虚了。这一类低能的护短的禁忌心理，在平常人，最多是骂一场，打一架，可是皇帝就不同了，严重了，一张嘴，一个条子，就是砍头、抄家、灭族。法律，刑章，不过为对付老百姓用的，皇帝在法律之上，在法律之外，而且，还可以为自己的方便，临时添进一两款，弄得名正言顺；要不然，作皇帝的图的是什么来？

大明帝国的第一代皇帝，从小失学，虽然曾经在皇觉寺混了一些日子，从佛经里生吞活剥认了几个字，后来在行伍里和读书人搞在一起，死命记，刻苦学，到发迹了，索性请了许多文人学者来讲学，更明白往古还有许多大道理。可是，到底根基差，认字不太多，学问不到家，许多字认不真，加上心虚护短的自卑心理，凭着有百万大军的威风，滥用权力，就随随便便糊里糊涂杀了无数文人，造成明初的文字狱。

他的自卑心理，另一现象就是卖弄身份。论出身，既不是像周文王那样的王子王孙，也不是隋文帝那样世代将门；论祖先，既搬不出尧子舜孙那一套，也不会像唐朝拉李耳、宋朝造赵玄朗那玩意；父亲祖父是佃农，外祖是巫师，没什么值得夸耀的。为了怕人讪笑，索性强调自己是无根基的，没来头的，不是靠祖宗先人基业起家的。在口头上，在文字上，甚至在正式的诏书上，一张嘴，一动笔，总要插进“朕本淮右布衣”，或者“江左布衣”，以及“匹夫”、“起自田亩”、“出身寒微”一类的话；尤其是“布衣”这一名词，仔细研究他的诏书，差不多很难找出不提这两个字的。强烈的自卑感表现为自尊，自尊为同符汉高祖，原来历史上的汉高祖也和他一样，是个平民出身的大皇帝。不断地数说，成为卖弄，卖弄他赤手空拳，没一寸地打出来的天下。可是，尽管他左一个“布衣”，右一个“布衣”，以至“寒微”之类，一套口头禅，像是说得很利落，却绝不许人家如此说，一说就以为是挖苦他的根基，又是一场血案。

其实，他又何尝不想攀一个显赫知名的人作祖宗，只是被人点破，不好意思而已。据说，当他和一批文臣商量修《玉牒》（家谱）的时候，原来打算拉宋朝的朱熹作祖先的。恰好一个徽州人姓朱作典史的来朝见，他打算拉本家，就问："你是朱文公的子孙吗？"这人不明底细，又怕撒谎会闯祸，只好回说不是。他一想，区区的典史尚且不肯冒认别人作祖宗，堂堂大皇帝又怎么可以？而且几代以前也从没有听说和徽州有过瓜葛，万一硬联上，自给人作子孙倒不打紧，被识破了落一个话柄，如何值得？只好打消了这念头，不作名儒的后代，却向他的同志汉高祖去看齐了。①

文字狱的经过如此：

地方三司官和知府知县、卫所官，逢年过节和皇帝生日以及皇家喜庆所上的表笺，照例委托学校教官代作。虽然都是陈词滥调刻板一套颂圣的话，朱元璋偏喜欢仔细阅读，挑出恭维话来娱悦自己。当然也知道这些话只是文字的堆砌，没有真感情，不过，总算综合了文字上的好字眼来歌颂，看了也不由得肌肉发松，轻飘飘有飞上云雾里的快感，紧绷绷的脸腮上有时候也不免浮出一丝丝的笑意来。不料看多了，便出问题：怎么全是说我好的？被屠宰的猪羊会对屠夫讨好感谢？推敲又推敲，总觉得有些字在纸上跳动，在说你这个暴君，这个屠户，穷和尚，小叫花，反贼，强盗，一些不愉快的往事在苦恼他的心灵。

他原来不是使小心眼的人，更不会挑剔文字。从渡江以后，很得到文人的帮忙。开国以后，朝仪制度，军卫、户籍、学校等等典章规程又多出于文人的计划，使他越发看重文人，以为治国非用文人不可。百战功高的勋臣们很感觉不平，以为我们流血百战，却让这些瘟书生来当权，多少次向皇帝诉说，都不理会。商量多时，生出主意，一天又向皇帝告状，元璋还是那一套老话，说是世乱用武，世治宜文，马上可以得天下，不能治天下，总之，治天下是非文人不可的。有人就说："不过文人也不能过于相信，太相信了会上当的。一般的文人好挖苦毁谤，拿话刺人，譬如张九四一辈子宠待儒生，好房子，大薪水，三日一小宴，五日一大宴，把文人捧上天，作了王爷后，要起一个官名，有人取为士诚。"元璋说："不错呵，这名字不错。"那人说："不然，上大当了。《孟子》上有'士，诚小人也。'把

① 吕毖：《明朝小史》卷一。

这句话连起来，割裂起来念，就读成‘士诚，小人也。’骂他是小人，他哪里懂得，给人叫了半辈子小人，到死还不明白，真是可怜。”① 元璋听了这番话，正中痛处，从此加意读表笺，果然满纸都是和尚贼盗，句句都是对着他骂的，有的成语，转弯抹角揣摩了半天，也是损他的，一怒之下，叫把这些作文字的文人，一概拿来杀了。

文字狱的著名例子，如浙江府学教授林元亮替海门卫作谢增俸表，有“作则垂宪”一句话，北平府学训导赵伯宁为都司作贺万寿表，有“垂子孙而作则”一语，福州府学训导林伯璟为按察使撰贺冬表的“仪则天下”，桂林府学训导蒋质为布政使按察使作正旦贺表的“建中作则”，澧州学正孟清为本府作贺冬表的“圣德作则”。他把所有的“则”都念成“贼”。当州府学训导蒋镇为本府作正旦贺表，有“睿性生知”，生字被读作“僧”。怀庆府学训导吕睿为本府作谢赐马表：“遥瞻帝扉”，“帝扉”被读成“帝非”。祥符县学教谕贾翥为本县作正旦贺表的“取法象魏”，“取法”读作“去发”。亳州训导林云为本府作谢东宫赐宴笺“式君父以班爵禄”，“式君父”硬被念成“失君父”，说是咒诅。尉氏县教谕许元为本府作万寿贺表：“体乾法坤，藻饰太平。”更严重了，“法坤”是“发髡”，“藻饰太平”是“早失太平”。德安府县训导吴宪为本府作贺立太孙表：“永绍亿年，天下有道，望拜青门。”“有道”变成“有盗”，“青门”当然是和尚庙了。都一概处死。甚至陈州学训导周冕为本州作贺万寿表的“寿域千秋”，念不出花样来的也是被杀。②

象山县教谕蒋景高以表笺误被逮赴京师斩于市。③ 杭州教授徐一夔贺表有“光天之下，天生圣人，为世作则。”元璋读了大怒说：“‘生’者僧也，骂我当过和尚。‘光’是剃发，说我是秃子，‘则’音近贼，骂我作过贼！”立刻逮来杀了。吓得礼部官魂不附体，求皇帝降一道表式，使臣民有所遵守。④ 洪武二十九年七月特派翰林院

---

① 黄溥：《闲中今古录》。

② 赵翼：《廿二史劄记》卷三二，《明初文字之祸》，引《朝野异闻录》。

③ 黄溥：《闲中今古录摘抄》。

④ 徐祯卿：《翦胜野闻》。

学士刘三吾、右春坊右赞善王俊华撰庆贺谢恩表笺成式，颁布天下诸司，以后凡遇庆贺谢恩，如式录进。①

文字狱从洪武十七年到二十九年（1384至1396年）前后经过十三年。② 唯一幸免的文人是翰林编修张某，此人在翰林院时说话太直，被贬作山西蒲州学正，照例作庆贺表，元璋特别记得这人名字，看表词里有“天下有道”、“万寿无疆”，发怒说：“这老头还骂我是强盗”，差人逮来面讯，说是：“把你送法司，更有何话可说？”张某说：“只有一句话，说了再死也不迟。陛下不是说过表文不许杜撰，都要出自经典，要有根有据的话吗？‘天下有道’是孔子的格言，‘万寿无疆’是《诗经》里的成语，说臣诽谤，不过如此。”元璋无话可说，想了半天，才说：“这老头还嘴强，放掉吧！”左右侍从私下谈论：“几年来才见容了这一个人！”③

有一个和尚叫来复，巴结皇帝，作一首谢恩诗，有“殊域”和“自惭无德颂陶唐”之句。元璋大生气，以为殊字分为歹朱，明明骂我，又说“无德颂陶唐”，是说我无德，虽欲以陶唐颂我而不能，又把这乱讨好的和尚斩首。④

在戡乱建国声中，文人作反战诗也是犯罪的。佥事陈养浩有诗云：“城南有嫠妇，夜夜哭征夫。”元璋恨他动摇士气，取到湖广，投在水里淹死。⑤ 甚至作一首宫词，也会被借题处死。翰林编修高启作题宫女图诗，有云：“小犬隔花空吠影，夜深宫禁有谁来？”元璋以为是讽刺他的，恨在心头。苏州知府魏观改修府治被杀，元璋知道上梁文又是高启写的，旧仇新罪都发，把高启腰斩。⑥ 地方官报告就本身职务有所陈请，一字之嫌，也会送命，卢熊作兖州知州，具奏州印兖字误类衮字，请求改正，元璋极不高兴，说：“秀才无

---

① 此据《明太祖实录》卷二四六。赵翼《廿二史劄记》卷三二《明初文字之祸》条作“帝乃自为之，播天下”，是错的。

② 黄溥：《闲中今古杂录》。

③ 李贤：《古穰杂录》。

④ 赵翼：《廿二史劄记》卷三二，《明初文字之祸》。

⑤ 刘辰：《国初事迹》。

⑥ 朱彝尊：《静志居诗话》；《明史》卷二八五，《高启传》。

理，便道我衮哩！”原来又把衮字缠作滚字了。不久，卢熊终于以党案被诛。①

从个人的避忌进一步便发展为广义的避忌了。洪武三年禁止小民取名用天、国、君、臣、圣、神、尧、舜、禹、汤、文、武、周、汉、晋、唐等字，洪武二十六年出榜禁止百姓取名太祖、圣孙、龙孙、黄孙、王孙，太叔、太兄、太弟、太师、太保、太傅、大夫、待诏、博士、太医、太监、大官、郎中字样，并禁止民间久已习惯的称呼，如医生只许称医士、医人、医者，不许称太医、大夫、郎中，梳头人只许称梳篦人或称整容，不许称待诏，官员之家火者，只许称阍者，不许称太监，违者都处重刑。②

不只是文字，甚至口语也有避忌。传说有一次他便装出外察访，有一老婆子和人谈话，提起上位（明初人对皇帝的私下称呼）时，左一个老头儿，右一个老头儿，当时不好发作，走到徐达家，绕着屋子踱来踱去，气得发抖，后来打定主意，传令五城兵马司带队到那老婆子住的地方，把那一带民家都给抄没了，回报时他还哑着嗓子说：“张士诚占据东南，吴人到现在还叫他张王，我作了皇帝，这地方的老百姓居然叫我老头儿，真气死人，气死人！”③

其他文人被杀的如处州教授苏伯衡以表笺误论死；太常丞张羽曾代撰滁阳王庙碑，坐事投江死；河南左布政使徐贲下狱死；苏州经历孙蕡坐曾为蓝玉题画，泰安州知府王蒙坐尝谒胡惟庸，在胡家看画，王行坐曾作蓝玉家馆客，都以党案论死。苏伯衡和王行都连两个儿子同命，一家杀绝。郭奎曾参朱文正大都督府军事，文正被杀，奎也论死。王彝曾修《元史》，坐魏观案和高启同死。同修《元史》的山东副使张孟兼，博野知县傅恕，和福建佥事谢肃，都坐事死。何真幕府里的人物，岭南五先生之一的赵介，死在被逮途中。初定金华时，罗致幕中讲述经史的戴良，坚决不肯作官，得罪自杀。不死的，如曾修《元史》的张宣，谪徙濠梁；杨基被谪罚作苦工，

① 叶盛：《水东日记摘抄》卷二。

② 《明太祖实录》卷五二；顾起元：《客座赘语》卷十，《国初榜文》。

③ 徐祯卿：《翦胜野闻》。

一直到死；乌斯道谪役定远；唐肃谪佃濠梁；顾德辉父子在吴平后，并徙濠梁，都算是万分侥幸的了。①

明初的著名诗人吴中四杰：高启、杨基、张羽、徐贲，没有一个是善终的。

元璋晚年时，所最喜欢的青年才子解缙，奉命说老实话，上万言书说：

> 臣闻令数改则民疑，刑太繁则民玩。国初至今将二十载，无几时不变之法，无一日无过之人。尝闻陛下震怒，锄根剪蔓，诛其奸逆矣，未闻褒一大善，尝延于世，复及其乡，终始如一者也。陛下进人不择贤否，授职不量重轻。建不为君用之法，所谓取之尽锱铢，置朋奸倚法之条，所谓用之如泥沙。监生进士经明行修，而多屈于下僚，孝廉人材冥蹈瞽趋，而或布于朝省，椎埋嚣悍之夫，阘茸下愚之辈，朝捐刀镊，暮拥冠裳，左弃筐箧，右绾组符。是故贤者羞为之等列，庸人悉习其风流，以贪婪苟免为得计，以廉洁受刑为饰辞。出于吏部者无贤否之分，入于刑部者无枉直之判，天下皆谓陛下任喜怒为生杀，而不知皆臣下之乏忠良也。夫罪人不孥，罚弗及嗣，连坐起于秦法，孥戮本于伪书。今之为善者，妻子未必蒙荣，有过者里胥必陷其罪，况律以人伦为重，而有给配之条，听之于不义，则又何取夫节义哉？此风化之所由也。

所说全是事实。迫文人作官则取之尽锱铢，作了官再屠杀，简直像泥沙一样，毫不动心；稍不如意便下刑部，一进刑部是没有冤枉可诉的；而且，不但罚延及嗣，连儿子一起杀，甚至妻女也不免受辱，听凭官家给配。真是任喜怒为生杀，和“臣下乏忠良”何干？解缙这么说，只是行文技巧，不给上位太难堪而已。元璋读了，连说：“才子！才子！”可见他自己也是心服的。②

网罗布置好了，包围圈逐渐缩小了，苍鹰在天上盘旋，猎犬在追

---

① 《明史》，《文苑传》，《苏伯衡传》、《高启传》、《王冕传》附《郭奎传》、《孙蕡传》、《王蒙传》、《赵壎传》、《陶宗仪传》附《顾德辉传》。赵翼：《廿二史劄记》卷三二，《明初文人多不仕》。

② 《明史》卷一四七，《解缙传》。

逐，一片号角声，呐喊声，呼鹰唤狗声，已入网的文人一个个断脰破胸，呻吟在血泊中。在网外围外的在战栗，在恐惧，在逃避，在伪装。前朝老文学家杨铁崖（维桢）被征，婉辞谢绝，说快死的老太婆不能再嫁人了，赋《老客妇谣》明志，抵死不肯作官，被迫勉强到南京打一转，请求还山，宋濂赠诗说："不受君王五色诏，白衣宣至白衣还。"① 胡翰、赵壎、陈基修《元史》成后，即刻回家。张昱被征，元璋看他老态龙钟，说是回家去吧，可以闲一闲了，因自号为可闲老人。王逢是张士诚的馆客，吴亡，隐居不起，洪武十五年被征，地方官押送上路，亏得儿子作通事司令的，向皇帝磕头苦求，才放回去。高则诚（明）以老疾辞官，张宪隐姓埋名，寄食僧寺，丁鹤年学佛庐墓，都得逍遥网外，终其天年。② 开国谋臣秦从龙避乱镇江，元璋先嘱徐达访求，又特派朱文正、李文忠到门延聘，亲自到龙湾迎接，事无大小，都和他商量，称为先生而不名，有时用竹板写字问答，连左右侍从都不知道他们说的是什么；儒臣中礼貌优厚，没人能比得上。陈遇在幕中被比作伊吕诸葛，最为亲信，元璋作吴王，辞作供奉司丞，称帝后，三次辞翰林学士，又辞中书左丞，辞礼部侍郎兼弘文馆大学士，辞太常少卿，最后又辞作礼部尚书，元璋无法，要派他的儿子作官，还是不肯；他在左右劝少杀人，替得罪臣僚说好话，密谋秘计，外人无法与闻。他越是不肯作官，元璋对他越敬重，见面称先生或君子，宠礼在勋戚大臣之上。这两人都不作官，都为元璋所信任尊重，都能平安老死，和刘基那样被猜毒死，宋濂那样暮年谪死，真是不可同日而语了。③

元璋渡江以前幕府里的主要人物，还有一人名田兴，金陵下后便隐遁江湖，元璋多方设法寻访，都不肯回来。洪武三年又派专使以手书敦劝说：

> 元璋见弃于兄长，不下十年，地角天涯，未知云游之处，何尝暂时忘也。近闻打虎留江北，为之喜不可抑。两次诏请，

① 《明史》，《文苑传》，《杨维桢传》。

② 《明史》，《文苑传》，《胡翰传》、《赵壎传》、《赵㧑谦传》附《张昱传》、《戴良传》附《王逢传》、《丁鹤年传》、《陶宗仪传》附《高明传》。

③ 陆深：《豫章漫钞》；《玉堂漫笔》；《明史》卷一三五，《陈遇传》。

> 更不得以勉强相屈。文臣好弄笔墨，所拟词意，不能尽人心中所欲言。特自作书，略表一二，愿兄长听之：昔者龙凤之僭，兄长劝我自为计，又复辛苦跋涉，参谋行军。一旦金陵下，告遇春曰：大业已定，天下有主，从此浪迹江湖，安享太平之福，不复再来多事矣。我故以为戏言，不意真绝迹也。皇天厌乱，使我灭南盗，驱北贼，无才无德，岂敢妄自尊大，天下遽推戴之，陈友谅有知，徒为所笑耳。三年在此位，访求山林贤人，日不暇给。兄长移家南来，离京甚近，非但避我，且又拒我。昨由去使传信，令人闻之汗下。虽然，人之相知，莫如兄弟，我二人者不同父母，甚于手足，昔之忧患，与今之安乐，所处各当其事，而平生交谊，不为时势变也。世未有兄因弟贵，惟是闭门逾垣以为得计者也。皇帝自是皇帝，元璋自是元璋，元璋不过偶然作皇帝，并非作皇帝便改头换面，不是朱元璋也。本来我有兄长，并非作皇帝便视兄长如臣民也。愿念兄弟之情，莫问君臣之礼，至于明朝事业，兄长能助则助之，否则，听其自便。只叙兄弟之情，断不谈国家之事。美不美。江中水，清者自清，浊者自浊，再不过江，不是脚色。①

情辞恳切到家，还是不理。此人神龙见首不见尾，如实有其人，可说是第一流人物，也是最了解他小兄弟性格的一个人物。

三、特务网

专制独裁的政权，根本是反人民的，靠吮吸人民的血汗，奴役人民的劳力而存在。为了利益的独占和持续，甚至对他自己的工具或者仆役——官僚和武将，也非加以监视和侦察不可。虽然在对人民的剥削掠夺这一共同基础上，皇权和士大夫军官是一致的，但是，官僚武将过分的膨胀，又必然会和皇权引起内部冲突。

① 方觉慧：《明太祖革命武功记引》。

皇帝站在金字塔的尖端，在尊严的神圣的宝座下面，是一座火山。有广大的愤怒的人民，有两头拿巧的官僚，有强悍跋扈的武将，在酝酿力量，在组织力量。

推翻元朝统治的不就是蚩蚩粥粥，老实得说不出话，扛竹竿锄头的农民？使张九四终于不能成事的，不就是那些专为自己打算，贪污舞弊的文士，和带歌儿舞女上阵的将军？历史上，曹操、司马懿、刘裕一个吃一个，篡位的是士大夫，帮凶的又何尝不是士大夫？至于赵匡胤陈桥兵变，黄袍加身，那更用不着说了。这位子谁不想坐？“彼可取而代之也！”谁不想作皇帝？

没有作皇帝之先，用阴谋，用武力，使尽一切可能的力量去破坏，从而取得政权。作了皇帝之后，用阴谋，用武力，使尽一切可能的力量来不许破坏，镇压异己，维持既得利益，一句话，绝对禁止别人企图作皇帝，或对他不忠。

要严密作到镇压“异图”、“不忠”，巩固已得地位，光是公开的军队和法庭，光是公布的律例和刑章是不够用的。可能军队里法庭里，就有对现状不满的分子，可能军队里法庭里，就有痛恨这种统治方式的人们。得有另外一套，得有一批经过挑选训练的特种侦探，得有经过严格组织的特种“机构”，和特种监狱，用秘密的方法，侦伺，搜查，逮捕，审讯，处刑。在军队里，学校里，政府衙门中，在民间集会场所，私人住宅，交通孔道，大街小巷，处处都有一些特殊人物在活动。执行这些任务的特种组织和人物，在汉有“诏狱”和“大谁何”，三国时有“校事”，唐有“丽竟门”和“不良人”，五代有“侍卫司狱”，宋有“诏狱”和“内军巡院”，明初有“检校”和“锦衣卫”。

检校的职务是“专主察听在京大小衙门官吏不公不法，及风闻之事，无不奉闻”。最著名的头子之一叫高见贤，和佥事夏煜、杨宪、凌说，成天作告发人阴私的勾当，“伺察搏击”。兵马指挥丁光眼巡街生事，凡是没有路引的，都捉拿充军。元璋尝时说：“有这几个人，譬如人家养了恶犬，则人怕。”① 杨宪曾经以左右司郎中参赞

---

① 刘辰：《国初事迹》；孙宜：《大明初略》四；《明史》卷一三五，《宋思颜传》。

浙江行省左丞李文忠军事，元璋嘱咐："李文忠是我外甥，年轻未历练，地方事由你作主张，如有差失，罪只归你。"后来杨宪就告讦李文忠用儒士屠性孙履、许元、王天锡、王祎干预公事，屠性孙履被诛，其余三人被罚发充书写；因之得宠，历升到中书左丞，元璋有意要他作宰相，杨宪就和凌说、高见贤、夏煜在元璋面前诉说李善长不是作宰相的材料。胡惟庸急了，告诉李善长："杨宪若作相，我们两淮人就不得作大官了。"杨宪使人劾奏右丞汪广洋流放海南，淮人也合力反攻杨宪："排陷大臣，放肆为奸。"到底淮帮力量大，杨宪以告讦发迹，也以被告讦诛死。① 高见贤建议："在京犯赃经断官吏，不无怨望，岂容辇毂之下住坐？该和在外犯赃官吏发去江北和州无为开垦荒田。"后来他自己也被杨宪举劾受赃，发和州种田，先前在江北种田的都指着骂："此路是你开，你也来了，真是报应！"不久被杀。夏煜、丁光眼也犯法，先后被杀。②

亲卫军官作检校的，有金吾后卫知事靳谦，元璋数说他的罪状："朕以为必然至诚，托以心腹，虽有机密事务，亦曾使令究焉。"③ 有何必聚：龙凤五年派帐下卫士何必聚往探江西袁州守将欧平章动静，以断欧平章家门前二石狮尾为证，占袁州后，查看果然不错。④ 有小先锋张焕，远在初克婺州时，就作元璋的亲随伴当从行先锋，一晚，元璋出去私访，遇到巡军拦阻，喝问是谁，张焕说："是大夫"，巡军发气："我不知道大夫是什么人，但是犯夜的就逮捕住。"解说了半晌才弄清楚。乐人张良才说平话，擅自写省委教坊司招子，贴市门柱上，被人告发，元璋发怒说："贱人小辈，不宜宠用！"叫小先锋张焕捆住乐人，丢在水里。龙凤十二年以后，经常作特使到前方军中传达命令。⑤ 有毛骧和耿忠，毛骧是早期幕僚毛骐的儿子，以舍人作亲随，用作心腹亲信，和耿忠奉派到江浙等处访察官吏，民间疾苦。毛骧从管军千户积功作到都督佥事，掌锦衣卫事，典诏

① 刘辰：《国初事迹》；《明史》卷一二七，《汪广洋传》。

② 刘辰：《国初事迹》；孙宜：《大明初略》四。

③ 《大诰》，沉匿卷宗第六十。

④ 钱谦益：《国初群雄事略》卷四，引俞本：《纪事录》。

⑤ 刘辰：《国初事迹》；孙宜：《大明初略》四；王世贞：《诏令考》二。

狱，被牵入胡惟庸党案伏诛，耿忠作到大同卫指挥，也以贪污案处死。①

除文官武将作检校以外，和尚也有被选拔作这门工作的。吴印、华克勤等人，都还俗作了大官，替皇帝作耳目，报告外间私人动止。大理寺卿李仕鲁上疏力争，以为“自古帝王以来，未闻缙绅锱流杂居同事而可以共济者也。今勋旧耆德，咸思辞禄去位，而锱流检夫乃益以谗间。”并具体指出刘基、徐达、李善长、周德兴的被猜疑被谗谤，都是这批出家检校造的孽。②

检校的足迹是无处不到的，元璋曾派人去察听将官家，有女僧诱引华高、胡大海妻敬奉西僧，行金天教法，元璋大怒，把两家妇人连同和尚一起丢在水里。③ 吴元年得到报告，要前方总兵官把“一个摩泥（摩尼教徒）取来”。洪武四年手令：“如今北平都卫里及承宣布政司里快行，多是彼土人民为之。又北平城内有个黑和尚出入各官门下，时常与各官说些笑话，好生不防他。又一名和尚系是江西人，秀才出身，前元应举不中，就做了和尚，见在城中与各官说话。又火者一名姓崔，系总兵官庄人，本人随别下泼皮高丽黑哄陇问，又有隐下的高丽不知数。造文书到时，可将遣人都教来，及那北平、永平、密云、蓟州、遵化、真定等处乡市，旧有僧尼，尽数起来。都卫快行承宣布政司快行，尽数发来。一名太医江西人，前元提举，即自在各官处用事。又指挥孙苍处有两个回回，金有让孚家奴也教发来。”④ 调查得十分清楚。傅友德出征赐宴，派叶国珍作陪，拨与朝妓十余人。正饮宴间，有内官觇视，说是国珍令妓妇脱去皂帽褙子，穿华丽衣服混坐。元璋大怒，令壮士拘执叶国珍，与妓妇连锁于马坊，妓妇劓去鼻尖。国珍说：“死则死，何得与贱人同锁？”元璋说：“正为你不分贵贱，才这样对你。”鞭讫数十，发瓜州做坝夫。⑤ 钱宰被征编《孟子节文》，罢朝吟诗：“四鼓鼕鼕起着

① 刘辰：《国初事迹》；《明史》卷一三五，《郭景祥传》附《毛骐传》。

② 《明史》卷一三九，《李仕鲁传》。

③ 刘辰：《国初事迹》。

④ 王世贞：《诏令考》二。

⑤ 刘辰：《国初事迹》。

衣，午门朝见尚嫌迟，何时得遂田园乐？睡到人间饭熟时。”有人给打报告了，第二天元璋对他说：“昨天作的好诗，不过我并没嫌呵，改作忧字如何？”钱宰吓得磕头谢罪。① 宋濂性格最为诚谨，有一天请客喝酒，也被皇帝注意了，使人侦视，第二天当面发问，昨天喝酒了没有，请了哪些客，备了什么菜？宋濂老老实实回答，元璋才笑说：“全对，没有骗我。”② 吴琳以吏部尚书告老回黄冈，元璋不放心，派人去察看，远远见一农人坐小杌上，起来插秧，样子很端谨，使者前问：“此地有吴尚书这人不？”农人叉手回答：“琳便是。”使者复命，元璋很高兴。③ 又如南京各部皂隶都戴漆巾，只有礼部例外，各衙门都有门额，只有兵部没有，据说这也是锦衣卫逻卒干的事。原来各衙门都有人在暗地里侦察，一天礼部皂隶睡午觉，被取去漆巾，兵部有一晚没人守夜，门额给人抬走了，发觉后不敢作声，也就作为典故了。④

朱元璋不但有一个特务网，派专人侦察一切场所，一切官民，他自己也是喜欢搞这一套的。例如罗复仁官止弘文馆学士，说一口江西话，质直朴素，元璋叫他作老实罗。一天，忽然动了念头，要调查老实罗是真老实还是假老实？出其不意一人跑到罗家，罗家在城外边一个小胡同里，破破烂烂，东倒西歪几间房子，老实罗正扒在梯子上粉刷墙壁，一见皇帝来，着了慌，赶紧叫他女人抱一个小杌子请皇帝坐下，元璋见他实在穷得可以，老大不过意，说：“好秀才怎能住这样烂房子！”即刻赏城里一所大邸宅。⑤

检校是文官，元璋譬喻为恶狗。到洪武十五年还嫌恶狗不济事，另找一批虎狼来执行大规模的屠杀，把侦伺处刑之权交给武官，特设一个机构叫锦衣卫。

锦衣卫的前身是吴元年设立的拱卫司。洪武二年改亲军都尉府，府统中左右前后五卫和仪鸾司，掌侍卫法驾卤簿；十五年改为锦

---

① 叶盛：《水东日记摘钞》二。

② 《明史》卷一二八，《宋濂传》。

③ 《明史》卷一三八，《陈修传》附《吴琳传》。

④ 陆容：《菽园杂记》；祝允明：《野记》一。

⑤ 《明史》卷一三七，《罗复仁传》。

衣卫。

锦衣卫有指挥使一人，三品。同知二人，从三品。佥事三人，四品。镇抚二人，五品。十四所千户十四人，五品；副千户从五品；百户六品。所统有将军力士校尉，掌直驾侍卫巡察缉捕。镇抚司分南北，北镇抚司专理诏狱。

直驾侍卫是锦衣卫形式上的职务，巡察缉捕才是工作的重心，对象是“不轨妖言”，不轨指政治上的反对者或党派，妖言指要求改革现状的宗教集团，如弥勒教、白莲教和明教等等。

朱元璋从红军出身，当年也喊过“弥勒降生”、“明王出世”的口号，他明白这些传说所发生的号召作用，也清楚聚众结社对现政权的威胁。他也在担心，这一批并肩百战、骁悍不驯的将军们，这一群出身豪室的文臣，有地方势力，有社会声望，主意多，要是自己一朝咽气，忠厚柔仁的皇太子怎么对付得了？到太子死后，太孙不但年轻，还比他父亲更不中用，成天和腐儒们读古书，讲三王的道理，断不是制驭枭雄的角色。他要替儿孙斩除荆棘，要保证自己死后安心，便有目的地大动杀手，犯法的杀，不犯法的也杀，无理的杀，有理的也杀。锦衣卫的建立，为的便于有计划地栽赃告密，有系统地诬告攀连，有目标地灵活运用，更方便地在法外用刑。各地犯重罪的都解到京师下北镇抚司狱，备有诸般刑具，罪状早已安排好，口供也已预备好，不容分析，不许申诉，犯人唯一的权利是受苦刑后画字招认。不管是谁，进了这头门，是不会有活着出来的奇迹的。

洪武二十年，他以为该杀的人已经杀得差不多了，下令焚毁锦衣卫刑具，把犯人移交刑部，表示要实行法治了。又把锦衣卫指挥使也杀了，卸脱了多年屠杀的责任。六年后，胡党蓝党都已杀完，松了一口气，又下令以后一切案件都由朝廷法司处理，内外刑狱公事不再经由锦衣卫。签发这道手令之后，摸摸花白胡子，以为天下从此太平，皇业永固了。①

① 王世贞：《锦衣志》；《明史》卷八九《兵志》，卷九五《刑法志》。

和锦衣卫有密切关连的一件恶政是廷杖。锦衣卫学前朝的诏狱，廷杖则是学元朝的办法。

在元朝以前，君臣的距离还不太悬绝，三公坐而论道，和皇帝是师友。宋代虽然臣僚在殿廷无坐处，礼貌上到底还有几分客气。蒙古人可不同了，起自马上，生活在马上，政府臣僚也就是军中将校，一有过失，随时杖责，打完照旧办事，甚至中书大臣都有殿廷被杖的故事。朱元璋事事复古，要“复汉官之威仪”，只有打人，尤其是在殿廷杖责大臣这一桩，却不嫌弃是胡俗，习惯地继承下来。著名的例子，亲族被杖死的有朱文正，勋臣被鞭死的有永嘉侯朱亮祖父子，大臣被杖死的有工部尚书薛祥，部曹被廷杖的有茹太素。从此成为故事，士大夫不但可杀，而且可辱，君臣间的距离有如天上地下，“天皇圣明，臣罪当诛”，礼貌固然谈不到，连主奴间一点起码的恩惠，也被板子鞭子打得干干净净了。①

四、皇权的极峰

就整个历史的衍进说，皇帝的权力到朱元璋可以说是达到了极峰。

研究皇权的极权化发展，应该从两方面来看，一是士大夫地位的下降，二是巩固皇权的诸多约束的被摧毁。至于人民，向来只有被统治、被剥削、被屠杀的义务，和治权是丝毫沾搭不上的。

在明以前，士大夫是和皇家共存共治的。

具体的先从君臣的礼貌来说吧。在宋以前有三公坐而论道的说法，贾谊和汉文帝谈话，不觉膝之前席，可见不但三公，连小官见皇帝都是坐着的。唐初的裴寂甚至和唐高祖共坐御榻，十八学士在唐太宗面前也都有坐处。到宋朝便不然了，从太祖以后，大臣上朝在皇帝面前无坐处，一坐群站，三公群卿立而奏事了。到明代，不

---

① 《明史》，《刑法志》三。

但不许坐，站着都不行，得跪着说话了。从坐而站而跪，说明了三个时期的君臣之间的关系，也说明了士大夫地位的下降。

从形式再说到本质：

坐的时期的典型例子是魏晋六朝的门阀制度。

汉代的若干世家宦族，如关西杨氏、汝南袁氏之类，四世三公，有数不尽的庄园，算不清的奴仆，门生故吏遍天下，本身有雄厚的独立的经济、社会和政治力量。在黄巾动乱时代，地方豪族如孙策、马腾、许褚、张辽、曹操之类，为了保持土地和特殊权益，组织地主军保卫乡里，有部曲，有防区，造成军事力量。小军阀抗不住大股黄巾，投靠大军阀，大军阀又互相吞并，结果是三分天下，建立三个皇朝，原来两类家族——世族和豪族也都占据高位，变成公卿将帅，成为高级官僚了。这些家族原是共建皇业的股东，和皇家利害共同，休戚一致，在九品中正的选举制度下，“上品无寒门，下品无势族”，大官位全为这些家族分子所独占。东晋南渡，司马家和王谢等家到了建康，东吴旧族顾、陆、朱、张等家族虽然是本地高门，因为是亡国之余，就吃了亏，在政治地位上居第二等。这些高门，世执国政，王、谢子弟更平步以至公卿（北方的崔、卢、李、郑、王等家族也是一样）。到刘裕以田舍翁作皇帝，陈霸先更是寒人，在世族眼光里，皇家只是暴发户，无根基，没派头，朝代尽管改换，好官我自为之，士大夫集团有其传统的政治社会经济和文化地位，非皇权所能动摇，士大夫虽然在为皇权服务——因为皇帝有军队——目的在以皇权来发展并保障士大夫的已有权益。在这情况下，士大夫是和皇家共存，共享治权的。皇家的利益虽然大体上和士大夫一致，但是在许多场合，发生了尖锐的冲突，例如世族的荫蔽人口，霸占农田水利以至山林湖沼等等，经隋代两帝的有意识的打击摧毁，如取消九品中正制度，取消长官辟举僚属办法，并设立进士科，用公开的考试制度，用文字的优劣来代替血统门望高下，来选任官僚。但是，文字教育还是要钱买的，大家族有优越的经济地位、人事关系，因之，唐朝三百年间的宰相，还是被二十个左右家族所包办。

门阀制度下的士大夫，有历史的传统，有庄园的经济基础，有包办选举的制度，甚至有依门第高下任官的成文法，有依族姓高下缔婚的风气，高门华阀由此种种便成为一个利害共同的集团，并且，公卿子弟熟习典章制度，治国（办例行公事）也非他们不可。在这诸多特殊情势之下，士大夫是和皇家共存的，只有双方合作才能两利。而且，皇帝人人可做，只要有强大的军力能夺取政权便行，士大夫却不然，寒人役门要成为士大夫，等于骆驼穿针孔，即使有皇帝手令强制，也还是办不到。何事非君？士大夫只要不损害他们的权益，可以侍候任何一姓的皇权。一个拥有大军的统帅，如得不到士大夫的支持，却绝对作不了皇帝。

考试制度代替了门阀制度，真正发挥作用是十世纪以后的事。

经过唐代前期则天大帝有意援用新人，任命进士作高官，打击世族。经过后期甘露之祸（大和九年，835年），白马之祸（天祐二年，905年）和藩镇的摧残，多数的著名家族被屠杀。经过长期的军阀混战，五代乱离，幸存的世族失去了庄园，流徙各地，到唐庄宗作皇帝，要选懂朝廷典故的世族子弟作宰相都很不容易了。宋太祖太宗只好扩大进士科名额（唐代每科平均不过三十人，宋代多至千人以至几千人），用进士来办事，名额宽，考取容易，平民出身的进士在数量上压倒了残存的世族，一发榜立即作官。进士出身的官僚绅士和皇家的关系，正如伙计和老板，是雇用的而不是合股的。老板要买卖作得好，得靠伙计忠心卖力气，宋朝家法优礼士大夫就是这个道理。用宋朝人的话说是共治，著名的例子是文彦博和宋神宗的对话：

> 文彦博：王安石胡乱主张，要改变法度。其实祖宗朝的法制就很好，不要胡改，以致失掉人心。
>
> 宋神宗：要改法制，对士大夫也许有些吃亏，可是，老百姓是喜欢的。
>
> 文彦博：这话不对，皇家是和士大夫治天下的，和老百姓何干？
>
> 宋神宗：就是士大夫也不全反对，也有人赞成改革的。

这是熙宁四年（1071年）三月间的事。

和前一时期不同的，前期的世族子弟有了庄园，才能中进士作官，再去扩大庄园。这时期呢？中进士作了官才能购置庄园，名臣范仲淹年轻时吃冷粥，过穷苦日子，到作了大官就置苏州义庄，派儿子讨租子，得几船粮食，便是好例子。前一时期的世族，庄园是中进士的本钱，后一时期的官僚，庄园是作官的利息，意义上不相同，政治地位自然也因之不同。

更应该注意的是印刷术发明了，得书比较容易，书籍的流通比较普遍。国立学校学生入学资格必须父祖曾作几品以上官的规定取消了，而且，还有许多私人创立的书院，知识和受教育的机会比较不为少数家族所囤积独占，平民参加考试的机会大大地增加了。读书成为作官的手段，“遗金满籯，不如教子一经。”念书，考进士，作官，发财：“万般皆下品，惟有读书高。”为帝王作仆役服务：“天子重英豪，文章教尔曹。”政府的提倡，社会的鼓励，作官作绅士得从科举出身，竭一生的聪明才智去适应科举，“天下英雄入我彀中”，皇权由之巩固。官爵恩泽，都是皇帝所赐，士大夫以忠顺服从①换取皇家的恩宠。皇家是士大夫的衣食饭碗，非用全力支持不可。士大夫是皇家的管家干事，俸禄优厚，有福同享。前期的共存之局到此就变成共治之局了。君臣间的距离恰像店东和伙计，主佣间的恩惠是密切照顾到的。

士大夫从共存到共治，由股东降作伙计，已经江河日下了。到明代，又猛然一跌，跌作卖身的奴隶，士大夫成为皇家的奴役了。

明初的士大夫，既不是像汉、魏世族那样有威势，又没有魏晋隋唐以来世族的庄园基础，中举作官得懂君主的窍，揣摩迎合，以君主的意志为意志，是非为是非，喜怒为喜怒，从办公事上分一点残羹冷炙，建立自己的基业。一有不是，便丧身破家，挨鞭子棍子是日常享受，充军作苦工是从宽发落，不但礼貌谈不上，连生命都时刻在死亡的威胁中。偶尔也有被宠用的特务头子，虽然威风，可是在朱元璋的心目中，甚至口头上，只把这些人当恶狗，养着咬人。

---

① 李焘：《续资治通鉴长编》卷二二一。

皇帝越威风，士大夫越下贱，反过来也可以说是士大夫越被制抑，皇帝就越尊贵，君臣的关系一变而为主奴。奴化教育所造成的新士大夫，体贴入微的逢迎阿谀，把皇权抬上了有史以来的极峰。①

巩固皇权的诸多约束的被摧毁，是皇权极权化的另一面。

隋唐以来的三省制度，中书省决策，门下省封驳，尚书省执行，把政权分作三部分。在形式上在理论上防止臣下擅权，分而治之，各机构互相钳制，同时也防止作皇帝的滥用权力，危害根本，是消极的巩固皇权的一种政治制度。实际执行政务的六部，在尚书都省之下，地位很低。凡百政务推行，名义上由政府首长负其责任，事情作错或作坏了，一起推到宰相身上，免官降黜甚至赐死。皇帝对国事不是直接领导，并且是不负法律责任的。例如有天灾人祸等重大事变，开明一点的皇帝最多也不过是素服减膳避殿，下诏求直言，或进一步自我检讨一下，下诏罪己，闹一通也就算了。因为皇帝不能作错事，要认错，要受罚，也只能对上天负责。三省制度的建立，正是为了使皇帝不负行政责任，用臣下作赎罪羔羊的办法。到元朝合三省作一省，洪武十三年杀胡惟庸以后，又废去中书省，提高六部的地位，使其直接向皇帝负责，根本取消了千多年来的相权。皇帝除了是国家元首之外，又是事实上的政府首长，直接领导并推进庶务，皇权和相权合一，加上军队的指挥权、立法权、司法权，和任意加税或减税权，以及超法律的任意处分权，人类所能运用所能想到的一切权力，都集中在一人之手，不对任何个人或团体负责。这种局面可以说是前所未有的。

单独就门下省的封驳权而说，是约束皇权滥用的一种成文法制。其实，封驳权不限于门下省，中书省的中书舍人也有这个权。中书舍人掌起草诏令，中书省长官在得皇帝所同意的事项或命令以后，交词头（原则或具体措施）给中书舍人起草诏勅，舍人如不同意，可以缴还词头，拒绝起草。皇帝如坚持原来主意，也可以再度命令

---

① 吴晗：《论绅权》，载《时与文》三卷一期，1948年4月。

执行，但是舍人仍可以再次三次拒绝，除非职务被罢免，或是把这任务交给另外一个舍人。门下省有给事中专掌封驳，封是原封退回，驳是驳正诏敕的违失，凡制敕宣行，重大事件要复奏然后施行，小事签署颁下。有违碍的可以涂窜奏还，叫作涂归，又叫作批敕。这制度规定皇帝所颁诏令，得经过两次同意，第一次是起草的中书舍人，第二次是签名副署的给事中，最后才行下到尚书省施行，所谓“不经凤阁（中书）鸾台（门下），何谓为敕?”① 如两省官都能尽职，便可以防止皇帝的过举以及政治上的失态行为，对于巩固皇权是有极大作用的。当然，历代帝王很多不遵守这约束，往往不经中书门下，以手令直接交尚书施行，这种情形，史书上叫作墨敕斜封，虽然被执行了，但在理论上是非法的。元朝废门下省，给事中并入中书省，到明初废中书省后，中书舍人成为抄录文件的书记，给事中无所隶属，兼领谏职，和稽察六部百司之事。两道约束被清除，皇帝的意志和命令就是法律，直接颁下，任何人都得遵守，不能批评，更不允许反对，造成了朕即国家的局面。皇权跳出官僚机构的牵制，超乎一切之上，这也是前所未有的。

其次，在明以前，守法在理论上是皇帝的美德，无论是成文法典或是习俗相沿的传统。为了维持一个集团的共同利益，以至皇家的优越地位，守法是作皇帝的最好最有利的统治方法。皇帝地位虽高，权力虽大，也不应以喜怒爱憎的个人感情来毁法、坏法，即使有特殊情形，也必须先经法的制裁，然后用皇帝的特赦权或特权来补救。著名的例子如汉文帝的幸臣邓通，在殿廷不守礼节，丞相申屠嘉大发脾气，说是朝廷礼节给破坏了，下朝回府，发檄传邓通审问，拒传就处死，邓通急了，向皇帝求赦，皇帝只好叫他去。到府后去冠光脚跪伏谢罪，丞相厉声说：“小臣戏殿上，大不敬!”叫长史把他拖出去杀了，邓通在下面磕头讨饶，额角都碰出血来了，文帝才派特使向丞相说情，说这人是我的弄臣，请特别赦免。邓通回去见皇帝，哭着撒娇说丞相几乎杀了我，见不到面了。申屠嘉是列

---

① 《新唐书》卷一一七，《刘祎之传》。

侯，是元老重臣，代表重臣集团执行法纪，重臣集团和皇家利害一致，汉文帝便不敢也不能不守这个法。① 又如宋太祖时有臣僚该升官，太祖向来讨厌这个人不批准，宰相赵普非照规矩办不可，太祖生气了，说："我偏不升他官，看怎么办？"赵普说："刑以惩恶，赏以酬功，是古今来的通道。而且刑赏是天下的刑赏，不是陛下的刑赏，怎么可以用个人的喜怒来破坏？"太祖气极，竟自走开，赵普一直跟到宫门口，不肯走，太祖拗不过道理，只好答应了。这例子说明赵普和宋太祖都能守法②，不过重要的是赵普不只是宰相，还是皇家旧人，他的利害也是和皇家一致的。到朱元璋便不理会这个传统了，朝廷里没有像汉初那样的元老重臣集团，有地位有力量可以说话作事，也没有像宋初那样家庭旧人，有胆子有分量敢于说话作事。相反，他的利害是和朝廷的勋贵大臣对立的，成日成夜怕人对他不忠，不怀好意，一面制定法典，叫人民遵守，犯法的必死，他自己却法外用刑，在《大诰》里所处分的十种死罪和酷刑，都出于法典之外，而且全凭喜怒杀人，根本不依法律程序。在政治上的措施，擢用布衣儒士作尚书九卿以至方面大官，也是不依成法的。他的性格、权力，加上古所未有的地位，使得没有人敢拿法来约束，甚至劝告。自己决不守法，在法律之上，在法律之外，却强迫全国人守他的法，一点不许有差池，这正是暴君独夫民贼的典型人物。

他用残酷的恐怖的屠杀手段，推翻八百年来的传统政治制度，组织新的分部负责政府，自己综揽大权，造成专制的残暴的独裁政治。接连不断制造大狱，杀了十几万社会上层的领袖人物，利用检校和锦衣卫侦伺官民，应用里甲制度布成全国性的特务网，用廷杖挫损士大夫的气节，立"寰中士大夫不为君用"之法，强迫知识分子服役。在三十年为一世的长期统治下，开国功臣被杀光了，谋臣策士一个个被消除了，豪绅地主成群成批被淘汰掉了，全国上下各阶层的人吓得胆战心惊，诚惶诚恐，束手服从。他不但是国家的元首，也是政府的当局，也是国军的最高统帅，是最高的立法人和审

① 《汉书》卷四二，《申屠嘉传》。

② 《宋史》卷二五六，《赵普传》。

判官，又是法律的破坏者，具有无限制的货币发行权和财政支配权。用学校和考试制度造成忠顺的干部，用里甲轮役的方法动员全部人力。他收复了沦陷于外族四百三十年的疆域，他建立了中华民族自主的大帝国，是大明帝国的主人，也是几十个属国和藩国的共主，他被后代人称为“民族英雄”，也是有史以来权力最大地位最高最专制最独裁最强暴最缺少人性的大皇帝。

对官僚地主士大夫，朱元璋用一副恶狠狠的面孔，青面獠牙，无人不怕。对平民百姓，有另外一副面孔，白胡子的老公公，满脸慈悲相，满口和气话，如果不看他的真面目，也许是人民多年来所梦想的有道明君呢！

经常挂在嘴上的话是：“四民之中，农民最劳最苦。春天鸡一叫就起床，赶牛下田耕种，插下秧子，得除草，得施肥，大太阳里晒得汗直流，劳碌得不成人样。好容易巴到收割了，完租纳税之外，剩不了一丁点儿。万一碰上水旱虫蝗灾荒，全家着急，毫无办法。可是国家的赋税全是农民出的，当差作工也是农民的事，要使国家富强，必得农民安居乐业才办得到。”① 这套话的主要意思，是要吃鸡蛋得喂饱鸡，要不然，也不能让鸡饿死。

使农民安居乐业的办法，不外乎上代人常做的，积极地为农民兴利，消极地为农民除害。

兴利的事业主要是增加生产。建国以后，下令凡民田五亩到十亩的栽桑麻木棉各半亩，十亩以上的加倍。到晚年又令户部劝谕民间，凡是有空地的都种植桑枣，由官家教授种植方法。加种棉花的免除租税。② 棉花的种植从此普遍全国，过去平民常穿的麻衣，逐渐为棉布所替代，衣的问题算是解决了。其次是水利，鼓励人民一切对于水利的建议，特别吩咐工部官员，凡是陂塘湖堰可以蓄水防备水旱灾的，根据地势一一修治，并派遣国子生和人才到各地督修水利，统计开塘堰四万零九百八十七处。再就是劝导农民合作，用

① 《明太祖实录》卷二二、卷二五〇。

② 《明史》卷七八《食货志》二，《赋役》，卷一三八《杨思义传》；谷应泰：《明史纪事本末》卷一四，《开国规模》。

里甲作基础，户部劝谕，一里之内，有婚姻死丧，疾病患难，有钱的助钱，有力气的出力气。春耕秋收的时候，一家无力，百家帮忙。每乡里备有木铎，选出老人每月六次持铎游行宣讲。每里有一鼓，农桑时日，清早击鼓催人起床作工，有懒惰的由里老督责，里老不管事的处罚。①

除害指的是赈灾和肃清贪官污吏。

照规定，凡各地闹水旱灾歉收的，蠲免赋税。丰年无灾伤，也择地瘠民贫的地方特别优免。灾重的免交二税之外，还由官府贷米，或者是赈米施布给钞。各地设预备仓，由地方耆老经管，准备大批粮食救灾。灾场州县，如地方官不报告的，特许耆老申诉，处地方官以死刑。洪武二十六年又手令户部，地方官有权在饥荒年头，先发库存米粮赈济，事后呈报，立为永制。三十多年来，赏赐民间的布钞数百万，米百多万石，蠲免租税无数。②

凡地方官贪赃害民的，许人民到京师陈诉，《大诰》说：

> 今后所在布政司府州县，若有廉能官吏，切切为民造福者，所在人民必知其详。若被不才官吏同僚人等捏词排陷，一时不能明其公心，远在数千里，情不能上达，许本处城市乡村耆宿赴京面奏，以凭保全。自今以后，若欲尽除民间祸恶，无若乡里年高有德等，或百人，或五六十人，或三五百人，或千余人，岁终议赴京师面奏，本境为民患者几人，造民福者几人，朕必凭其奏，善者旌之，恶者移之，甚者罪之。呜呼！所在城市乡村耆民智人等皆依朕言，必举此行，即岁天下太平矣。民间若不亲发露其奸顽，明彰有德，朕一时难知，所以嘱民助我为此也。若城市乡村有等起灭词讼，把持官府，或拨置官吏害民者，若有此等，许四邻及阖郡人民指实赴京面奏，以凭祛除，以安吾民。③

甚至鼓励人民把贫污吏役和土豪绑赴京师：

---

① 《明太祖实录》卷三五五；《明史》，《太祖纪》洪武二八年；《明朝小史》卷一；《明史纪事本末》卷一四，《开国规模》。

② 《明史》卷七八，《食货志》二，《赋役》。

③ 《大诰》，耆民奏有司善恶第四五。

今后布政司府州县在役之吏，在闲之吏，城市乡村老奸巨猾顽民，专一起灭词讼，教唆陷人，通同官吏，害及州里之间者，许城市乡村贤民方正豪杰之士，有能为民除患者，合议城市乡村，将老奸巨猾及在役之吏在闲之吏，绑缚赴京，罪除民患，以安良民，敢有邀截阻当者枭令。赴京之时，关津渡口毋得阻当。①

官吏贪赃到钞六十两以上的枭首示众，仍处以剥皮之刑。府州县衙门左首的土地庙，就是剥皮的刑场，也叫皮场庙。各衙门公座旁照例摆一张人皮，里面是稻草，叫作官的触目惊心，不敢作坏事。② 地方官上任赏给路费，家属赐衣料。考绩以农桑和学校的成绩作标准。来朝时又特别告诫，说是“天下新定，百姓财力都困乏，像鸟儿刚学飞，和新栽的树木，拔不得毛，也动不得根”③。求他们暂时不要狠心剥削，危害皇家的安全。

话说得很多，手令面谕，告诫申斥，翻来覆去地要官吏替农民着想，替政府的租税和人力动员着想。成效如何呢？洪武九年叶伯巨上书说：

今之守令，以户口钱粮狱讼为急务，至于农桑学校，王政之本，乃视为虚文而置之，将何以教养斯民哉！

以农桑言之，方春，州县下一白帖，里甲回申文状而已，守令未尝亲视种艺次第，旱涝戒备之道也。

以学校言之，廪膳诸生，国家资之以取人才之地也。今四方师生缺员甚多，纵使具员，守令亦鲜有以礼让之实，作其成器者。

朝廷切切于社会，屡行取勘师生姓名，所习课业。乃今社镇城郭，或但置立门牌，远村僻处则又徒存其名，守令不过具文案备照刷而已。上官分部按临，亦但循习故常，依纸上照刷，未尝巡行点视也。

兴废之实，上下视为虚文，小民不知孝弟忠信为何物，而

① 《大诰》，乡民除患第四九。

② 赵翼：《廿二史劄记》卷三三，《重惩贪吏条》，引叶子奇：《草木子》。

③ 《明史》卷二八一，《循吏传序》。

礼义廉耻扫地矣。

官僚政治的任何作为，都是纸面上的，文字上的，和实际情形全不符合。弄得“民俗浇漓，人不知惧，法出而奸生，令下而诈起。故或朝信而暮猜者有之，昨日所进，今日被戮者有之。乃至令下而寻改，既赦而复收，天下臣民，莫之适从!”① 十二年后，解缙奉诏上万言书，也说：

> 臣观地有盛衰，物有盈虚，而商税之征，率皆定额，是使其或盈也奸黠得以侵欺，其歉也良善困于补纳。夏税一也，而茶椒有粮，果丝有税，既税于所产之地，又税于所过之津，何其夺民之利至于如此之密也？且多贫下之家，不免抛荒之咎。今日之土地无前日之生殖，而今日之征聚有前日之税粮。或卖产以供税，产去而税存；或赔办以当役，役重而民困。土田之高下不均，起科之轻重无别，膏腴而税反轻，瘠卤而税反重。②

也可见他的治绩只是纸面上的。苛捐杂敛，弄得贫民卖产赔纳；徭役繁重，弄得贫民困苦逃避。尽管杀的人多，处的刑重，贪污的空气还是照旧，用他自己的话来证明吧：

> 浙西所在有司，凡征收害民之奸，甚如虎狼。且如折收秋粮，府州县官发放，每米一石官折钞二贯，巧立名色，取要水脚钱一百文，车脚钱三百文，口食钱一百文。库子又要辨验钱一百文，蒲篓钱一百文，竹篓钱一百文，沿江神佛钱一百文。害民如此，罪可宥乎？③

急得跺脚，说：“我欲除贪赃官吏，奈何朝杀而暮犯？今后犯赃的，不分轻重都杀了!”④ 结果还是“国初至今，将二十载，无几时不变之法，无一日无过之人”⑤。

---

① 《明史》卷一三九，《叶伯巨传》。
② 《明史》卷一四七，《解缙传》。
③ 《太诰》，折粮科敛第四一。
④ 刘辰：《国初事迹》。
⑤ 《明史》卷一四七，《解缙传》。

陆容（成化时人）曾经用具体的事实，分析洪武朝官僚政治的效果说：

> 国初惩元之弊，用重典以新天下，故令行禁止，若风草然。然有面从于一时而心违于身后者数事：如洪武钱、大明宝钞、《大诰》、洪武韵是已。洪武钱民间全不行，予幼时尝见有之，今不复见一文，盖销毁为器矣。宝钞今虽官府行之，然一贯（一千文）仅值银三厘，钱二文，民间得之，置之无用。《大诰》惟法司拟罪云："有《大诰》减一等"云尔，民间实未之见，况复有讲读者乎？洪武韵分并唐韵，最近人情，然今惟奏本内依其笔画而已，至于作诗，无间朝野，仍用唐韵。①

① 《菽园杂记摘抄》卷五。

第六章 家庭生活

一、马 皇 后

元璋的大老婆马氏，原是红军元帅郭子兴的养女（第二章第一节）。后来元璋作了镇抚、总管、元帅、丞相、吴国公、吴王，一直作到皇帝，马氏妇以夫贵，从夫人作到皇后。但是，在开头，情形相反，元璋是夫以妻贵的，作了元帅养婿以后，军中才称为朱公子。①

养女的生父马公，宿州人，犯了杀人罪，逃亡到定远，把小女儿托好朋友郭子兴抚养。马公的名字无人知道②，女儿的名字也从来不见有人说起过。在郭家的时兴，也许叫春香秋香，嫁了人成为朱八嫂，作了皇后成为马皇后，死后被谥为孝慈高皇后。

这一对夫妇真说得上门当户对。男方的祖父是逃亡的淘金户，父亲是佃农，外祖是巫师，家世微贱。女方除父亲是个亡命之徒以外，无可查考。一个是亲兵，一个是养女，元至正十二年（1352年），郭元帅和次妻小张夫人商量停当，替两口子择日成婚，两个都是元帅家里体己人，对女的说是终身有了着落，男的平白作了元帅的干女婿，平地登天，好不得意。这一年男的二十五岁，女的二十一岁，照那时的习俗都已过了结婚的年龄了。

女人读书识字，在从前只有世代书香的官宦人家才有偶然的例子，马皇后从小是孤女，自然没有这福气。那时代的女人，尤其是

① 谈迁：《国榷》。

② 《明史》卷三〇〇，《外戚传·马公传》。

上层社会的，饭来张口，衣来伸手，用不着自己作活，照例都裹了小脚，显得尊贵，也以为美丽。马皇后却是一双大脚，因为淮西地方苦，百姓穷，乡下妇女得下田工作，作了养女以后，洗衣做饭，倒茶扫地，没爹娘照顾，长大了也就只好算了。为了这双脚，又闹了一次血案：南京市居民有一桩拿手本领，好用隐语挖苦人，对皇帝怕惹事就拿皇后开玩笑，有一年元宵节，出来一张漫画，一个大脚女人，赤脚，怀里抱一个西瓜，到处传看起哄，恰好朱元璋化装出来察访，一见大怒，认得是讥讽皇后的，“淮西妇人好大脚!”一时查不出是谁干的，下手令把这条街的人全给杀了。①

马皇后虽然没有受过教育，长得不十分好看，却是一个好妻子，贤内助。

郭子兴是粗人，直性子容不了人，耳朵软，好听闲话，作事迟疑没决断。朱元璋精细，有野心，说一不二，会千方百计买人的好。两人性格不相合，又有人在中间播弄是非，郭子兴对这干女婿越发不放心，成天挑错处，没有好脸色。军情紧急的时候，无法摆布，把元璋呼来唤去，一刻也离不开，比亲儿子还亲热。到事情过去，可以过安逸日子了，脸孔又拉长了，干女婿变成了童养媳，成天得看颜色、受气。元璋身边几个能干的亲信将校和参谋，一个接着一个被调走，带的军队也换了指挥官，元璋知道中了暗算，越发小心谨慎，加意侍候，逆来顺接。马皇后着急，出主意巴结小张夫人，把私房钱帛和将士分的彩头扫数送礼，求在子兴面前替丈夫说好话。② 一天，子兴发怒把元璋禁闭在空屋里，不许送茶饭进去。马皇后背着人偷刚出炉的炊饼给他，把胸口都烫焦了。平时总准备些干粮腌肉，宁愿自己挨饿，得想法让丈夫吃饱。③ 渡江时领着将士家眷留守和州，看着老家，有人质在身边，不怕前方将士变心。打下了集庆以后，连年苦战，她带着妇女们替战士缝战衣、作鞋子。陈友谅兵临城下，应天（集庆）的官员居民乱作一团，有的打算逃

---

① 徐祯卿：《翦胜野闻》。

② 《明太祖实录》卷一，《皇朝本纪》。

③ 《明史》卷一一三，《孝慈高皇后传》。

难，有的窖藏金宝，有的在囤集粮食，她一点不着急，反而拿出宫中金宝布帛，犒劳有功将士。① 到洪武元年朱元璋即皇帝位后，册封为皇后。

在军中见有文书就求人教认字，暗地里照样子描写；作了皇后，让女官按天教读书，记得许多历史上有名妇女的故事。元璋每天随时随地，即使在用饭的时候，想起什么该办的，什么事该怎么办，用纸片记录下来，到了晚上往往塞得一口袋全是，马皇后细心整理，等查问时，立刻检出应用，省了元璋不少精力。② 元璋常常对臣下称述皇后的贤德，提起当年的炊饼，比之为芜蒌豆粥，滹沱麦饭，又比之为唐太宗的长孙皇后。回宫后当家常提起，她说："我怎敢比长孙皇后，常听说夫妇相保容易，君臣相保就难了。陛下不忘和我贫贱时过的日子，也愿不忘记和群臣过的艰苦日子，有始有终，才是好事呢!"③

她心地仁慈，总是替人求情说好话。元璋在前殿办事，闹脾气要杀人，回宫后随时解说，婉转疏劝，元璋虽然残酷到极点，被左说右说，拗不过道理，有时候也敷衍一下，救活了不少的人命。朱文正被猜忌得罪，幕僚多人处死，部下随从行事头目五十多人割断脚筋，元璋当面讯问明白，要杀文正，她苦劝说："这孩子纵然骄惯坏了，看在渡江以来，取太平，取陈也先，下建康，有多少战功。尤其是坚守江西，挡住陈友谅强兵，功劳最大。况且只有这一个亲侄儿，纵然作错事，也该看在骨肉面上，饶他一次。"文正虽然免死，禁不住发牢骚，又被告发，她又劝说："文正只是性刚、嘴直，造反是决不会的。她母亲苦一辈子，只望着他!"元璋口头答应，派文正到濠州祭祀，随从人员里有皇帝派的检校，一举一动都有报告，回京后瞒着皇后，还是把他鞭死。④ 李文忠守严州，杨宪诬告他不法，元璋要立时召回，皇后以为严州和敌人接境，轻易掉换守将，

① 《明太祖实录》卷一四七。

② 《明太祖实录》卷一四七；徐祯卿：《翦胜野闻》。

③ 《明太祖实录》卷一四七。

④ 刘辰：《国初事迹》。

怕不大好，况且文忠向来小心谨慎，杨宪的话不可轻信。学士宋濂的孙子宋慎被举发是胡党，宋濂连带被逮捕处死刑，她又求情说："百姓家替子弟请先生，对待极恭敬，好来好去，何况是皇帝家馆的师傅？而且宋濂一向住在原籍，也一定不知情。"元璋不许，到用餐时，发觉皇后不喝酒，也不吃肉，惊问：你不舒服吗？还是不对口味？回说是心里难过，替宋先生修福。元璋也伤感了，放下筷子，第二天特赦宋濂，免死安置茂州（今四川茂县）。吴兴财主沈万三（秀）是全国第一名富户，有数不清的钱财产业，为着保身家，自动捐献家财修建南京城三分之一，城修好了，还是不得安稳，检校们三天两头来寻是非；忍着痛，又请求捐献财物替皇帝犒劳全国军队，不料这样反而触了忌讳，平民百姓出钱犒劳全军，图的是什么来？这般乱民不杀，还杀谁？其实这也不过面子话，骨子里还是要吃沈万三的全份家当。皇后以为平民富可敌国，不是好事，法律只能治犯罪的，上天自然会降祸给沈家，不必人主操心。沈万三充军云南虽然留了一条命，果然上天降祸，家产全变成皇家的财富了。① 诸王师傅李希贤脾气古怪，教乡下蒙童惯了，诸王有顽皮不听话的，常用体罚惩治。一次，打了一个小王爷的额角，手重了，起一个大疱，小王爷哭着向父亲告状，元璋一面用手摸孩子，变了脸色要发作，她又劝解："师傅拿圣人的道理管教我们的孩子，怎么可以生气？"元璋才释然，不把这事放在心上。②

她平时劝丈夫不要以一时喜怒来赏功罚罪，消极的赈灾不如多贮存粮食，得宝货不如得贤才，又说："骄纵生于奢侈，危亡起于细微。"法屡更必弊，法弊则奸生。民数扰必困，民困则乱生。朝官上朝后在殿廷中会餐，菜饭都不可口，告诉皇帝申饬光禄寺改善。替国子生立红板仓，积粮赡养学生家眷。对人事事周到体贴，自己却非常节省，穿洗过的衣服，到破都不肯换新的。亲自料理丈夫的膳食，对妃嫔不妒忌，对诸子不偏爱。元璋要访求她的同族人作官，

---

① 《明史》卷一一三，《孝慈高皇后传》。

② 《明史》卷一三二，《桂彦良传》附《李希颜传》。

力辞以为朝廷爵禄不可以私外家，可是每次提到父母早死，都忍不住伤心流泪。①

洪武十五年八月，马皇后病死，年五十一岁。病时怕连累医生得罪，不肯服药，临死还劝元璋求贤才，听直言，慎终如始。元璋恸哭，不再立皇后。义子沐英镇守云南，得到消息，哭得吐血。②宫人追念她的慈爱，作歌追颂道：

我后圣慈，化行家邦，抚我育我，怀德难忘！
怀德难忘，于斯万年，毖彼下泉，悠悠苍天。③

二、皇子皇孙

旧时代的旧习俗，多妻是贵族官僚地主们应有的特权，皇帝的配偶除正妻为皇后外，有无数的妾，依地位高下，封为贵妃、妃、嫔等职位。

朱元璋有数不清的妃嫔，生有二十六个儿子，十六个女儿，孙曾一辈连他本人也说不明白。

后宫的妃嫔，就种族论，有高丽人④、蒙古人⑤，汉人更不用说。就来源而论，有抢来的，有从元宫接收来的，有陈友谅的妃嫔，有即位后用法令征选的。内中胡妃是濠州人，守寡在家，元璋要娶，胡妃的母亲不肯，隔了一些时候，打听明白胡家避兵在淮安，下令平章赵君用，叫把母女二人一起送来。⑥ 娶青军马元帅的过房女儿孙妃，远在龙凤元年（元至正十五年，1355年）打下太平的时候，

① 《明史》卷一一三，《孝慈高皇后传》。

② 《明史》卷一二六，《沐英传》。

③ 《明史·孝慈高皇后传》。

④ 《明史》卷一二一公主传："含山公主，母高丽妃韩氏。"严从简《殊域周咨录》一朝鲜"初元主尝索女子于高丽，得周谊女，纳之宫中，后为我朝中使携归。时宫中美人有号高丽妃者。"

⑤ 吴晗：《明成祖生母考》，载《清华学报》十卷三期，1935年7月。

⑥ 刘辰：《国初事迹》。

这一年元璋才二十八岁，太平被元军围攻，孙妃还出主意拿府中金银赏给将士，大败敌兵，生擒陈也先。① 同时又抢占郭元帅的女儿，小张夫人生的，作妾（后封为郭惠妃），原来子兴死后，军队被元璋并过来，孤女也连同占领，伺候几年前她家的亲兵和养女了。② 关于陈友谅的妃子，他在《大诰》中曾经自白：

> 朕当未定之时，攻城略地，与群雄并驱十有四余年，军中未尝妄将一妇人女子。惟亲下武昌，怒陈友谅擅以兵入境，既破武昌，故有伊妾而归。朕忽然自疑，于斯之为，果色乎？豪乎？智者监之。③

其实全是谎话。渡江以后，至少在军中有孙妃、胡妃、郭惠妃三个妇人女子。这一件史实不久便衍变成另一种传说，说是陈友谅妻阇氏入宫后不久，生遗腹子潭王，到成人封国时，阇氏哭着吩咐："儿父是陈友谅，儿父被杀，国被灭，我被俘辱，忍死待儿成年，儿他日当为父报仇，为母雪耻。"后来，潭王果然起兵造反，元璋派太傅徐达之子统军讨伐，潭王紧闭城门，在铜牌上写着："宁见阎王，不见贼王！"掷于城外，举火阖宫自焚，抱着小儿子投隍堑而死。其实这故事是捏造的，因为第一，潭王是达定妃所生，和齐王同胞，生母并非阇氏；第二，陈友谅死于至正二十三年（1363 年），潭王生于洪武二年（1369 年），前后相隔六年；第三，潭王因妃父於显被攀入胡党处死，奉诏入朝，疑惧自杀，和陈友谅全不相干。④ 另一关于代王生母的故事，说代王的母亲是邳人，元璋战败，逃到民家躲避，这家的女人问："你是朱某人吗？人家说你要作皇帝。"留住了一晚。第二天临别时说："将来有孩子怎么办？"元璋留下一旧梳子作凭证，她也拿首饰赠行。到元璋即位后，这女人带着长成的男孩

---

① 刘辰：《国初事迹》；钱谦益：《国初群雄事略》卷二，引俞本：《纪事录》。

② 《天潢玉牒》；《滁阳王庙碑》；俞本：《纪事录》。

③ 《大诰》，论官无作非为四三。

④ 皇甫录：《近峰闻略》；王世贞：《史乘考误》卷一。

和木梳来认夫认父，元璋叫工部替她另盖木头房子，不让进宫；代王出封后，带生母一同就国。这故事也绝对无稽，因为代王的生母是郭惠妃，生于洪武七年，这一年元璋已作了七年皇帝了，从何战败落荒逃走?①

诸妃中蒙古妃和高丽妃都生有子女，传说明成祖即蒙古妃所生。② 元璋子孙中有蒙古的高丽的血统，是毫无问题的。

元璋自己从小没受到好教育，到发迹以后，对诸子的教育特别看重，在宫中特建大本堂，贮藏古今图籍，征聘四方名儒教育太子和诸王，轮班讲授，挑选才俊青年伴读，时时赐宴赋诗，谈古说今，讨论文字。师傅中最重要最著名的人物是宋濂，前后十几年，专负教育皇太子的责任，一言一动都以礼法讽劝，讲到有关政教和前代兴亡事迹，拱手剀切说明，指出某事该这样作，不该那样，皇太子也尽心受教，言必称师父。③ 博士孔克仁奉命为诸王子讲授经书，诸功臣子弟奉诏入学。④ 元璋特地对儒臣指出皇子们的教育方针说："有一块精金，得找高手匠人打造，有一块美玉，一定要有好玉匠才会使它成器。人家有好子弟，不求明师，岂不是爱子弟不如爱金玉?好师傅要作学生子模范，因材施教，培养出人才来。我的孩子们将来是要治国管事的，诸功臣子弟也要当差作事，教的方法，要紧是正心，心一正万事都办得了，心不正，诸欲交攻，大大的要不得。你每要用实学教导，用不着学一般文士，光是记诵词章，一无好处。"⑤

学问要紧，德性尤其要紧，皇太子左右除了儒生经师以外，又选了一批有德性的端人正士，作太子宾客和太子谕德，职务是把"帝王之道，礼乐之教，和往古成败之迹，民间稼穑之事，朝夕讲说"⑥。

到皇太子成年后，温文儒雅，俨然是个儒生。接着第三步的教

---

① 徐祯卿：《翦胜野闻》；王世贞：《史乘考误》卷一。

② 吴晗：《明成祖生母考》，载《清华学报》十卷三期，1935年7月。

③ 《明史》卷一二八，《宋濂传》。

④ 《明史》卷一三五，《孔克仁传》。

⑤ 《明太祖实录》卷四十，黄佐：《南廱志》卷一。

⑥ 《明太祖实录》卷三一。

育是政事实习。洪武十年令自今政事，并启太子处分，然后奏闻。面谕太子："从古开基创业的君主，吃尽苦头，通达人情，明白世故，办事自然妥当。守成的君主，生长于富贵，锦衣肉食，如非平时学习练达，办事怎能不错？我所以派你每日和群臣见面，听断批阅各衙门报告。练习办事，要记得几个原则：一是仁，能仁才不会失于疏暴；一是明，能明才不会惑于邪佞；一是勤，勤勤恳恳，才不会溺于安逸；一是断，有决断，便不致牵于文法。这四个字的运用，决于一心。我从有天下以来，没有偷过懒，一切事务，惟恐有毫发不妥当，有负上天付托。天不亮就起床，到半夜才得安息，这是你天天看见的，你能够学我，照着办，才能太平无事。"①

为了元代不立太子，以致引起无穷尽的政变、残杀，元璋在作吴王的时候便立长子为世子，即皇帝位后又立为太子。为了前代的太子宫僚自成系统，和廷臣容易闹意见，甚至宫府对立，便以朝廷重臣兼任东宫宫僚②，一心一意，用尽心机，要训练出理想的继承人，能干的皇帝，保有这份好不容易挣来的大家当。

洪武二十五年四月，太子病死，九月立太子第二子允炆为皇太孙。对太孙的教育还是老办法，学问德性并重，批阅公事，平决政事，学习如何做皇帝。

诸子中除第九子和二十六子早死，第四子燕王棣后来起兵靖难篡位，作了明代第三代皇帝，谥为明成祖以外，其他二十三子都封王建国。

由于平时的家庭教育的注意，诸王成年以后都很能干，会办事。洪武二十六年以后，元勋宿将杀完了，北边对蒙古的军事任务，就不能不交给第二子秦王第三子晋王第四子燕王指挥。其他封在边境的几个小王也领兵跟着几位长兄巡逻斥堠，校猎沙漠。③ 在文学方面有成就的更多，如第五子周王好学能词赋，著元宫词百章；又研究草类，选其可以救饥的四百多种，画为图谱，加以疏解，著成

① 《明史》卷一一五，《兴宗孝康皇帝传》。

② 宋濂：《洪武圣政记》，正大本第二。

③ 《明史》卷一一九，《晋王棡传》。

《救荒本草》一书，对植物学很有贡献。[①] 十七子宁王撰《通鉴博论》、《汉唐秘史》、《史断》、《文谱》、《诗谱》等著作数十种。八子潭王、十子鲁王、十一子蜀王、十六子庆王都好学礼士，对文学有兴趣。十二子湘王，尤为杰出，文武全才，读书常时到半夜，膂力过人，善弓马刀槊，驰马若飞；在藩开景元阁，招纳文士，校雠图籍，行军时还带着大批图书阅读；到山水胜处，往往徘徊终日；喜欢道家那一套，自号紫虚子，风度襟怀，俨然是个名士。

不争气的也有两个。一个是十三子代王，早年作了许多蠢事不必说了，到晚年头发花白了，还带着几个肖子，窄衣秃帽，游行市中，袖锤斧杀伤人，干些犯法害理的勾当。末子伊王封在洛阳，年少失教，喜欢使棒弄刀，不肯呆在宫里，成天挟弹露剑，怒马驰逐郊外，人民逃避不及的亲手砍击，毫无顾忌。又喜欢把平民男女剥得精光，看着人家的窘样子，高兴发笑。

元璋对诸子期望大，管教严，不姑息。作皇帝久了，君臣的身份竟超过父子的感情，二子秦王多过失，屡次受训责，皇太子多方救解，才免废黜；死后亲自定谥为愍，谥册文说："哀痛者父子之情，追谥者天下之公。朕封建诸子，以尔年长，首封于秦，期永绥禄位，以藩屏帝室。夫何不良于德，竟殒厥身，其谥曰愍。"十子鲁王服金石药求长生，毒发伤目，元璋很不喜欢，死后追谥为荒。[②]

皇族的禄饷一律由政府支给。洪武九年定诸王公主年俸：亲王米五万石，钞二万五千贯，锦四十匹，纻丝三百匹，纱罗各百匹，绢五百匹，冬夏布各千匹，绵二千两，盐二百引，茶千斤，马料草月支五十匹；公主已受封，赐庄田一所，每年收粮千五百石，并给钞二千贯；郡王米六千石；郡主米千石；以下比例递减。[③] 亲王嫡长子年及十岁，立为王世子，长孙立为世孙，世代承袭。诸子封郡王。郡王嫡长子承袭，诸子封镇国将军，孙封辅国将军，曾孙奉国

---

① 《明史》卷一一九，《周王橚传》。

② 以上并据《明史·诸王传》。

③ 《明史》卷八二，《食货志·俸饷》。

将军，四世孙镇国中尉，五世孙辅国中尉，六世以下为奉国中尉。帝女封公主，亲王女封郡主，郡王女封县主。公主婿号驸马，郡主县主婿号仪宾。凡皇族出生，由礼部命名，成人后由皇家主婚，一生的生活到死后的丧葬全由政府负担。① 到洪武二十八年，皇族人数日益增加，政府财力困难，负担不了，改定为亲王年俸万石，郡王二千石，镇国将军千石，到镇国中尉四百石，奉国中尉二百石。公主和驸马二千石，郡主和仪宾八百石，县主、郡君、县君、乡君和仪宾递减。不到两百年功夫，皇族滋生繁殖到五万多口②，政府的租赋，竟到了不够供给皇族的地步。嘉靖四十一年（1562年）统计，全国每年供应京师粮四百万石，诸王府禄米则为八百五十三万石，比供应京师的多出一倍。以山西而论，存留地方的粮食一百五十二万石，可是当地的宗室俸禄就要二百十二万石。以河南而论，地方经费只有八十四万三千石，宗室俸禄却要一百九十二万石。即使把地方经费全数都拿来养活皇族，也还缺少一半，只好打折扣和欠支，郡王以上的底数大，还可过好日子，以下就不免啼饥号寒了。政府无法应付，再就原数裁减，皇族疏远的越发不能过活。③ 这一群皇家子弟，既不能应科举，作官吏，又不许务农、作工、行商、坏皇家体面。高级的亲王郡王在地方为非作恶，不但凌虐平民，甚至侮辱官吏，疏远卑下的宗室穷极无聊，欺骗敲诈，无恶不作，扰乱和破坏了社会秩序。④ 而且，人数过多，政府照顾不过来。礼部命名怕重复，用金木水火土作偏旁，随便配上一些怪字，作为赐名，叫人哭笑不得。⑤ 没钱贿赂礼部官吏的，不但一辈子没有名字，甚至到头发白了还不能婚嫁。⑥ 一直到末年，政府才明白不是办法，

---

① 《明史》卷一一六，《诸王传序》。

② 郑晓《今言》："今宗室凡五万余。"陆楫《蒹葭堂杂著》："我太祖高皇帝生二十四子，传至今百八十年矣，除以事削籍外，尚有十五府及列圣所封，亲支星布海内，共三十三府，今玉牒几十万口。"

③ 《明史》卷八二，《食货志・俸饷》。

④ 赵翼：《廿二史劄记》卷三二，《明分封宗藩之制》；沈德符：《野获编》卷四，《废齐之横》、《辽王贵焓罪恶》；《明史》卷一一八，《韩王松传》。

⑤ 《野获编》卷四，《宗室名》。

⑥ 《明史》卷二五一，《何如宠传》。

把科举和政治的封锁开放了，皇族可以参加考试，可以作官，自谋出路。① 可是，太晚了，不久就亡国了。

到明亡时，据不完全统计，朱元璋的直系子孙有十几万人。

三、教养和性格

朱元璋出身穷佃户，作过游方和尚，到处叫化。从军以后和儒生文人接近，沾上书卷气，会谈古证今。又以出身微贱，要故作神奇，神道设教，吓唬老百姓，和道士和尚串通，假造许多神迹。三十多年来，儒生，道士，和尚，三教九流，都被尽量利用，巩固他的皇座。

先从儒家的作用说起。

从渡江到建国，和幕府中的儒生，如范常、陶安、夏煜、孙炎、杨宪、秦从龙、陈遇、孔克仁、范祖干、叶仪、吴沈、许干、叶瓒玉、胡翰、汪仲山、李公常、戴良、刘基、宋濂诸人，朝夕讨论，讲述经史。经过十几年的熏陶，加上不断的努力学习，中年以后，不但懂得经义，能写通俗的白话文，并且也能作诗，作有韵的文字，能够欣赏，批评文学的优劣了。

在称帝以前，闲时常和儒生列坐赋诗，范常总是交头卷，元璋笑说："老范诗质朴，极像他的为人。"② 初下徽州，朱升请题字，亲写"梅花初月楼"横匾。③ 和陶安论学术，亲制门帖子赐他："国朝谋略无双士，翰苑文章第一家。"④ 征陈友谅，过长沙王吴芮祠，见胡闰所题诗，大为爱好，即时召见帐前；到洪武四年胡闰以郡举秀才来见，元璋还记得清楚，说："这书生是那年题诗鄱阳庙墙上

---

① 沈德符：《野获编》卷四，《郡王建白》、《宗室通四民业》；《明史》卷一一九，《郑王传》；《廿二史劄记》卷三二，《明分封宗藩之制》。

② 《明史》卷一三五，《范常传》。

③ 黄瑜：《双槐岁抄》。

④ 《明史》卷一三六，《陶安传》。

的。”授官都督府都事。[①] 鄱阳湖大胜，设宴庆功，和夏煜等草檄赋诗[②]；宋濂喝不得酒，勉强灌醉了，制楚词以赐，又赐以良马，亲制白马歌。[③]

即位后更加喜欢弄笔墨，毛骐、陶安、安然死，亲写祭文。[④] 桂彦良作晋王傅，作文送行。[⑤] 宋讷读书，烤火不小心，烧了衣服伤胁，作文劝戒。张九韶告老回家，又作文赠行。[⑥]

他会写散文，主张文章应明白显易，通道术，达时务。[⑦] 读曾鲁文后，非常高兴，说：“读陶凯文后，已起人意，鲁又如此，文运其昌乎?”[⑧] 刘三吾主考会试，榜发后以为有弊，亲撰策问复试。[⑨] 喜欢研究音韵，元末《阴氏韵府》手头常用，以旧韵出江左，命乐韶凤参考中原音韵订定，名《洪武正韵》。[⑩] 时常作诗[⑪]，甚至会作赋，和儒臣欢宴大本堂，自作时雪赋。[⑫] 亲撰凤阳《皇陵碑》，粗枝大叶，通篇用韵。也会作骈体文，徐达初封信国公，亲制诰文：“从予起兵于濠上，先存捧日之心，来兹定鼎于江南，遂作擎天之柱。”又说：“太公韬略，当宏一统之规，邓禹功名，特立诸侯之上。”居然是个四六作家了。[⑬]

对历史尤其熟悉，《汉书》、《宋史》都是常读的书。吴元年十一月和侍臣讨论：“汉高祖以追逐狡兔比武臣，发踪指示比文臣，譬喻虽切，语意毕竟太偏。我以为建立基业，犹之盖大房子剪伐

---

① 《明史》卷一四一，《胡闰传》。

② 《明史》卷一三五，《宋思颜传》附《夏煜传》。

③ 《明史》卷一二八，《宋濂传》。

④ 《明史》卷二三五《郭景祥传》附《毛骐传》，卷一三六《陶安传》，卷一三七《安然传》。

⑤ 《明史》卷一三七，《桂彦良传》。

⑥ 《明史》卷一三七，《宋讷传》，附《张美和传》。

⑦ 《明史》卷一三六《詹同传》。

⑧ 《明史》卷一三六，《曾鲁传》。

⑨ 《明史》卷一三七，《刘三吾传》。

⑩ 《明史》卷一四七《解缙传》，卷一三六《乐韶凤传》。

⑪ 《明史》卷一三七《刘三吾传》、《桂彦良传》，卷一三八《周祯传》附《李质传》。

⑫ 《明史》卷一一五，《兴宗孝康皇帝传》。

⑬ 《廿二史劄记》卷三二，《明祖文义》条，引《稗史汇编》。

斲削，要用武官，藻绘粉饰，非文臣不可。用文而不用武，譬如连墙壁都未砌好，如何粉饰？用武而不用文，正如只有空间架，粗粗糙糙，不加粉刷彩画，不成体统，两样都不对。治天下的要文武相资，才不会坏事。”① 不多久，又和太子讨论七国造反的问题，太子以为错在七国，元璋说：“不然，这是讲官偏说。景帝作太子时，以博局杀吴王世子，作皇帝后，又听信晁错，黜削诸侯，七国因之造反。”② 论内官则以为古代宦竖，管的是早晚当差打扫一些宫廷仆役事务，从汉邓太后以女主临朝，用阉人作常侍等官，宦官才偷窃政权，作威作福。③ 读《宋史》，到宋太宗改封桩库为内藏库，挖苦说：“作皇帝的以四海为家，用全国的财富，供全国之用，何必分公私？太宗算是宋朝的贤君，还这样小家子气，看不开。至如汉灵帝的西园，唐德宗的琼林大盈库，括政府的钱作私人的蓄积，更不值得责备了。”④ 告诉张信翰林的职务，引唐陆贽、崔群、李绛作例子。⑤ 教官吴从权说不知民间事务，驳以宋胡瑗教学生，特别看重时事。⑥ 随时随事，征引历史事实，作为讨论和训话的根据。

对经学，跟宋濂读《春秋左传》，陈南宾读《洪范》、《九畴》，读蔡氏书传时，发现所说象纬运行和朱子书传相反，特地征召诸儒订正。讨厌《孟子》里一些和皇权有违碍的话，派刘三吾删节，编为《孟子节文》。著有御注《洪范》，多用陈南宾说。⑦

对佛教，即位以后，非常崇敬，诏征东南戒德名僧，在蒋山大开法会，和群臣顶礼膜拜。僧徒中有应对称意的，颁赐金襕袈裟衣，召入禁中，赐坐讲论。吴印、华克勤等人都还俗做到大官。元璋以

---

① 《明太祖实录》卷二二。

② 《明太祖宗录》卷二五。晗按：这一段话是被歪曲修改过的。明成祖重修《太祖实录》以削藩之罪归给建文帝，把这段史论也给改倒过来了，原来的话一定是错处在七国。

③ 《明太祖实录》卷二七、卷六三。

④ 《明太祖实录》卷一七九。

⑤ 《明太祖实录》卷二四九。

⑥ 《明史》卷一三九，《萧岐传》。

⑦ 《明史》卷一二八《宋濂传》，卷一三七《桂彦良传》附《陈南宾传》、《赵俶传》附《钱宰传》、《刘三吾传》。

为和尚与尘世绝缘，无所牵涉，寄以心腹，用作耳目，使其检校官民动静，由之僧徒得意横行，文武大臣，都被中伤得罪。又倚仗告发的功劳，请为佛教创立职官，改善世院为僧录司，设左右善世左右阐教左右讲经觉义等官，高其品秩。道教也照样来一套。度僧尼道士数万人。① 和尚皇帝加上一套和尚职官，在尘世政府里面，又建立了一个空门朝廷。还著有《集注金刚经》一卷。②

道士替元璋做工作的有周颠和铁冠子。周颠的事迹，据朱元璋所写的传记说：周颠十四岁上得了癫病，在南昌市讨饭，说话颠三倒四，人家叫他周颠。三十多岁时，正当元朝末年，新官上任，一定去求见，说是“告太平”。元璋带兵取南昌，疯头疯脑来告太平，又说“婆娘歹”，唱“世上什么动得人心，只有胭脂胚粉动得婆娘嫂里人”。问是什么缘故？回说：“你只这般，只这般。”元璋烦了，叫人拿铜缸盖住，用猛火蒸，等柴炭烧完，打开缸看时，周颠正在出汗呢。到蒋山寺寄食，和尚来说，颠和小沙弥抢饭吃，闹脾气有半个月不吃东西了。元璋亲自去看，颠来迎接，一点也看不出饿，摆一桌大筵席，请颠大吃一顿。又给关在一间空房子里，一个月不给饭食，还是不在乎。这故事传开了，诸军将士抢着作主人，请吃酒饭，随吃随吐，只有跟元璋吃饭时，才规规矩矩，像个样子。大家都信服了，以为是仙人。

颠用手画地成圈，指着对元璋说：“你打破桶（统），做一个桶。”

元璋西征九江，行前问颠，这次如何？说：“行。”又问：“友谅已称帝，消灭他怕不容易？”颠仰头看天，好一会，稽首正容说：“上面无他的。”到安庆舟师出发无风，说：“只管行，只管有风，无胆不行便无风。”果然一会儿大风起来，一口气直驶小孤山。

十多年后，元璋害热症，几乎要死，赤脚僧觉显送药来，说天眼尊者和周颠仙人送的，当晚病好。

---

① 《明史》卷一三九，《李仕鲁传》。

② 《明史》卷九八，《艺文志》三，《释家》。

有周颠仙人诗一首："初见圣主合天基，一时风来一时痴。逐片俱来箍一桶，浩大乾坤正此时。人君自此安邦定，齐天洪福谢恩驰。我王感得龙颜喜，大兴佛法当此时。"①

铁冠子姓张名中，好戴铁冠，人称为铁冠子。谈祸福多奇中，平章邵荣、参政赵继祖谋叛被杀，是他告密的。征陈友谅时也在军中，算定南昌解围和大捷的时日，用洞元法祭风，舟师直达鄱阳湖。佯狂玩世，和周颠同是元璋有用的工具。②

元璋常读的道教经典是《道德经》，著有《御注道德经》二卷。③

元璋利用神道设教的狡狯，当时即已被人指出。洪武十一年（1388年）解缙上万言书说：

> 陛下天资至高，合于道微，神怪诞妄，臣知陛下洞瞩之矣。然犹不免所谓神道设教者，臣谓必不然也。一统之舆图已定矣，一时之人心已服矣，一切之奸雄已慑矣，天无变灾，民无患害，圣躬康宁，圣子圣孙，继继绳绳，所谓得真符者矣。何必兴师以取宝为名，谕众以神仙为征应者哉！④

果然，一切都已不成问题。从此以后，对佛道两教的兴趣突然减低，不再侈谈神异征应了。

元璋以"神仙为征应"这一手法是相当成功的，民间流行着许多神异故事，以为他是真命天子。传说中主要的一个是：天上有二十八宿，轮流下凡作人主，元天历元年（1328年）天上娄宿不见，到洪武三十一年（1398年）娄宿复明，洪武帝是娄宿下凡。当时不流通的洪武钱，乡下人很看重，孩子们佩在身上，以为可以辟邪。豆棚瓜下，老祖父祖母们对孩子们讲的故事，也多半说的洪武爷放牛时的种种奇迹。

---

① 沈节甫：《纪录汇编》卷六，明太祖御制：《周颠仙人传》；《明史》卷二九九，《方伎传·周颠传》。

② 《明史·方伎传·张中传》。

③ 《明史》卷一四七《解缙传》，卷九八《艺文志三·道家》。

④ 《明史》卷一四七，《解缙传》。

穷措大出身的开国皇帝，对于起居饮食，生活享受，不肯穷奢极侈。① 至正二十六年营建宫室，管工程的人打好图样，他把雕琢考究的部分都去掉了。② 完工以后，朴素无装饰，画了许多触目惊心的历史故事，和宋儒的《大学衍义》。有个官儿要巴结，说是某处出产一种很美的石头，可以铺地，被痛切教训了一顿，为的是不懂得节俭的大道理。③ 车舆服用诸物该用金饰的，用铜代替。不但自己讲节俭，对人也是如此。有一天，看见内侍穿着靴在雨中走路，另一舍人穿一套值五百贯钞的新衣，都着着实实骂了一顿。④ 司天监把元顺帝费尽心机作成的自动宫漏进献，以为是“不管政务，专干这个，叫做作无益害有益”，把宫漏打毁。⑤ 陈友谅有一张缕金床，极为考究，江西行省送给皇帝，元璋说：“这和孟昶的七宝溺器有什么两样？”下令打碎。⑥ 有的官儿说山东有银矿可以开发，有的官儿说西戎有水银坑，磁州有铁矿，挖了都可富国，一概不理，把说话的骂了一顿，打了一顿，甚至发到边地充军。⑦

屏风上写着唐李山甫《上元怀古诗》，日常吟诵：“南朝天子爱风流，尽守江山不到头，总为战争收拾得，却因歌舞破除休。尧将道德终无敌，秦把金汤可自由！试问繁华何处在？雨花烟草石城秋。”⑧ 南朝的灭亡坏在歌舞上头，坏在风流上头，也坏在大兴土木上头，立下规矩，朝会时不用女乐，宫廷里不随便添建宫室。⑨ 也禁止臣下笺文颂美，表章不许用四六骈偶文体。⑩

说宗教信仰是谈不上的，周颠、铁冠子之流只用作政治的炫耀，骨子里根本不信有神仙，曾经告诉宋濂：“秦始皇汉武帝好神仙，宠

① 王文禄：《龙兴慈记》。
② 《明太祖实录》卷一二。
③ 《明太祖实录》卷二〇。
④ 《明太祖实录》卷二二五。
⑤ 《明太祖实录》卷三一。
⑥ 《明太祖实录》卷一四。
⑦ 《明太祖实录》卷二〇、卷一四四。
⑧ 姚福：《青溪暇笔》。
⑨ 《明太祖实录》卷三四。
⑩ 《明太祖实录》卷一七、卷八五；祝允明：《野记》。

方士，想求长生，末了一场空。假使用这份心思来治国，国怎会不治？依我看来，人君能清心寡欲，做到百姓安于田里，有饭吃，有衣穿，快快活活过日子，也就是神仙了。”① 有道士来献长生的法子，他说：“我所要的是全国人民的长寿和快乐。”② 不肯接受。又有人学宋朝大中祥符年间的办法献天书，证明上位确是真命天子，反而被杀。同样，也不信祥瑞。洪武二年，有献瑞麦一茎三穗和五穗的，群臣称贺，他说：“我作皇帝，只要修德行，致太平，寒暑适时，就算国家之瑞，倒不在乎以物为瑞。记得汉武帝获一角兽，产九茎芝，好功生事，使海内空虚。后来宣帝时又有神爵甘露之瑞，却闹得山崩地裂，汉德于是乎衰。由此看来，祥瑞靠不住，灾异却是不可不当心的。”命令今后或有灾异，无论大小，地方官即时报告。③

对失败的敌人不肯加以侮辱；洪武三年李文忠克应昌，俘获元主孙买的里八剌，并知元主已死，捷报到南京，百官称贺，元璋命礼部榜示，凡曾经作过元朝官的不必称贺。又以元主不战北走，谥为顺帝，亲自作文致祭。④ 俘虏到京，礼官请举行献俘典礼，并举唐太宗作例，元璋说：“唐太宗是待王世充，如对隋室子孙，不会这样。元人入主中国，百年之内，人口繁殖，家给户足，我的祖先，也曾享过太平的福来。”只令服本俗衣入朝。⑤ 对死节的敌人表示尊重：元将石抹宜孙、福寿、余阙、李黼战死，都为立祠于所守城邑，留下永久纪念。⑥ 对始终不屈的敌人，尤其衷心钦佩；扩廓帖木儿拥兵反攻，百战不挠，被推许为天下第一奇男子，以不得臣之为恨。⑦ 相反的一个例子：危素是元朝老臣，文坛宗主，投降后作翰林侍读学士，一天，元璋在东阁办事，忽听得履声橐橐，问是谁，答是老臣危素，元璋说：“原来是你！我道是文天

---

① 《明太祖实录》卷二九。
② 《明太祖实录》卷二三〇。
③ 《明太祖实录》卷四〇。
④⑤ 《明太祖实录》卷五三。
⑥ 《明太祖实录》卷二〇、卷二一；《明史》卷一三六，《任昂传》。
⑦ 姚福：《清溪暇笔》；《明史》卷一二四，《扩廓帖木儿传》。

祥！既是元朝老臣，何不到和州看守余阙庙去?”不到一年，这位老臣便羞愧死了。①

执法极严，令出必行。初起兵时，粮食不足，下令禁酒，胡大海统军攻越，其子犯令，王恺请勿杀以安大海心，元璋以为宁可使大海叛我，不可使法不行，亲手执行死刑。② 赵仲中是起兵时勋旧，奉令守安庆，陈友谅来攻，弃城逃走，常遇春求情，元璋说："法不行，无以惩后。”用弓弦缢死。③ 平章邵荣、参政赵继祖因为多年征战，不能和家人团聚，说了气愤话，被告发诛死。④ 冯胜攻高邮，城中诈降，先头部队全军覆没，立时召还，决大杖十下，令步行回高邮，一鼓攻下。⑤ 末年驸马都尉欧阳伦出使，贩带私茶，违反国法，虽然是自己亲女婿，还是赐死。⑥

他认为理想的模范人物是汉高祖，最早劝他学汉高祖的人是李善长。常时读的书是《汉书》，常时提到的古帝王是汉高祖，随时随地随事都以汉高祖自比。

当灭陈友谅后，兵势日盛，有点像楚汉垓下之战后的情形，和幕僚孔克仁说闲话："秦政暴虐，汉高祖以布衣起家，以宽大制驭群雄，作了皇帝。而今也是群雄蜂起，可是都不懂修法度，明军政，此其所以成不了事。”意中俨然以汉高祖自居，说完了还叹了几口气。有一次读《汉书》，宋濂和孔克仁在座，元璋问汉治道不纯，何故?克仁以为王道霸道相杂；又问谁应该负责?克仁说责在高祖，元璋说："不然，高祖初创基业，遭秦灭学之后，百姓困苦已极，气还喘不过来，哪里还有功夫讲礼乐?孝文帝算是好皇帝了，正应该制礼作乐，和三代相比，可惜又不注意，终于只有那丁点成就。作帝王的要抓住时机，三代君主，有时机有人才做得好，汉文帝错过了时机，至于周世宗那才苦呢，有决心有魄力，满腔子要做好，只

① 《明史》卷二八五，《危素传》；何孟春：《余冬序录》。

② 《明史》卷一三三，《胡大海传》。

③ 《明史》卷一二九，《廖永忠传》附《赵庸传》。

④ 刘辰：《国初事迹》。

⑤ 《明史》卷一二九，《冯胜传》。

⑥ 《明太祖实录》卷二五三。

是不得其时，真是可惜！”又问汉高祖以布衣作皇帝，靠的是什么？克仁以为是善于用人，元璋说：“项羽南面称孤，不施仁义，光夸自己能干。高祖知道这毛病，反过来谦逊韧性，不认输，加以宽大容人，所以能够胜利。现在我守住江左，任用贤人，安抚百姓，等候大局变化。假使不如此，单凭军力，硬碰硬，怕也不容易成功吧？”①

研究汉高祖的个性和作风到了家，下意识地养成模仿的癖性。举例说：汉高祖在天下未定时，就派萧何营建未央宫，元璋也在南征北伐军出发时，先造金陵宫阙。汉初徙齐楚诸大族田氏、昭氏、屈氏、景氏、怀氏实关中，元璋也徙江南富人十四万户实中都。汉初分王子弟，明初也分建藩国。汉初赐民爵士大夫以上，明初也下诏天下富民年八十以上赐爵里士，九十以上赐爵社士。汉初俎醢韩彭英布，明初也大杀功臣，一杀再杀，杀得靖难兵起时无人可用。②

相隔一千六百年两位同乡的开国皇帝，竟是一脉渊源的师生！

四、晚年的悲哀

朱元璋的智力极高，长于计谋，看得远，见得大处，当机立断，更善接受好建议，不自以为是。统一以后，和群臣有一番检讨的话，说是：“我生在天下大乱的年头，被迫投军，原不过是为了活命。到渡江以后，看这一群拥兵割据，称王称帝的，打家劫舍，全不成材料。内中张士诚、陈友谅最强大，士诚地方富庶，友谅军力强大，我没有别的可夸，只靠不乱杀百姓，说话算话，刻苦作事，和大家同心一力，挣出这个基业。开头夹在吴汉两大之间，士诚尤其逼近，有人主张先向东吴进攻，我的看法是友谅志骄，士诚器小，志骄的好生事，要争取主动，器小的没长远打算，总是被动，所以决定先攻友谅。鄱阳湖这一场决战，士诚果然不能出姑苏一步，和友谅呼应。假使当时先攻士诚，浙西坚守待援，友谅一定空国而来，我便

---

① 《明太祖实录》卷一四；《明史》卷一三五，《孔克仁传》。

② 赵翼：《廿二史劄记》卷二二，《明祖行事多仿汉高》条。

被迫两线作战，腹背受敌了。两个都吃掉以后，举兵北伐，而所以先取山东，次下河洛，止住潼关西进之师，不急攻秦陇，是什么道理呢？因为扩廓帖木儿、李思齐、张思道都是百战之余，决不肯轻易服输，而且，大兵西攻，正好促成他们联合，团结抵抗，一时也占不了便宜；不如出其不意，直取大都，根本既除，然后西进，张李望绝势穷，不战而克。可是，扩廓还是力战到底，费了多少事。假定不取北平，就和关中军决战，又是两线作战形势，胜负就很难说了。”尽量避免两线作战，机动地争取主动，敏捷地运用对方弱点，转变形势，集中兵力使敌人处在被动地位，知己知彼，在战略上是完全成功的。①

在另一场合，他又申说：“元朝末年，人君安逸不管事，臣下跋扈不听命，胡乱花钱，想尽主意剥削，水旱灾荒，年年都有，闹得天怒人怨，到处反叛，群雄角逐，割据地方。我没有办法，为了自救，才参加红军；到了兵强地广，才东征西讨，削除群雄，开拓土地；这时候，中国已非元朝所有了。元朝皇帝如能小心不偷懒，不专讲享受，臣下尽心作事，不贪污，不争权夺利，怎么会引起这次大革命？又怎么会造成割据分裂的局面？由此看来，我取天下于群雄之手，非于元朝之手，是很明白的。”②

以后，洪武四年灭夏，十四年定云南，二十年取辽东，事前都由他自己决定战略，制敌决胜，事后的绥靖建置，也完全用手令指示。诸将不过奉行命令，完成任务而已。

大大小小的事务，一定亲自办理，天不亮就起床办公，一直到深夜，没有休息，也没有假期，更谈不到调剂精神的娱乐。因为照习惯，一切事务处理，臣僚建议，都用书面的奏章，成天成年看奏章，有时也难免感觉厌倦，尤其是卖弄学问经济，冗长不中肯的报告。洪武八年，刑部主事茹太素上万言书申说事务，元璋懒得看，中书郎王敏朗诵，读到：“才能之士，数年来幸存者百无一二，今所任率迂儒俗吏。”发了脾气，把太素找来大骂，打了一顿。第二天晚

① 《明史·太祖本纪》。

② 《明太祖实录》卷五三。

上，又叫宫人读了一遍，仔细想想，也还有点道理，建议的有四款着实可以照办，不由得叹一口气说："作皇帝难，作臣子也不容易啊！我要听老实话，要听切实情事的，文词太多，摸不清要点所在，太素所说的要点，有五百字也够说清楚，搞了这一大堆，何苦来?"上朝时，面谕中书，特定奏对式，不许繁文乱听，从此读奏章省了不少精力。① 到废中书省以后，六部府院直接对皇帝负责，政务越发繁忙。据洪武十七年九月间的统计，从十四日到二十一日，八天内，内外诸司奏札凡一千六百六十件，计三千三百九十一事②，平均每天要看或听两百多件报告，要处理四百多件事。既然精力过人，拼着命干，到底是上了年纪的人，有点觉得吃力了。

他是赤手空拳起家的，除自身而外，三个哥哥和几个堂房兄弟，都在壬辰那年死去，父系亲属只有亲侄文正一人，真是"门单户薄"。母族绝后，妻族也死绝了。到文正被杀后，诸子幼弱，基业还未稳定，孤零零一个人，高高在上，找遍周围，没有一个人可以寄托心腹的，得撑持着，时刻警戒着，提心吊胆，不让别人暗算。正如驶着独木船，水把独木船冲得团团转，几十年到不了岸，看着水是敌人，礁石是敌人，连天空飞的乌鸦也是敌人，谁都要害他，都在讥笑他，讽刺他。后得了大权，作了皇帝之后，害了高度的紧张病，猜疑病，恐惧病。

早年过的是衣食不足的穷苦生活，中年在军队里，在兵火喧天，白刃相接的紧张生活中，抓住了权力，四十岁以后，把全副精力放在处理事务，防备假想敌人上。体力消耗之外，加上无量数妃妾的宫廷生活，加上对人对事的极度不安，精神永远集中在怎样保持那份大家当的问题上。他有心跳的病症，宋濂以为应该清心寡欲。③时发高热病，作怪梦，幻想在梦中看到天上神仙宫阙④；平时喜怒不常，暴怒到失常态。⑤ 性格变得更加残酷、横暴，寻求刺激，要

① 《明史》卷一三九，《茹太素传》。

② 《明太祖实录》卷一六五。

③ 《明史》卷一二九，《宋濂传》。

④ 《御制周颠仙传》；《御制纪梦》。

⑤ 姚福：《青溪暇笔》。

发泄，为一句话、一个字就打人、杀人，应用许多种离奇的刑罚来折磨人，屠杀人。他害的是一种虐待狂的病症，用别人的痛苦来减轻自己的恐惧。

可惊的是虽然精神失常，智力却并不减退。大儿子朱标忠厚仁慈，有点像汉惠帝，接受了当时最好的教育。老皇帝过了五十岁生日之后，精力有点不济事了，让大儿子来帮忙，裁决普通政务，一来是分劳，二来也是训练这下一代皇帝办事的能力，指望太子是汉文帝，不是汉惠帝。可惜父子俩性格正好相反，也和他的同乡皇帝父子一样，一个严酷，一个宽大，父子间有时也不免闹冲突。① 老皇帝眼见得一代不如一代，只好叹一口气，闷在心里，索性自己动手，大兴党狱，杀尽了所有不顺眼的文武官员，斩除荆棘，铺平道路，好让儿子作现成皇帝。

好容易皇太子的学业和政治训练都够满意了，元璋以为付托得人，这份产业牢靠稳当，放得下心了，却又发生意外，太子于洪武二十五年（1392年）病死。六十五岁的老皇帝受了这致命的打击，糊涂了大半天说不出话，身体一天天软弱下去，头发胡子全变白了。

太子死后，立太子嫡子允炆为皇太孙，才十六岁。

皇太孙的性格极像他的父亲，年纪又小，没经过训练，祖父虽然也让跟着办事，终是替他发愁，怕挑不下这副担子，诸将大臣将来会不服调度。只好又动辣手，借题目大批杀人，杀得将帅一空，连傅友德、冯胜那样仅存的开国元勋，说不出一丝道理，也顺手杀了。想着小孙子再不会有人来作难，作祖父的算是用尽了心血了。

他的政治能力，部分从实际经验得来，部分从历史教训。他以为皇位继承是维持帝国和平最重要的制度，必须有一个规定的严密的法则，才不会引起宗族间的纠纷、政变。最好的办法是宗法制度下的嫡长承袭。在皇太子正位后，为了要使诸王安分，保护扶持中朝，洪武五年命群臣采汉唐以来藩王善恶可为劝戒的，编作一书，

---

① 徐祯卿：《翦胜野闻》。

名为《昭鉴录》，颁赐诸王。皇太孙正位以后，用同样的意思编了一书，叫作《永鉴录》。二十八年又颁布《皇明祖训》条章，把一切作皇帝，作藩王，和臣下所应遵守的，不该做的事，都详细记载，并定制后代有人要更改祖训的，以奸臣论，杀无赦。希望用教育，用制度，使各藩王忠心服从这未来的小皇帝，朱家的族长。①

可惜这一番心思都白用了，第二子秦王，第三子晋王雄武有野心，见太子仁懦，都不肯安分，先后被发觉，要治重罪，太子尽力解救，才得无事。太子死后，二十八年秦王死，三十一年晋王死，都死在老皇帝之前，算是没有闹出大花样。费尽了心机，父子兄弟间还不免钩心斗角，时刻提防着，这对于老皇帝自然也是精神上的打击。

猜疑病、迫害狂，愈来愈重，身体愈衰弱，精神愈不安定，脾气更坏。体力精神交互影响，到洪武三十一年（1398年）已经七十一岁了，五月间病倒，不能动弹，躺了三十天，告别所手创的帝国，离开继承人和笑容满面的臣民，结束了一生恩怨，安静地死去。

刽子手死后还杀了一批人，侍寝的宫人一律殉葬，家属由政府养活，叫做朝天女户。②

葬在南京城外的孝陵，谥曰高皇帝，庙号太祖。永乐元年（1403年）谥神圣文武钦明启运俊德成功统天大孝高皇帝。嘉靖十七年（1538年）增谥开天行道肇纪立极大圣至神仁文义武俊德成功高皇帝。

遗嘱里有一段话："朕膺天命三十一年，忧危积心，日勤不怠。""忧危积心"四字，说出了这位皇帝一生在恐惧猜疑中过日子，"日勤不怠"说出如何用全副心力来保持这份大家当。③

太孙即位后不久，燕王棣果然起兵造反，援引祖训，以靖难为名。建文四年（1402年）篡位自立，是为明成祖。离老皇帝之死还

① 《明史·太祖本纪》洪武六年，二十六年，二十八年。

② 郑晓：《今言》三三九条；吕毖：《明朝小史》卷三。

③ 《明史》，《太祖本纪》洪武三十一年。

不到五年。

元璋的相貌不很体面，晚年尤其难看，一脸凶相。曾找了许多画工，画像十分逼真，总不洽意。后来有一个聪明人画的像，轮廓有点像，却一脸和气，充满了慈祥的样子，这才对了窍，传写了多少本，分赐给诸王。① 这两种不同的画像，到现在都有传本。

① 陆容：《菽园杂记》。

附录　朱元璋年表

纪年	公元	元璋年龄		纪事
元天顺帝天历元年	1328	1	九月丁丑，元璋生。	
元顺帝至元三年	1337	10		正月，广州增城县民朱光卿起义，称大金国，旋被消灭。二月，棒胡以烧香聚众，起义于汝宁信阳，元命河南行省左丞庆童镇压之。己丑，汝宁献所获棒胡弥勒佛小旗及宣敕等。四月，元禁汉人、南人不得执持军器，凡有马者拘入官。合州大足县民韩法师起义，称南朝赵王。惠州归善县民聂秀卿、谭景山等造军器，拜戴甲为定光佛，与朱光卿相结起义，元命江西行省左丞沙的捕之。
至元四年	1338	11		六月，袁州民周子旺起义，称周王，不久被捕遇害。漳州路南胜县民李志甫起义，围漳城。

续前表

纪年	公元	元璋年龄		纪事
至元五年	1339	12		四月，元重申汉人、南人不得执军器弓矢之禁。十一月，开封杞县人范孟反，伪传帝旨，杀河南平章政事月禄等，已而被捕遇害。
至元六年	1340	13		五月，元禁民间藏军器。
元顺帝至正元年	1341	14		湖广、山东、燕南贫民为盗，多至三百余处。
至正四年	1344	17	春，淮北大旱，继以瘟疫，元璋父、母、长兄、次兄皆病死。秋九月，元璋入皇觉寺为沙弥。一月后，云游淮西颍州一带。	七月，益都县盐徒郭火你赤起义，上太行，入壶关，至广平，杀兵马指挥，复还益都。
至正五年	1345	18	在淮西游方未归。	
至正六年	1346	19	在淮西	盗扼李开务之闸河，劫商旅船，元官兵不能捕。
至正七年	1347	20	在淮西	四月，临清、广平、滦河、通州等处贫民群起为盗。十一月，沿江盗起，剽掠无忌，元官莫能禁。
至正八年	1348	21		海宁州，沭阳县等处盗起。台州方国珍起义，聚众海上，元命江浙行省参政镇压之。
至正九年	1349	22		冀宁、平遥等县曹七七起义。
至正十年	1350	23		方国珍攻温州。

续前表

纪年	公元	元璋年龄		纪事
至正十一年	1351	24		四月，元帝诏开黄河故道，命贾鲁以工部尚书为总治河防使，发汴梁、大名等十三路民十五万，庐州等戍十八翼军二万，自黄陵冈南达白茅，放于黄固、哈只等口，又自黄陵西至阳青村，合于故道，凡二百八十里有奇。仍命中书右丞玉枢虎儿吐华、同知枢密院事黑厮以兵镇之。 五月，颍州刘福通起义，以红巾为号，陷颍州。 韩山童被捕遇害，其妻杨氏与子韩林儿逃脱。 六月，刘福通占领朱皋，攻破罗山、真阳、确山，遂攻武阳，叶县等处。江浙左丞孛罗帖木儿为方国珍所败，元帝遣使招谕方国珍。 八月，萧县李二及彭大、赵均用等攻陷徐州。李二号芝麻李，亦以烧香聚众起义。 蕲州罗田人徐寿辉与黄州麻城人邹普胜等起义，以红巾为号。十月，占领蕲水为国都，称帝，国号天完，建元治平。

续前表

纪年	公元	元璋年龄		纪事
至正十二年	1352	25	闰三月，元璋投郭子兴部下为兵。	徐寿辉部将陆续攻破汉阳、兴国府、武昌、安陆府、沔阳府、江州、岳州、袁州、瑞州、徽州、信州、饶州、杭州。 二月，郭子兴等起义于濠州。 元丞相脱脱攻徐州，克之。芝麻李败死，彭大、赵均用奔濠州。 答失八都鲁率军占襄阳，察罕帖木儿、李思齐率军攻起义人民，元政府各授以官。
至正十三年	1353	26	元璋略定远，下滁州。	张士诚起义，攻占泰州、高邮，称诚王，国号大周，建元天祐。
至正十四年	1354	27	元璋在滁州。	元丞相脱脱大败张士诚于高邮，分兵围六合，元璋率兵赴援。元帝削脱脱官爵，安置淮安路，又诏使西行，鸩死于吐蕃境。
至正十五年宋小明王龙凤元年	1355	28	正月，元璋克和州，奉郭子兴命总诸将。 四月，常遇春归元璋。 五月，廖永安、俞通海以水军降，元璋遂下采石，取太平。 小明王命郭天叙为都元帅，张天祐、元璋为左右副元帅。 九月，郭、张二帅攻集庆，皆死之，于是子兴部将尽归元璋。	二月，刘福通等迎立韩林儿为皇帝，号小明王，国号宋，建都亳州，建元龙凤。 三月，郭子兴卒。 十二月，答失八都鲁大败刘福通于太康，遂围亳州，小明王奔安丰。

续前表

纪年	公元	元璋年龄		纪事
至正十六年宋龙凤二年	1356	29	二月，元璋攻集庆，下之，改名应天府。遣徐达攻镇江，拔之。六月，元璋部将邓愈克广德。小明王升元璋为枢密院同佥，不久又升为江南等处行中书省平章。	徐寿辉迁都汉阳。张士诚攻占平江，以为国都，改名隆平府。李武、崔德等破潼关。
至正十七年宋龙凤三年	1357	30	元璋占领长兴、常州、宁国、江阴、常熟、徽州、池州、扬州等地。	二月，刘福通遣毛贵攻破胶州、莱州、益都、滨州。 六月，刘福通攻汴梁。关先生、破头潘、冯长舅、沙刘二、王士诚攻晋冀。白不信、大刀敖、李喜喜攻向关中。 九月，徐寿辉部将倪文俊谋杀其主不果，自汉阳奔黄州，其下陈友谅袭杀之。友谅自称平章。 元以张士诚为太尉，方国珍为江浙行省参政，使由海道运粮入都。 明玉珍占重庆路。 答失八都鲁死，其子孛罗帖木儿代领其众。
至正十八年宋龙凤四年	1358	31	二月，元璋以康茂才为营田使。 十二月，自将攻婺州，下之，改为宁越府。	五月，刘福通攻破汴梁，自安丰迎小明王入居之，定为国都。 关先生、破头潘等攻破辽州虎林，又攻破上都，烧元宫阙，转攻辽阳。 陈友谅攻破龙兴路、吉安路。
至正十九年宋龙凤五年	1359	32	元璋兵克诸暨、衢州、处州等地，命宁越府立郡学。 小明王升元璋为仪同三司江南等处行中书省左丞相。	汴都为察罕帖木儿所破，刘福通奉小明王退安丰。陈友谅以江州为都，迎徐寿辉居之，自称汉王。

续前表

纪年	公元	元璋年龄		纪事
至正二十年宋龙凤六年	1360	33	陈友谅攻应天，元璋大败之，遂复太平。徐寿辉旧将以袁州降于元璋。	陈友谅占太平，杀其主徐寿辉自立，国号大汉，改元大义。回驻江州，遣将占辰州。 明玉珍闻徐寿辉被杀，自立为陇蜀王，塞瞿塘，不与友谅通。 孛罗帖木儿与察罕帖木儿互相攻杀，元帝下诏调解，皆不听。
至正二十一年宋龙凤七年	1361	34	元璋击陈友谅于江州，友谅奔回武昌；遂分兵攻南康、建昌、饶州、蕲州、黄州、广济等处，皆下之，又下抚州。 小明王封元璋为吴国公。	
至正二十二年宋龙凤八年	1362	35	元璋受友谅部将胡廷瑞之降，遂得龙兴，改为洪都府。瑞州、吉安、临江相继下。	明玉珍称帝，国号夏，建元天统。 察罕帖木儿死，子扩廓帖木儿代领其军。
至正二十三年宋龙凤九年	1363	36	元璋因张士诚将吕珍攻安丰，亲率军往救。陈友谅大举攻洪都。围八十五日不下，元璋急撤援安丰军，与友谅大战于鄱阳湖。友谅中流矢死，其子陈理突围奔回武昌，元璋亲往围之。	刘福通奉小明王自安丰突围，居滁州。张士诚自立为吴王，停止运粮至元都。
至正二十四年宋龙凤十年	1364	37	元璋自立为吴王，建百官。受陈理降，汉遂亡。	孛罗帖木儿率军入大都，元帝惧，命为中书右丞相，节制天下兵马。
至正二十五年宋龙凤十一年	1365	38	元璋以徐达为大将军，进攻江北。淮东张士诚之地，先取泰州及高邮。	孛罗帖木儿被杀，扩廓帖木儿代为相，不久复令总制关、陕、晋、冀、山东兵马，听便宜从事。

续前表

纪年	公元	元璋年龄		纪事
至正二十六年宋龙凤十二年	1366	39	徐达等下淮安、濠州、宿州、徐州等地，淮东悉入元璋领域。 五月，元璋命徐达、常遇春攻张士诚根据地，连下湖州、杭州，大军进围平江。 十二月，元璋遣廖永忠迎小明王于滁州，中途沉之于江，宋遂亡。	李思齐、张良弼等屯兵关中，不服扩廓调度，互相攻杀。 明玉珍死，子明昇嗣立，改元开熙。
至正二十七年	1367	40	徐达等执张士诚，吴亡。元璋命汤和等攻方国珍，降之。 又以徐达为征虏大将军，北伐中原。命胡廷瑞等取福建，杨璟等取广西。徐达等下山东诸郡。	元削扩廓帖木儿兵权，置抚军院，以皇太子总制天下兵马。
明太祖洪武元年元顺帝至正二十八年	1368	41	正月，元璋称帝，国号大明，建元洪武，是为明太祖，立世子标为皇太子，妃马氏为皇后。 汤和克延平，执陈友定，福建平。 命汤和等以舟师攻取广东，广州守官何真降。 杨璟等下宝庆、全州、靖江等地。 徐达等下汴梁。元璋以应天为南京，开封为北京。 八月，徐达等入大都，改名北平府。保定、真定、怀庆、泽州、潞州相继下。	闰七月，元帝弃大都，出奔上都。

续前表

纪年	公元	元璋年龄		纪事
洪武二年	1369	42	奉元、凤翔、临洮相继下，李思齐降。 常遇春攻克开平，元帝奔和林。常遇春卒于军。 元军攻大同，李文忠败之。 徐达下庆阳。 元璋定内侍官制，编《祖训录》，定诸王封建之制。	
洪武三年	1370	43	命徐达、李文忠等分道北征。 李文忠获买的里八剌（顺帝孙）以归，元嗣君北遁。 元璋封诸子为王；大封功臣。	元顺帝死，太子嗣立。
洪武四年	1371	44	命汤和、廖永忠率舟师由东路入川，傅友德率步骑由秦陇取蜀。傅友德军连下阶州、文州、隆州、绵州。廖永忠军克夔州，明昇出降，夏亡。元平章刘益以辽东降。	
洪武五年	1372	45	命徐达为征虏大将军，出雁门，趋和林，李文忠趋应昌，冯胜取甘肃，征扩廓帖木儿。徐达败绩。 命邓愈征吐蕃。 诏以农桑，学校课有司。	
洪武六年	1373	46	颁《昭鉴录》，训诫诸王。扩廓帖木儿犯大同，徐达遣将击败之。 颁定大明律。	

续前表

纪年	公元	元璋年龄		纪事
洪武七年	1374	47	李文忠、蓝玉大败元兵。遣元皇子买的里八剌北归。	
洪武八年	1375	48	诏天下立社学。	元扩廓帖木儿卒。
洪武十年	1377	50	以羽林等卫军益秦、晋、燕三府护卫。 邓愈、沐英讨吐蕃，大破之。 命政事启皇太子裁决奏闻。	
洪武十三年	1380	53	左丞相胡惟庸以擅权诛，坐其党，死者甚众。废中书省及丞相等官，提高六部官秩。改大都督府为中、左、右、前、后五军都督府。 燕王棣之国北平。 安置宋濂于茂州，死于道。	
洪武十四年	1381	54	命傅友德、蓝玉、沐英征云南。 傅友德等大败元兵于白石江，遂下曲靖，元梁王自杀，云南平。	
洪武十五年	1382	55	蓝玉、沐英克大理，分兵攻鹤庆、丽江、金齿，俱下。 皇后马氏卒。 置殿阁大学士。 空印案发，死者数万人。	
洪武十六年	1383	56	召征南师还，沐英留镇云南。	
洪武十七年	1384	57	曹国公李文忠被毒死。 禁内官预外事，敕诸司勿通内官监文移。	

续前表

纪年	公元	元璋年龄		纪事
洪武十八年	1385	58	魏国公徐达中毒死。 户部侍郎郭桓坐盗官粮诛，死者数万人。	
洪武二十年	1387	60	冯胜、傅友德、蓝玉同征纳哈出。冯胜率师出松亭关，下大宁、宽河、会州、富峪四城，纳哈出降，东北平。	
洪武二十三年	1390	63	晋王棡、燕王棣帅师征元，颍国公傅友德等皆听节制。齐王榑帅师从燕王棣北征，燕王师次迤都，元丞相咬住等降。韩国公李善长党胡惟庸案发，坐诛，牵连死者甚众。作《昭示奸党录》，布告天下。	
洪武二十四年	1391	64	天下郡县赋役黄册成。 八月，皇太子巡抚陕西；十一月，还京师。	
洪武二十五年	1392	65	皇太子标死，立长孙允炆为皇太孙。 沐英卒于云南，子沐春袭封西平侯，镇云南。	
洪武二十六年	1393	66	凉国公蓝玉被杀，功臣死者甚众。 冯胜、傅友德备边北平，其属卫将校悉听晋王、燕王节制。 诏二王军务大者始以闻。	
洪武二十七年	1394	67	颍国公傅友德坐诛。	

续前表

纪年	公元	元璋年龄		纪事
洪武二十八年	1395	68	宋国公冯胜坐诛。 谕群臣禁以后法外用刑；嗣君不许置丞相；皇亲惟谋逆不赦，余罪宗亲会议取上裁，法司只许举奏，勿得擅逮，勒诸典章，永为遵守。八月，秦王樉死。 颁《皇明祖训》条章，后世有言更祖制者以奸臣论。	
洪武三十一年	1398	71	二月，晋王棡死。 闰五月，元璋卒，年七十一。太孙允炆继位，是即惠帝。	

后　　记

这本小书初稿写定于民国三十二年，从这年七月七日动笔，到九月九日写完，一共才花了六十多天功夫，由胜利出版社印行。而乃未得同意，一书两名，胜利本名《明太祖》，另一本名《从僧钵到皇权》。所不同的是胜利本多一个附录年表，起元天历元年，迄明宣德八年，和本书内容不相适应。其所以然的道理，前年夏曾在上海《文汇报》发表《明太祖和从僧钵到皇权》一文，详细说明经过。(现收入生活版《史事与人物》)。

我自己对于这个初稿极不满意，加之，一书两名，更感不快，决定回北平后，多读史料，把它作废，重新写过。

谢谢书店的好意，谢谢胡绳先生的督促，使我有勇气重写这本书。

从三十六年暑假，到三十七年暑假，整整花了一年零一个月的时间写作。篇幅从原来的八万字，扩充到十五六万字，差不多增加了一倍。注明材料出处，又增加了五百多条小注。更重要的是有许多看法，竟和初稿完全不同。

增加小注的用意，是为了告诉读者以出处，因为从初稿刊行以后，曾有许多朋友来信询问史料来源，甚至有人怀疑叙述的真实性。为了免除个别答复的困难，索性注明史料所从出，做到无一事无出处的地步。当然，在浩如烟海的故纸堆中，要逐一注明来源，是极其费事的。一年多时间，竟有三分之一用在小注上，往往为一条小注，翻阅几十百本书，浪费一两天时间。

写作的方法，是对每一问题先搜集材料，编为长编，第二步写成专门论文，第三步综合几十篇专门论文，再融会贯通写成本书。以此，这本书可以说是二十年来所写关于明初史事几十篇专论的结集。这几十篇专门论文，在战前发表的主要有下列各篇：

一九三二年	《胡惟庸党案考》	《燕京学报》十五期
一九三四年	《明代的锦衣卫和东西厂》	天津《大公报·史地周刊》十三期
一九三五年	《明成祖生母考》	《清华学报》十卷三期
	《明代之农民》	天津《益世报·史学》第十二、十三期
	《明代靖难之役与国都北迁》	《清华学报》十卷四期
一九三六年	《明初卫所制之崩溃》	南京《中央日报·史学》第三期
	《元代之社会》	《清华大学社会科学》一卷三期
	《元帝国之崩溃与明之建国》	《清华学报》十一卷二期
	《十六世纪前之中国与南洋》	《清华学报》十一卷一期
一九三七年	《明代之军兵》	中央研究院《社会科学研究所社会经济史集刊》五卷二期

“七七”以后，有：

一九三八年	《元明两代之匠户》	《云南大学学报》第一期
一九三九年	《明代之粮长及其他》	同上第二期
	《明代汉族之发展》	昆明《中央日报·史学》第三十三期
一九四〇年	记《明实录》	中央研究学院《历史语言研究所集刊》
一九四一年	《明教与大明帝国》	《清华学报》十三卷一期
一九四三年	《记大明通行宝钞》	《人文科学学报》二卷一期
	《历史上君权的限	《云南日报》，星期论文

制》

《明太祖传》　　　　胜利出版社出版

回到北平以后，用全力写本书，中间为了路引的问题，写《传·过所·路引的历史》，载《中国建设》五卷四期；关于明初教育，写《明初的学校》，发表于《清华学报》十四卷二期；和《论皇权》、《论绅权》等文，发表于《观察》、《时与文》等刊物。

严格地说，这本书的写作时间，至少应该从一九三二年算起，以十六七年的长时间，所成就的只此戋戋，写完以后想想，实在感觉惭愧，惶恐。

题名作《朱元璋传》，用意有二：其一是为和作废的初稿《明太祖》和《从僧钵到皇权》有所分别。个人感情对前两本书实在太坏了，简直在痛恨，对这一本比较以为对得起这个题目，这个时代。其二，旧时代旧史家对皇帝有太多禁忌，习惯以皇帝庙号作称呼，今天这种禁忌已经不存在，大可不必自找罪受，不如用原来名字称呼，还给他以人的地位。并且，按史法说，朱元璋在作皇帝以前，就称以死后追谥庙号，岂非不通之至，而且在洪武三十一年中，据事直书，也不应该以洪武三十一年以后的称号来硬栽他！简单合理，全书概用朱元璋来称呼朱元璋，书名因之就题作《朱元璋传》。

最后，还应该感谢上海《文艺复兴》、《中国建设》、香港《国讯》、《南京学识》、北平《知识与生活》和《中建》半月刊诸刊物，曾经发表本书一部分的好意。

期待着读者的指责和纠正。

一九四八，八月十二日于清华园西院十二号

朱元璋的少年时代

一

元至正四年（公元1344）元顺帝妥懽帖木儿在位的第十二年，这一年，淮河流域的人民遭受了苦难。旱灾，蝗灾，加上瘟疫。

好几个月没有见着雨水了，栽下的苗晒得干瘪枯黄，地都裂成一条条的龟缝。到处在求雨祈神，老年人恭恭敬敬向龙王爷磕头，孩子们戴着柳枝圈圈蹿出蹿进，正在焦急没收成时，又来了弥天漫地的蝗虫，把穗上稀稀的几颗粟粒吃得一干二净。地方上有年纪的人都在唉声叹气，哭丧着脸说，几十年来没见过这样的年成，这日子着实过不得了。

不料祸不单行，疫疠大起，钟离太平乡的人，接二连三地病倒，已经吃了多少时候的草根树皮了①，病一起就挺不住，开头只觉得浑身无力，接着是上吐下泻，不到一昼夜便断了气。起初大家还不理会，到一个村子里一天死去十几个人，家家死人，天天死人的时候，明白这是上天在降罚，散布瘟疫来收人，这才着了慌，不管"在数的难逃"的老话，还是逃命要紧，各村的人携儿带女，只要有亲戚朋友家可躲的，连家里的病人都顾不得了。不过几天的工夫，太平乡数得出的上百个村子，便闹得人烟寥落，鸡犬声稀，显出一片凄凉黯淡的景象。

孤庄村②朱家，朱五四，官名叫世珍的，一大家人，不过半个

---

① 《明太祖实录》卷三十九："洪武二年三月丙申，以土旱灾相仍，因念微时艰苦，乃祭告仁祖淳后曰：因念微时皇考皇妣凶年艰食，取草之可茹者，杂米以炊，艰难困苦，何敢忘也。"

② 《明太祖实录》卷一作孤庄村，沈节甫《纪录汇编》本《天潢玉牒》作太平乡县庄村。《七修类稿》引《皇陵碑》作孤庄村。

月，死了三口。五四六十四岁了，四月初六故去，三天后，大儿子重四学名叫兴隆的也死了。到二十二，五四的老伴陈二娘又死了。五四的二儿子重六（兴盛）和小儿子元璋（原名兴宗，小名重八）眼看着大人一个个倒下，请不得郎中抓不得药，只急得相对痛哭。① 尤其伤心的是：家里没有一贯钞，一钱银子，买不了棺木，更谈不上坟地。田主呢，几年的主客，想来总该施舍佃户一块埋骨之地吧，可是，不但毫不理会，反而"呼叱昂昂"。② 邻舍们都看着难受，惆怅。正没计较处，同村人刘继祖③不忍心，慨然舍了一块山地④，两兄弟磕头谢了，算是一头有了着落。可是，衣衾呢？棺椁呢？还是没办法，只好将就把几件破衣裳包裹了，打算抬到坟地草草安葬，两兄弟一面抬，一面哭，好容易抬到了，还未动手挖坑，突然风雨交加，雷轰电闪，整个天像要塌下来似的。两兄弟躲在大树下发抖，约够一顿饭时，雨过天晴，到坟地一看，大吃一惊，尸首不见了，原来山脚下土松，一阵大雨把坡上的土冲塌了，恰好埋了尸首，薄薄的一个土馒头，俗语叫做"天葬"。⑤ 三十五年后，朱元璋写皇陵碑时，还觉得伤心："殡无棺椁，被体恶裳，浮掩三尺，奠何肴浆！"⑥

父母的大事虽了，过日子呢？没留下一寸土，一粒米，元璋饿了些日子，到处找零活作，谁知大户人家，都已逃荒逃瘟去了，贫家小户自己都在挨饿，怎么雇得起人？到处碰壁，懒洋洋地不愿回家，一径到村外给他父母上坟。他蹲在新长着青草的坟边，又伤心，

---

① 《明太祖实录》卷十八；潘柽章：《国史考异》，引承休端惠王：《统宗绳蛰录》。

② 《纪录汇编》本《御制皇陵碑》。晗按：《皇陵碑》有二本，一危素撰，《太祖实录》三十七："洪武二年二月乙亥，诏立皇陵碑，先是命翰林学士侍讲危素撰文，至是文成，命左丞相宣国公李善长诣陵立碑。"一太祖御制，"洪武十一年四月，以皇陵碑记皆儒臣粉饰之文，恐不足为后世子孙戒。特述艰难，明昌运，俾世代见之"。一散文，一韵文。二文并见郎瑛《七修类稿》七，后者亦收入《纪录汇编》。

③ 《天潢玉牒》及高岱《鸿猷录》作刘继祖。徐祯卿《翦胜野闻》作刘大秀。沈德符《野获编补遗》义惠侯条，刘继祖字大秀。明太祖《高皇帝文集》追赠刘继祖为义惠侯诰，略云："朕微时罹亲丧，难于宅兆，尔发仁惠之心，以己沃壤，慨然见惠，大惠云何可忘！"

④ 危素撰：《皇陵碑》；《御制皇陵碑》；《天潢玉牒》；《翦胜野闻》；《鸿猷录·龙飞淮甸》。

⑤ 《翦胜野闻》；王文禄：《龙兴慈记》；王鸿绪：《明史稿·太祖纪》。

⑥ 《御制皇陵碑》。

又着急，沉思如何来打发日子，对付肚子。

他长得躯干魁伟，黑黑的脸，下巴比嘴唇长出一寸多，高高的颧骨，却又大鼻子，大耳朵，就整个脸盘看，恰像一个横摆着立体形的山字，脑盖上一块奇骨隆起，像一个小山丘。粗眉毛，大眼睛。样子虽看了叫人不喜欢，却怪匀称，怪威严而沉着。

小时候替人看牛放羊，最会出主意闹着玩，别的同年纪的，甚至年纪比他大些的孩子都习惯地听他指挥。最常玩的一种游戏是作皇帝，你看，虽然光着脚，一身蓝布短衣裤全是窟窿补丁，他却把棕树叶撕成丝丝，杂在嘴上作胡须，找一块车辐板顶在头上当平天冠，弄一条黄布包袱披在身上，土堆上一坐，自己做起皇帝来了。捡一些破木板，让孩子们毕恭毕敬地双手拿起，当作朝笏，一行行，一排排，整整齐齐地三跪九叩首，同声呼万岁。

又最会做坏事。有一天，忽然饿了，时候还早又不敢回家，怕田主骂。同看牛的周德兴、汤和、徐达许多孩子也都嘴馋起来了，大家越说饿，真的肚子咕噜得越凶，这个说有一碗白米饭才好吃哩，那个又提起真想吃一顿肉。一个又说肉是财主们吃的，不知道是什么味道。个个的嘴都说得流涎。猛然间元璋一喊有了，大家齐声问什么？元璋笑着说，现放着肉不吃，真是呆鸟。大家还不明白，元璋也不再说话，牵过一条花白小牛娃，放牛绳捆住前后腿，周德兴看了，赶紧抄着砍柴斧子，当头就是一斧，汤和、徐达也来帮忙剥皮割肉，别的孩子们捡烂柴和树叶子，就地生起火来，一面烤，一面吃，个个眉飞色舞，兴高采烈。不一会儿，一条小牛只剩下一张皮一堆骨头一根尾巴了。这时太阳已经落山，山脚下村子里，炊烟袅袅荡在半天空里，是该回家的时候了，蓦地一个孩子省悟了，小牛吃了如何回主人的话？大家面面相觑，想不出主意，担不起罪过。正在着急，互相埋怨，乱成一团的当儿，小一点的孩子竟哇地哭了出来。元璋一想，主意是自己出的，责任也该担起来，一拍胸脯说算我的事。也真亏他想，把皮骨都埋了，把小牛尾巴插在山上石头空缝里，说是小牛钻进山洞里去了，只留下尾巴，拉了半天不出来。孩子们齐声说好。当晚上，元璋挨了一顿毒打，被赶回家。虽然吃了苦，丢了饭碗，可是，也深深得到孩子们的信任，大家都甘心当他作头脑。①

算是十七岁，是元天历元年（公元1328）九月十八日未时生的，属龙，实际上还未满十六岁。三四年前才移住在这村子——濠州钟离太平乡孤庄村。父亲是老实本分人，辛苦了一辈子，头发胡子全白了，搬了一辈子家，从泗州盱眙县迁到灵璧县，又迁到虹县，到五十岁时又迁到钟离东乡，住了十年，还是活不下去，再迁到西乡，四年前才搬到这村子来。② 十个田主大户竟有十个是黑心的，左求右求算是佃了几亩田地，天不亮就起床，天黑了还在地里作活，出力气，流汗水，忙碌一年到头，算算收成，十成里竟有六成孝顺了田主。春施肥，夏戽水，把田地服侍得肥了些，正好多收一点时，田主立刻就加租，划算一下，还是佃户吃亏，划不来，只好搬家另觅大户。忍下去吧，三两年后还是得被撵走。因之，虽然拖儿带女，在一个地方竟住不过十年，而且，老是替新大户开荒地，服侍熟了就得走路。卖力气，受欺侮了一生，到死后，连葬处都没有。要不，怎么会求刘继祖舍地？

儿女都大了，大哥二哥算是娶了媳妇，说也笑话，连花轿也有不起，喜酒也没有一盅，还不是一样佃客人家的女儿。三哥重七（兴祖）给人家招了上门女婿，白得一房家小，可是得给人家挖一辈子地。也好，家里省一张嘴。大哥有两个小的，二哥也养了一个男孩，算是一家老小三代人。大姊嫁给王七一，二姊远了，还是在盱眙时候订的，男人叫李贞。③ 只有自己没成家。要是时和世泰风调雨顺的太平年头，一家子勤勤恳恳，佃上几十亩田地，男耕女织，喂鸡养猪，上山砍柴，沿路捡粪，靠着有的是人力，节衣缩食，苦虽苦，总还可以像牛马样活下去。偏又时运不济，二嫂三嫂先后病死，大侄儿和二哥的孩子都夭折了，三家满门死绝，嫁给李家的二

① 《龙兴慈记》。

② 危素撰：《皇陵碑》；《天潢玉牒》；《明太祖实录》卷一。

③ 《统宗绳蛰录》；《国史考异》引；朱元璋：《朱氏世德碑》；《七修类稿》卷七；《明太祖实录》卷五十三。

姊也死了，姊夫带了外甥保儿逃荒，不知去向。恰恰今年又闹瘟，一家三口都被瘟神带走，偌大一个人家，只剩大嫂王大娘和二侄铁柱，二哥重六和元璋自己了。

剩下四口人，现成的粮食一颗也没有，地里的呢，一旱一蝗，收到的不够交租，哪来吃的！平时一家子都靠力气血汗换饭吃，如今只好吃草根树皮，何况也不容易找。估计大嫂还有娘家，总可央告一升两升，二哥呢，这些天来脸色老是不对劲，自己食量又大，粗重活计虽干得，却苦于这荒年，空有力气没处卖。小时候虽会跟蒙馆老师上过几月学，一来贪玩，二来农忙得下田，哪会好好念过一天书，虽然靠着有点记性，认得几百个字，又苦不甚通解，做不得文墨勾当，当不得衙门里的书手，也写不得书信文契。父亲搬到本村来，本是贪图这一乡荒地多，人力少，只要死命使力气，三个壮丁加上女眷，孩子们替人放牛赶羊，也不会吃闲饭，天可怜见有两三年好庄稼，总混得过日子。没想到天下乌鸦一般黑，刻薄狠心像是田主应有的德性，三节送礼，按时交租，陪着笑脸，还是掂斤估两，嫌麦子太潮，嫌秤不够，恨不得用两个秤锤，扳住秤尾不起来。那一些管事的更是刁难百般，饶是肥鸡大肉，大碗酒，还拍桌捶凳，脸上像绷过似的，刮不出一丝笑容。这年头能少交一点租就是天大人情了，还敢开口向他们借口粮？官家的赈济呢，不敢指望，即使皇恩浩荡，居然会有一点，还不是落在县官的荷包里，大户的仓库里去？哪儿会有穷人的份！而且，即使是漏出一星星，几颗颗，要铺保啦，到保甲长家里去捺手印啦，又是调查啦，登记啦，还有什么什么的，发下来不够吃一顿，腿跑断了，头磕破了，气受够了，许还是挨不着，轮不到。索性断了这个梦，倒少些麻烦。再说本家呢，伯父这一房还在泗州盱眙县，是祖父手上打的根基，伯父名下有四房，听说近年已衰落得不像样，几个哥哥侄儿都先后去世，只剩下一个四嫂在守寡，看光景也投奔不得。①

再往上，祖籍是句容，朱家巷还有许多族人。祖父在元朝初年

① 《朱氏世德碑》；《统宗绳蛰录》。

是淘金户，本地不出金子，官府不由分说，按年按额定的数目要，只好拿谷子换钱钞，到远处买金子缴纳。后来实在赔纳不起，没奈何，只得丢了房产田地，逃到泗州盱眙县垦荒。那边几代没来往，情况不明。再老的祖籍是沛县，如今已经隔了几百年，越发不用说了。①

舅家呢，外祖父陈公那一嘴大白胡子，惯常戴上细竹丝箬帽，仰着头，那扣齿念咒的神气，还依稀记得，想起来也真怪，只知道叫他外公，连什么名字也不知道。死的那年已经九十九岁了，差一年便算人瑞，可以报官领赏银，据说还有花红表里，县太爷还要请酒作揖呢。母亲曾翻来覆去地说外祖的故事，这话已有五六十年了：那时外祖在宋朝大将张世杰部下当亲兵，鞑子兵进来，宋朝的地方全被占了。文丞相也打了败仗，被俘虏过去了。张世杰忠心耿耿，和陆丞相保着小皇帝逃到崖山，那年已是己卯年（公元1279）。二月间，张世杰集合了一千多条大船，和鞑子兵决战，不料崖山海口失守，砍柴取水的后路给切断了，大家只好吃干粮，干得忍不住，连海水也顾不得，大口大口灌下，弄得全军人都呕泻病倒，鞑子兵乘机进攻，宋军船大，又钉牢在一起，无法转动，三军绝望死战，一霎时中军被冲破了，陆丞相眼见得不济事了，不肯被俘让鞑子作践，仗剑叫妻子儿女都跳下海去，自己背着六岁的小皇帝跟着殉了国。张世杰带了十几条船，冲出重围，打算重立赵家子孙，恢复国土，忠义之气，实在感动人。不料，天不保佑，船刚到平章山洋面上，一阵飓风，把船都刮翻，张世杰也淹死了，宋朝就真个亡了国！外祖父也掉在海里，侥幸被人救起，吃了许多苦头，才得回家。为了不肯替敌人当兵，迁居到盱眙津里镇。他原来会巫术，就靠当巫师，画符念咒，看风水，定阴阳过日子。到老年常时含着一泡眼泪说这故事，惹得听的人也听一遍哭一遍。外祖只生了两个女儿，大的嫁给季家，小的就是母亲。过继季家大表兄作孙子，外祖死后，这些年和季家也没有来往，料想这年头，景况也不见得会好吧。②

---

① 《朱氏世德碑》。

② 《明史》卷三百，《外戚·陈公传》。

元璋想来想去，竟是六亲都断，天地虽宽，无处投奔，前后左右四方八面无路可走。越想越烦，无精打采地走回家来，倒床便睡。

吃了一些日子草根树皮、糠屑、观音土，半饥半饱，游魂失魄地一筹莫展。大嫂带着侄儿回娘家去了。二哥一样地饿着，也没主意。时常在一起的几个朋友周德兴、汤和年纪都比元璋大，有力气，有见识，又都出外谋生去了，无人可商量。从四月一直呆到九月，半个年头了，还计较不出一条出路。

天还是吝惜雨水，蝗虫越来越多，日子久了，连草根树皮都吃光了，再也撑不下去，和二哥商量如何是好。二哥急得直跳，哭了半天，只有远走他乡，各奔前程找活路去。哥哥舍不得兄弟，兄弟舍不得哥哥，哭得连邻舍也伤心了。隔壁汪老娘看着重六放心不下小兄弟，提醒当年五四公不是在皇觉寺许了愿，舍重八给高彬法师当徒弟吗。如今何不一径当和尚去，一来还了愿，二来总有碗淡饭吃，不比饿死强？二哥想想也是办法，这事就此定局。①

原来元璋少时多病，才生下，三四天不会吃奶。② 肚子胀得圆鼓鼓，险些不救。五四公作了一个梦，梦里觉得孩子不济事了，怕是命硬，许只有佛菩萨救得下，索性舍给庙里吧，一径抱着孩子进一所寺，寺里和尚一个也不在，接不着头，只好又抱回家来，忽然听见孩子的哭声，梦醒了，孩子真在哭，妈在喂奶，居然会吃奶了，过几天，肚胀也好了。长大后还是三天风，四天雨，啾啾唧唧，病总不离身。父母着了慌，想起当年的梦，才真个到寺里许了愿，给元璋舍了身。③

汪大娘和她的儿子汪文替元璋预备了香烛，一点礼物，央告了高彬法师。九月里的一天，皇觉寺多了一个小沙弥，长老添了小徒弟，朱元璋剃光成葫芦头，披上一件师父穿烂的破衲衣，居然是佛门弟子了。扫地，上香，打钟，击鼓，煮饭，洗衣，念经，是他的

---

① 《御制皇陵碑》；危素撰：《皇陵碑》。

② 《鸿猷录·龙飞淮甸》。

③ 《皇朝本纪》。

日常功课，见人叫师父、师兄、施主，连称呼也改了。早晚听着钟声，鼓声，木鱼声，想想自己，想想半年前的家，想想不知逃到哪里去的二哥，心中无限感慨。①

二

皇觉寺坐落在孤庄村西南角，规模不大，照例一进门是四大金刚，横眉怒目，韦驮菩萨拄着降魔宝杵，二进是大雄宝殿，三进是禅堂，左边是伽蓝殿，右边是祖师殿，油漆都已剥落了，佛像金身披着灰尘，殿瓦上满是青草，院子里铺的石板也已坎坷不平，显出一副衰落样子。八九个和尚，穿得也挺寒碜，讲佛理说不上三句，光会念阿弥陀佛。平时靠有限的一点常住田租米，加上替本乡人念倒头经，打清醮，做佛事，得一点衬钱，虽然吃不上大鱼大肉，总比当粗工垦田地出力气安逸些，原来那时出家当和尚也是一门职业，有的是迷信，以为当了和尚真可以成佛作祖，这类人很少，有的是作了坏事，良心不安，躲进佛门医心病。有的呢，杀人放火，犯了王法，怕官府逮他，一出家做了佛门弟子，就像保了险似的。更多的是，穷苦人家养不活，和尚吃十方，有的是善男信女的布施，吃不完，放印子钱，多几张嘴不在乎。而且，有的是有钱人家舍的田地，挖地垦田都要人力，多收个徒弟强过雇长工，得力还省工钱。朱元璋年轻力壮，正是得力的时候，高彬长老便收留了他。没有受过戒，不能算和尚，照寺院规矩，叫小沙弥。至于真正要讲佛学，弄经典，说道理，那是从来没有的事。

元璋生性泼辣阴狠，从小就贪玩撒野，爱出主意，支使人，又是小儿子，父母哥嫂都宠着些，就越发自尊自大，忘其所以了。兼之有点小聪明，看事情比别人准，也来得快，打定主意要弄成什么，一定要做到，伙伴们都服调度。可是一到皇觉寺，景况便不

① 危素：《皇陵碑》；《御制皇陵碑》；《天潢玉牒》；《鸿猷录·龙飞淮甸》。

同了，不说师伯师叔师父师兄，还有师婆师姊师妹，原来高彬长老是有家小的。① 个个都是长辈，得低声下气，成天陪着笑脸侍候，就是打水煮饭的长工，也威风得很，讲先来后到的规矩，支使元璋替他做事。这么一来，元璋作了众多和尚的徒弟之外，还兼了两个差使，一个是长老家的小厮，一个是长工的打杂。事情多，闲气也就多，日子久了，堆满一肚子火气，时刻要发作，却又使劲按住，为的是吃饭要紧，闹决裂了没去处。

对活人发作不了，只好对泥菩萨发作了。一天，扫佛殿扫累了，扫到伽蓝殿，已是喘吁吁的，不留神绊住了伽蓝神的脚，跌了一跤，没地方出气，顺手就用笤帚使劲打了伽蓝神一顿。又一天，大殿上供养的大红烛给老鼠咬坏了，长老数说了元璋一顿，伽蓝神是管殿宇的，菩萨不管老鼠，害徒弟受罪，新仇旧恨，越想越气，向师兄付了支笔，在伽蓝神背上写上“发去三千里”，罚菩萨去充军。这两件事都被长老看在眼里，也不说话。②

皇觉寺是靠租米过日子的，这一年灾荒太严重了，收不到租，师父师叔和佃户吵架，恫吓着要送官，眼看着地都晒白了，十成粮食还收不到半成，饶是和尚狠心，还是收不到。几百年的寺第一次闹饥荒。师婆出主意，先打发挂单的和尚走路，接着师伯师叔也出门云游。不上十天，除了师父一家子，全各奔前程去了。元璋当小沙弥才满五十天，末了一个被遣散，没奈何，虽然念不得经典，做不得佛事，也只好学个做和尚的样子，出门行脚，一顶箬帽，一个木鱼，一个瓦钵，背上拳头大的包袱，拜别了师父一家人硬着头皮，离开了家乡。

说游方是和尚们的话，俗人的呢，就是叫化。见大户伸手要米要饭吃。也叫化缘。大户多半养狗看门，狗有种德性，专咬衣衫破烂的穷人。为着不让狗咬，离大门几步使劲敲木鱼，高唱佛号。作大户的和狗一样，也专打穷人的算盘，可是和狗有些不同，为的坏

---

① 《皇朝本纪》：“时师有室家，所用匆济”。谈迁《枣林杂俎》僧娶妻室条：“凤阳大龙兴寺，即皇觉寺，一曰于皇寺。太祖《敕僧律》曰：‘有妻室僧人，除前辈老僧，盖因元末兵乱，流移他方，彼时皆有妻室，今已年老无论外，其后进僧人，有妻室者，虽在长上辈比肩及在下诸人，皆得凌辱，亦无罪责。’今僧俱荤娶，亦无差累。”

② 《龙兴慈记》。

事做得太多了，这辈子不好，要修来世，最少也要求佛菩萨保佑，死后不入地狱，上刀山，下油锅。要得到佛菩萨保佑，就得对和尚客气，——因为和尚是佛门弟子，想讨好师父先得从徒弟巴结起——把从佃户榨出来的血汗，匀出一星星作布施，算是对佛菩萨的贿赂。因此，一听见木鱼响，就明白是做好事的机会来了，一勺米，几文钱，绝不吝惜。主人对和尚客气，狗也就落得大方了。要是主人不出来，硬赖着不走，木鱼一直敲得震天动地，响到左邻右舍都听见，这时候，不是大娘大姆出来打发，就是主人亲自出来，为的是他一向有善人的名气，吵得邻舍都知道了，会落下不信佛的坏名誉的。而且，明知道，和尚上门，决不肯空手走，多少总得敷衍一下。还有，只要学会说谎话，明明是钟离皇觉寺的，偏说是峨嵋山金顶寺，天台山国清寺，普陀山什么寺，反正和尚没有籍贯，无从查对。再说一套大殿翻修，菩萨开光或者装金，递上化缘簿，多少是一笔财喜。积少成多，走上几百千家，这笔钱也就够一些日子花销了。

朱元璋虽然只住了五十天庙，成天听的是这一套，见的也是这一套，不会也会了，打定主意，叫化要到有得叫化的地面，听人说往西汝州、颍州一带，年岁比较好，反正只要有饭吃，什么地方都可以去，也没有规定日子，爱走多久走多久。就往南先到合肥，又转向西，到固始、光州、息州、罗山、信阳、北转到汝州、陈州，东返由鹿邑、亳州到颍州，游来游去，只拣繁富的地方，穿城越村，对着像样的大门敲木鱼。① 软化硬讨，受尽了人生的辛苦，走遍了淮西一带名都大邑，熟识了每一条河流，每一个山脉的地理，尤其是人情、物产、风俗，充实了丰富了经验，锻炼了坚强了体力。这时期的景况用他自己后来写的皇陵碑的话：

众各为计，云水飘飏，我何作为？百无所长！依亲自辱，仰天茫茫。既非可倚，侣影相将，突朝烟而急进，暮投古寺以趋跄，仰穷崖崔嵬而倚碧，听猿啼夜月而凄凉！魂悠悠而觅父

---

① 危素撰：《皇陵碑》；《明太祖实录》卷一。

> 母无有，志落魄而佒佯，西风鹤唳，俄淅沥以飞霜。身如蓬逐风而不止，心滚滚乎沸汤。

文字虽然极拙劣，感情却是很真挚的。一直到至正八年（公元1348），听人说家乡一带闹土匪，很不太平，人心惶惶，不由得勾起了乡思，依然一箬笠，一木鱼，一瓦钵，回到皇觉寺。

淮西在朱元璋游方的几年中，后来西系红军的开山祖师彭莹玉正在这一带秘密活动，传布弥勒佛下生的教义。彭莹玉也是游方和尚，朱元璋即使没有和他本人见过面，至少也曾经和彭和尚的党徒接触过。几年后，这地方又成为东系红军的根据地。在这大元帝国的火药库里周游了三年，二十一岁的穷和尚，接受了新的宗教，新的看法，嗅饱了火药气味，当然，也加入了秘密组织。回到皇觉寺以后，他开始结交朋友，物色有志气有胆量敢作敢为的好汉。时时进濠州城探访消息，同时也立志认识字，多读书，好作将来做大事的准备。不久，便被人发觉他是一个不安分的家伙。①

彭莹玉传布的宗教，是多元的，并且有外国来的成分。他们烧香诵偈，奉的神是弥勒佛和明王，主要的经典有弥勒降生，大小明王出世经。彭莹玉生于浏阳，出家于袁州，布教于淮西，可以说是南派。另一个系统是北派，头目是赵州栾城（今河北栾城）的韩家。韩家几代以来都是白莲会会首，烧香结众，很得一般农民的信仰，潜势力很大，碍了官府的眼，被谪徙到广平永年县（今河北永年）。到韩山童接手当会首后，便宣传天下要大乱了，弥勒佛降生，明王出世。这两派在起兵以后，因为目标相同——都要推翻政府；信仰相同——都指出有一个新的光明的前途；就混而为一了。他们都用红巾裹头，时人称之为红巾，红军。因为烧香拜佛，又称为香军。所奉的偶像是弥勒佛，也叫作弥勒教。宣传明王出世，又叫明教。②

明教的来源可以往上推到唐朝。原来叫摩尼教（Manichaeism），是波斯人摩尼所创。这个教是大杂烩，掺和了祆教、基督教、佛教

---

① 《天潢玉牒》；《皇朝本纪》。

② 陆深：《平胡录》；《元顺帝纪》；高岱：《鸿猷录》七，《宋事始末》；何乔远：《名山藏·天因记》；钱谦益：《国初群雄事略》卷一。

成为新的东西。主要的教义是世界上有两种不同的力量，叫做明暗二宗，明是光明，暗是黑暗，光明一到，黑暗就被消灭了。明就是善，就是理；暗是恶，是欲。明教的神叫明使，也叫明尊、明王。还有净风善母二光明使和净气、妙风、妙明、妙火、妙水五明使，光明必然战胜黑暗，最后人类必然要达到光明极乐世界。① 这个教在唐武后延载元年（公元694）传到中国，后来又传到回鹘，回鹘的朝廷和百姓极为信奉。② 教规不设偶像，不崇拜鬼神，吃斋禁止杀生，教徒穿白衣服戴白帽子，天黑了才吃饭。③ 回鹘当时帮唐朝打仗，援唐有功，因此，回鹘人相信的宗教，唐朝也就不敢不保护。④ 到九世纪中期，回鹘内乱，为唐军所大败，唐武宗会昌年间禁佛教，明教也连带倒霉，教堂被封闭，不许传播了。⑤ 从此明教便成为秘密宗教，因为没有外国人来支持，弄的一套又和中国人的习惯不大对劲，站不住脚，只好慢慢地变，吸收了佛教和道教许多东西，加上民间的原始信仰，成为一种杂七杂八的新宗教。因为明教相信黑暗即将过去，光明就要到来，所以有勇气有力量，敢于闹革命，当时叫做“造反”。五代时首先在陈州起事，武装暴动，给政府军打垮了。⑥ 侥幸未死的一部分逃到福建，到北宋时福建南部是明教最重要的教区，明教的经典编入道教的道藏，安置在亳州明道宫。⑦ 又从福建传到浙江，仅福州一地即有明教斋堂四十多个。斋堂的长老叫行者，执事有侍者、听者、姑婆、斋姊种种称呼。到南宋初年已经传遍了淮南、两浙、江东、江西一带地方了。教徒严格执行在密日（日曜日）吃斋。神的画像是摩尼和夷数（耶稣），全是高鼻子，洼眼睛，黄头发，乡下人看不惯，以为是魔鬼，以此，这教在教外的人说起来是“吃菜事魔”，吃菜指的是吃斋，事魔呢？拜魔鬼。为

---

① 北平图书馆藏《摩尼教残经》。

② 李文田：《和林金石录》，《九姓回鹘可汗碑》。

③ 志磐：《佛祖统纪》四十一；《册府元龟》九九九。

④ 《唐会要》十九。

⑤ 《新唐书》二一七下。

⑥ 《旧五代史·梁书·末帝纪》；《佛祖统纪》四十一。

⑦ 徐铉：《稽神录》；何乔远：《闽书》卷七，《方域志》；洪迈：《夷坚志》。

了深入农村，适应农村的环境，明教徒提倡素食，薄葬，节省消费，使贫苦农民可以稍微过得好点。同教的人互相帮助，大家凑钱来帮忙新参加的和穷苦的教友。每逢初一、十五每人出四十九文铜钱，给教头烧香，这笔钱汇齐后交给教主作教里的经费。一家有事，同教的人都齐心合力，有钱出钱，有力出力。有人被捉去坐牢，大家出钱替他打官司。① 充分发挥互助合作的精神。中国的农民向来只有被政府剥削，被官吏虐待，被地主绅士奴役的份儿，从来没有人关心过，救济过，甚至于怜悯。没有组织，不能团结，当然也没有力量来保护自己，反抗压迫。如今，忽然有了这么一群和自己一样的人，穿一样衣服，说一样话的力量在招手，好处多，而且日后还有大好处，不再受人欺侮，又怎么肯不参加？农民入教的越来越多，明教的教区跟着越发扩大，反抗政府的行动自然越来越多了。从北宋末年起，睦州、台州、衢州、东阳（以上都属现在的浙江省）、信州（属江西省）、泾县（属安徽省）都曾发生过明教徒的武装革命。②

明教又和弥勒教、白莲社两种宗教混合。弥勒教和白莲会都出于佛教的净土宗，一个叫弥勒净土，一个叫弥陀净土。弥勒佛是佛教里的著名人物，传说在释迦牟尼佛灭度（死）后，世界就变坏了，种种坏事，全都出现。不但气候坏，庄稼收成坏，连人心也坏了。人的生活苦到不能再苦。幸得释迦牟尼佛在灭度前留下一句话，说再过若干年，会有一个弥勒佛出世，这位佛爷一出世，世界立刻就变好起来，又宽大，又干净，刺人的荆棘不见了，青的山，绿油油的水，满地铺着金沙，到处是清汪汪的水池，碧森森的树林，灿烂的花，绵芊的草，还有各种无名的宝贝，像在比赛谁更美丽些。人心也慈善了，抢着做好事，好事做多了，寿命也长了。太太平平过日子。人口一天天加多，城市越来越稠密了，种下的稻麦，下一次种有七次收成，用不着拔草翻土，自会长大。③ 这样美丽的远景，

① 庄季裕：《鸡肋一编》中；李心传：《建炎以来系年要录》七十六。

② 《建炎以来系年要录》三十二、三十六、六十三、一三八、一五、一七六。

③ 大阿罗汉难提落多罗所说，《法住记》。

有谁不想望呢？何况是吃尽了苦，流干了汗，受够了气的穷苦农民！自从有了这个故事以后，成千万的农民伸长脖子等待着，在期望着这一天的到来，十年、百年、几百年都过去了，依然在等待，在期望。一听见什么地方有弥勒佛出世的话，一传十，十传百，百传千，抢着去跟随。从隋唐到宋元，这一悠长的世代中，历史上写满了弥勒教徒“造反”的记录。说起来关于弥勒佛的若干部经典的翻译，是两晋时代开始的，到了南北朝时代就已发生了很大的影响，举例说，那时代盛行的风气，在岩壁上刻佛像，又高又大又多，一个洞就刻上几十座大佛像，一个山有好多石洞，往往要几十年几百年才能刻成。刻像最多的是弥勒佛和阿弥陀佛。传说的煽动，经典的传布，佛像的礼拜，加上无数次弥勒降生的革命号召，使得这个神秘的亲切的名字为每一个穷人所熟悉，所欢迎，深深种根在农民的心坎中，甚至梦魂中了。信弥勒教的也穿白衣服，戴白帽子，也烧香①，也相信世界上有明和暗好和坏两种力量，大体上和后起的明教很相像，结果这两种教就混合在一起，再也分不清。

白莲社所供养的是阿弥陀佛，劝人念佛修行，多做好事，死后便到西方净土，白莲池上，过快活日子。这团体创始于五世纪初年，到十二世纪前期，又加进了天台宗的格言，忌葱乳，不杀，不饮酒，衍变成白莲教。因为仪式和戒条都和明教弥勒教相近，所以三教也就合流了。②

明教和弥勒教都以为目前的现状不好，都不满意现在，相信不久以后，会有而且一定有更好的世界或最好的世界来到。这理想世界的实现有一个明显的标识，就是“明王”或“弥勒佛”的出世，听从他的号召，用人民大众的力量来实现这个理想。由宗教的预言成为现实的政治革命。以此，从隋唐以来，到现实政治使人民失望的时候，“明王”、“弥勒”出世的宣传就自然而然地出现，跟着是竹竿锄头队伍的农民武装起义，虽然都被有组织的、武器较优的政府正规军所压制、扫荡、屠杀，以至消灭，但是，农民永不会屈服，

① 《隋书》，《炀帝纪》，《五行志》。

② 《佛祖统纪》四十七；重松俊章：《初期之白莲教》。

跌倒了，舐干净血迹，再爬起来，再反抗，永远反抗下去，一直到实现了这个理想才罢休。人人心目中，都憧憬着美丽而又肯定的远景，相信总有一天，"明王"或"弥勒"会来解放他们，满足他们。

"明王"和"弥勒"这两个名词，在中国历史上，可以当作衡量政治的尺度。

远在朱元璋出生的前三年，元泰定二年（公元1325）六月，息州人赵丑厮、郭菩萨就宣传弥勒佛要下来治理天下。① 十二年后，陈州人棒胡（又名闰儿）又说弥勒佛已经降生了，烧香会齐教友，在汝宁府信阳州起事，打下归德府鹿邑县，烧了陈州（正是四百年前明教徒起义的根据地）。② 这年朱元璋已经十岁，懂人事了。第十年周子旺在袁州起事——周子旺是袁州慈化寺和尚彭莹玉又叫彭翼诨号妖彭的徒弟——经常劝人念弥勒佛号，每晚点着火把，烧香礼拜，口宣佛偈，跟从的人很多。约定用寅年寅月寅日寅时起兵，参加的人背心写上一个佛字，就刀兵不能伤。至元四年（公元1338）戊寅是寅年，再凑齐月日时，周子旺称周王，改了年号，带了五千人动手了。这一支未经组织训练的乌合之众，虽然有信心，打仗却不中用，刚点着火就被扑灭了。彭莹玉侥幸逃脱，躲在淮西民家，秘密传教，阴谋再举。③

朱元璋三年内所到过的地方，息州、陈州、信阳和整个淮西，前三个是弥勒教徒起事失败的场所，后一个是彭莹玉的教区。④

跌倒了，舐舐血，爬起来，再干！

三

大地在撼动，狂风、暴雨、电光、雷声交织在一起，火药库爆

---

① 《元史·泰定帝纪》。

② 《元史·顺帝纪》。

③ 叶子奇：《草木子·克谨篇》；《明太祖实录》八；陆深：《平胡录》；《元史·顺帝纪》；权衡：《庚申外史》。

④ 参看吴晗：《大明帝国与明教》，载《清华学报》十三卷一期。

炸了。

元顺帝至正十一年（公元1351）五月，满身伤痕、血迹的农民群，不约而同地，头上包一块红布，作为自己人的标识，扛着竹竿锄头，长枪板斧，呐喊一声，杀向吸血的元帝国政府，这就是历史上的著名事件——红军起义。

经过多年的酝酿，组织，教育，牺牲了多少优秀的领导人才，从血泊里锻炼出来的坚强的革命细胞，散布在各个受苦难的区域。大家一条心，推翻这个坏政府，一个目标，赶走害人的鞑子。正像放焰火样，开头在东南角射出一支红色的火箭，炫眼的光芒照耀半天空，信号一发出，西面南面四方八面都射出一样颜色的光，十条，百条，千条，交织在天空，像无数条火龙，夭矫蜿蜒，热生出光，造成了力量，照得大地一色，黑暗被消灭了，跟着来的是光明世界。

红军的队伍，数不清，说不完，拣重要的著名的说吧：东系在颍州（今安徽阜阳）发动的，头目是杜遵道，奉韩山童的号令，占领了朱皋，得到大量的元朝米仓，开仓散米，一下子就团结了几十万人，攻下汝宁（今河南汝南）、光州（今河南潢川）、息州（今河南息县）、信阳（今河南信阳）。西系起于蕲（今湖北蕲春）、黄（今湖北黄冈），由彭莹玉和尚领导，推徐真逸（寿辉）作头目，攻下德安（今湖南安陆）、沔阳（今湖北沔阳）、安陆（今湖北钟祥）、武昌（今湖北武昌）、江陵（今湖北江陵）、江西（今江西九江南昌一带）诸郡。起于湘水、汉水流域的，推布王三、孟海马为头，布王三的队伍叫北琐红军，占领了唐（今河南泌阳）、邓（今河南邓县）、南阳（今河南南阳）、嵩（今河南嵩县）、汝（今河南临汝）、河南府（今河南洛阳）；孟海马率领南琐红军，占领了均（今湖北均县）、房（今湖北房县）、襄阳（今湖北襄阳）、荆门（今湖北荆门）、归峡（今湖北秭归）。起于丰沛的，是芝麻李的队伍，控制了徐州（今江苏铜山）近县，和宿州（今安徽宿县）、五河（今安徽五河）、虹县（今安徽泗县）、丰（今江苏丰县）、沛（今江苏沛县）、灵璧（今安徽灵璧），南边到安丰（今安徽寿县）、濠（今安徽凤阳）、泗（今安徽临淮）。前后不过几个月功夫，东西两系红军，东边从淮东流域，西边到汉水流域，像腰斩似的把大元帝国拦腰切作两段，从此南北隔绝，北顾不到南，南方的粮食也不能接济北，死是死定了，只等着咽气。①

大元帝国的崩溃，有远因，也有近因。②

远因是赵宋三百二十年的统治，相当宽大，拿定养鸡吃蛋的主意，对百姓说不上怎样好法，倒也不到剥尽刮干的地步。后期的几个君主，虽然孱头孱脑，好事作不了，无论如何，总安不上“荒淫无道”的罪名。突然被穿羊裘喝乳酪拖小辫子的外族征服了，生活习惯甚至想法都完全不同的新的统治，很使人民发生反感。蒙古和色目人③的残暴的屠杀，动不动就屠城，把一个城市里的人民，除去工匠以外的壮丁老弱，扫数杀光，剩的少女少男，作为俘虏，叫作驱口，就是奴隶，子子孙孙都不能翻身；加上奸淫掳掠，无恶不作，种种想象不到的血腥的事实，种下民族间的深仇大恨。

在这外族统治下的社会组织是畸形的，不健全的。论文化，蒙古族非常落后，幼稚。论人口，蒙古族统共不过几十万人。光凭了优越的武力来统制压迫被征服的几千万人民，由蒙古皇室、贵族、僧侣、官僚、地主、商人所组成的统治集团，和用以维持这政权的大量军队，吃的，喝的，穿的，用的一切费用，都由汉人、南人④负担。汉、南人的生命财产是没有保障的，随时会被打，被抢劫，被没收，甚至被逮捕，被诛杀，无处申冤，也不许申冤。政治地位呢？朝廷和地方机关的长官必须是蒙古人或色目人，汉、南人只能担任不重要的职务，用人的标准是种族而不是能力和学识。至于被抑勒作驱口的，就更惨了，简直不被当作人，在他们主人的心眼中，驱口只是一种活的工具，或者是可以卖钱的牲口。这个统治集团同时也是大地主，土地的来源是抢劫，占领，说不上买卖，干脆一句话，没收。全国最大部分的最好的土地，经由这种方法，转移到少数的脑满肠肥的外族手里，汉、南人除了一小部分甘心作顺民，作

---

① 权衡：《庚申外史》。

② 吴晗撰：《元帝国之崩溃与明之建国》，载《清华学报》，1936年4月。

③ 色目人指蒙古人最初征服的钦察、回回、康里、波斯等民族，在元代其社会地位仅次蒙古人。

④ 元代的汉人指金的国民和高丽、契丹、女真等民族，南人指宋治下的人民。

走狗的以外，被迫失去了土地，成为贫农和佃户。最大规模的商业也被控制在回回人手里，他们替蒙古贵族经营财产，放高利贷、印子钱，也叫做羊羔儿息①，来榨取汉、南人的血汗。

就连蒙古、色目人算在一起，在中国也还是少数民族，有一天被征服的人民组织起来，有了力量，他们就得被清算。加上所作的坏事也实在太多了，明知道汉、南人决不心服，有机会就会反抗、报仇。这一切，蒙古贵族心里也明白，也害怕，脸上虽然摆出一副狠相，骨子里正在怕得发抖。怕什么呢？怕人民有组织，怕人民有团结，一句话害怕人民有力量。

为了镇压人民，掐住人民的脖子，元朝政府采了几种恶毒的办法，一种是驻兵，以嫡系的蒙古军驻防在河洛山东，据全国的军事要害，以汉军探马赤军②驻防在淮水长江之面，带着一部新附军。蒙古军驻防是带家眷的，按一定的时候换防。总计江南三行省建立了六十三处驻兵区。③ 在必要时，就用武力来消灭任何反抗者或者不服从的行动。一种是缴械，从元世祖至元十三年（公元 1276）征服了南宋的首都临安时起，就开始收缴民间的武器和马匹，定下极严厉的刑罚，强迫人民交出可以作杀伤用的武器，并且明令禁止汉人、南人、高丽人执弓矢兵仗。以后列朝都三翻四覆重申这办法。④这样，一方面是全副武装、威风凛凛、正规编制、千兵万马的征服军，一方面呢，是个别的穷困的被包围的被作践的被剥削的，而且是手无寸铁的人民。照理，蒙古贵族可以安心了，晚上可以睡得安稳了，但是，决不，他们还是在害怕，害怕人民在暗地里集会，产生组织，害怕人民的反抗思想，日渐传播，成为心腹的威胁。于是，另外一套又来了，叫作里甲，要点第一编民户二十家为一甲，每甲派一个蒙古人作甲主，甲主有充分的权力，随时侦察甲民的活动，除了写报告以外，有执行之权，他要衣服，得给；要饮食，得给；

① 徐霆：《黑鞑事略》；柯绍忞：《新元史·食货志·斡脱官钱》。

② 《元史·兵志》："蒙古军皆国人，探马赤军则诸部族也，既平中原，发民为卒，是为汉军。"

③ 《元文类》四十一，《经世大典序录·政典总序》。

④ 《元史》，卷一六八《陈天祥传》，《世祖纪》，《顺帝纪》。

要童男呢？送上；要少女呢？赶紧送上！一有不是，立刻有灭门之祸。① 第二是戒严，夜间禁止通行："一更三点钟声绝，禁人行，五更三点钟声动，听人行。"② 在这期间，老百姓被关在房子里，政府的军官军人和甲主是可以随便通行，半夜里也可以进民居访问以至调查的。第三禁止夜间点灯，在戒严时间绝对禁止，禁钟以前和解严以后，也只许小贩和儒生点灯。③ 第四禁止集会祠祷，祈赛神社，集场买卖，不管是宗教的迷信的以至商业性的集会，凡是群众性的，有多人集合在一起的，一概禁止。④ 第五禁止汉人田猎和学习武艺，禁止汉人学习蒙古、色目文字⑤，不会武艺就不能打仗了，不懂政府所用的文字，就无法和使用这种文字的人相接触。这三整套办法互相配合，构成了天罗地网，铜墙铁壁，没有一点漏洞，透不出一丝气，没有声音，连耳语也不敢，没有文字的抗议，连数说历史都是犯法的。出远门要有通行证，每一个地方都被孤立了，成为无量数的孤岛，没有消息，好的没有，坏的也没有。蒙古人的统治，把这个国度造成一个死海。

但是，虽然是死海，还不是有波浪？压迫得愈凶，反抗也愈厉害，严格地说，从南宋亡国的一天起，一直到红军大起义，这七十年中，汉南人的反抗就一直没有停止过。从可歌可泣的崖山之役，张世杰、陆秀夫壮烈殉国之后，起兵复国，几次失败，百折不回的文丞相（天祥）终于在至元十八年（公元1282）十二月被杀于燕京，成仁取义。这两件事发挥了民族正气，感动了也号召了全民族和后代子孙，使他们明白，只有"驱逐鞑虏，恢复中华"，才有好日子过，也才对得起先烈，对得起民族。文丞相死的第二年，建宁路总管黄华起义，用宋祥兴年号。至元二十三年，西川赵和尚自称宋福王子，在广州起事。后至元三年（公元1337）合州大足县民韩法师反，自称南朝赵王，都用恢复赵宋来号召。此外如至元二十年广州

① 徐大焯：《烬余录》。

② 《元典章》五十七，《禁夜》。

③ 《元史·刑法志·禁令》。

④ 《元史·刑法志·禁令》；《元典章》五十七，《禁聚众》。

⑤ 《元史》，《世祖纪》，《顺帝纪》。

的罗平国，二十年的漳、邕、宾、梧、韶、衡诸州（福建、广西、湖南、广东）的农民暴动，二十三年婺州（浙江金华）永康县民陈巽四之乱，二十五年广东浙江之乱，二十七年的江西之乱，成宗元贞二年（公元1296）的赣州之乱，以至至元三年（公元1337）广州的大金国之乱，至正八年（公元1348）辽东锁火奴自称大金子孙之乱，跌倒了，后面的接着上去，倒下一个两个，起来了百个千个，这一连串的反抗运动，起因虽不完全相同，目标却只有一个，推翻这个坏政府！至正十一年（公元1351）的红军大起义，正是这些反抗运动的延续和发展。

近因是蒙古皇室和政府的腐烂，像一所房子，长了白蚂蚁，把椽子栋梁都蛀蚀空了，一阵风便把整所房子刮倒，当然，白蚂蚁也压死很多。

白蚂蚁一开头就把帝国给蛀蚀空了，大元帝国是由几个汗国组织成功的。以蒙古大汗的宫廷作中心，蒙古大汗忽必烈（元世祖）作了中国皇帝之后，破坏了大汗继承的规矩，以后的大汗都由实力派拥立，宫廷里的暗杀，战场上的火拼，闹个无休无歇。成吉思汗位下的许多大王，分裂成几派，打了多少年仗，西北几个汗国都各自独立，脱离了母国，大元帝国分裂了，蒙古大汗兼中国皇帝的统治权开始动摇了。

这一窝的白蚂蚁王是忽必烈自己，他建立了这个窝，也蛀蚀了这个窝。他是一个贪得无厌的君主，为了积累更多的财富，发动了长期的广泛的海洋侵略，军费的负担无限扩大，增加国内财政困难，只好任命了一批作买卖的刮钱好手作大臣，专门搜括财富，剥削人民，造成了贪污刻薄而又无能的政治风气，闹成对外打仗失败，对内民穷财尽的局面。

军费之外，还有诸王的定期巨量赏赐，僧侣的宗教费用，宫廷的浪费，一年的收入还不够几个月的用度，没办法，只好加紧印钞票，元朝的钞票原来是很好的制度，发行有定额，可以随时兑现，和物价有一定比例，通行全帝国，信誉极好。到了政府财政无办法，支用完钞票的准备金，变成不兑现纸币，加上无限制发行，发的愈多，币值愈跌，相对的物价愈高，到了十四世纪中期，整车整船的运钞到前方，已经不济事了，一张钞还抵不上同样的废纸，不值一钱，国家财政和国民经济总崩溃了。

政治的情况也和经济一样，从元武宗以来，唱戏的，杀猪卖酒的，和尚道士，只要有门路，得到大汗欢心，就可作大官，有作到中书左丞、平章、参政的。国公，司徒，多到无法计算。贵族诸王随便杀人，随便荐人作官，地主豪民犯法该杀的，只要买通僧侣，就可以得到大汗特赦。后来索性卖官鬻爵，贿赂公行了。尤其蒙古、色目的官吏，根本不知道有廉耻这回事，问人讨钱，各有名目，例如下属来拜见有“拜见钱”，无事白要叫“撒花钱”，逢节“追节钱”，过生日要“生日钱”，管事要“常例钱”，送迎有“人情钱”，发传票拘票要“卖发钱”，打官司要“公事钱”，弄得钱多说是“得手”，除得州美说是“好地”，补得职近说是“好窠”①，甚至台宪官都可以用钱买，像拍卖似的钱多得缺。肃政廉访司官巡察州县，各带库子，检钞秤银，争多论少，简直在作买卖。大官吃小官，小官呢？当然吃百姓。民间有诗嘲官道：“解贼一金并一鼓，迎官两鼓一声锣；金鼓看来都一样，官人与贼不争多。”② 温州、台州一带的老百姓，给官府榨苦了，在村子边树起旗子，上面写着：“天高皇帝远，民少相公多，一日三遍打，不反待如何？”③

军队呢？自从平宋以后，太平了多年，忘记了怎样打仗。驻防在内地繁华的都市，日子久了，生活整个儿腐化，也不愿意打仗了。军官们大都是世袭的公子哥儿，懂吃懂喝懂玩，会发脾气，会克扣军粮，会奴役虐待士兵，更会劫掠百姓，就是不懂也不会打仗。蒙古初起时，那种纵横欧亚、叱咤风云的蒙古、色目健儿的子孙，到这时已经完全不是军人了，比老百姓更胆小，怕事。④

这个几十个家族奴役中国人民政权的架子，一靠官僚，二靠武

① 《草木子》四，《杂俎篇》。

② 《草木子·谈薮篇》。

③ 黄溥：《闲中今古录》。

④ 《草木子·克谨篇》。

力，官僚弄钱，武力吓人，如今，全不行了，千疮百孔，到处发霉发烂了。从顶到脚，都蛀蚀得空空，自然经不起红军雷霆万钧的一击。

红军爆发的导火线是蒙古政府对汉、南人加重压迫和歧视。

元顺帝从广西进京作皇帝，河南行省平章伯颜，率领部下蒙古汉军护送，因功作了丞相。伯颜仗着功劳大，擅权贪污。养着西番师婆叫畀畀，常问她来年好歹，又问身后事当如何，畀畀说当死于南人之手。伯颜因此深恨南人。至元三年（公元 1337）广州朱光卿反，称大金国，棒胡反于汝宁信阳州，伯颜假借题目，四月间下诏书禁汉人、南人不得执持军器，凡有马的都拘收入官。五月间又说汝宁棒胡、广东朱光卿等都是汉人，汉人有在政府作官的，应该研究诛捕造反汉人的方案，呈报上来。接着又要提出杀张、王、刘、李、赵五姓汉、南人，因为这五姓都是大族，人数最多，汉、南人杀了大半，自然不能造反了。五年四月又重申汉、南、高丽人执持军器的禁令。还规定一条法令，蒙古、色目人殴打汉人、南人，只许挨打，不许还手。伯颜贬死，他的兄弟马札儿台作丞相，又禁民间藏兵器。马札儿台辞位，子脱脱作丞相，红军起事，中书省官员把报告案件加标题“谋反事”，脱脱看了，改题作“河南汉人谋反事”，把河南全部汉人都看作叛徒了。① 伯颜、脱脱这一家人接连作首相，这一家族的看法也就代表皇室和贵族的看法，这一串作为使汉、南人不由得不恐慌，不着急，反抗也许还有生路，不反抗只有等死，有人一号召，自然是全国响应了。

点上导火线的是丞相脱脱。黄河在白茅口决口，有人建议堵口，脱脱派工部尚书成遵去勘察，成遵回来报告：河工太大开不得，而且南阳安丰盗贼成群，集合了几十万夫子，万一被人煽动，无法收拾。脱脱不听，另用贾鲁为工部尚书兼河防使，至正十一年（公元 1351）四月二十二日，发汴梁大名十三路民夫十五万，庐州等地戍军二万，从黄陵冈南到白茅口，西到阳青村，开河二百八十里，把黄河勒回旧道。韩山童得了这消息，便生出主意，叫人四处散布童

① 权衡：《庚申外史》。

谣说："石人一只眼，挑动黄河天下反。"暗地里凿了一个石人，面门上只有一只眼睛，偷偷把它埋在黄陵冈当路处。朝廷发的修河经费，被河官中饱了，修河夫吃不饱，正在怨恨。① 韩山童又分拨几百个党徒去做工，宣传天下要大乱了，弥勒佛已经降生了，十人传百，百人传千，河南江淮一带的老百姓全信了。韩山童和他的亲信刘福通、杜遵道计较，光是老百姓不够，还得念书作官的也一起干，至少也要做到让他们同情这运动。刘福通说有办法，鞑子不得人心，我们上一两代都是宋朝的百姓，只要提出复宋的旗号，读书人没有不赞成的。河夫开河开到黄陵冈，果然在当路挖出独眼的石人，几万夫子骇得目瞪口呆，一时人心骚动，三个一堆，五个一群，纷纷议论，大家心里明白，只等日子一到，便一齐动手。

刘福通聚集了三千人在白鹿庄，斩白马乌牛，祭告天地，宣称韩山童是宋徽宗八世孙，当为中国主。福通是宋朝大将刘光世的后人，该帮旧主起义，恢复天下。大家齐心推奉山童作"明王"，克定日子起兵。② 四处派人通知，同时发动。以头裹红布为符号。正在歃血立誓，分配任务，举杯庆祝，兴高采烈的时候，不料消息走露了，永年县县官带领马快兵役，冷不防团团围住白鹿庄，韩山童脱身不及，被擒去杀了。山童妻杨氏带着儿子林儿趁着慌乱，逃出重围，躲入武安山中（在永年县境内），隐姓埋名，等候外边的消息。刘福通见事已破露，等不到预定日子，整顿部队，出其不意，攻占了颍州、罗山、上蔡、正阳、霍山，分兵进攻舞阳、叶县等处。黄陵冈的河夫得了信号，呐喊一声，杀了监工的河官，头上包一块红布，漫山遍野一片红，和部队会合在一起，不上一个月，红军已是五六万人的大队伍了。两淮、江东西的穷苦百姓，等了多少年月，连夜起早赶来参加，真是"从乱如归"，声势一日比一日浩大。接着又占领了汝宁、光、息，人数增加到十几万。③ 各地方的红军闻风

① 《草木子·克谨篇》；《庚申外史》。

② 何乔远：《名山藏·天因记》。

③ 《明史·韩林儿传》；《庚申外史》；钱谦益：《国初群雄事略》，宋小明王；《鸿猷录》、《宋事始末》；陆深：《平胡录》。

响应，芝麻李、彭二、赵君用起丰、沛，徐寿辉起蕲、黄，布王三、孟海马起湘汉，半个中国照耀着红光①，各别攻城占地，开仓库，救穷人，严守着教规，不杀平民，不奸淫，不抢劫，越发得到人民的拥护。② 当时民间流传着一阕醉太平小令，也不知道是谁写的，从大都一直到江南，人人会念，词道："堂堂大元，奸佞专权，开河变钞祸根源，惹红巾万千。官法滥，刑法重，黎民怨，人吃人，钞买钞，何曾见，贼做官，官做贼，混贤愚，哀哉可怜。"③

朱元璋在寺里接连不断地得到外边的消息，前些日子红军占襄阳，元兵死了多少，某日又占南康，元军不战而逃。芝麻李八个人装作挑河夫，一晚上占了徐州。④ 说的人津津有味，听的人心花怒放。红军檄文指斥元朝罪状，最精彩的话是"贫极江南，富夸塞北"⑤。蒙古、色目人饱得要胀死，汉、南人却饿得要死。什么好东西，财帛粮食括空了运到北边，做活出力气的是一种人，笼着手在享用的又是一种人。真把几十年来多少人心里闷着的全给说出来了。又听说徐寿辉已在蕲水建了都，作皇帝，国号天完，年号治平，拜邹鲁胜作太师，一支军队已经进了江西。元兵到处打败仗，好容易调了六千绿睛回回阿速军帮着汉军来进攻颍州，阿速军以精悍著名，擅长骑射，只是纪律不好，将军呢，又光会喝酒玩女人，刚打住阵，看见红军声势大，主将就扬鞭连说"阿卜，阿卜"，阿卜是走的意思，一霎时全军退却，淮西人当作笑话，传来传去。⑥ 又调御史大夫也先帖木儿统三十万大军收复汝宁，才到城下，尚未交锋，便跃马后退，地方官急了，挽住马缰不放，也先帖木儿也急了，拔刀便斫，说："我的不是性命?"飞马先逃，三十万大军跟着溃散。⑦ 蒙古、色目、汉军都不能打，真正和红军作战的

---

① 陆深：《豫章漫钞》。

② 陶宗仪：《辍耕录》二十八；《国初群雄事略》。

③ 《辍耕录》二十三。

④ 《庚申外史》。

⑤ 《草木子·克谨篇》。

⑥ 《庚申外史》。

⑦ 《草木子·克谨篇》。

却是各地官吏地主募集的义兵和民兵。这些人有的怕红军不放过，有的要保全家产，为着自己的身家才肯拼命。到十二年二月初，又听说濠州也给红军占了，头目是郭子兴、孙德崖、张天祐几个人。

郭子兴是定远县有名的豪杰，原是曹州人，他父亲到定远卖卦相命，很积了一点钱。有一家大财主的闺女，长得体面，可惜是瞎子，嫁不出去。他父亲娶了，得了一份大财喜，生下三个儿子，子兴是老二。子兴一来家产丰厚，二来素性慷慨，平日交结宾客接纳壮士，焚香密会，盘算做一番大事业。红军起来以后，钟离定远的农民，抛去锄头，拿起兵器，一哄就团聚成几万人的一股，地方官平时只会贪赃枉法，到这时便毫无办法了，睁一只眼闭一只眼只装不知道，惹不起也犯不着多事。二月十七日，郭子兴带了几千人，趁黑夜先后偷入濠州，半夜里一声号炮，闯入州衙，杀了州官，在先有过杜遵道的号令，五个头目都称濠州节制元帅。① 元将彻里不花远远地隔濠州几十里扎住营，却怕红军厉害，不敢攻城，成天派兵到各村庄骚扰，把老百姓捉去，给包上红布，算是俘虏，向上官请赏。濠州红军见官军不来捣乱，乐得安闲，关起城门享福，两下里“互不侵犯”。只是苦透了一般老百姓，官军把他当红军，要捉要杀，红军呢，又怕是官军的奸细，要盘问防范，竟是左右做人难。又得供应粮秣夫子，红军要了，官军又要，闹得实在没有法子活下去，有钱有地的大户怕事，都投到官军这边，无钱无地的穷人，不消说，只有一条路，包一块红布，呼亲唤旧，投奔濠州，拼上这条命，再也不受官府大户的气了。②

朱元璋划算了划算，虽然他相信彭莹玉的话，鞑子一定得赶走，汉、南人一定得翻身，眼前就是穷人的好日子来了。可是，还得仔细计较，拣便宜省事对自己有好处的路走。摆在前面有三条路：投官军吧？犯不着。而且官军的纪律他知道得太多，去了是自投死路。再则，鞑子杀人放火，奸淫掳掠的一本血账，提起来谁都痛恨。外祖父说的崖山的故事，还记得清清楚楚，男子汉纵然不能作什么大

---

① 张来仪：《敕赐滁阳王庙碑》；俞本：《皇明纪事录》；《国初群雄事略》二，滁阳王。
② 明太祖：《御制纪梦》。

好事，也万万不可以丧心病狂到替敌人作走狗，来残杀自己的兄弟姊妹！投红军吧？听说濠州的四个元帅，一字并肩，没个头脑，谁也不服谁，谁也支使不了谁，闹得乱烘烘，不成体统。怕没有大出息，成不了事。留在寺里过安闲日子吧，迟早会给官军捉去拿赏号，死得更是不明不白。想了又想，三条路都走得，也都有难处。①

一天，有人从濠州捎给朱元璋一封信，是孩子时的伙伴写的，劝他到红军队伍里来。背地里读了，越发一肚子心事，在大殿上踱过来，踱过去，以口问心，以心问口，反复计较。猛然省悟，把信就长明灯烧了。还是下不定决断。过不了几天，同房的师兄偷偷地告诉他，前日那信有人知道了，要向官军告发，你还是赶快上濠州吧。元璋急得无法，只好到村子里找汤和，讨一个主意，汤和推敲了半天，说不出道理，劝向菩萨讨一个卦。元璋心里忐忑不定，慢慢走回寺里，还不到山门就嗅见一股烟焰的气味，再走进去只见东一堆瓦石，西一堆冒烟的木料，大殿只剩下半边，僧房斋堂全烧光了，只剩伽蓝殿隔着一片空地，还完整。满院子马粪，破衲衣，烂家具。僧众星散，不知去向，冷清清只剩下几尊搬不动烧不着的泥菩萨。原来官军以为僧寺里有弥勒佛，红军里有许多和尚，念弥勒佛号，怕在寺的和尚和红军有勾搭，把附近的寺都烧光了，皇觉寺自然不能例外。元璋呆了一阵，走到伽蓝神前，磕了头，拿起圣珓，默祝菩萨许出境避难，给阳珓；守破寺给一阴一阳。一掷两珓全阴，两掷三掷还是全阴。不许走又不许留，只有投红军了，再祝投红军给阴的，一掷果然是阴的。大吃了一惊，三次默祝，投红军心里实在怕，还是求菩萨指点，逃往他乡，另求生路。闭着眼把珓掷出，一看一个是阴珓，投红军：一个呢，不阴不阳，端正地竖在地面。菩萨也劝元璋造反了，还有什么可说的。② 后来他在皇陵碑里描写这时候的心情道：

> 住（皇觉寺）方三载，而又雄者跳梁，初起汝、颍，次及

① 明太祖：《御制纪梦》。

② 明太祖：《御制纪梦》；《皇朝本纪》；《天潢玉牒》。

凤阳之南厢，未几陷城，深高城隍，拒守不去，号令彰彰。友人寄书，云及趋降，既忧且惧，无可筹详，旁有觉者，将欲声扬，当此之际，逼迫而无已，诚与知者相商，乃告之曰，果束手以待罪，亦奋臂而相戕。知者为我画计，且默祷以阴相，如其言往卜，去守之何详？神乃阴阴乎有警，其气郁郁乎洋洋，卜逃卜守则不吉，将就凶而不妨。

第二天，他离开皇觉寺，投奔红军去了。

（原载《文艺复兴》第12期，1948年）

元末红军起义
——《朱元璋传》的一节

这是我最近重写的《朱元璋传》第一章的第三节。第一节小行童，讲朱元璋少年生活，父母死后因穷困到皇觉寺当小行童。第二节游方僧，讲朱元璋因灾荒到淮西一带游方乞食，这一带正是红军的组织者弥勒教徒彭莹玉和尚潜伏的地方，朱元璋周游了三年，接受了革命教育，回到皇觉寺。

我写《朱元璋传 》，这已经是第三次了。第一个本子叫《明太祖传》，出版于 1944 年 6 月。第二个本子叫《朱元璋传 》，1948 年 8 月写完，1949 年 4 月出版。第一个本子早已绝版，第二个本子内容有许多错误，有些地方甚至犯了严重的错误，例如：我轻率地根据不充分的史料，叙述坚强不屈的红军组织者彭莹玉和尚，以为他功成身退，赞叹不绝。1949 年回到北京以后，发现过去所没有注意的史料，原来彭莹玉是战斗到底，元顺帝至正十二年七月在杭州阵亡的。那样的叙述，只是我当时自己的超阶级思想的具体表现。第二是我当时不十分了解关于国家的学说，以为只是军队和官僚机构是皇权的两个轮子，把法庭监狱特务写在两个轮子之外。第三是由于对当时反动统治蒋匪帮的痛恨，以朱元璋影射蒋匪，虽然一方面不得不肯定了历史上朱元璋的地位，另一方面又指桑骂槐，给历史上的朱元璋以不确当的描写，不正确的评价。这些错误，经指出以后，这本书已经出版了。五年以来时时刻刻想重新写这本书，改正错误，这个愿望一直到最近才下定决心实现。办法是挤时间，什么时候有一点时间，就动笔写，从 4 月 20 日到 5 月 30 日四十天中，以断断续续的时间，写完了第一章。这一节差不多是全部改写的，费的力气最大。

学到老，改到老。历史传记这一工作的尝试，已经学了十年，改了十年。今后还要继续学，继续改。还希望能写一些别的传记。写了为求得批评的机会，改正自己所没有觉察的错误，抽出这一节标题为《元末红军起义》，先分送朋友们请教，得到许多口头的和书面的宝贵意见，进行了修改。现在先把这一节发表，期待读者的指正。

元顺帝至正十一年（公元1351年）五月，江淮流域各地区的贫苦农民——元朝统治阶级所特别歧视的南人，短衣草履，头包红巾，擎着红旗，扛着竹竿锄头，长枪板斧，杀官府，占城邑，开仓散粮，自立名号，敲响了元帝国的丧钟，这就是历史上有名的红军起义。

红军的队伍，到处都是。拣重要的著名的说吧：东系在颍州发动的，头目是杜遵道、刘福通，奉韩山童的号令，占领了元朝的米仓朱皋（镇名，属光州固始县），开仓散米，一下子就发展到十几万人，攻下汝宁（今河南汝南）、光州、息州、信阳；芝麻李的队伍，控制了徐州（今江苏铜山）附近部分、沛、灵璧，南边到安丰（今安徽寿县）、濠、泗（今安徽临淮）。西系起于蕲（今湖北蕲春）、黄（今湖北黄冈），由彭莹玉和尚组织，推徐真逸（寿辉）作头目，攻下德安（今湖北安陆）、沔阳（今湖北沔阳）、安陆（今湖北钟祥）、武昌（今湖北武昌）、江陵（今湖北江陵）、江西（今江西九江南昌一带）诸郡；起于湘水汉水流域的，推布王三、孟海马为头目，布王三的队伍叫北琐红军，占领了唐（今河南唐河）、邓（今河南邓县）、南阳（今河南南阳）、嵩（今河南嵩县）、汝、河南府（今河南洛阳）；孟海马带领南琐红军，占领了均（今湖北均县）、房（湖北房县）、襄阳（今湖北襄阳）、荆门（今湖北荆门）、归峡（今湖北秭归）；这几支红军都响应韩山童的号召，前后不过几个月功夫，东边从淮水流域，西边到汉水流域，都插满了红旗，像腰斩似的把大元帝国拦腰切作两段。①

① 权衡：《庚申外史》上。

大元帝国的崩溃，是由于蒙汉官僚地主对广大农民残酷的剥削和无情的压迫，农民忍无可忍，被迫进行长期的壮烈的阶级斗争；是由于蒙古、色目贵族对汉、南人的残酷粗暴的民族压迫、掠夺和残害，广大人民挺身而起，进行长期的英勇的民族斗争；是由于蒙古统治阶级的腐化和阶级内部矛盾的尖锐化，分裂，对立，自相残杀，掘下自己的坟墓。阶级斗争和民族斗争交互错综，阶级斗争运用民族斗争的形式，民族斗争又反过来加强和推动了阶级斗争的力量，终于推翻了异族统治，取得了胜利。

蒙古灭金以后，圈占广大土地作为牧场，有的竟至千顷以至十万余顷。① 灭宋以后，没收了宋的官田和一部分贵族田地。诸王、后妃、公主和大官将帅，以及汉、南人降附的文官武将，僧侣寺观，都以侵占或赏赐的方式占有大量土地，把原来耕种土地的农民抑为佃户。如诸王中晋王也孙帖木儿单是归还朝廷的地就有七千顷。②西安王阿剌忒纳失里有平江（今江苏吴县）赐田三百顷。③ 郯王彻彻秃有苏州赐田二百顷。④ 没收宋代后妃的田归太后，专设江淮财赋都总管府掌管。另一大批没收的田土归皇后的，专设江浙财赋府掌管。⑤ 文宗时（公元 1329—1332）鲁国大长公主有平江等处赐田五千顷。⑥ 顺帝时公主奴伦引者思有地五千顷。⑦ 大臣如伯颜有河南赐田五千顷⑧和苏州宝坻县稻田提举司所辖田土⑨，脱脱有松江等处稻田提领所辖田土。⑩ 金和宋的降臣不但保有原来的田土，而且还乘机兼并，有的一年收租数量竟达到二三十万石，占有佃户二三千户。⑪

---

① 《元史》卷一三四《和尚传》，卷一三五《塔里赤传》，卷一五四《郑制宜传》。

② 《元史》卷二十七，《英宗本纪》。

③ 《元史》卷三十二，《文宗本纪》。

④ 《元史》卷三十九，《顺帝本纪》。

⑤ 赵翼：《廿十二史劄记》卷三十，《元代以江南田赐臣下》。

⑥ 《元史》卷三十四，《文宗本纪》。

⑦ 《元史》卷三十八，《顺帝本纪》。

⑧ 《元史》卷一百三十八《伯颜传》，卷三十九《顺帝本纪》。

⑨ 《元史》卷三十八，《顺帝本纪》。

⑩ 《元史》卷四十一，《顺帝本纪》。

⑪ 《元典章新集·户部差发》；《元史》卷一百二十六《廉希宪传》，卷一百四十六《耶律楚材传》。

寺观往往占田几百顷几千顷，最多的如大承天护圣寺前后两次共赐田三十二万五千顷①，大护国仁王寺有水陆田地十万多顷，佃户三万七千五十九户②，白云宗和尚沈明仁强夺民田二万顷。③江南寺院佃户多到五十万有余。④

诸王、后妃、公主、大臣还有食邑，从几千户到几万户，一县十几县以至一路到三路。最多的如孛儿帖可敦有真定食邑八万户⑤，元成宗以安西平江吉州三路为皇太子的食邑。⑥食邑的地方官由领主推荐，农民除了向领主缴纳五户丝和钞以外，还要向元朝政府缴纳赋税。⑦

土地大量集中在少数蒙汉贵族官僚手里，广大农民和中小地主失去土地，或者被迫成为佃户，或者被迫逃亡他乡。江南的佃户按规矩和田主对半或者四六分收成，赶上青黄不接，水旱灾伤，向田主借贷口粮，立下契约，添答数目，有的以利作本，候收割时验数归还。才到秋成，所收子粒，除交给田主一分以外，有的佃户合得一分尽数还债，还不够本利，被迫抵当人口，准折物件，连锄头镰刀也给折走了。活不下去，只好逃走。佃户逃移的越多，田地荒废的也多，生产的粮食也就越少。⑧另一等佃户缴纳高额地租，还要承当地主家的杂泛差役，买不起农具肥料，地里收成少了，就被田主夺佃，失去活路。即便人力多，侍候得地肥了，收成一多，田主就要加租，交不起，还是种不成地。有些地方的佃户生男供田主奴役，生女作田主婢妾，甚至计口立契，随田地买卖，和买卖牲口一般。⑨北方的农民比南方的剥削更重，赋税更多，种的桑枣禾稼经常被蒙古

---

① 《元史》卷四十一《顺帝本纪》："至正七年十一月拔山东地土十六万二千余顷属大承天义寺"。赵翼：《陔余丛考》卷十八，《元时崇奉释教之滥》。

② 程钜夫：《雪楼文集》卷九，《大护国仁王寺恒产之碑》。

③ 《元史》卷二十六，《仁宗本纪》。

④ 《通制条格》卷三，《寺院佃户》。

⑤ 《元史》卷二，《太宗本纪》；屠寄：《蒙兀儿史记》卷五十六，《阿里不哥传》。

⑥ 《元史》卷二十二，《成宗本纪》。

⑦ 吴晗：《元代之社会》，载，清华大学《社会科学》一卷三期。

⑧ 《元典章》卷十九，《户部五种佃》。

⑨ 《元典章》卷三，《圣政记》二，《减私租》；卷五七《刑部》十九，《禁典》；卷四十二《刑部》四。

驻军和官僚地主的牧马作践，有的索性被占作牧场。靠近大都（今北京）的畿内一带地方为了长马草，时常禁止农民秋耕。① 农民养的马匹耕牛一碰上有战事，就被官方括走，有时给低价，有时不给一个钱。② 淮河以北一带以至河南河北的农民，千百成群地逃向南方，元世祖至元二十年（公元1283年）一次逃移的农民就有十五万户。③ 二十三年以汉民就食江南者多，特派使臣尽徙北还。又专派官在黄河、淮河、长江的关卡津渡检查，凡汉民没有通行公文的，一律不许通过。又立下法令，逃民必须押解还乡，并禁止聚集到千人，犯禁罚杖一百。④ 顺帝元统元年（公元1333年）京畿大水，饥民四十多万人。第二年江浙大饥，饥民五十九万多户。⑤ 剥削越重，百姓日子过得越苦，地主兼并土地的速度越快，农民逃亡的越多，田地抛荒的数目越大，粮食生产越少，闹灾荒的次数面积越多越大，阶级矛盾越尖锐，达到不可调和的地步，爆发了一系列一次接着一次的农民革命。

为了缓和阶级矛盾，元朝政府也曾经使用减轻赋税、赈济、设常平仓、立勤农官等等办法，但是免赋只免到田主，佃户照样交租。⑥ 赈济佃户轮不到，甚至像至正四年（公元1344年）河南北大饥，第二年大疫，十成人死了五成那样大灾荒，朝廷说要赈济灾民，卖官爵得了一批钞和粮食，后来又听说还有几成收成，就作罢论，把赈款吞没了事。⑦ 常平仓有仓无米⑧，即便有米也落入大官、地主手里，分不到农民。⑨ 勤农官除了多出一个剥削掠夺的官僚以外，

---

① 《元史》，世祖、武宗、仁宗《本纪》。

② 《元史·世祖本纪》；《大元马政记》。

③ 《元史》卷一百七十三，《崔彧传》。

④ 《元史》卷十四《世祖本纪》，卷一〇三《忙或台传》；《元典章》卷六，《台纲》二，《体察》。

⑤ 《元史》卷三十八，《顺帝本纪》。

⑥ 《元史》卷十八，《成宗本纪》。

⑦ 余阙：《青阳集》卷八，《书合鲁易之作颍川老翁歌后》；《元史》卷四十一，《顺帝本纪》。

⑧ 《元史》卷二〇五，《卢世荣传》；《元文类》卷四十，《经世大典序录》。

⑨ 《元史》卷九十六，《食货志》。

没有别的意义。

和阶级压迫交织错综的是蒙古、色目人对汉、南人的民族压迫。

蒙古贵族为了便于巩固军事统治，永远剥削和奴役以汉人为主体的劳苦人民，制造种族间的矛盾、猜忌、分裂，把社会割分为四个阶层：蒙古人最贵，色目人第二，汉人第三，南人最下。蒙古征服者在未侵入中国之前，已经征服了西域诸国，统称西域各地降人作色目人，作为统治的辅助力量，被利用来压迫较后被征服的汉人。汉人指的是金统治下的人民和高丽、契丹、女真等民族；南人指的是最后被征服宋统治下的以汉人为主体的各族人民。为了分化汉族的团结，蒙古统治者稍微给北方汉族地主一些政治上的小好处，使南人怨恨汉人。在四等人中间，划分权利义务，极不平等，对汉、南人的防制，最为严刻，并贱称汉人为汉子，南人为蛮子。

蒙古统治者在灭金灭宋的战争中，除攻城略地，大量屠杀以外，更掠夺人口，作为奴婢，叫作驱口，所生子孙，永为奴婢。[①]蒙古、色目、汉人官吏也多强占民户为奴隶。[②]上都（今内蒙古自治区多伦县）、大都设马市、牛市、羊市、人市，人畜同样买卖。江南贩卖人口更盛，主人怕驱口奴隶逃走，或使饮哑药，或用火烙足，驱役同禽兽。奴和驱在法律上待遇同等，实际区别是在军前俘获称奴，掠卖人口称驱；奴不得自立门户，驱得自立门户但不得自由迁徙。驱丁对国家每年纳丁税粟一石，对主人负耕田供役纳贡赋，代主人服兵役的义务。[③]如大将阿里海牙破湖南，没收降民三千八百户为家奴。[④]十四世纪初年，江南官僚地主强占民户作奴隶动辄百千家，有多到万家的。[⑤]蒙古戍兵和居民生活穷困的。也被迫卖妻鬻子为奴婢。[⑥]元代

① 陶宗仪：《辍耕录》卷十七，《奴婢》。

② 《廿二史劄记》卷三十，《元初诸将多掠人为私户》。

③ 《元史》卷一六二《李忽兰吉传》，卷十《世祖本纪》，卷十九《成宗本纪》；《元典章》卷三十四《兵部》，《军役》。

④ 《元史》卷一六三，《张雄飞传》。

⑤ 《元史》卷二十三，《武宗本纪》。

⑥ 《元史》卷一三四《和尚传》，卷二十六《拜住传》，《仁宗本纪》；《元典章》卷五十七，《刑法》一九《禁典卖蒙古子女》。

官私奴隶在人口总数目中占了很大比例。①

在政治地位上，元朝政府各个机构的长官，都是蒙古人做，一般汉人是不能做的。次要的官也大半是蒙古人和色目人。顺帝至元三年四月又再次规定，省院台部宣慰司廉访司及部府幕官之长，并用蒙古、色目人。② 直到元朝末年，南人始终被排挤在政治圈外。③ 兵权更不让汉人掌管，汉人虽也有作军政官的，但不能与闻军政，参与机密，阅兵籍，知兵数。④ 行省长官一般是蒙古人，其次是色目世臣，缺官才轮到色目和汉人。⑤ 地方官以汉人作总管，色目人作同知，总揽实权的是蒙古的监督“达鲁花赤”⑥。宫廷的卫队只用蒙古人、色目人，不许汉人、南人投充。⑦ 蒙古贵族子弟从宫廷卫队出身作官，升迁很快。汉、南人则只能从科举或学校出身。科举蒙古、色目人作一榜，汉人、南人作一榜；蒙古、色目人考二场，汉、南人须考三场；考试题目汉人比蒙古、色目人的难，授官则相反，蒙古、色目人比汉、南人高。⑧ 学校的学生名额，也是以种族作标准的：国子监生蒙古五十人，色目二十人，汉人三十人。考试蒙古生从宽，色目生稍加严，汉人则全科场之制。授官蒙古生六品，色目生正七品，汉人从七品。⑨

文武官荫叙和升迁，也规定蒙古、色目人特优一级，蒙古高于色目，色目又高于汉人和南人。⑩ 官吏的惩罚，法令规定色目人和汉人不勤于职的，处死刑还要抄家，蒙古人例外。⑪

除了政治地位不平等之外，元朝政府还特别制订了压迫汉族的法律，来保障和巩固自己的统治权。顺帝元统二年（公元 1334 年）

---

① 有高岩：《元代奴隶考》。

② 《元史》卷八十五《百官志序》，卷二十五《仁宗本纪》，卷三十九《顺帝本纪》，卷一百八十六《成连传》，卷一百四十六《太平传》。

③ 《元史》卷一百九十二，《王艮传》。

④ 《元史》卷一百八十四《王克敬传》，卷九十八《兵志》。

⑤ 《元史》卷十九《成宗本纪》，卷三十二《泰定帝纪》。

⑥ 《元史》卷六《世祖本纪》。

⑦ 《元史》卷一〇二，《刑法志·卫禁》。

⑧ 《元史》卷八十一，《选举志·科举》。

⑨ 《元史》卷八十一，《学校》。

⑩ 《元史》，《成宗本纪》，卷八十二《选举志》。

⑪ 《元史》卷十，《世祖本纪》。

下令蒙古贵族和色目人犯奸盗诈伪，由专管蒙古贵族的机关“大宗正府”处理，汉、南人犯法的归普通法庭处判。蒙古人居官犯法定罪行杖，必须由蒙古人判刑和监杖。[①] 蒙古贵族和色目人不但受特殊法庭的保护，而且遇有重大刑事案件，最后裁决权属于蒙古大臣[②]，更加了一层保障。蒙古人打死汉人，只判处当兵出征和罚交烧埋银。[③] 蒙古人员殴打汉儿人，不得还手，只能指定证人到官府起诉。反过来，如汉人打死或打了蒙古人，就要严行断罪[④]，并禁止汉人聚众与蒙古人互殴。[⑤] 窝盗例须刺字，蒙古、色目人免刺。[⑥]

对汉、南人用军事力量控制秩序，镇压起义，办法是解除汉、南人的武装，分兵驻防各地，建立社甲制度。元世祖至元十三年（公元1276年）元军入临安（今浙江杭州市）后，就下令没收兵器，南人在军中的尺铁寸杖不得在手。[⑦] 民户有铁尺手挝和杖之藏刃的都一律交官。[⑧] 有马的拘入官。[⑨] 私藏甲杖的处死。[⑩] 把民间兵器最坏的销毁，稍好的给色目人，最好的收归武库，留作蒙古人用。汉人出征所用兵器，回来后就要交官。完全解除汉、南人在军中的非战时武装。[⑪] 甚至汉人将领非经特许也不许执持武器。[⑫] 各路府州县为了捕盗的需要，所用弓矢也严格限制为各路十副，府七副，县五副。[⑬] 不许汉人打猎。[⑭] 不许汉人学习武艺。[⑮] 不许汉人

---

① 《元史》卷三十八《顺帝本纪》，卷一〇二《刑法志·职制》。

② 《元史》卷二〇五，《铁木迭儿传》。

③ 《元史》卷一〇五，《刑法志·杀伤》。

④ 《元典章》卷四十四，《刑部》六。

⑤ 《元史》卷七，《世祖本纪》。

⑥ 《元史》卷三十八，《顺帝本纪》。

⑦ 《元史》卷一百六十八，《陈天祥传》。

⑧ 《元史》卷十四，《世祖本纪》。

⑨ 《元史》卷三十九，《顺帝本纪》。

⑩ 《元史》卷一〇五，《刑法志·禁令》。

⑪ 《元史》卷十《世祖本纪》，卷二十四《仁宗本纪》，卷二十九《泰定帝纪》，卷三十二《文宗本纪》。

⑫ 《元史》卷十五《世祖本纪》，卷四十三《顺帝本纪》。

⑬ 《元史》卷十四，《世祖本纪》。

⑭ 《元史》卷十六，《世祖本纪》。

⑮ 《元史》卷二十七，《英宗本纪》。

集众祠祷①，祈赛神社，集场买卖。② 甚至学习蒙古、色目文字，也不许可。③

镇戍军以蒙古军和探马赤军（诸部族军）为主力，分屯河洛山东，以探马赤军汉军和新附军（宋的降兵）镇戍淮水以南到南海，都以宗王为大将。蒙古军就营地住家，其他军队按时换防，都有一定制度。江南三行省凡设戍兵六十三处，镇戍地区几十年不改。④ 元朝政府用蒙古军和诸部族军镇压淮水以北金地的汉人，用诸部族军汉军辅以宋的降兵镇压淮水长江以南宋地的南人，利用种族的矛盾来贯彻军事控制，运用军事力量来维持统治威权，加强阶级和民族压迫。民族的猜忌越大，仇恨也越深。

和镇戍相结合的社甲制度，是蒙古统治机构的基层组织。元世祖至元七年下令诸县所属村疃，凡五十家立为一社，择年高晓农事的一人为社长，增至百家的别设长一员，不及五十家的与近村合一社。⑤ 社原来是贫苦农民为了反抗封建压迫，自愿结合的组织形式。历代统治者因为它反抗封建压迫，曾屡次加以禁断，在禁断无效的时候，又利用原来基础，把它纳入政府系统，成为官办的社，通过这一组织形式，督促农民努力生产，来增加税收。元朝政府继承了这一制度，目的是为了加强统治和搜括，但同时也赋予了农民为了反抗阶级压迫的各种秘密组织以合法的形式，农民普遍组织起来了，就有了强大的反抗力量了。三年后为了便于监视汉民，又令探马赤军随处入社与编民等。蒙古、色目人虽然有随便居住各地的权利⑥，蒙古军却不与汉儿人户一处相合作社。⑦ 蒙古军虽不入社，却作甲主，灭宋后编二十家为甲，以蒙古人为甲主，对编户有绝对的威权，

---

① 《元史》卷一〇五，《刑法志·禁令》。

② 《元典章》卷五十七，《禁聚众》。

③ 《元史》卷三十九，《顺帝本纪》。

④ 《元史》卷九十九，《兵志·镇戍》；《元文类》卷四十一，《经世大典序录·政典总序》。

⑤ 《元典章》卷二十三，《户部》九，《劝农入社事理》。

⑥ 《廿二史劄记》卷三十，《色目人随便居住》。

⑦ 《元典章》卷二十三，《户部》九，《蒙古军人立社》。

“衣服饮食惟所欲，童男少女惟所命”。城乡到处编甲，糟蹋掠夺平民妻女，谁也不敢说话。① 夜间禁止通行。以钟声为号，一更三点钟声绝，禁人行，五更三点钟声动，听人行。违者笞二十七。江南地区，每夜禁钟以前，晓钟之后，才许市井点灯买卖，人家点灯读书工作。② 元朝统治阶级透过了社长甲主，向农民施行凶残的掠夺，在各种名目的苛捐杂徭下，逐年加重人民负担，到元朝中叶以后，每年田税赋役所征调的数量比元初时增多到二十倍以上③，因而使全国农业生产下降，广大农民陷入破产的深渊。

从官书记载户口的数字来看，宋的户口嘉定十六年（公元1223年）户数一千二百六十七万，口数二千八百三十二万。金的户口泰和七年（公元1207年）户数七百六十八万四千，口数四千五百八十一万，两国合计有户约二千万，口约七千四百万。到元世祖至元十八年（公元1281年）全国合计户数一千三百二十万，口数五千八百八十三万，可以看出长期战争破坏的结果，户数减损了约七百万，口数减损了约一千五百万。到元文宗至顺元年（公元1330年），全国户数还是一千三百四十万，和至元十八年的数字差不多。经过了五十年，户数仍然停留在原来的基础上，说明了这五十年间户口损耗情况，也说明了阶级和民族压迫的悲惨结果。

蒙古统治阶级内部矛盾和腐化，为大元帝国自己掘下了坟墓。

大元帝国是由成吉思合罕子孙所分封的几个汗国组织成的，以蒙古合罕的宫廷作中心。自从忽必烈合罕（元世祖）破坏了蒙古合罕由召开大会选举产生的习俗，采用汉人封建制度立嫡长子为皇太子以后，地位继承的争夺造成统治阶级上层矛盾的深化，政变内乱，接连不断，削弱了帝国的统治力量。

事实上，帝国的分裂是元世祖即位以前的事。蒙古习俗游牧生活，没有一定住处，没有城郭可以守护，终年随牧草转徙，如果没有强有力善于指挥作战的军事领袖，突然遭遇强敌袭击，就会崩溃

---

① 徐大焯：《烬余录》。

② 《元史》卷一〇五，《刑法志·禁令》

③ 《元史》卷二〇五，《铁木迭儿传》；柯绍忞：《新元史》卷六十八，《食货志序》。

不可收拾。多少世代以来，在蒙古的部族社会组织里，部族酋长的选举与罢免，对其他部族的斗争，应付严重的天灾和迁徙等大事，都由部族成员的全体大会——库利尔台来解决，部族酋长只有提议的资格。酋长——合罕有提名继承人之权，但大会也可以另选他人，因之，各部族中军力最强大的军事领袖，对选举的决定权也最大。遇有意见不一致，坚持的双方军事力量又不相上下的时候，就不可避免地各自承认一个合罕，造成分裂以至用武力解决，陷于长期内战的境地。从成吉思合罕以来，历次合罕的选举都由几个强大的军事集团所操纵。长期内战的结果，蒙古大帝国瓦解了。忽必烈合罕和他的子孙所直接统治的只是中国这一部分土地。①

元世祖以后的帝位继承，又成为拥有军事实力贵族的争夺战，统治阶级内部矛盾发展到自相残杀，军人贵族利用武力争夺政治权力，宫廷政变不到四五年就爆发一次，从公元1328年到1333年五年间换了六个皇帝，矛盾更加深化强化，残杀更厉害，政局变化更快，统治阶级的基础也就进一步更加削弱了。②

一面是统治阶级内部的争权夺利，自相残杀，一面是统治阶级的荒淫无耻，堕落腐化。

元世祖从平宋以后，为了积累更多的财富，发动了长期的海外侵略，至元十九年发兵十万征日本，遭飓风大败而回。又三次兴兵打安南（公元1284年至1294年），两次打缅国（公元1282年至1287年），打占城（公元1282年至1284年），打爪哇（公元1292年），越打败仗，越不服气。军费的负担天天扩大，财政困难，只好任命一批刮钱能手的商人作大臣，专门搜括财富，增加赋税，卖官鬻爵，剥削人民，造成了贪污腐化的政治风气。③

军费之外，还有对诸王贵族的定期巨额赏赐，额外赏赐，朝会

---

① 《廿二史劄记》卷二十九，《元代叛王》；《元史纪事本末》卷二，《北边诸王之乱》；箭内互：《蒙古库利尔台之研究》。

② 《廿二史劄记》卷二十九，《元诸帝多由大臣拥立》；《元史纪事本末》卷十九至二十二。

③ 《元史》卷二〇五，《奸臣传》；《元史纪事本末》卷七，《阿合马桑哥之奸》；《廿二史劄记》卷三十，《元世祖嗜利黩武》。

赏赐，大会后的赏赐，岁赐如斡真那颜位银一百锭（锭五十两），绢五千九十八匹，绵五千九十八斤，缎三百匹，诸物折中统钞一百二十锭，羊皮五百张，金一十六锭四十五两。特赐如中统四年（公元1263年）赐公主古巴银五万两。朝会赏赐如元贞二年（公元1296年）定太祖位下金千两银七万五千两，世祖位下金各五百两，银二万五千两等。成吉思合罕的子孙遍布欧亚两洲，元朝历年这笔开支是无法计算的。库利尔台大会后为了报答诸王贵族的支持，赏赐数目更是惊人，如至大四年（公元1311年）仁宗即位后的赐与总数是金三万九千五百五十两，银一百八十四万九千五十两，钞二十万三千二百七十九锭，币帛四十七万二千四百八十八匹。这一年的额外赏赐是钞三百余万锭。往往开一次大会，把上都大都的库藏全给光了还不够数。① 这种种不同名目的赏赐，实质上都是为了争夺取诸王贵族的支持所付出的贿赂，汉、南人被奴役所付出的奴隶赎金。此外还有供养僧侣的大量费用，因为要利用佛教麻醉人民和怀柔西域，元朝历代都崇奉佛教，历帝在即位前都先受佛戒，尊番僧为帝师国师，穷极供奉，内廷作佛事，一年多至五百余次。各寺作佛事，有的每天用羊万头。② 据至大三年（公元1310年）的统计，国家经费用在寺院的竟占三分之二。③ 至大四年的岁出入情形，岁出钞约二千万锭，岁入常赋却只有四百万锭，内中上缴京师的只有二百八十万锭，这年十一月国库的存款只有十一万锭。④ 用预卖盐引，加税加赋，甚至动支钞本一切办法，至顺二年（公元1331年）的岁出入，还亏空钞二百四十万锭。⑤ 元朝的钞法原来有很好的制度，发行有定额，可以随时兑现，和物价有一定的比例，通行全帝国，

---

① 《新元史》卷七十八，《食货志》，《赐买》下；《元史》卷二十四，《仁宗本纪》。

② 《辍耕录》二："累朝皇帝先受佛戒九次，方受大宝，而近世陪位者九人或七人，译语谓之煖答世，此国俗然也"。《元史》卷三十四《文宗本纪》："至顺元年二月丁酉帝及皇后燕王阿剌忒纳答剌并受佛戒，己亥命明宗皇子受佛戒"。"至顺三年十月甲子皇弟燕帖古思受戒于西僧加儿麻哇剌"。《陔余丛考》卷十九，《元时崇奉释教之滥》。

③ 张养浩：《归田类稿》卷二，《时政书》。

④ 《元史》卷二十四，《仁宗本纪》；《新元史》卷六十八，《食货志序》。

⑤ 《元史》卷一百八十四，《陈思谦传》。

信誉极好。到了财政无办法，支用完钞本，变成不兑现纸币，加上无限制发行，发的愈多，币值越跌，相对的物价愈高。到了十四世纪中期，整车整船运钞到前线，一张钞还不值一文钱。货币失去效用，民间只好进行物物交换，国家财政和国民经济总崩溃了。①

表现在政治方面的情况，从元武宗以来，用人不问才力，只要得到皇家欢心，都可做大官，有作到中书左丞、平章、参政的、国公、司徒、丞相满朝都是。诸王贵族随便杀人，随便荐人作官。地主豪民犯法该杀的，只要买通帝师国师，就可以得到皇帝特赦。后来索性卖官鬻爵，贿赂公行了。② 尤其蒙古、色目的官吏，根本不知道有廉耻这回事，问人讨钱，各有名目，例如下属来拜见有"拜见钱"，无事白要叫"撒花钱"，逢节要"节钱"，过生日要"生日钱"，管事要"常例钱"，送迎有"人情钱"，发传票拘票要"卖发钱"，打官司要"公事钱"。弄得钱多说是"得手"，除得州美说是"好地分"，补得职近说是"好窠窟"。甚至监察官都可以用钱买，钱多的得缺。肃政廉访司官巡察州县，各带库子，检钞秤银，争多论少，和作买卖一般。③ 大官吃小官，小官吃百姓。民间有诗嘲官道："解贼一金并一鼓，迎官两鼓一声锣，金鼓看来都一样，官人与贼不争多。"④ 地方官对百姓剥削得太厉害了，元朝政府怕出乱子，有时候也派大员也来宣抚，企图缓和一下。宣抚刚出京时，四方震动，到了地方以后，也和地方官一样，什么事也做不出来。百姓给他们编了几句口号："奉使宣抚，问民疾苦，来若雷霆，去若败鼓。"⑤ 温州、台州一带的老百姓，给官府剥削苦了，在村子边树起旗子，上面写着："天高皇帝远，民少相公多，一日三遍打，不反待如何!"⑥

军队从平宋之后，驻防在内地繁华都市，日子久了，生活腐化，

---

① 吴晗：《元史食货志钞法补》，载《中国社会经济史集刊》。

② 《归田类稿》卷二，《时政书》。

③ 叶子奇：《草木子》卷四，《杂俎篇》。

④ 《草本子·谈薮篇》。

⑤ 《明太祖实录》卷六十。

⑥ 黄溥：《闲中今古录》。

忘记了怎样打仗，也不愿意打仗了。军官们大都是世袭的贵族子弟，懂吃，懂喝，懂玩，会发脾气，会克扣军粮，会奴役虐待兵士，更会抢劫百姓，就是不会打仗。蒙古初起时，叱咤风云勇敢慓悍健儿的子孙，到这时已经完全变了质了，失去战斗力量了。至正元年山东“强盗”纵横至三百余处，七年蔓延到济宁、滕、邳、徐州等处。近年临清、广平、泺河也到处“盗”起。河南从至正七年“盗贼”出入不常，八年福建、海宁州沭阳等处“盗”起。甚至连每年运粮五百万石到大都的运河的航运安全也不能确保了，至正六年三月骑“盗”四十人，劫船三百艘，元军不敢捕。至正七年十一月海“盗”剽掠沿江江阴、通、泰、镇江、真州一带，海“盗”才三十六人，元军数万不能进讨，反为所败。通州在京城东面，至正七年“盗贼”蜂起。京畿从至元三年到至正六年都有“盗贼”四起。甚至军事重心的京城，至正二年也闹到“强贼”四起了。① 蒙古统治阶级压迫汉、南人的工具腐朽了，再也经不起红军雷霆万钧的打击。

阶级的压迫，民族的压迫。重重叠叠压在汉、南人身上，压迫愈厉害，仇恨愈深，汉、南人的反抗力量也就越大。汉、南人各族人民都反对外来的压迫，都要用反抗的手段解除这种压迫。阶级斗争和民族斗争结合一起，前仆后继，从南宋亡国，一直到红军大起义，这七十年中汉人特别是南人的反抗，一直没有停止过。从可歌可泣的崖山之役，张世杰、陆秀夫壮烈殉国以后，起兵复国，几次失败，百折不回的文天祥丞相终于在至元十九年十二月被杀于燕京，成仁取义，发挥了民族正气，感动号召了全民族和后代子孙，使他们明白，只有“驱逐鞑虏，恢复中华”，才能翻身。文天祥死的第二年，建宁路总管黄华起义，用宋祥兴为年号。至元二十三年西川赵和尚起事自称宋福王子。后至元三年（公元1337年）合州大足县民韩法师起义，自称南朝赵王，都用恢复赵宋作号召。此外如至元二十年广州的罗平国，二十年漳、邕、宾、梧、韶、衡诸州（福建、广西、广东、湖南）的农民暴动，二十三年婺州（今浙江金华）永

① 《草木子·克谨篇》；《元史·顺帝本纪》。

康县民陈巽四的起义，二十五年广东浙江，二十七年江西，成宗元贞二年赣州的一系列暴动，以至至元三年（公元1337年）广州的大金国起义，都是南人英勇斗争的史实。至正八年（公元1348年）汉人也起事了，辽东锁火奴和辽阳兀颜拔鲁欢都自称大金子孙，反抗元朝。同时，各地区各族人民也先后起义，起了削弱元朝军力，瓦解元朝统治阶级政权的巨大作用：从至顺四年到至正十四年（公元1333—1354年）二十年中，湖南广西瑶族人民不断的起义，反抗元朝的统治，先后攻陷道州（今湖南道县）、贺州（今广西贺县）、连州（今广东连县）、桂州（今广西桂林）、靖州（今湖南靖县）、浔州（今广西桂平）、武冈（今湖南武冈）、沅州（今湖南芷江）、黔阳（今湖南黔阳）、宝庆（今湖南邵阳）、全州（今广西全县）、长州（今湖南沅陵）、衡州（今湖南衡阳）等地。靖州瑶族领袖吴天保从至正六年到九年四年中，四陷武冈，五攻沅州，大量杀伤了元朝的军力。从至元元年到至正十四年（公元1335—1354年）西北的西番族到处起兵，阻断岭北驿道，至正七年起兵的有两百多处，陷哈剌火州（新疆吐鲁番城东，今年作哈剌和卓）。东北辽阳吾者野人及水达达忍受不了元朝过重的剥削，至正六年起兵反抗。前面跌倒了，后面的跟上去，倒下一个两个，起来了百个千个。这一系列的反抗运动，起因虽不完全相同，目标却只有一个，解除阶级的和民族的压迫。汉、南人虽然同样被压迫奴役，但是，元朝的主要的强大的军事力量，用在控制以大都为中心的腹里地区，保护根本，江南地区的军事控制力量是比较薄弱的，这样南人的武装反抗就有可能一次接着一次爆发。到了北方汉人也揭竿起义的时候，腹里地区“盗贼”四起的时候，这是元朝腹里地区军事力量失去控制的信号，全面起义的条件成熟了，至正十一年的红军大起义，正是这一系列反抗运动的延续和发展。

红军爆发的导火线是蒙古统治阶级对汉、南人的加重压迫和歧视。

元顺帝从广西进京作皇帝，河南行省平章伯颜率领部下蒙古汉军护送，太师燕帖木儿杀明宗，又立明宗的儿子作皇帝，心怀疑惧，溺于酒色而死。伯颜升为丞相，仗着功劳大，擅权贪污，弟侄都作了大官。伯颜仇恨汉人，反对蒙古人读汉人书，他告诉顺帝："陛下有太子，休教读汉人书，解人。又其间好生欺负人，往时，我行，有把马者久不见，问之曰往应举未回。我不料科举都是这等人，得了!"把至元元年礼部科举停止了。更恨南人，为的是南人经常造反。又养着西番师婆叫畀畀，常问她来年好歹，自己身后事如何，畀畀说当死于南人之手，因之益发忌恨。下令凡汉人、南人、高丽人不得持军器，凡有马的都拘收入官。至元三年河南棒胡起义于汝宁信阳州，朱光卿、石昆山在广南惠州起义，李智甫、罗天麟在漳州起义，至元四年彭莹玉、周子旺在袁州起义，十一月河南范孟反，伯颜益发气忿，说造反的全是汉人，汉人有在朝廷作官，应该请求诛捕造反汉人的方案，表明态度。接着又提出要杀张、王、刘、李、赵五姓的汉人、南人，因为这五姓人最多，汉人、南人杀了大半，自然不能造反了。五年四月又重申汉、南、高丽人执持军器的禁令，还颁布一条法令，蒙古、色目人殴打汉人、南人，汉人、南人只许挨打，不许还手。伯颜又和皇太后计较，要废顺帝，伯颜侄御史大夫脱脱知道了，暗地里告诉顺帝，趁伯颜出城打猎，收回兵权，关上城门，贬伯颜外地安置。伯颜自杀。弟马札儿台继为丞相，又下令禁民间藏兵器。脱脱嫌他省官员把报告文件加标题"谋反事"，脱脱看了，改题作"河南汉人谋反事"，把河南全部汉人都算作起义军了。① 伯颜、脱脱一家人接着作首相，这一系列仇视敌视汉、南人的作为反映了整个蒙古统治阶级的脆弱和绝望的挣扎。蒙古统治阶级这种疯狂的镇压行动，逼使汉、南人团结起来，组织起来，逼使汉、南人非用武力反抗，非用自己的力量解除外来的压迫不可。在这样紧张对立的情况下，有人登高一呼，自然全国响应了。

至正三年五月，黄河在白茅口决口，四年五月大雨二十多天，黄河水暴溢，平地水深二丈，北决白茅堤，六月又北决金堤，曹、濮、济、兖都遭了水灾，不但农田民居被淹，连熙场也极为危险，政府税收遭受很大损失。② 有人建议堵口，脱脱派人勘察，回来报

① 《庚申外史》卷上。

② 《元史》卷四十一《顺帝本纪》，卷六十六《河渠志》。

告说河工太大开不得；而且河南一带到处都有农民起义队伍，要开工，集合了几十万河工，万一和起义军结合起来，无法收拾。脱脱不听，另用贾鲁为工部尚书兼河防使。至正十一年四月二十二日，发汴梁大名十三路民夫十五万，庐州等地戍军二万，从黄陵冈南到白茅口，西到阳青村，开河二百八十里，把黄河勒回旧道。韩山童得了消息，叫人四处散布童谣说："石人一只眼，挑动黄河天下反。"暗地压一个石人，面门上只有一只眼睛，偷偷埋在黄陵冈当挖处。朝廷发的河工经费，被修河官照例贪污，河工不能按时按数拿到钱，吃不饱，正在怨恨。① 韩山童又打发几百个自己人去做挑河夫，宣传天下要大乱了，弥勒佛已经降生了，不上几天功夫，河南江淮一带的农民全知道了。韩山童和亲信刘福通、杜遵道商量，农民是起来了，还得念书的作官的一起来干。至少也要做到让念书的作官的同情，不站在敌人方面去。刘福通说目下到处的农民队伍都有打着赵宋的旗子，我们的祖先都是宋朝的老百姓，只要提出复宋的旗号，说得切实些，念书人没有不赞成的。挑河夫挑河到黄陵冈，果然在当路处挖出一眼石人，几万挑河夫挤得水泄不通，骇得目瞪口呆，一霎时闹得翻了天，人人口中念佛，三个一堆，五个一群，纷纷议论，大家心里明白，出头了，翻身的日子到了，是动手的时候了。

刘福通聚集了三千人在白鹿庄，斩白马乌牛，祭告天地，宣称韩山童是宋徽宗八世孙，当为中国主。刘福通是宋朝大将刘光世的后人，该辅佐旧主起义，恢复天下。大家齐心推奉山童为明王，克定日子起兵。② 四处派人通知，同时发动，以头裹红布为记号。正在歃血立誓，分配任务，举杯庆祝，兴高采烈的时候，不料消息走露了，永年县的县官带领马快弓手，冷不防团团围住白鹿庄，韩山童脱身不及，被擒去杀了。山童妻杨氏带着儿子林儿趁着慌乱，逃出重围，躲入武安山中，隐姓埋名，等候外边消息。刘福通苦战逃出，事已破露，等不得克定的日子，整顿了队伍，出敌人不意，攻占颍州、罗山、上蔡、正阳、霍山，分兵取舞阳、叶县等处。黄陵

① 《草木子·克谨篇》；《庚申外史》卷上。

② 何乔远：《名山藏·天因记》。

冈的挑河夫得了信号，呐喊一声，杀了监工的河官，头上包上红布，漫山遍野一片红，一股红流和主力部队会合在一起。不上十天，红军已是五六万人的大部队了。两淮江东西的贫困农民，等待了多少年月，这时昼夜不停地赶来入伍，到了队伍里就像到了自己家里一样。红军声势一天比一天浩大，占领了汝宁、先、息，部队发展到十几万人。① 各地的红军闻风响应，半个中国照耀着红光。② 各别攻城占地，开仓库，救穷人，建立政权，严守教规，不杀平民，不奸淫，不抢劫，越发得到人民拥护。③ 当时民间传着一阕醉太平小令，也不知道是谁写的，从大都一直到江南，到处唱着，词道：堂堂大元，奸佞当权，开河变钞祸根源，惹红巾万千。官法滥，刑法重，黎民怨。人吃人，钞买钞，何曾见？贼作官，官作贼，混贤愚，哀哉可怜！④ 另一首流传的歌谣："天遣魔军杀不平（不公平人），不平人（不公平人）杀尽不平人（被压迫人），不平人（被压迫人）杀不平者（不公平人），杀尽不平（不公平人）方太平。"

朱元璋在寺里接连不断得到外边的消息：前些日子占了襄阳，元兵死了多少；某日又占了南康，元兵不战而逃；芝麻李、赵社长八个人打扮成挑河夫，一晚上占了徐州。⑤ 说的人津津有味，听的人心花怒放。红军檄文指斥元朝罪状，最精彩的话是"贫极江南，富夸塞北"⑥。想着可不是，种庄稼的收了粮却吃草根树皮，什么好东西，财帛粮食，珍宝财富，括空了运到北边，这两句真把几十年来大伙儿心里闷着的话全给说明白了。又听说徐寿辉已在蕲水建都，作了皇帝，国号天完，年号治平，拜邹普胜作太师，彭和尚、项奴儿带的一支军队已进了江西。元兵到处打败仗，好容易调了六千绿睛回回阿速军和几支汉军来进攻颍上红军。阿速军素号精悍，擅长

---

① 《庚申外史》卷上；《明史·韩林儿传》；陆深：《平胡录》；高岱：《鸿猷录·宋事始末》；钱谦益：《国初群雄事略》卷一，小明王。

② 陆深：《豫章漫钞》。

③ 《辍耕录》卷二十八；《国初群雄事略·小明王》。

④ 《辍耕录》卷二十三。

⑤ 《庚申外史》卷上。

⑥ 《草木子·克谨篇》。

骑射，只是纪律不好，到处剽掠。几个将军喝酒玩女人，昏头昏脑，刚上阵，望见红军阵势大，主将就扬鞭连叫："阿卜！阿卜！"阿卜是走的意思，立刻全军退却，一败涂地。淮东西人当作笑话，无人不晓。① 又听说脱脱调其弟御史大夫也先帖木儿为知枢密院事，统三十万大军收复汝宁，一支前锋部队几万人屯在汝宁沙河岸，将军们白天黑夜沉溺酒色，都醉倒了，红军偷营，元军大败，大将也不见了，第二天在死人堆里找到尸首，一退兵就是几百里。② 也先帖木儿亲自统军，才到汝宁城下，尚未交锋，便跃马后退，地方官急了，挽住马缰不放，也先帖木儿也急了，拔刀便斫，叫道："我的不是性命！"飞马先逃，三十万大军跟着溃散，军资器械，尽数丢光。也先帖木儿只剩下万把人，回到大都，仗着哥哥是丞相，依然作御史大夫。③ 蒙古、色目、汉军都不能打，一上阵就垮，真正和红军作战的是各地官吏地主募集的义兵和民兵，官吏怕被红军杀害，地主要保家产，怕农民报复，出大价钱雇了城乡游民和监丁，拼命顽抗，到底力量少，抗不住。义兵民兵为了和红军区别，穿戴朝廷规定的服装，青衣帽的叫青军，黄衣黄帽的叫黄军。④ 到十二年二月底，又听说濠州也给红军占了，头目是郭子兴、孙德崖、张天祐几个人。

郭子兴是定远县（今安徽）有名的土豪，原是曹州（今山东曹县）人。他父亲到定远卖卦相命，有一家地主的瞎女儿，嫁不出去，他父亲娶了，得了一份财产，生下三个儿子，子兴是老二。兄弟几个都会盘算生理，买田地，立字号，贱时买进，贵时卖出，一二十年间居然盘剥成地方上的中等地主了。只是一件事懊恼，门户低微，靠不上大官府，三天两头受地方官作践，地方上派捐款，出民兵钱，供粮秣，总是头一户，连马快弓手也成日上门要油水。气忿不过，入了弥勒教，交结宾客，接纳壮士，焚香密会，盘算有朝一日，要出这口气。红军起义以后，钟离定远的农民，背上锄头镐钯，一哄就会合起几万人，地方官平时只会要钱，这时毫无办法，装不知道，

①② 《庚申外史》卷上。

③ 《草木子·克谨篇》。

④ 《元史》卷四十《顺帝本纪》："至元五年十月壬辰，许男子裹青巾。"

惹不起，也犯不着多事。二月二十七日郭子兴带了几千人趁黑夜，里应外合，偷入濠州，半夜里一声号炮，闯入州衙，杀了州官，在先有过杜遵道的号令，五个头目都称濠州节制元帅。① 元将彻里不花远远隔濠州城南三十里扎住营，怕红军厉害，不敢攻城，派兵到各村庄骚扰，捉了壮丁，包上红布，算是俘虏，向上官报功请赏。老百姓给害苦了，呼亲唤旧，鱼贯入城，濠州声势越发壮大。

朱元璋盘算了又盘算，虽然相信彭莹玉的话，鞑子一定得赶走，汉人、南人一定要翻身，眼前就是翻身的时候了，只有一条路——投奔濠州。但是，这些日子又听人说起城里五个元帅，各作主张，甚不和睦，去不得。留在寺里呢，迟早给官军捆去请赏号，留不得。想了又想，决断不下。②

一天，有人从濠州捎来一封信，是旧日兄弟写的，催他快来入伍。背着人读了，越发一肚皮心事。在大殿上踱过来，踱过去，以口问心，以心问口，反复计较。猛然省悟，把信就长明灯烧了，还是下不了决心。过了几天，同房的师兄偷偷告诉他，前日那信有人知道了，要向官军告发，催他快走。元璋急得无法，到村子里找着汤和，讨一个主意。汤和推敲了大半天，说不出道理，劝向菩萨讨一个卦。元璋心头忐忑不定，慢慢踱回寺里，还不到山门，就嗅到一股烟焰气味，大吃一惊，飞奔进去，只见东一堆瓦石，西一堆冒烟的木料，大殿只剩下半边，僧房斋堂全烧光了，只剩伽蓝殿，隔着一片空地还完整。满院子马粪，破衲衣，烂家具，僧众星散，不知去向。冷清清只剩下几尊搬不动烧不烂的铜菩萨。原来官军以为僧寺里供着弥勒佛，红军念弥勒佛号，怕和尚替红军作间谍，把附近的寺庙都抢光烧光了，这一天轮到皇觉寺。元璋呆了一阵知道寺里再也停留不得了，下定决心到红军队伍里去。向伽蓝神磕了头，讨了卦。③ 二十六年后他写皇陵碑回忆这时候的心情道：

住（皇觉寺）方三载，而又雄者跳梁。初起汝、颍，次及

---

① 《国初群雄事略》卷二，滁阳王。

② 沈节甫：《纪录汇编》卷五；明太祖：《御制纪梦》。

③ 《纪录汇编》卷十一；《皇朝本纪》。

凤阳之南厢。未几陷城，深高城隍，拒守不去，号令彰彰。友人寄书，云及趋降，既忧且惧，无可筹详。旁有觉者，将欲声扬。当此之际，逼迫而无已，诚与知者相商，乃告之曰，果束手以待罪，亦奋臂而相戕？知者为我书计，且默祷以阴相：如其言往卜去守之何祥，神乃阴阴乎有警，其气郁郁乎洋洋。卜逃卜守则不吉，将就凶而不妨。

友人寄信要他参加红军，可见他和红军是有经常联系的，既忧且惧的心情也是真实的，决心是下定了，卜卦只是加强了决心。但是，他在《皇陵碑》中却把自己的决心完全归功于神的启示，表明他的行动是受命于天的，弄神弄鬼，故作玄虚，这一叙述和他一生利用佛道两教的政治作用是一致的。

第二天，他离开皇觉寺，参加红军去了。

这一年，朱元璋二十五岁。

一九五四年五月三十日写完

（原载《新建设》第 11 期，1954 年）

朱元璋从军

——《朱元璋传》的一章

一

至正十二年（公元1352）闰三月初一日，元璋到了濠州城下。这时元军仍在濠州附近，虽然没有动作，红军还是不敢大意，城墙上布满警戒部队，弓满弦，刀出鞘，巡逻哨探的更是川流不绝。城门的守兵挡住一个丑和尚，穿得极破烂，头裹红巾，堂堂皇皇走进来，毫不害怕。盘问他来踪去路，却只说来见郭元帅，更无别话，不由得起了疑心，以为是元军的奸细，三言两语，就闹翻了，不由分说，一索子捆了，派人报告郭元帅，请令旗行刑。郭子兴一想很怪，若是奸细，怎能这般从容？口说求见，许是来投顺的好汉，不要枉杀了好人。要知道究竟，骑一匹快马，赶到城门，远远看见四五十个兵围着，人头攒动，指手划脚在呵斥，连忙喝退众兵，只见一个躯干修伟，长得极怪的丑和尚，五花大绑，捆在拴马桩上，相貌虽不整齐，看着有一种威严的神采，绑着等杀头，并不害怕求饶，眼睛里充满愤怒，脸上肌肉的痉挛表情，也告诉在愤恨。子兴心里已有点喜欢，下马上前问明底细，喊人松开绑，收为步卒。①

元璋入了伍，参见了队长，逐日跟弟兄们上操，习武艺。体格好，记性又强，不上半个月已是队里顶尖顶上的角色，几次出城哨探，他态度安详，计谋多，有决断，同队的都听调度。每出去，总是立了功，不损伤一人一卒，喜欢得连队长也遇事和他商量了。不

---

① 《皇陵碑》；《纪梦》；《滁阳王庙碑》；《明太祖实录》一；《天潢玉牒》。

知不觉过了两个多月，一日郭元帅带了亲兵出来巡察，经过元璋的营房，全队排成一字向主帅行礼，元璋个子高大，恰好排在队头，子兴见了，记起那天的事，唤队长问这投效的心地和能耐如何，队长极口说好，夸是千中选一的人才，子兴也觉得喜欢，就吩咐升元璋作亲兵十夫长，调回帅府当差。①

元璋遇事小心勤快，却又敢作敢为，得了命令，执行很快，办理得好，打起仗总是领头向前，一定打胜仗，也一定完成预期的战果。得到战利品，不管是衣服，是银子，是牲口粮食，总是扫数献给元帅。得到赏赐，又推说功劳是大家的，公公平平分给同伴的战友。说话不多，句句有斤两，又认得一些字，虽不甚通，一有文墨上的事情，譬如元帅的命令，杜遵道、刘福通的文告，以至战友们的书信，总找他解说，几个月后，不但在军中有了好名誉，勇敢，能干，大方，有见识，讲义气，一大堆好话算在他名下，甚至连郭元帅也看作心腹，遇事总问他的看法，逐渐地言听计从了。

郭元帅的第二夫人张氏，抚养了一个孤女，原是子兴的老友马公死时托付的，已经成年，甚是贤德。子兴爱重元璋，要他出死力，和张夫人商量招贤作上门女婿，张夫人也听说元璋才能出众，子兴勇猛憨直，和同事合不来，得有个细心能干的身边体己人帮着些，一力撺掇，就择日替两口子成婚。元璋平白地作了元帅娇客，前程多一靠山，更何况是元帅主婚，自然满口应承。从此军中就改朱元璋为朱公子，有了身份了，又取一个表字叫国瑞。②

孙德崖一伙四个元帅，都是粗人，说话作事没板眼，处的日子久了，子兴有些看不上眼，商量事情也没个好声气，两下里面和心不和，孙德崖一边人多嘴杂，闹了几次，子兴索性关在家里，不和他们照面。勉强三五日见面一次，也是话不投机半句多。有时候等子兴不来，事情办了也不通知，子兴越发不快，憋了一肚子气要发作。本来五个元帅一样大，谁也管不了谁，谁也不服谁，齐心还好办事，一闹别扭，各自发号施令，没有个通盘的调度，占了濠州大

① 《御制纪梦》；《滁阳王庙碑》；《皇朝本纪》。

② 《滁阳王庙碑》；《明太祖实录》一；谈迁：《国榷》。

半年了，各人只带领部下，向四乡要粮要牲口，竟不能出濠州一步，不像个局面。子兴几次拿话开导，无人理睬，越想越气闷，也就心灰意懒了。元璋看出情势不妙，借个方便劝子兴打起精神，照常和四帅会议办事，假如老关在私宅，他们四帅合起来，对付一个，这个亏吃了可没说处。子兴听了，勉强出去三四日，又闹脾气了，两边的感情越来越坏，都怕对方下毒手，又在盘算如何收拾人。元璋劝不动子兴，只好背地里向孙德崖赔小心，说好话，着意联络，以免真个决裂。①

九月间元丞相脱脱统番汉兵数十万攻徐州，招募当地盐丁和趫勇健儿三万人，黄衣黄帽，号为黄军，大军在后，督令黄军攻城，一口气把徐州攻下，见人便杀，见屋便烧，芝麻李落荒逃走，被元兵逮住杀害了。② 部下彭大、赵均用率领残兵投奔濠州。③ 徐州、濠州都是红军，原是一家人，徐州的兵多，占的地方也大，到了濠州以后，竟反客为主，濠州五帅倒要听客人的调度了，彭大有见识，也懂事，和郭子兴相处得很好，孙德崖怕吃亏，使手段拉拢赵均用，两边明争暗斗，心里都不服气，孙德崖又把话来挑拨赵均用，说郭子兴眼皮浅，只认得彭将军，百般趋奉，对将军却白眼相待，瞧不起人，均用大怒，带领亲兵进来火并，冷不防把子兴俘虏了，带到孙家，锁闭在一间空房子里。这时朱元璋正好出差，得信奔回，郭家大小正在忙乱，要派兵去抢救，他连忙止住，叫出子兴二子天叔、天爵，一边去找彭大。彭大听了，勃然大怒说：他们太胡闹了，有我在，谁敢害你元帅！即时喊左右亲兵，元璋也全身盔甲，团团围住孙家，掀开屋瓦，救出子兴，只见子兴项枷脚靠，浑身打得稀烂，当下打开枷靠，背回私宅。赵均用知道彭大出头，怕伤了和气，也就强忍着了事。④

脱脱趁连下徐州汝宁的兵威，分兵派贾鲁追击彭大、赵均用，进围濠州。大敌当头，红军的头脑们才着慌，大家和好，一心一意

---

① 《明太祖实录》一；《皇朝本纪》。

② 《庚申外史》；《元史》，《脱脱》、《也速传》；《皇明纪事录》。

③ 《龙飞纪略》。

④ 《皇朝本纪》；《明太祖实录》一。

地坚守城池。元璋深得军心，成天成夜在城墙上指挥防守。从这年冬天一直到第二年春天，整整被围了五个月，幸得城池坚固，粮食充足，没有出事。一日元将贾鲁病死，元军围疲了，料着再打下去也不见得有把握，加之军无斗志，只好解围他去。围虽解了，红军也折损了不少人马，吃了大亏。

彭大、赵均用兴高采烈，彭大自称鲁淮王，均用自称永义王，作起王爷来了。郭子兴和孙德崖五人仍然是元帅。①

二

濠州经过长期的围攻，不但粮秣感觉缺乏，兵力也衰减得多，元璋想办法，弄了几引盐，到怀远换了几十石米，献给子兴。② 细想二王和诸帅，胸襟太窄，眼光太短，怕成不了什么气候。要作一番事业，得凭自己有队伍，才有力量。打定主意，请准了假，回到钟离，竖起招兵大旗，少年伙伴徐达、汤和等几十个人，听说元璋作了红军头目，都来投效，不过十天功夫，招募了七百人，子兴大喜，至正十三年（公元 1353）六月，派元璋作镇抚，从此，就一跃成为带兵官了。③ 一年后，又以军功升作总管。④

彭赵二王管军无纪律，随便作坏事，不听劝，也不能改。子兴又兵力单弱，作不了主张，元璋认为一起混下去，会出毛病，不如自己单枪匹马，向外找出路，把新兵交代了，禀准了主将，带领贴身伙伴徐达、汤和等二十四人，南游定远，使个计策，招降了张家堡驴牌寨三千民兵，向东半夜里袭击元将老张，收降民兵男女七万口，挑拣得两万壮士，成为浩浩荡荡的一支队伍。用朱元璋自己的话来形容，真是：赤帜蔽野而盈冈。⑤

---

① 《元史·贾鲁传》;《国初群雄事略》卷二，滁阳王。

② 《皇朝本纪》。

③ 《御制纪梦》;《明太祖实录》一。

④ 俞本:《纪事录》。

⑤ 《纪梦》;《御制阅江楼记》;《皇朝本纪》;《御制皇陵碑》。

元璋得到大量的生力军，立刻重新编制加紧训练。他最看重纪律，在检阅新军时，特别指出这一点，恳切地训诫将士说："你们原来是很大的部队，可是毫不费事就到我这边来了。原因在哪里呢？一是将官没有纪律，二是士卒缺乏训练。现在我们得建立严格的纪律，做到严格的训练，才能建功立业，大家有好处。"三军听了，无不喜欢。①

定远人冯国用、国胜（后改名胜）两兄弟，原来是地主，天下大乱后，团结地方上的佃户和乡民，建立堡砦自卫听说元璋军队的纪律不错，带领部队来投效。元璋端详这两兄弟，装束很像读书人，行动说话都和一般老百姓不同，就问如今该怎么办。国用以为建康（元集庆路，今南京）这地方，形势极好，书上有"龙蟠虎踞"的话，是多少代帝王的都城。先占了这地方作根本，站稳了逐步发展，扩充地盘，只要不贪子女玉帛，多做好事，得到人民的支持，建功立业不是难事，元璋听了极高兴，留下作幕府参谋，把两家部队合并编制，南下攻滁州（今安徽滁县）。②

在进军滁州的路上，定远人李善长到军门求见。善长头脑清楚，有智远，善于料事，学的是法家的学问，和元璋谈得极为投机，元璋问他什么时候才能太平呢？善长劝他学汉高祖，以为汉高祖也是平民出身的，气量大，看得远，也看得宽，会用人，又不乱杀人，五年功夫，便打平了天下。元朝政治一团糟，已到土崩瓦解地步。濠州和沛相去不远，如能学学这位同乡，天下太平也就快了。元璋连声叫好，留下作掌书记，同时告诫他说："如今群雄四起，天下糜烂，仗要打好，要紧的是参谋人才。我看群雄中，掌书记和作参谋的幕僚，总说将士的坏话。将士无法施展，自然打不了胜仗。你要作一个桥梁，调和将士，不要学他们的榜样。"从这时候起，元璋心目中时时有个老百姓出身作皇帝的同乡在，说话办事打仗，事事都刻心刻意地学他。③ 善长呢？也一心一意作桥梁，沟通将士和主将，

---

① 《明太祖实录》一。

② 《明史》一二九，《冯胜传》。

③ 《明史》一三五，《孔克仁传》。

以及将士间的意见，尽心尽力，提拔有能力和有功的，让他们能安心做事。①

滁州守军力量单弱，元璋的前锋黑将军花云单骑冲破敌阵，战鼓打得震天价响，大军跟着推进，一霎时便占领了这所名城。元璋亲侄文正、姐夫李贞带着外甥保儿（后改名文忠）得到消息，奔来投靠，才知道二哥也已去世了，大家哭了一场，又伤心又喜欢，伤心的是一家人只剩了这几口，欢喜的是这样乱世，还能团聚。“一时会聚如再生，牵衣诉昔以难当。”② 定远人沐英父母都已死去，孤苦可怜，元璋把这三个孩子都收养作义子，改姓为朱。原来收养义子是当时流行的风气，带兵的将领要培养心腹干部人才，欢喜把俊秀勇猛的青年收养，不但打仗时肯拼命，在要紧关头，还用来监视诸将，沐英在军中称为周舍，又叫沐舍，舍是舍人简称。（文武官的儿子叫舍人）元璋义子除文正、文忠、沐英以外，还有二十几个，从来所占城池，专用义子作心腹和将官同守，如得镇江用周舍，得宜州用道舍，得徽州用王驸马，得严州用保儿，得梦州用马儿，得处州用柴舍、真童，得徽州用金刚奴、也先，此外还有买驴、泼儿、老儿、保儿、朱文逊等人。柴舍即朱文刚，在处州死难。道舍即何文辉，马儿即徐司马，保儿即平安，朱文逊小名失传，在太平阵亡。王驸马、真童、金刚奴、也先、买驴、泼儿、老儿，复姓后的姓名可惜都失传了。③ 至正十八年（公元 1358）胡大海、李文忠占领严州后，两人闹意见不和，元璋批示帐前都指挥使司首领郭彦仁，派他说合两人说：“保指挥我之亲男，胡大海我之心腹，前者曾闻二人不和。且保指挥我亲身也。胡院判（大海官衔枢密院判官的简称）即我心腹也。身包其心，心得其安，心若定，身自然而定。汝必于我男处丁宁说知，将胡院判以真心待之，节制以守之，使我之所简易成，只此。”李文忠代表元璋亲身监视大将胡大海，并有节

① 《明史》一二七，《李善长传》。

② 《御制皇陵碑》；《明太祖实录》一；《明史》一二六，《李文忠传》。

③ 刘辰：《国初事迹》；《明史》一二六《沐英传》，一三四《何文辉传》，一四四《平安传》；王世贞：《诏令杂考（弇山堂别集）》。

制之权，这一个例子说明了义子的作用，也说明了元璋对大将的不放心情形。①

单是用义子监视，还怕诸将靠不住，另一办法是留将士的家眷作抵押。这法子在刚渡江时便实行了，元璋统兵取集庆，马夫人和诸将家属留在和州（今安徽和县）。② 到取下集庆以后定下规矩："与我取城子的总兵官，妻子俱要在京住坐，不许搬取出外。""将官正妻留于京城居住，听于外处娶妾。"规定极严格。将官顾虑妻子安全，自然不敢投敌以至反叛，平时征调差遣，也不敢不听话了。③

此外，还提防将官和读书人勾结，规定："所克城池，令将官守之，勿令儒者在左右议论古今，止设一吏，管办文书，有差失，罪独坐吏。"凡是元朝官吏和儒士，都要由朝廷选用，逃者处死，不许将官擅用。④这是因为读书人谈今说古，拿历史上的事情和现今一比，将官省悟了难免生是非，左思右想，不是好事的缘故。

当元璋进攻滁州时濠州的红军主力由彭大、赵均用率领，攻下了盱眙、泗州，两人脾气不对劲，为郭子兴的事结下怨，竟闹翻了。均用和孙德崖四个合成一气，彭大抵不过，事事不趁心，手下得力的人，也逐渐被均用收买过去，气闷不过，发病死了，儿子早住接着也称鲁淮王，年青，比均用矮一辈，又会敷衍说好话，均用没把他看在眼里，倒也相安无事。接着，是郭子兴代替了彭大作出气筒，左也不对，右也不对，做一事，说一句话都被挑眼，几次借题目要害子兴，仗着元璋在滁阳有几万人的部队，做决裂了怕坏事，出主意下令牌调元璋来守盱眙，一箭双雕，一窠子收拾掉。元璋明白这道理，委婉地推辞移防，说有军事情报，部队动不得。又拿钱买通了王府的人，拿话劝均用，不要听小人挑拨，自剪羽翼，惹人笑话。万一火并了，他部下不服，也不得安稳。针锋相对，均用摆布不得。说话的人又劝好好地待子兴，让他出气力占地方，保疆土。成天有

---

① 《国初事迹》。

② 《明史》，《高皇后传》，一二五《常遇春传》，一三〇《康茂才传》；宋濂：《宋文宪公集》卷四，《开平王神道碑铭》、《蕲国武义康公神道碑铭》。

③④ 《国初事迹》。

人说项求情，均用软了，竟放子兴带原来人马一万多人回滁阳。元璋把兵权交出，三万多兵强马壮的队伍，旗帜鲜明，军容整肃，子兴大喜。①

至正十四年（公元 1354）十一月，元丞相脱脱统兵大败张士诚于高邮，分兵围六合。

张士诚小字九四，泰州白驹场人。和弟士义、士德、士信一家子都靠撑船贩私盐过活。贩私盐赚大钱，和伙伴们大碗酒大块肉，呼幺喝六，过得极舒服，入伙的人日渐加多，都听士诚调度。可是贩私盐是犯法的，常时卖盐给大户，大户吃住是私货，不但说闲话挖苦，有时还赖着不给钱。弓兵丘义尤其作践他们。士诚气忿不过，趁天下大乱，带着兄弟和李伯昇、潘原明、吕珍等十八壮士，杀了丘义和仇家大户们，一把火烧了房子，招兵买马，攻下泰州高邮，占三十六盐场，自称诚王，国号大周，改年号为天祐，这是至正十四年正月间的事。②

元兵围六合，六合主将到郭子兴处求救。六合在滁州东面，万一失守，次一被攻击的目标便是滁州，要保滁州，就非守住六合不可。郭子兴和六合主将有仇恨，元璋费尽唇舌才说服了，可是元兵号称百万，无人敢去，推称求神不许。元璋只好讨了令箭，统兵出救。元兵排山倒海似地进攻，城防工事全被摧毁，拼死地抵住，赶修了堡垒，又给打平了，眼看守不住，只好把六合的老弱妇孺撤退，掩护撤退到滁州。元兵乘胜进攻，元璋在中途埋伏，打了一个胜仗，得到好多马匹。却顾虑到孤城无援，元兵如添兵包围，不困死也得饿死。忍气打点牛酒，派地方父老把马匹送还，哀求说全是良民，不敢作反，团结守护是为了自卫。情愿供给大军军需给养，请并力去打高邮，饶过老百姓。元兵信以为真，引兵他去，滁州算是保全了。③

元兵一退，郭子兴喜欢极了，打主意要在滁州称王，元璋劝说，

---

① 《明太祖实录》一；《国初群雄事略》，滁阳王；钱谦益：《太祖实录辨证》一。

② 《明史·张士诚传》；《辍耕录》二十九；《国初群雄事略》七。

③ 《明太祖实录》一；《皇朝本纪》。

滁州山城，交通不便，形势不好，一称王目标大了，元兵再来怕保不住，子兴才放弃了做王爷的念头。①

脱脱大军用全力攻高邮，城中支持不住，想投降又怕朝廷不肯赦罪，正在两难间，外城又被攻破了，张士诚正在急得团团转，准备城破突围下海时，突然元顺帝颁下诏旨，责备脱脱，说他“往年征徐州，仅复一城，不久又丢掉了。这次再当统帅，劳师费财，过了三个月，还无功效。可削去兵柄，安置淮安路，弟御史大夫也先帖木儿安置宁夏路。如胆敢不接受命令，即时处死”。宣读后大军忿恨大哭，一时四散，大部分投到红军，红军越发强大。张士诚趁机出击，不但转危为安。而且从此基础稳固，再也不能动摇了。

脱脱奉命交出兵权，被押送西行。鸩死于吐蕃境上。元朝唯一有作为有威名的大将一死，元朝的命运也就决定了。②

这一变化简单说起来，是个人的倾轧，政权的争夺。脱脱忠于元朝，元顺帝也极为信任把军政大权都托付给他。从徐州平定后，脱脱威权日盛，元顺帝也以为天下太平了，该好好享乐。奸臣哈麻巴结皇帝，背地介绍西天僧，会房中运气之术，能使人身之气，或消或涨，或伸或缩，号演揲儿法。也叫秘密佛法，多修法。顺帝大喜，封为司徒。大元国师。国师又写了十个皇亲贵族会这佛法的，叫作十倚纳。里边有皇舅和皇弟，群臣共被，互易妻室，名为些郎兀该，华书事事无碍。上都穆清阁连延数百间，千门万户，充满了妇女，作大喜乐禅定，朝朝宴会，夜夜笙歌，君臣都玩昏了。哈麻忌脱脱正派，挑唆顺帝，挤出去总兵打仗，又怕脱脱功成回朝，多管闲事，当脱脱全军苦战，正要成功时，哈麻又使人弹劾他，劳师费财，罢其兵权，还不甘心，索性把他毒死。顺帝糊里糊涂，也有些忌惮脱脱，哈麻如此安排，正中下怀，毫不在意。③

脱脱使心眼挤走他伯父伯颜，在对汉、南人的看法这一点上，却和伯颜一样。当红军初起时凡议军事，不许汉、南人参预。有一

① 《明太祖实录》一。

② 俞本：《纪事录》；《元史·脱脱传》；《庚申外史》；《辍耕录》。

③ 《庚申外史》。

次脱脱进内廷奏章，中书（中书省的属官，相当于现在的机要秘书）官两人照例随后跟来，因为这两人是汉人，忙叫禁卫喝住，不许入内。又上奏本说，如今河南汉人反，该出布告，一概拘捕汉人。诸蒙古、色目犯罪贬谪在外的，都召回来，免得吃汉人杀害。这榜文一出，不但河南，连河北的汉人也不能不参加红军，来保全自己的生命了。红军声势，因之日益浩大。①

脱脱死后，顺帝越发无忌惮。这时东南产米区常州、平江（苏州）、湖州（浙江吴兴）一带都被张士诚占领，浙东沿海地区被方国珍占领，往北运河线在红军控制下，海运和内河运输线全被切断。另一补给区湖广（湖南、湖北）也早已失去，南方的粮食不能北运，大都过百万军民，立刻缺粮闹饥荒。加上中原连年闹蝗灾、旱灾、兵灾，老百姓拿蝗虫作食料。大都军民连蝗虫都没有，饿死的每天成千上万，又闹瘟疫，惨到真有人吃人的事，甚至连一家人都吃起来了。② 在这样境况中，元顺帝却在内苑造龙舟，亲自打图样。长一百二十尺，宽二十尺。前瓦帘棚穿帘两暖阁，后五殿楼子龙身并殿宇，用五采金装，前有两爪，水手二十四人，身衣紫衫，金荔支带，四个带头巾，于船两旁下各执篙一。从后宫到前宫山下海子内往来游，驶动时龙的头眼口爪尾部都跟着动。内有机括，龙爪自会拨水。顺帝每登龙舟，用彩女盛妆，两岸牵挽。③ 又自制宫漏，约高六七尺，宽三四尺，造木为柜，暗藏诸壶其中，运水上下。柜上有西方三圣殿，柜腰立玉女捧时刻筹，到时候自然浮水而上。左右站两金甲神，一悬钟，一悬钲，到夜金甲神会按时敲打，不差分毫。当钟钲敲响时，两旁的狮子凤凰会飞舞配合。桥的东西面有日月宫，飞仙六人在宫前，到子午时飞仙排队度仙桥到三圣殿，又退回原处。精巧准确，的确是空前的制品。④ 又喜欢建筑，自书屋样。爱造宫殿模型，高尺余，栋梁楹槛，样样具备，匠人按式仿造，京师人叫

---

① 《庚申外史》。

② 《草木子》卷三，《克谨篇》。

③ 《元史·顺帝纪》至正十四年；《庚申外史》。

④ 《元史·顺帝纪》至正十四年。

他作鲁班天子。内侍们想弄新殿的金珠装饰，一造好就批评不够漂亮，比某家的还差，马上拆毁重造，内侍们都发了财。① 成天搞这样、那样，政事也懒得管了。成天游船摆酒，打仗的事也不在意了。还想出新办法，宫女十六人按舞，名为十六天魔，新奇打扮，头垂发数辫，戴象牙佛冠，身被缨络，着大红销金长短裙，金杂袄，云肩合袖天衣，绶带鞋袜，唱金字经，舞雁儿舞，各执加巴剌盘之器，内一人执铃杵奏乐。又宫女十一人练槌发勒帕常服，或用唐帽窄衫，所奏乐用龙笛、头管、小鼓、筝、纂、琵琶、笙、胡琴、响板、拍板，以宦者管领，遇宫中读佛，按舞奏乐。宫官除受秘密戒的以外不得参预。② 照旧例五天一移宫，还觉得不畅快，在宫中挖地道，随时往来，和十倚纳一起，以昼作夜，行大喜乐法，跟天魔舞女混成一团，国库的存粮全运到女宠家里，百官俸禄只好折支一点茶纸杂物。宫里充满了繁华升平的气象。③

※　　※　　※

滁州在战乱后，突然增加几万大兵，粮食不够吃，军心恐慌，元璋建议南取和州（今安徽和县），移兵就食。虹县人胡大海长身铁面，智力过人，带全家来归附，就用作前锋，至正十五年正月，子兴得到占领和州的捷报，派元璋做总兵官镇守。

元璋在子兴诸将中，名位不高，年纪又轻，奉命总兵，怕诸将不服。寻思了半天，想出主意。原来诸将谈论军事，大庭上设有公座，按官位年龄就座，前一晚元璋叫人把公座撤去，只摆一排木凳子。次日五鼓，诸将先到，当时座位按蒙古人办法以右首为尊，元璋后到，一看只留下左末一席，不作声坐下。到谈论公事时，诸将单会冲锋陷阵，杀人放火，要判断敌情，决定大事，却一句话也说不出来，像木偶般面面相觑。元璋随事提出办法，合情合理，有分寸，又会说话，诸将士稍稍心服。末后议定分工修理城池，各人认

① 《庚申外史》。

② 《元史·顺帝纪》至正十四年；《庚申外史》。

③ 《庚申外史》。

定地位丈尺，限三天完工。到期会同诸将查看工程，只有元璋派定的一段作完，其余的全未修好。元璋放下脸，面南坐下，拿出子兴檄文，对诸将说："奉主帅令总兵，责任重大。修城要事，原先各人认定，竟不齐心，如何能办事？从今说明白，再有不遵命令的，军法从事，可顾不得情分了！"一来确是子兴的令牌，和州军事由元璋作主，二来也确是自己不争气，误了军机，诸将作声不得，只好谢罪求饶。虽然如此，还仗着子兴老部下，面子上认输，肚子里仍然唧唧咕咕。只有汤和小心谨慎，最听话服从。李善长从旁调和，左劝右说，元璋的地位才算稳定。这样，元璋又从总管成为总兵官，从带领几千人的小军官变成镇守一方的将军了。①

一天，元璋出外，有一小儿在路旁独自啼哭，元璋问你父亲呢？说是与官人喂马。母亲呢？也在官人处。原来红军攻破城池，各将领大抢一顿之后，又把满城男妇虏获，闹得老百姓妻离子散，家破人亡。元璋省悟不是久长的道理，召集诸将，说明"大军从滁州来此，人皆双身，并无妻小。今城破，凡有所得妇人女子，惟无夫未嫁者许之，有夫妇人不计擅有"。第二天围城妇女男子都从军营里放出，在衙前会齐，让他（她）们自己认亲，一时夫认妻，妻认夫，子认父，父认女，闹哄哄挤成一团，有哭的，有笑的，有先哭后笑的，也有又哭又笑的，一霎时有多少家庭团圆，也有多少孤儿寡妇在啜泣。原来惨惨凄凄，路上无人行的景象，稍稍有了生气，不光是有驻军的城子，也是有人民的城子了。②

孙德崖因濠州缺粮，一径率领部队到和州就食，将领兵士携妻挈子，不由分说，占往和州回乡民家。孙德崖带了亲兵，说要进城住一些时候，濠州人多势大，元璋阻拦不住，也无法推脱，正在苦恼发愁。郭子兴听得消息，也从滁州赶来，两个对头挤在一处，苦煞了元璋这个小头目。

原来子兴子虽刚直，耳朵软容易听人闲话。开头有人报告，元璋多娶妇女，强要三军财物，已然冒火，再听说孙德崖和元璋合伙

---

① 《明太祖实录》二。

② 《皇朝本纪》。

去了，越发怒气冲天，也不通知日子，黑夜里突然来到，元璋来不及迎接，一进门，子兴满面怒容，好半晌不说话，元璋跪在下面，寻思答话，突然子兴发问："是谁?"元璋答说总兵朱元璋。"你知罪吗？你逃得到哪里去!"元璋放低了声音："儿女有罪，又逃得到哪里去？家里的事迟早好说，外面的事要紧，得马上办。"子兴忙问："是什么事?"元璋站起来，小声说："孙德崖在此地，上回的事结了深仇，目前他的人多，怕会出事。大人得当心，安排一下。"子兴还带信不信，把元璋喝退，独自喝酒解闷。

天还不亮，孙德崖派人来说："你丈人来了，我得走了。"元璋知道不妙，连忙去告诉郭子兴，又来劝孙德崖："何必这样匆忙呢?"德崖说："和你丈人相处不了。"元璋看德崖的神色，似乎不打算动武，就劝他两军在一城，提防两下里有小冲突，最好让部队先出发，元帅殿后好镇压。德崖答应了，元璋放下心，出来替孙军送行，越送越远，正要回来后军传过话来，说是城里两军打起来了。死了许多人。元璋着急，连忙喊随从壮士耿炳文、吴祯靠近，飞马奔回，孙军抽刀拦住去路，揪住马衔，簇拥向前，见了许多将官，都是旧友，大家诉说，以为城内火并，元璋一定知情，元璋急忙分辩，边说边走，趁大家不注意，勒马就逃。孙军的军官几十人策马追赶，枪箭齐下，侥幸衣内被了连环甲，伤不甚重，逃了十几里，马力乏了，被赶上擒住，这回可是俘虏了，线索锁住脖子，有人就要杀害，有人主张孙元帅现在城里，如此时杀了朱元璋，孙元帅也活不了，不如派人进城看明白再作道理。立时就有一军官飞马进城，见孙德崖正锁着脖子，和郭子兴对面喝酒呢。郭子兴先派徐达到孙军作抵押，换回元璋，元璋回到城里，才解开锁放回孙德崖，孙德崖回去了，再放还徐达，总计元璋被孙军拘囚了三天，几次险遭毒手，亏得有人保证，才能平安脱身回来。①

元至正十五年（宋龙凤元年）二月，红军统帅刘福通派人在砀山（今安徽砀山）来河访得韩林儿，接到亳州（今安徽亳县），立为

① 《明太祖实录》二；《皇朝本纪》。

皇帝，又号小明王，臣民称为主公。建国为宋，年号龙凤。拆鹿邑太清宫木材，建立宫殿。小明王尊母杨氏为皇太后，以杜遵道、盛文郁为丞相，刘福通、罗文素为平章政事，福通弟刘六为知枢密院事。军旗上写着鲜明的联语："虎贲三千，直抵幽燕之地；龙飞九五，重开大宋之天。"遵道得宠擅权，福通不服气，暗地里埋伏甲士，挝杀遵道，自为丞相。不久又改作太保，东系红军军政大权全在他手里。①

郭子兴深恨孙德崖，为了交换元璋，受了惊吓，又忍着气，成天愤恨发脾气，得了重病，三月间不治死去，葬在滁州。军中军务由子兴子天叙，妇弟张天祐和元璋共同商议，担心着主帅新死，万一元兵来攻，孤军无援，怕站不住脚。正好杜遵道派人来计较立帅，大家公推张天祐到亳都商议，不久带回杜遵道文凭，委任郭天叙为都元帅，张天祐为右副元帅，朱元璋为左副元帅，军中文告都用龙凤年号。②

(原载《知识与生活》第12期，1947年10月)

① 《辍耕录》二十一；《皇明纪事录》；《元史·顺帝本纪》；陆深：《平胡录》。

② 《皇明纪事录》；《皇朝本纪》；陆深：《平胡录》。